JN299074

自己調整学習研究会 編

自己調整学習
理論と実践の新たな展開へ

Self-Regulated Learning

北大路書房

まえがき

「自己調整学習（self-regulated learning）」は，1986年のアメリカ教育研究学会研究大会のシンポジウムと1990年のアメリカ心理学会大会のシンポジウム以降，Zimmermanたちの努力で，教育心理学や教育研究における大きな潮流となっている。特に欧米では，「自己調整学習」をタイトルに冠した書籍や学術論文が数多く出版されている。こうした研究の隆盛の背景には，この理論がこれまでに行なわれてきたさまざまな教育研究，特に実践的研究を包括する大きな枠組みを提供している点があげられるだろう。こうした「自己調整学習」の魅力は欧米での教育心理学研究にのみ限定的に発揮されることではない。わが国の教育研究・心理学研究においても，「自己調整学習」の枠組みからこれまでの研究を位置づけ，新たな研究課題を見いだしていくことができる。

「自己調整学習」とは，噛み砕いていえば「自らの学習を動機づけ，維持し，効果的に行なうプロセス」を指す。生涯にわたって「学ぶ」ことが必要とされる現代において，「自己調整学習」は重要性を増していくと考えられる。わが国の教育政策を見ても「生きる力」「自ら学ぶ力」という言葉が指導要領において謳われるようになって久しい。これはまさに，現代を生きる力としての「自己調整学習」を促進していくことが，わが国の教育においても求められているということではないだろうか。

筆者たちは，こうした考えから，自己調整学習に関するZimmermanらの研究書を翻訳して紹介するとともに，定期的に研究集会を開き，自己調整学習の研究と実践を議論してきた。研究集会では，欧米を中心とした理論書や先行研究に関する議論も行なわれているが，参加者自身の教育・研究を自己調整学習の文脈において検討することがむしろ会の中心的な活動となっている。こうした活動を続けていく中で，日本の社会的，教育的背景に根差した自己調整学習について議論することの必要性を痛感したことが本書の企画の動機である。これまでも，個々の研究との関連から自己調整学習を概観した書籍は出版されているが，自己調整学習の理論と実践について包括的かつ体系的にまとめられたものは見られない。執筆においては，これまでの欧米中心の研究知見の単なる紹介ではなく，われわれ自身の視点から自己調整学習について語ることを筆者たちは共有している。

本書の企画においてわれわれが重視した点は大きく2つある。

まえがき

　第1に，これまでの（特に欧米の）研究の単なる紹介にとどまるのではなく，より理論的・実践的に新しい提案を行なっていく，という点を重視した。そのため，さまざまな学習にかかわる研究を「自己調整学習」の枠組みを利用して体系化した。特に，教科の学習に関する研究では，「自己調整学習」というタームは用いていないものの，そのアイデアが自己調整学習と共有されているものや，自己調整学習において重要だが不十分なところをすくい上げているものが少なからず存在する。これらの研究を，自己調整学習の文脈の中に位置づけることで，より包括的な議論を行ないたいと考えている。また，いくつかの章では，文化という切り口から，自己調整学習に新しい提言をしている。日本の社会的背景・教育的背景は，必ずしも欧米と同じではない。また，学習者の特性にも異なる点が少なくないだろう。したがって，社会的教育的背景や学習者の特性に着目した研究からは，日本における実践を考える上で欠かすことのできない発見が数多くなされている。

　こうして新たな視点や論点を呈示することで，本書は単なる概論書ではなく，共通した枠組みと新規性を持った研究書としての意義を持つ。本書は，基本的に「教育について関心をもつ大学生」レベルの知識を想定して書かれているため，難解な用語や高度に専門的な内容を取り上げてはいない。しかし，本書が提示する視点や論点は，教育学・心理学の研究者をはじめ，より専門的な立場にある方にも楽しんでいただけるのではないかと考えている。

　第2に，本書では，より実践的な提言を行なうことを重視した。そのため，本書では，介入研究を紹介するだけでなく，教育実践とのかかわりや発達段階に関連した議論を行なっている。自己調整学習から教育心理学研究や教育実践研究での知見を統合し，実践への提言を行なうことを意図している。

　このように実践的な観点を強く打ち出したのは，研究者や学生だけでなく，教育実践に携わる方に本書を手にとっていただきたいと考えたためである。われわれは，自己調整学習研究で得られた知見が教育実践に活かされること，そして，教育実践で得られた知見が自己調整学習の理論的発展に寄与すること，双方がよりよい教育を創っていくために重要であると考えている。本書が，そのための契機となることを願い，実践的観点を強調するものである。このように実践性を重視することで，心理学に関心をもつ一般の読者や，教員など教育の現場に携わる方々にも，興味をもって読んでいただける本になったと考えている。

　これらの企画意図を反映させるため，本書は以下のような構成になっている。読者には，こうした意図が活かされたものになっているか，ぜひ批判的に読んでいただきたい。

まず，本書は大きく2部構成となっている。第1部では，「自己調整学習の基礎理論」と題し，自己調整学習に関連する諸概念についての概論的な説明を行なうとともに，最近の研究の動向を紹介している。

第1章では，まず自己調整学習にかかわる諸理論を概観する。上に述べたように，自己調整学習は，教育心理学や教育に関する研究を位置づける大きなフレームワークとして機能する。そのため，どのような要因に着目し，どのようなプロセスを重視するかという点によってさまざまな立場・理論が提案されている。こうした多様性の理解に焦点を当てた。第2章では，学習を効果的に行なうために，自己調整学習で重視されている認知的プロセスとしてメタ認知と学習方略を取り上げた。また，第3章では，動機づけ要因について内外の研究で得られている知見をまとめるとともに，これからの教育・研究の展望を述べた。さらに，近年自己調整学習において重要視されている要因として「他者」の存在がある。そこで，第4章では，対人関係に着目し，個人の学習に与える影響を考察した。また，第5章では，学習時に他者に「適切な援助要請を行なうこと」がどのようなプロセスかについて論じた。これらの章を通して，個人の自己調整プロセスにおける認知的側面，および動機づけ側面について，またこの個人の自己調整プロセスに他者がどのようにかかわっているかを論じている。

本書では，さらにこうした自己調整学習のプロセスが普遍的なものでありうるか，という問いを立てた。第6章は，文化やアイデンティティの観点から，自己調整学習のあり方について論じるものである。本章を通じて，欧米の知見をそのまま受け入れるのではなく，研究と実践において，自己調整学習をどのように位置づけるべきかを相対化して捉えることが必要であることが分かるだろう。

第2部では，「自己調整学習と教育実践」と題し，自己調整学習における「教育実践」的観点をより打ち出した。章ごとに構成は異なるが，どの章でも，発達段階やカリキュラム，実践研究などと関連づけて自己調整学習のあり方を検討している点に特色がある。本書では，教育心理学の知見を中心としてまとめている。そのため，教科名がタイトルとなっている章で紹介されている研究の中には教科に即していないものもあるし，教科教育研究の中で議論されている話題が十分に盛り込まれていないこともあるだろう。この点については，読者の批判的なコメントを期待したい。

第7章では，読解と作文について，認知的プロセスと動機づけに注目して概観した後に，教育段階に合わせてどのような取り組みが重要かを述べている。第8章では，算数の問題解決についてふれるとともに，実践と研究の融合を図る試みが記述されている。第9章では誤ルールの修正という科学教育の1テーマを中心

まえがき

に据え，介入研究を紹介する中で，教育への提言がなされている。第10, 11章はともに外国語の教育に関する議論を行なっている。第10章では，日本における英語教育に重点を置き，学習の認知的プロセスと必要な方略に関して論じている。一方，第11章では，日本における外国人への日本語教育がテーマである。多様な文化から成り立つ学習者群に対して，どのような働きかけが自己調整学習をうながすか，といった，より文化的な側面が重視されている点が特色である。第12章では特に高等教育に注目した。大学進学率が高まるにつれ，リメディアル教育や初年次教育といった形での学習指導が行なわれることも増えてきた。こうした中で自己調整学習のスキルが着目されている。専門的な学習・研究の素地として，生涯学習の基盤としての自己調整学習を考える章となっている。最後に，13章では家庭学習について取り上げた。これまでの章では，特定の課題の解決や理解，あるいは指導者がいる場面での学習のあり方に着目してきた。しかし一方では，より領域一般的に見た指導者不在場面での自己調整学習が重要であるため，指導場面と指導者不在場面での学習のつながりを検討した。もちろん，第2部での論述ですべての学習領域をカバーできるわけではない。しかしながら，自己調整学習の知見を実践重視の観点からまとめ上げたことも，本書の特色であると考えている。

最後に，本書の企画段階では北大路書房の柏原隆宏さんに，編集・執筆段階には奥野浩之さんにお世話になった。特に奥野さんには遅れがちな原稿の仕上がりに耐えて頂いた。ここに記しておふたりに感謝申し上げる。

読者のみなさんが，本書を楽しんでくださることを願いつつ。

2012年3月 「自己調整学習」編集委員（犬塚美輪）

目　次

まえがき　i

◇◇◇ **第 1 部　自己調整学習の基礎理論** ◇◇◇　1

第 1 章　自己調整学習理論の概観　3

第 1 節　自己調整学習とは……3
  1. 自己調整学習研究の創成期　3
  2. 自己調整学習という考え方　6
  3. 自己調整学習の諸理論　7

第 2 節　自己調整学習の社会的認知モデル……9
  1. 相互作用　9
  2. 自己効力　10
  3. モデリング　11
  4. 自己調整　12
  5. 自己調整学習方略　12

第 3 節　自己調整フィードバックの循環的段階モデル……13
  1. 予見段階　14
  2. 遂行段階　16
  3. 自己内省段階　17

第 4 節　自己調整学習のできる学習者……18
  1. 初歩の学習者と上達した学習者の比較　18
  2. 上達した学習者になる要件——対人指導と自己指導　21

第 5 節　なぜ人は自己調整学習をするか——構成主義の見方……21
  1. 自己調整学習理論への批判　21
  2. 人はなぜ自己調整学習をするか——構成主義の見方　23

第 6 節　自己調整学習理論の哲学的基礎——精神物理的二元論を越えて……26

第 7 節　まとめ……28

第 2 章　自己調整学習方略とメタ認知　31

第 1 節　自己調整学習理論における学習方略とメタ認知……31
  1. 自己調整学習を支えるもの　31

目次

  2. メタ認知　32
  3. メタ認知プロセスを重視した自己調整学習の諸理論　34
 第2節　自己調整学習方略をとらえる視点──学習方略のカテゴリー……43
  1. Zimmerman の自己調整学習方略のカテゴリー　43
  2. Pintrich の自己調整学習方略のカテゴリー　44
  3. 動機づけ的側面の自己調整学習方略　45
  4. 多様な教科領域における学習方略　47
  5. 今後に向けて　51

第3章　動機づけ　55

 第1節　自己調整学習における動機づけの機能……55
  1. 自己調整学習のプロセスにおける動機づけの位置　55
  2. 自己調整学習の諸理論と動機づけの機能　57
 第2節　認知論および情動論の動機づけ研究と自己調整学習……59
  1. 認知論からみた動機づけの働き──①自己効力感　60
  2. 認知論からみた動機づけの働き──②目標研究　61
  3. 情動論からみた動機づけの働き──興味の視点　65
 第3節　自律的学習者に向けて──動機づけの促進……67
  1. 認知から動機づけへ──動機づけ介入研究　67
  2. 動機づけを介した自己調整学習の促進──メタ分析からみた今後の課題　70

第4章　自己調整学習における他者　73

 第1節　自己調整学習における他者の役割……73
 第2節　自己調整学習の発達と他者……74
  1. 社会的認知モデル　74
  2. 自己決定理論　76
 第3節　自己調整学習のリソースとしての仲間……78
  1. 仲間を介した自己調整学習　78
  2. 友人との学習活動　79
  3. ピア・モデリング　80
  4. 動機づけのリソースとしての仲間　82
 第4節　自己調整学習を支える教師……83
  1. 教師の自律性支援　83
  2. 自律性支援と自己調整学習　85
  3. 自律性支援と仲間との学習活動　86
  4. 教室における自律性支援　87

目次

　　第5節　対人関係における自己調整……89
　　　　1.　社会的自己調整　89
　　　　2.　他者とかかわる動機づけ　90
　　第6節　まとめ……91

第5章　学業的援助要請　93

　　第1節　学業的援助要請とは……93
　　　　1.　学業的援助要請と質問行動　93
　　　　2.　学業的援助要請の二面性――自律的援助要請と依存的援助要請　95
　　　　3.　対教師援助要請と対友人援助要請　97
　　　　4.　学業的援助要請に関する2つの問題　98
　　第2節　学業的援助要請の回避に関する問題……99
　　　　1.　援助者の反応・態度の影響　99
　　　　2.　動機づけ・達成目標・援助要請に対する認知の影響　99
　　　　3.　メタ認知的スキルの問題　100
　　第3節　なぜ依存的な援助要請が行なわれるのか……101
　　　　1.　動機づけの影響　101
　　　　2.　学習観とメタ認知的スキルの影響　102
　　　　3.　教師の指導スタイル認知　105
　　第4節　学業的援助要請プロセス・モデルと教育実践に対する示唆
　　　　　　――依存的援助要請の抑制と自律的援助要請の促進……108
　　　　1.　学業的援助要請プロセス・モデル　108
　　　　2.　つまずきを明確化する方法の教授　110
　　　　3.　学習の動機づけや学習観の自覚化と変容　111
　　　　4.　教師自身の指導スタイルの自覚化と変容　112

第6章　自己調整学習研究における文化的考察　115

　　第1節　文化と個人……116
　　　　1.　文化と個人の融合　116
　　　　2.　文化と個人の相互関係　122
　　第2節　文化と自己調整……124
　　　　1.　文化的コンテクスト内の自己調整学習　124
　　　　2.　2次的コントロールとしての自己調整　125
　　第3節　イーミック研究とエティック研究の融合……127
　　第4節　終わりに――これからの研究の方向……131

目 次

◇◇◇ **第2部　自己調整学習と教育実践** ◇◇◇ 135

第7章　国語教育における自己調整学習　　　137

第1節　自己調整学習の視点からみた読解・作文の認知過程……137
1. 読解の認知過程と自己調整学習　138
2. 作文の認知過程と自己調整学習　144
3. まとめ　149

第2節　自己調整学習の視点からみた読解・作文の指導……149
1. 初等教育　150
2. 中等教育　153
3. 高等教育　154
4. まとめ　155

第8章　算数・数学における自己調整学習
　　　――日本の児童・生徒のつまずきの原因とその支援策を中心に　　　157

第1節　算数・数学における自己調整に求められることとつまずきの原因……158
1. ミクロ・レベルの学習サイクル――数学的問題を解くことを中心としたプロセス　159
2. COMPASSを通じてみえてくるミクロ・サイクルの問題　161
3. マクロ・レベルの学習サイクル――授業・家庭学習・テストを中心としたプロセス　166
4. 認知カウンセリングや調査を通じてみえてくるマクロ・サイクルの問題　169
5. 自己調整学習のモデルからからみた学習者のつまずき　171

第2節　算数・数学において自己調整ができる学習者を育てる実践的試み……172
1. 現在，学校現場ではどのように指導されているのか？　172
2. 学び方の指導にかかわる研究におけるいくつかの立場　173
3. 学び方の育成に焦点を当てた日本における実践的研究　175

第3節　まとめ……180

第9章　理科における自己調整学習――誤ルールの修正に焦点を当てて　　　183

第1節　理科学習の特徴としての誤ルールとそのモニタリング……183
1. 自己調整学習と理科の学習　183
2. 誤ルールの修正とメタ認知的モニタリング　185
3. 誤ルールのモニタリングにかかわる2つの問題　188
4. メタ認知的モニタリングの自己調整に向けて　191

第2節　理科の学習における学習方略と自己調整学習……192

1. 理科における領域固有的な認知方略　192
　　　2. 学習方略としての知識操作　193
　　　3. 学習方略の自己調整学習化に向けて　195
　第3節　理科の自己調整学習にかかわる残された問題……199
　　　1. 自己調整学習の要素間の力動性　199
　　　2. 自己調整の自動化の過程　200
　　　3. 領域固有な自己調整学習と一般的な自己調整学習の能力　201

第10章　英語教育　203

　第1節　第二言語学習と自己調整学習の接点……203
　　　1. 独自の流れをもつ動機づけ研究　203
　　　2. 第二言語学習に関する学習方略研究　205
　第2節　学習者と教師の視点からみる動機づけ研究と学習方略研究……208
　　　1. 動機づけと学習方略　208
　　　2. 動機づけを高めるためにはどうすればよいのか　209
　第3節　自己調整学習者を育てるために……212
　　　1. 自己調整的な学習者として，適切な援助要請を行なうためのモニタリングの重要性　212
　　　2. モニタリングと「わかったつもり」の関係　214
　　　3. 教育心理学における「英語の誤り」についての研究　216
　　　4. 自己調整学習研究における新たな研究分野の応用として——誤概念と自己調整学習の関係　220
　第4節　最後に……222

第11章　日本語教育における自己調整学習　225

　第1節　はじめに……225
　　　1. 第二言語としての日本語教育　225
　　　2. 日本語学習者の自己調整に影響する要因　226
　第2節　日本語運用力の熟達と自己調整学習……227
　　　1. 発音に対する自己モニタリング・スキルの指導　228
　　　2. 文章理解におけるモニタリングと協同学習　230
　　　3. 発表に対する自己評価と相互フィードバック　234
　第3節　自己の学習スタイルへの気づき——多文化間学習環境における実践……236
　第4節　まとめ……239

目 次

第12章　自己調整学習を育てる大学教育　　　241

第1節　自己調整学習からみた大学教育の特徴……241
1. 初等・中等教育との比較　241
2. 大学教育に関する研究と実践の動向　242

第2節　大学教育における自己調整学習の概要と関連要因……243
1. 概要　243
2. 関連要因の整理　245

第3節　自己調整学習を育てる大学授業の事例……251
1. 〈事例1〉自己モデリング，自己効力，評価による大学授業改善　251
2. 〈事例2〉「オープン・フィールド・アプローチによるカリキュラム開発」研究成果の大学授業への活用　258

第4節　展望――今後の課題……262
1. 循環モデルの検討　262
2. 個人差への対応　263
3. ファカルティ・ディベロップメントへの応用　264
4. 教育研究と教育実践の「実りある交流」　264

第13章　自己調整学習と家庭学習　　　267

第1節　はじめに……267
第2節　家庭学習の指導・支援……268
1. 教師による家庭学習の指導と支援　269
2. 保護者による家庭学習の指導と支援　271

第3節　学校での学習と家庭学習の関連づけ……274
1. フェイズ不特定型の研究　276
2. フェイズ特定型の研究　277
3. フェイズ関連型の研究　279

第4節　今後の研究に必要な枠組み……280
1. 先行研究からの示唆とその限界　280
2. 今後の研究に残された検討課題　281

第5節　終わりに……285

引用文献　　287
事項索引　　317
人名索引　　325
あとがき　　329

第1部

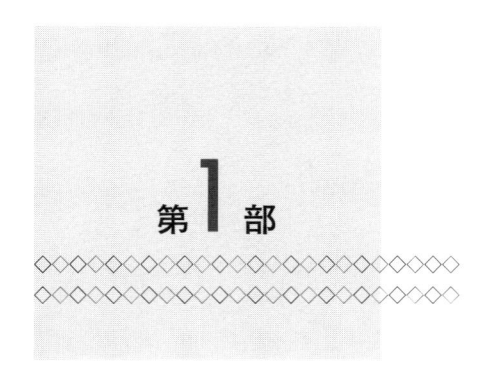

自己調整学習の基礎理論

第1章

自己調整学習理論の概観

塚野州一

　本章では，自己調整学習理論の概要を紹介する。自己調整学習については，すでに先導的な上淵（2004, 2007）の論文，伊藤・塚野・中谷（2007）らのシンポジウム，伊藤（2007a, 2007b, 2010）の論文などがあり，なかでも伊藤（2009）は従来の研究成果をふまえ小中学生と大学生を対象にして新たに調査・研究をまとめあげた，本邦の自己調整学習研究を代表する成果であるとみることができよう。本書の統章で理論研究や調査研究の紹介や検討も行なわれる。本章では，これらとの重複を避けながら自己調整学習理論を概略する。自己調整学習の諸理論も多様であり，その葛藤からも今後の研究を豊かにする方向が示唆される。これらを含め今後の自己調整学習の展望も示したい。

第1節　自己調整学習とは

　自己調整学習はここ30年ほどにわたって教育心理学研究の多くの関心を惹きつけるトピックであり続けている。それは自己調整学習の内容が近年の多くの国々の教育の基本目標である「児童・生徒が学習方略を効果的に適切にかつ自発的に用いること」と合致しているからだといわれる（Paris et al., 2001）。

1. 自己調整学習研究の創成期

　自己調整学習の統合的研究は，1980年代半ばに始まった。Zimmerman & Schunk（2011）は，この展開は，1960年代から1970年代にみられたような，人間の発達における自己調整過程の役割に対する研究者たちの関心の高まりによるという。この経緯を彼らの論述に依拠しながら紹介する。創成期の研究の進展状況をみることによって自己調整学習研究の理解が一段と深まると考えるからである。その研究の取り組みは大きく以下の4つのグループに分けられる。

第1の研究グループは，認知とメタ認知の問題に焦点を置いた。たとえば，生徒は，数学の割り算の多段階解決（multi-step solution）のような，学習を促進する方略の使用を指導される。これらの認知方略によって，ふつう，特別支援学級の生徒でも学習の高いレベルに到達するようになる。研究者たちはこれらの方略は学習され指導されたすぐ後にであう同様な問題に転移できることを見いだしたのである。だが，これらの認知方略は，生徒には，実際の文脈で学び実行するようには，記憶されず，新しい課題に一般化されない。また自然に使われることもない。この限界は，しばしば，方略の有用さを利用できないような，生徒のメタ認知の不足のせいにされていた。そこで Brown らは，方略の指導を，生徒が方略使用を自覚するように自己言語化を含むところまで広げるべきだと主張した。教師が方略の効果についての情報を与えると，転移が促進されるが，生徒は自分で学ぶときには，方略の効果をモニターしセルフ・コントロールすることを怠りがちだったからである。この結果から自己調整の別の側面を検討する必要が示唆された。しかしながら，方略が有効だというただの気づきでは不十分である。生徒は，楽しみがないとかコストに見合わないとそれを使わない。これらの動機づけ的反応のおかげで，生徒の学びの自己調整の説明に自己効力のような動機づけという他の起源が検討されることになった。自己調整過程は自分で始めることが重視されるので，動機づけが強調されるのは当然であった。

第2のグループは，社会的であり動機づけ的である自己調整過程に取り組んだ。Bandura らは，生徒の学習方略の獲得と使用は，仲間，親，教師のモデルによる影響が大きいことを示した。学習方略の効果についての自己効力信念から，課題関心，課題選択，持続のような，さまざまな動機づけの結果が予測されてきた。Bandura によれば，自己調整は自己観察，自己判断，自己反応という3つの過程を含むという。自己観察は，学習の一定の側面を振り返ることである。自己判断は，自分の遂行を基準と比較するものである。自己反応は，自己効力信念のような，学習者が遂行結果から引き出す動機づけ的推論であり行動的推論である。自己反応は，学習の次のサイクルの自己観察あるいは自己判断を調整することがある。たとえば，生徒が成功しないのは，方略が適切に修正されていないか，変更されるべき達成目標だからだ。こうした調整がなされるのは，1つのフィードバック・サイクルが完了し，次の新しいサイクルが始まろうとしているときである。この3つの自己調整過程の発展的研究が，数学問題解決，作文，読解のような多様な領域で，Schunk らによって行なわれてきている。

第3のグループは，多動性や不安のような，臨床的問題に対処するための行動過程あるいは認知行動過程の使用に焦点を当てた。これらのセルフ・コントロー

ルの問題は，作文の仕上げを延ばすなど問題解決中の衝動性のような，生徒の学習にまでしばしば拡張された。これらの研究によって，自己教示，自己報酬，自己罰の使用などの介入が学習の向上に役立つとされた。認知行動的理論的視点から，自己調整は，先行するもの，結果，内潜的反応に影響する顕在的反応ととらえられている。たとえば，学習に先行するものとは，気を散らす邪魔なものを取り除くように，行動的にコントロールすることである。結果は，学習の後で，自分を随伴的に褒めたり罰したりして行動的にコントロールすることである。内潜的反応は，スピーチするときの不安感情への対応のように，心の中の自己確信を言語化することによって行動的にコントロールすることである。このように，自己調整の行動的見方であるか認知行動的見方であるかは，顕在的な個人の結果あるいは内潜的な個人の結果のいずれをコントロールするかによって区別される。

　第4のグループは，発達の問題を部分的に扱っている。というのは，自己調整は幼児では明らかには機能しておらず，年齢の上昇につれてはっきり機能するようになるからである。Vygotskyは，自己調整が子どもの成長につれて多段階に発達することを説明した。彼は，言語こそ子どもの思考と行為をコントロールするための基本的道具であると考えた。彼の社会文化的観点によれば，子どもは親や教師のような社会的養育者からの対人的言語を内面化し，その内面化された言語は，ついには，自己方向づけ機能をもつ内言になるという。子どもの自己調整をうながそうとして，子どもの最近接領域の中で，足場としての自己言語化の訓練の指導がされた。自己言語化は他者からの調整支援でできる個人の最高レベルの作用である。学習者が高い発達段階に移行すると，足場づくりの支援はしだいに控えられた。この観点によれば，子どもの自己調整の発達は，学習機能をコントロールする言語の内面化に基づくという。もう1つの発達の問題は，満足の遅延である。Mischelらは，発達するにつれて，子どもたちは，ある時間遅延した後のより大きな目標（30分後のもっとたくさんのクッキー）を待つために目の前にある報酬（たとえばクッキー）を我慢できると考えた。満足の遅延が増えることは，子どもの達成への高い要求と社会的責任の自覚と関連がある。子どもが，満足を遅延する大人のモデルを見た後では，自分の次の満足の遅延を増やすというエビデンスが得られている。

　以上のような，認知／メタ認知，動機づけ，行動コントロール，発達過程について4つの大きな研究の流れが，1980年代半ばの自己調整の統合的研究を用意したのである。その後，自己調整の統合的観点の創設には2つの節目があった。まず，1986年のアメリカ教育研究学会研究集会におけるシンポジウムであり，次いで1990年のアメリカ心理学会研究集会のシンポジウムであった。この2回

のシンポジウムにおいて，生徒が自分の学習過程にメタ認知的，動機づけ的，行動的に積極的に参加する程度に応じた，学習の自己調整についての包括的定義がなされたのである。そして次の 25 年で自己調整学習の研究は，さらに飛躍的に成長した。

　自己調整学習の理論を構築するために，オペラント理論，現象学的観点，社会的認知理論，情報処理的観点，意思的観点，Vygotsky 的観点，構成主義的観点の諸理論が活用された。自己調整学習研究にはこれまでの心理学諸理論が包括されている。1990 年代に，教育，組織，臨床，健康心理学誌に論文が現われ始め，その間に健康行動，職業形成，学習と教育のような多くの異なった心理学の分野で，自己調整学習研究の重要性が実証されるようになってきた。現在，アメリカ心理学会（APA）のデータベースに「自己調整」の用語で 2,700 本以上の論文が，また 2000 年以降「自己調整」と「学習」で 700 本以上の論文が収められており，自己調整学習の領域における膨大な研究の存在を物語っている（Schmitz et al., 2007）。海外の自己調整学習研究はこのような進展，充実ぶりである。他方，わが国における研究はある程度進展してきているが教育心理学者層の広汎な関心をよび起こすまでにはいたっていない。

2. 自己調整学習という考え方

　自己調整は心理学や教育の分野で多様な意味で使われているが，おおむね「自己調整は，人々が自分の資質，すなわち思考（たとえば，有能さに関する概念）や情動（たとえば，興味），行動（たとえば，学習活動に取り組むこと），社会的文脈的な環境（たとえば，勉強するために静かで心地よい場所を選ぶこと）を将来の望ましい状態に調節させていく中で，体系的に管理するプロセスである」（Reeve et al., 2008）という内容では合意がみられている。Zimmerman（1989）の「教育目標の達成を目指して学習者が自ら創りだす思考，感情，行為」という考えが広く行きわたっている。

　自己調整は，場面限定的である。自己調整とは普遍的な特性ではなく，特定の発達レベルを指すものでもない。それは文脈依存的であり，すべての分野で自己調整している学習者は存在しない。自己調整過程の中には，場面を超えて普遍的に認められるもの（たとえば，目標設定）の可能性はあるが，学習者に必要なことは，その過程を特定の分野に適用する方法を学ぶことと，それができそうだという自覚をもつことである。それを状況固有性という（Schunk, 2001）。

　自己調整学習は，学習者が，学習過程に，メタ認知，動機づけ，行動に，積極的に関与する学習である（Zimmerman, 1989）。それは，目標設定，方略利用，セ

ルフ・モニタリング，自己調整が重要なキーワードとされる（Zimmerman et al., 1996）。

3. 自己調整学習の諸理論

伊藤（2009）は自己調整学習の諸理論を，Zimmerman らの社会的認知モデル，Pintrich の自己調整学習モデル，Borkowski のメタ認知のプロセス志向モデル，Winne の自己調整学習の 4 段階モデル，Boekaerts の適応的学習モデル，Corno の意思理論，Mace らのオペラント理論，McCombs の現象学的視点，McCaslin らの Vygotsky 派の見方，Paris らの構成主義の 10 に分け，その特徴を詳細に解説している。

Meece & Painter（2008）は，次の 4 つにまとめている。Kuhl の行動制御論および Lazarus と Folkman の交流ストレス（transactional stress）理論に基づいた Boekaerts の理論，情報処理やメタ認知の研究に基盤をもつ Borkowski のモデル，社会的認知論をベースにした Pintrich や Zimmerman の考え，Bandura ら，Kuhl と Goschke，それに Paris と Byrnes などのいくつかの理論ベースやその応用の組み合わせで成り立っている Winne の理論である。

さらに，Reeve et al.（2008）は研究の焦点をどこに当てるかで整理している。彼らは，自己調整学習研究のねらいを「なぜ（自己調整するのか）why」「何を（自己調整するのか）what」「どのように（自己調整するのか）how」に分けている。

why 理論は（自己調整的）行動に取り組む理由，つまりそうしたい理由やそうしなければならない理由は何かを検討する。そして動機づけや調整タイプを区別する。たとえば，行動の調整には，興味や価値による自律的調整と自分の外側の力によるコントロール的調整がある。自分の興味や価値を理由に行動を調整することは自律的調整であり，自己決定理論の立場ではこれは自己調整の構成要素である。行動の調整のもう 1 つの理由は自分の外側の力でコントロールされることであり，その場合はコントロール的調整である。これは自己決定理論の見方では強制的で誘発された調整なので，真の自己調整には含まれない。

what 理論は，目標の内容に焦点を当てて，自分自身のためにどういう目標を達成しようとしているかを対象にする。たとえば，学力向上を目指す習得目標か他者よりも優れようとする遂行目標かの選択であり，内発的目標か外発的目標かの選択である。こうした目標内容の違いが，行動の質や学習の深さ，粘り強さの違いに影響することが明らかにされている。why 理論と what 理論は，自己決定理論に代表されるものであり，その中核概念は自律的自己調整である。

how 理論は効率的な自己調整をどのように促進していくのかを扱う。目標や基

■ 第1部　自己調整学習の基礎理論

準に対する自己調整のために使用される固有のスキルやメカニズムに関する理論と実践が対象である。この理論では，自分の望む成果を得るために，どのようにすれば正しい方向に効果的に進んでいけるかを追求する。近年の多くの自己調整学習研究はこのアプローチをとっていて，Zimmerman の社会的認知理論に代表される。この視点から，生徒たちが学習の目標に取り組み続けるのに必要なスキルを教えるための指導法が開発され，学習に関する効果的な方法を生徒に内面化させ，生徒の効力感を高める方法が考案されてきた。これらの how のアプローチは，Mace, Belfiore と Hutchinson の行動的観点，Zimmerman と Schunk の社会的認知的観点，McCaslin と Hickey の Vygotsky 的観点といったさまざまな考え方に由来している。

　自己調整学習の how を理解するためのアプローチは，トップダウン的で，対人的に導かれた枠組みを支持している。そのメカニズムは，有能なモデルを生徒に見せ，指導するやり方である。たとえば，Zimmerman & Kitsantas（2005）は，「自己調整スキルへの社会的認知的経路」とよばれるモデルを示した。そのモデルは，自己調整する力の未熟な生徒（目標が漠然としていて，セルフ・モニタリングを行なわず，学習方略の効果的使用ができない）を対象にしたものである。自己調整に対するはじめの介入は，教師による明示的な指導とモデリングである。生徒の役割は，よく見てよく聞いて，その通りまねることである。模倣期間に，生徒は教師をまね，教師はガイダンスに沿った補足的な指導や，足場，そして正解のフィードバックを与える。その中で，教師は生徒のために，熟達者のやり方の構成要素を見つけ，それによって見たり聞いたりしたことの練習方法をつくり上げる。やがて，教師が調整していた活動は，協同的な調整活動へと成長する。生徒は教師の計画作成やモニタリング，評価の方法を内面化し，自分自身でそれができるようになる。生徒はまた，自己効力感や課題に関する内発的価値や興味を獲得する。最終の目的は，生徒がより適応的な動機づけを活用する能力を獲得して，新しいあるいはあまり環境の整っていない場面でも，自分自身で新たな自己調整スキルを実行することである。

　Reeve et al.（2008）は，このスキルの発達は生徒の学習活動を効果的に調整していくために重要だという。同時に彼らは，生徒がスキルを使ったり，学習に積極的にかかわるには，自律的動機づけを発達させる必要があるのだと主張する。自律的動機づけが不十分だと生徒はスキルを活用できない。大事なことは，教師が生徒に対して自律性をうながすこととスキルを教えることの両方に取り組むことである。教師は自己調整の指導が必要だと判断し教える。それは生徒からみると教師が強制していると感じる場面でもある。そこで，教師の指導は，生徒が強

制されているのではなく自律的動機づけを育まれていると受け取れるものでなければならない。そうした指導は生徒のスキルの内面化をうながすものであり、それによって高い自己調整力が保持されることになる。この過程を、自己調整学習では、望ましい自己調整は、はじめは対人的なもので、しだいに自己指導的なものになるという。「教師と始め、終わりは自分で」、つまり対人的調整から自律的自己調整にいたるという過程である。このように外発的調整を内的な自己調整へと変換するために、生徒が自律性を維持しつつ、その自律性を教師やモデルからサポートされることが大切になるのである。

　自己調整学習のさまざまな要素についての研究の集積は、理論的説明の定式化を認めるまでの十分な規模に到達した（Zimmerman, 1998）。自己調整学習には多様な理論的見方があるが、ここでは自己調整学習の典型的モデルとして、Schunk & Zimmerman（2007）によって提唱された社会的認知モデルをみていく。

第2節　自己調整学習の社会的認知モデル

1. 相互作用

　社会的認知モデル（social cognitive model）の概念的枠組みは、Bandura（2001）の社会的認知理論に基づいている。その理論は、個人作用（たとえば、思考、信念）、環境、行動の3者の相互作用として人間の機能を考えている（図1-1）。たとえば、文章を書くことに対する個人の自己効力信念（個人作用）は、書く主題の選択、書く努力、書くことの持続のような、書き方という行動に影響する。自己効力信念は個人の環境にも影響する。たとえば、騒がしい対人的環境や物理的環境の中で文章を書く効力信念の高い生徒は、気の散るものを避けて自分の集中力を高める。逆に、対人的環境は、個人作用と行動に影響する。教師から励ましのフィードバック（対人的環境）を受けた生徒は、自分はできるのだと感じ（個人作用）、成功するために懸命に努力をする（行動）。教師は、生徒に書いたり直したりするための適切な時間を与えるなど（行動）、文章を書くのに都合のいい教室環境（環境）をつくり、生徒を書く気（個人作用）にさせる。行動は、生徒が自分の環境から邪魔なものを除くときのように、環境にもまた影響する。たとえば、もっと読書に集中できるようにテレビを切るなどである。

　Banduraは、人が自分の生活の重要な領域をコントロールしようとしていることに注目した。彼の相互作用の概念は、人がどのように行動と環境に思考や信念で働きかけるかを、明らかにしたものである。そして、人がコントロールするた

■第1部 自己調整学習の基礎理論

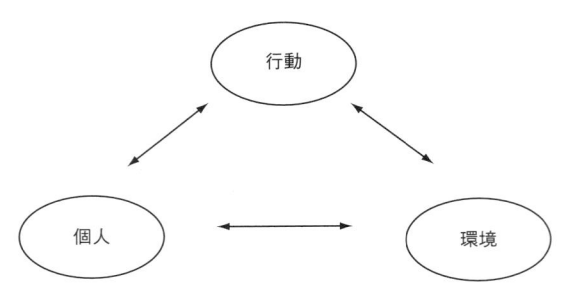

図1-1 Banduraの相互作用モデル（Schunk & Zimmerman, 2007）

めに使う大切な過程は，自己効力と自己調整であるとした。

2. 自己効力

自己効力（self-efficacy）は，活動の選択，努力，持続，達成に作用すると考えられている。自分の学習能力を疑う生徒と比べると，高い自己効力をもつ生徒は，より容易に学習活動に参加し，一生懸命勉強し，困難にあっても長くがんばり，高レベルの遂行をする。

学習者は，実際の遂行，代理（モデルの）経験，説得の形式，生理学的反応から自己効力を査定する情報を得る。また自分の遂行から自己効力を評価する信頼性のある指標が得られる。概して，成功は自己効力を高め，失敗はそれを低下させる。学習者は，多くの自己効力情報を，おもにモデルを観察して代理的に獲得する。大人のモデルは子どもにスキルを教えることができるが，子どもは自分と類似したモデルからもっと有効な自己効力情報を引き出すのである。課題に成功した自分に似た他者を見ることは，観察者の自己効力を高める。子どもたちは，仲間がうまくできると自分も同じようにできると信じやすい。逆に，仲間が課題で苦しむと，子どもたちは自分もまた困難にあうと信じる。困難は彼らの自己効力を低下させる。

生徒は，自己効力に影響する他者から説得的な情報を受け取る。たとえば，教師が子どもに「君はそれができる」あるいは「一生懸命やればうまくできる」と言うときである。そのような情報は自己効力を高めるが，実際の遂行はその情報の通りのときもそうでないときもある。自己効力は，学習者がその後成功すれば増加する。しかし，その効果は，生徒がその後課題をやってうまくいかないと長続きはしない。

さらに，生理的反応（たとえば，発汗，心拍）も，自己効力を推測する情報を

提供する。テストを受けている間ふだんより不安が少ないことに気づくと，子どもは自分はできるようになっていると解釈する。それが自己効力を高めるのである。

しかし，高い自己効力でも，必要な知識とスキルが不足していると，満足のいく遂行を生じない。結果予期，あるいは行為の予期した結果（たとえば，がんばって勉強した後試験でよい成績をとる）は，効果がある。彼らは，よい結果になると信じて勉強をしているからである。高い自己効力をもつ生徒でも，よい結果にならないと勉強をやろうとしない。学習者がよい結果予期をもち，その活動は価値があると考えると，彼らの自己効力は，彼らの努力，持続，達成に影響すると予測されるのである。

自己効力の結果は，生徒の能力の理解にもよる。Dweckは，人は能力について固定理論か増大理論をもつと考えた。固定理論をもつ生徒は，能力は比較的固定したもので，時間がたっても変わらないと信じている。彼らは，学習は能力を高めないと信じているから習得目標をもたない。彼らは，遂行は能力で限定されると信じているから自己効力は低い。

他方，増大理論をもつ生徒は，能力は努力と学習で向上すると信じている。彼らは習得目標をもちやすい。そのことは自己効力を高め，学ぶための自己調整を動機づける。このように，自己効力は，能力の増大理論を支持する生徒の学習と自己調整に大きな効果を及ぼすのである。

3. モデリング

モデリング（modeling）は，観察者が，1つかそれ以上のモデルから，思考，信念，行動を示された後で，観察者自身のそれぞれ（思考，信念，行動）を形成する過程である。モデリングはリテラシー・スキル，信念，態度，行動を獲得する大切な方法であり，基本的モデルとして大人や仲間が役立つのである。

モデリングによる観察学習は，観察者がモデルを見る前にはできなかった行動を，モデルがやってみせるときに生じる。観察学習は，注意，保持，産出，動機づけの4つの過程からなる。モデリングは，観察者が関係のある環境事象に注意しないと生じない。保持は，観察者が記憶に蓄えているモデルの情報を内的にコード化し転移すること，また情報を認知的に組織しリハーサルすることが必要である。産出は，観察者がモデルがやってみせた事象の心的概念を実際の行動に移行することである。動機づけは，観察学習によって，観察者はモデルが学習できるのなら自分も同じようにできると信じるようになり，学習が生じることである。

モデルは観察者の自己効力にも影響する。成功するモデルを見ると，生徒は行

為を実行し，自分の学習の進行を記録すると自己効力が強まる。そのことが学習の動機づけを維持するのである。

4. 自己調整

　自己調整（self-regulation）は，教育目標の到達を目指す自己調整された思考，感情，行為のことをいう（Zimmerman et al., 1996）。自己調整は"self-regulation"の訳語であり，「自己制御」とも訳されている。この場合の「調整」は，主体が客体に対して，適応的に調整するだけではなく，目標達成に向けて，まわりに意欲的に働きかけ，変革していくという，積極的意味を含めている。自己制御は自己規制的な意味が強く，主体の伸びやかなかかわりの意味が理解しにくい。筆者はこうした理由から自己調整を使用してきた。

　Zimmerman（1998）は，自己調整を予見，遂行，自己内省の3つの段階からなるという。さらに，Schunk & Zimmerman（2007）は，自己調整の発達の社会的認知モデルを定式化した（第4章第2節参照）。このモデルは，観察，模倣，セルフ・コントロール（self-control），自己調整の4レベルの発達を想定している。それは，対人的起源で始まりその後自己起源へと移行し内面化する。

　この内面化の強調は，Vygotsky の社会的文化理論とある程度共通する。Vygotsky の理論では，社会的に調整された活動が思考に大きく影響すると考えている。個人的要素に加えて社会的環境は，その「道具」――文化財，言語，社会制度――によって学習を生み出す。認知的変化は，文化的道具の使用によって，またこれらの相互作用の内面化と心的な変換によって，生じるという。つまり，Vygotsky 理論は，認知的媒介とメタ認知的媒介による内面化への基本的役割を主張している。この内面化の強調は社会的認知理論と共通する。Vygotsky の特徴は内言の強調である。彼によれば内面化は内言によって進められるととらえる。それに対して，社会的認知的観点では，内面化は，視覚的イメージ，言語的意味，非言語的ルールと方略――それらは全部モデリングによって伝えられる――に基づいているとみる。この観点では，視覚的イメージ，言語的意味，非言語的ルールと方略により生じる内面化が，学習を進めるととらえているのである。

5. 自己調整学習方略

　学習を効果的に進めるための個人内の認知過程，学習行動，学習環境を自己調整する方略が自己調整学習方略（self-regulated learning strategies）である（Zimmerman, 1989）。Zimmerman et al.（1996）によれば，その方略の有効性は，どの学習課題に対しても万能なのではなく，さまざまな個人的要因と文脈的要因

の影響を受けているという。また，学習方略の知識のある学習者でも，その知識が適切な目標設定，正確な方略過程と結果のセルフ・モニタリング，高い自己効力を生じさせないと，学習方略を使い続けることはない。さらに，最適な方略をマスターするには，方略成分が有効かそうでないかを明らかにする努力が必要である。最初，2～3の方略だけが使用される。ある方略の実行が自己モニターされ，その結果がプラスだと評価されると，方略の効果が現われるのである。また，Zimmerman（1989）は，方略の利用によって有効な自己効力知識が得られるとしている。この知識が次の方略選択と実行を決めるのであり，そのような表象的知識が，判断形成と行為のコースの構成と選択に使われるという。

　学習者はこうした方略を使うことによって，自分の行動と環境に対する自己のコントロールを増すことができる。学習方略は，学習の目標に向けて努力する方法であり，目標と結果の橋渡しをする基本的役割を担っている。

第3節　自己調整フィードバックの循環的段階モデル

　Zimmerman & Moylan（2009）は自己調整理論の特徴に，個人的フィードバック・ループがあるという。以下，彼らの見方に沿って循環的段階モデル（a cyclical phase model）を説明していく。このモデルでは，遂行と結果についての情報を伝え，その情報は新たな適応のために使われるループが用いられる。この際のフィードバックは，教師，仲間，親からの指導や賞賛のように社会的である。また課題や直接の文脈からのように環境的である。さらに，内潜的心的結果，生理学的結果，行動的結果のように個人的である。このフィードバックの性格や機能についての考え方は，しだいに詳細に複雑になってきている。社会的認知的モデルによれば，学習者のフィードバック・ループには3つの循環的段階がある（図1-2）。

　予見段階（forethought phase）は，学習に先行し，学習を自己調整する準備と意欲に作用する学習過程と動機づけの源のことである。遂行段階（performance phase）は，学習中に生じ集中と遂行に作用する過程であり，自己内省段階（self-reflection phase）は，学習の結果に対して作用する過程である。これらの自己内省が，今度は，次の学習に関する予見に作用し，これで自己調整サイクルが完成する。学習者の自己調整サイクルの長さは，フィードバックの頻度と時期によって変わる。それは，1日行動しそれを振り返り日記をつけるまでの単位や，勉強し試験を受けその試験の成績を受け取るまでの単位である。

■第1部 自己調整学習の基礎理論

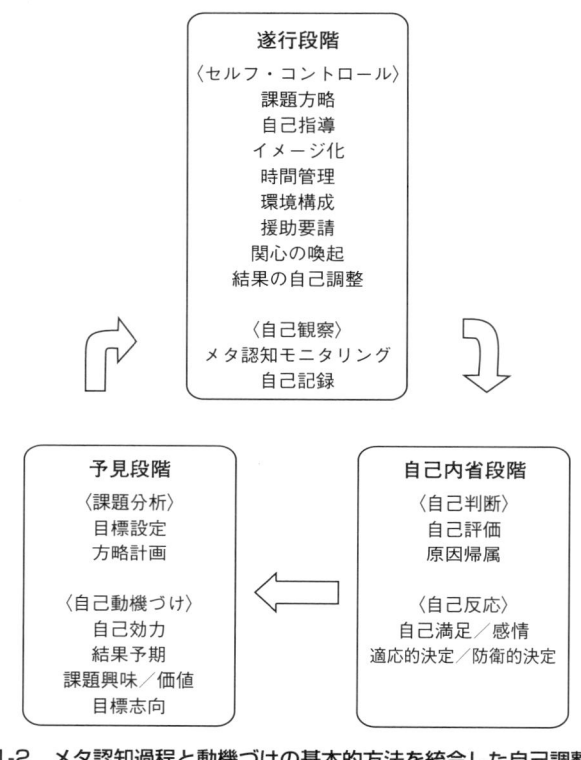

```
┌─────────────────────┐
│      遂行段階        │
│ 〈セルフ・コントロール〉 │
│      課題方略        │
│      自己指導        │
│      イメージ化      │
│      時間管理        │
│      環境構成        │
│      援助要請        │
│      関心の喚起      │
│      結果の自己調整   │
│                     │
│     〈自己観察〉      │
│  メタ認知モニタリング  │
│      自己記録        │
└─────────────────────┘
```

図1-2 メタ認知過程と動機づけの基本的方法を統合した自己調整の循環的段階モデル（Zimmerman & Moylan, 2009 を改変）

1. 予見段階

　この段階は，課題分析と自己動機づけの主要な2カテゴリーで構成されている。予見とは予期のことである。

　課題分析は，数学の問題を連続するステップに分解するように，学習課題とその内容を構成要素に分け，この要素の既有知識から個人の方略をつくることである。課題分析は，目標設定と方略計画の2つの構成要素からなる。目標設定は，1時間の勉強時間に小数問題を1ページ解くなどのように，達成の結果を特定することである。方略計画は，有利な学習方法を選択したり組み立てることであり，その方法は課題と環境設定に適切なものが選ばれる。学習者は，方略計画を連続的システムあるいは階層的システムを構成する短期間目標と長期間目標に結びつけると，長期間にわたって自分自身で効果的な実行ができる。

自己動機づけは，自己効力，結果予期，課題興味／価値，目標志向の基本的源によっている。これらの基本的源は，目標設定と方略計画とに関係している。自己効力は，学習者の目標と方略選択に影響し，活動，努力，持続のような遂行段階に直接に作用する。それは，書くこと，時間管理，嫌な仲間のプレッシャーに対する抵抗，セルフ・モニタリングなど多様な領域の学習方略の使用に影響する。結果予期は，社会的承認を得ることや望ましい職場の地位を獲得するような自分の将来の目的についての信念のことである。学習者の結果予期は，もらえる給料，生活の質，職業の社会的恩恵のような，多様な結果についての知識や自覚による。魅力的な結果からプラスの効果がよく生じるが，これらの予期は自己効力によるのである。たとえば，学習者は会計処理上のスキルをもつことは仕事の上で有利だと信じるかもしれない。でもこれらのスキルを学ぶ効力感がないと，それを本腰を入れて学ぼうとはしない。そこで，学習を自己調整する動機づけは，自己効力と結果予期のようないくつかの要素によって影響されると考えられる。課題興味や価値は，課題が，その固有な特性のせいで，好まれるか嫌われるかのことである。DeciとRyanは，これを内発的動機づけといったのに対して，WigfieldとEcclesは，それと同等な動機づけだとして興味価値とよんだ。HidiとRenningerは，同様な動機づけでもある興味と記述し，それを，対象，活動，あるいは観念の特定の階層の内容に関与する認知的で情動的傾向と考えた。Ainleyらの研究は，課題興味や価値は学習方略の選択と達成目標に影響することも示している。明らかに，課題分析過程は動機づけの課題興味や価値の源と結びついている。目標志向は，学習目的についての信念と感情である。習得目標志向性をもつ学習者は，学習によって能力を向上させることを追求するが，遂行目標志向性をもつ学習者は，他者の遂行との比較によって能力の認知を守ろうとする。DweckとLeggettによれば，習得目標志向性は，心的能力はしだいに増大するという信念から生じるが，遂行目標志向性は，心的能力は固定的だという信念から生じているという。

　目標志向は，予見段階における方略計画の重要な予測因子である。強い習得目標志向をもつ学生は，弱い習得目標志向をもつ学生よりもより有効な「深い」習得方略をしばしば選択し実行する。また強い習得目標志向をもつ学生は，強い遂行目標志向をもつ学生よりも優れた自己内省過程を示す。これらの学生は，専門課程の最初の試験の不成績からすぐに回復するし，専門課程の終わりまでには高い遂行を示すことが研究で明らかになっている。また習得目標は内発的動機づけの測度と有意な相関があることも明らかにされてきている。

　目標志向と目標設定は次の点で異なる。目標設定は，学習者が2日間で論文を書くような，一定の時間で特定の学習結果を出すという約束である。目標設定は，

自己調整の役割については，一定時間に自己調整を必要とする明確なフィードバック・ループを生み出す。それに対して目標志向は，時間内の特定の結果を目標とするのではなく，学習や遂行活動への制約の少ない関与なのである。

2. 遂行段階

この段階は，セルフ・コントロールと自己観察の2つの主要なカテゴリーからなる。セルフ・コントロールは，さまざまな課題方略と一般方略とがある。課題方略は，算数の分数でかけ算のやり方のステップをつくるような，課題の固有な構成因に取り組む体系的過程を開発することである。一般方略は次のようなものである。自己指導，イメージ化，時間管理，環境構成，援助要請，関心の喚起，結果の自己調整である。

自己指導は，教材を読みながら自分に質問するように，課題を遂行するときにどう処理するかについての顕示的あるいは内潜的記述のことである。その際に言語化は，その質と実行の仕方にもよるが，学習を向上させる効果があることがわかってきている。イメージ化は，文章情報を視覚的図やフロー・チャートに変えるための，学習と保持を助ける心的イメージである。時間管理は，固有の課題目標を設定すること，課題に必要な時間を見積もること，目標達成の進行をモニターするなどの，学習課題のスケジュールを遂行するための方略である。小学生のような年少の学習者と大学生のような年長の学習者は，時間管理の練習が役に立つことが知られている。環境構成は，まわりの環境の学習促進の効果を高める方法である。援助要請は，学習のときに援助を求める方法である。一見したところ，援助要請は，援助を他者に求めるのでセルフ・コントロールではないように見える。成績不振だと，何を，いつ，誰に聞くかがわからないので他者からの援助を求めたがらないことがわかってきた。援助要請は，情報を自ら求める対人的な形である。関心の喚起は，外国語の単語を再生するときに級友と競わせるように，ゲームの要素を増やしてありふれた課題を魅力的にすることである。さらに，結果の自己調整は，宿題を終えるまでE-mailに返信することを延ばすように，学習の後に自分自身を褒めたり罰したりすることである。

課題方略にしろ一般方略にしろ，これらは学習結果に基づいて調整されることが必要である。そこで自己観察が遂行を自己調整する際の中心的役割を果たすことになる。自己観察には，メタ認知モニタリングと自己記録の2つの基本的形がある。メタ認知モニタリングもセルフ・モニタリングも，遂行過程と結果を自分の心の中で跡づけることである。自己記録は，学習過程や結果の記録をつくることである。作文のスペルのまちがい数のグラフなどの学習記録を作成することは，

自己観察の妥当性，固有性，それに時間間隔を増やすので学習者に役に立つ。

　遂行を跡づけることは，複雑な学習遂行の情報量が個人の心的能力を超えるとむずかしい。過重負担になると信頼性のないメタ認知モニタリングになるが，基本的過程を選択して振り返ることなどで避けられる。セルフ・モニタリングによって，これらの記録から学習者の再生の信頼性を増し遂行の微妙な変化を見分け解釈できるようになる。セルフ・モニタリングは記録によって向上するのである。

3. 自己内省段階

　この段階は自己判断と自己反応の2つのカテゴリーからなる。前者のカテゴリーの自己判断の第1は，自己評価であり，それは自分の遂行を基準と比較することである。予見段階の生徒の目標設定は，生徒が自己内省段階で自己評価するために使う基準に影響する。生徒の一定の基準選択は，自分の認知した結果と次の動機づけに影響する。たとえば，生徒が比較基準に先行の自己の遂行レベルを使うことは，他者より優位に立とうとするよりも自分を向上させようとするときに，役立つのである。

　自己判断の第2は，原因帰属である。これは，固定した能力，努力，方略使用のような，結果の原因の推測についての信念と定義されている。あるタイプの帰属は，自己動機づけを簡単に損なうことがある。たとえば，才能や能力のなさのような制御できない要素に帰属すると，学習者が障害に打ち勝とうとしたり，向上しようとする努力を減少させる。しかし，特定の方略の利用など，制御できる要素に帰属すると，標準を下回る遂行だとしても，動機づけを維持できる。

　後者のカテゴリーの自己反応は，さらに自己満足あるいは感情と適応的決定あるいは防衛的決定の2つで構成されている。自己満足あるいは感情は自己判断に対する認知的で情動的反応である。学習者は満足する学習活動を好み，不安のような不満足やマイナスの感情を生じる学習活動を避ける傾向がある。適応的決定は，学習者が方略使用を続けたり，それを修正することによって学習サイクルを進めることである。対照的に，防衛的決定は，学習者がその後の不満足や嫌な情動から身を守るために学習する努力を避けることである。無力感，遅延，課題回避，認知的遊離，アパシーなどである。2つの自己反応は自己判断に依存している。たとえば，遂行に有利な自己評価と制御できる原因への帰属は，自己満足の増大と適切に学ぶ努力を続けることへと導くのである。

　これらの自己反応は，循環して予見段階過程に影響する。たとえば，プラスの自己満足反応は，学習スキルの習得についての自己効力のよりプラスの認知，強い習得目標志向，課題への高い内発的関心のような，学習についてのプラスの動

機づけを向上すると考えられている。それらの循環的相互依存性によって，自己調整過程は，それぞれの過程を自己維持するようになるし，それぞれの段階の信念は，次の段階で学習を促進したり逆に損なう道筋をつくるのである。

以上みたように，学習者の自己調整のどのような説明でも，メタ認知過程だけでなく，循環的フィードバック・ループのさまざまな点での学習に関係した動機づけと感情を含むことが明らかにされた。また，動機づけは，メタ認知的に学ぶ学習者の努力の原因と結果の両方だということになる。

第4節　自己調整学習のできる学習者

自己調整学習のできる学習者はどんなことができるのだろうか。Zimmerman (1998) は表1-1のように，自己調整学習の初歩と上達した学習者たちの段階の違いを明らかにした。

1. 初歩の学習者と上達した学習者の比較

まず予見段階である。初歩の学習者たちは，一般的な遠い漠然とした目標をもつ。そのあいまいさのため，目標の遂行も自己内省にも限界が生じる。また評価は明確な自己基準をもたず他人を基準にするので，遠い目標を達成するまで評価ができず，動機もそれまで保たなくてはならない。彼らは，遂行目標志向をもつ。また，遂行の評価の結果，知力が他者より劣っていることがわかり，学習を不快な経験とみている。そこで学習の評価は低く，それを回避する。自己効力は低く，学習に不安を抱いていて，そのため学習を避ける傾向がある。また課題やスキルに対する関心は発達しにくい。彼らは内発的興味のなさを，気力のない教師や退屈な課題のような，外的要因のせいにする。

これに対して，上達した学習者たちは，順序のある階層化された目標をもつ。それは目標群ともいえる。最初は，具体的で近い目標をもち，その目標は次の目標，さらに次の目標と順次つながりついには遠い目標と結びつく。この階層的目標は評価のための明確な自己基準があり，それによって達成の評価がすぐにでき，他者からの外的フィードバックに頼らずにすみ，また遠い目標の達成まで達成感の満足を遅らせることもない。

彼らは，習得目標志向をもつ。学習は能力を高めるものであり，そのためこの学習は適切だと評価している。また，高い自己効力をもっていて，それによって，学習意欲が生じ，自己調整の意欲も生じる。こうした自己効力をもつ生徒は，高い目標を設定し，正確にセルフ・モニタリングし，積極的に自己反応する。学習

表 1-1 初歩と上達した自己調整学習者の自己調整の下位過程の比較
（Zimmerman, 1998 をもとに作成）

自己調整の段階	自己調整学習の区分	
	初歩の自己調整学習者	上達した自己調整学習者
予見	一般的な遠い目標	特定の階層的目標
	遂行目標志向性	習得目標志向性
	低い自己効力感	高い自己効力感
	興味がない	内発的興味
遂行	定まらないプラン	遂行に集中
	セルフ・ハンディキャッピング方略	自己指導／イメージ化
	結果のセルフ・モニタリング	過程のセルフ・モニタリング
自己内省	自己評価を避ける	自己評価を求める
	能力帰属	方略／練習帰属
	マイナスの自己反応	プラスの自己反応
	不適応的決定	適応的決定

課題には強い内発的興味をもち，課題を選択して取り組み，妨害があっても学習を続ける。

　遂行段階では，初歩の学習者たちは，気を引くものや競争心で動揺する。情動状態や周囲の条件に引きずられてしまう。自己指導のときあまりことばによる表現をせず，するときはしばしば否定的なことばになってしまう。イメージ化によるガイドの役割の大切さに気がつかない。新しい学習方法の実行のときは，試行錯誤した結果に頼るのである。都合のいい自己反応を維持できるように障害を意図的につくり出す。それはセルフ・ハンディキャッピング（self-handicapping）反応とよばれる。遂行のモニタリングがうまくできず，おおまかな意識や断片的情報に頼る。学習の進行を正確にセルフ・モニタリングすることに失敗し，成功のレベルを過大評価することが多い。

　上達した自己調整学習者たちは，遂行に集中できる。学習の方法や方略を実施するために，自己指導やイメージ化を使うガイドとなる体系的指導書や技法をよく使う。自己指導する言語表現によって，注意の集中，方略のそれぞれのステップに従うこと，動機づけの維持のための自己賞賛などの多様な遂行コントロールができるのである。イメージ化も使うが，それができないときには，上達者の遂

行を観察して，イメージ化のモデルにする。遂行過程で最も重要なのはセルフ・モニタリングである。これは個人の遂行した基本的指標の経過を追うことである。それによって，遂行の正誤がわかる。他者からの社会的援助や批判などによらずに，遂行の修正をするためにセルフ・モニタリングの情報を使う。

　自己内省段階では，初歩の学習者たちは，学習の努力を評価する機会に気づかないか，意識的に避ける。目標を遠くに設定しあまりセルフ・モニタリングせずに，対人的比較をしがちである。その結果，他者より劣っていることに気づき，自我を不安にする自己反応を生じて悩むことになる。マイナスの評価を限界のある能力に帰属する。その結果，否定的自己反応を生じるし，能力を固定したものとみるため，適応の努力をさらに弱めてしまう。好ましい結果を能力に帰属すると，プラスの自己反応を生じるが，努力の必要がなくなるのでその後の学習努力をしなくなる。遂行の修正が非組織的で，情報がそろわなかったり結果を誤解するので，修正は直感や推測に頼ることになる。

　上達した学習者たちは，学習の努力を自己評価する機会を求める。好ましい自己評価が，目標設定とセルフ・モニタリングから直接下される。現在の学習努力を以前のそれと比べると，おおむねそれは優れている。マイナスの評価を，方略使用，学習方法，不十分な練習に帰属する。あらかじめ設定した階層的目標，正確なセルフ・モニタリング，適切な自己評価に基づいて，遂行の仕方を組織的につくり変える。マイナスの結果を効果のない方略に帰属する。そのことで，不都合な自己反応を回避し，効果的な方略を見つけるために，方法の組織的変化をうながすのである。このように，上達した学習者たちの帰属の仕方は，さまざまな適切な自己反応へと導く。良好な自己評価，適切な帰属，プラスの自己反応をしているので，学習サイクルを続けようとする強い動機づけが保持される。

　自己内省段階は予見段階に対して，上達した学習者たちにはプラスに，初歩の学習者たちにはマイナスに影響する。自己内省的思考は，上達した学習者たちに予見的信念を強化したり継続させたりする。予見的信念とは，自己効力，目標志向，課題への内発的興味である。自己内省過程の帰属や適応的決定は，予見過程の目標設定と方法のプランニング過程に直接影響する。初歩の学習者たちの自己内省過程は，自己効力，内発的興味，目標志向，方略の認知を低下させ，予見過程にマイナスに作用する。

　生徒の自己調整スキルのレベルが，学習経験が自己損傷的になるか自己成就的になるかを結局は決めることになる。教師は生徒に対して，自己調整学習のサイクルを伝えることによって，生徒の自己調整学習の自己成就の特性の理解を助け，自己反応と自己効力を低下させるサイクルを避けるように援助できる。

2. 上達した学習者になる要件——対人指導と自己指導

ところで，自己調整学習の初歩の学習者が上達した学習者になるための要件は何か。Zimmerman（1998）は，初歩の自己調整学習者から上達した自己調整学習者となる要件は，対人指導（social influence）と自己指導（self-instruction）の経験であるという。対人指導の起源は大人（親，コーチ，教師）と仲間（きょうだい，友達，級友）である。自己調整の知識とスキルを教えるのに，モデリング，ことばによる指導，身体を使った指導，正確なフィードバック，環境の整備，管理とモニタリング，仲間が教えること，協同学習，相互教授が使われる。自己調整の力は学校のふだんの授業から直接形成されることはほとんどない。その形成には，対人指導のほかに，自分自身での選択やコントロールのリハーサルが必要であり，そのことは自己調整学習スキルのルーティン化の練習になる。生徒には自分1人で学習に責任をもち目標を決め遂行し内省する課題とそれに取り組む機会，つまり自己指導による学習，自律的学習の機会が必要なのである。教師による制約が少ない宿題や協同学習には自己調整する機会があり，教師から自由になることも大切である。このように，上達した学習者になるためには，教室外の学習，仲間との協同学習の場面で自己指導を進め，教師や仲間に頻繁に効果的援助を要請し，学習に対する親の期待と間接的援助などふだんの授業外の要因が大切になる。自己調整する力の形成は，自己指導的練習の豊富な機会を与える社会的支援的環境の中でなされるのである。

第5節　なぜ人は自己調整学習をするか——構成主義の見方

1. 自己調整学習理論への批判

Paris et al.（2001）は，自己調整理論の見方をとりながらも，自己調整学習の多くの理論が，さまざまな自己調整過程に関する定義と記述だけになり，自己調整の力動的な過程にほとんど注意が向いていないと批判する。彼らの見方を以下に論述する。

自己調整学習の多くの見方，なかでも情報処理の見方は，帰属，自己観察，目標，方略などの要因の究明に力を入れ，これらの要因がどのように学習効果に影響するかを解明しようとしている。だがこれらの要因は，記述のための分析の道具にすぎない。これらがどのように関係し合っているかの説明はない。使用される図の中のいくつかの箱や矢印は，その関係を機械的に単純化したにすぎない。

したがってこうしたモデルは，自己調整学習における可能な諸要因とそれらの可能な相互作用を図示するだけであり，それらの諸要因は主体なしの前提知識の記述でしかないと彼らは手厳しい批判をしている。

　Paris et al. は，さらに，Vygotsky の観点を引いて，そのようなモデルは，人間と行動目的の相互作用を欠いていると続ける。Vygotsky（1986）は，「知的側面と情動的・意志的側面とを分離することは，伝統的心理学の大きな欠陥である。というのは，両者の分離によって必然的に，思考過程を，思考それ自体の自動的な流れのように表わし，思考する人間の生きた生活の全体から引き離し，その個人の生きた動機・興味・意向・欲求から引き離してしまう」，また「思考を最初から情動と切り離すのは，思考そのものの原因の説明への道を自分でふさいでしまう」，さらに「思考を情動から切り離すために，思考が精神生活の情動的・意志的側面に及ぼす影響の研究も不可能にする」という。この主張は，ホムンクルスの誤謬問題や思考が他の思考とつながっているという回帰的因果的説明への批判のバリエーションとみられよう。

　ホムンクルスの誤謬問題とは，人間の行動や経験のある側面を説明するために，心や神経組織の中の推定される過程あるいは実在物を使うことをいう。そのときホムンクルス（homunclus：小人）の行動や経験が，人の行動や経験の説明に使用される。そこで，ホムンクルス理論は，循環的推論に終わったり，ホムンクルスの際限のない回帰を必要とすることになる。たとえば，精神分析は，脅かしている観念を人は意識しないようにするという理論を説明するために，その観念に気づきそれが自分を脅かしていることを知っているある特別な領域を仮定する。同様にある情報処理理論は，意思決定を説明するために意思決定過程をもち込む。両理論とも，自覚や処理の外部のレベルの説明に別の自覚や処理の内部の精巧なレベルをもち込んでいる（Vandenbos, 2007）。

　Paris et al.（2001）の「このことが自己調整学習理論で問題となるのは，意志や感情をもった主体なしのモデルは冷たく静的なものになる」との批判とも重なり合うのである。知識は行為の必要条件ではあるが，知ることだけでは行為を起こすことにはならない。知識のみに縛られた理論では，働きかける主体とそれが生み出す結果との因果関係は描き出せない。

　この問題を乗り越えるために，Wellman は，思考から行為への因果関係を，「信念－欲求－行為」の枠組みによって説明した。X を信じることが，Y の追求を動機づけ，それが行為 Z を導くという図式であり，知識が欲求に変わるという考えで，それによって理論に動機づけが加わるのである。

　これらの批判と提案をふまえ，Paris et al.（2001）は，人はなぜ自己調整学習

をするのかを考察した。彼らは，人々がなぜ一貫した変わらない方法で行動するかをこう説明する。自己調整的な行為は良いからとるのではなく，「自分の望む方向」に沿って行為をとることが調整行為と結びつく。自己調整学習にみられる行為は，ある行為をとろうとする動機の結果から生じるものではなく，結果として生じる行動を自己調整とよぶのである。人々は調整的になろうと努力しているのではなく，自己調整学習の知識が知識の実行を動機づけているのでもない。また，自己調整学習の動機は他者からの指導，教示やサポートに還元できない。動機が他者によるものだとするとそれは自己調整ではない。こうしたことから彼らは，「自分の望む方向」内的で，自己決定的で，構造化され，起動の原因となる自己調整学習の基本的動機を特定することになり，彼らはそれをアイデンティティの確認だと考えたのである。

2. 人はなぜ自己調整学習をするか──構成主義の見方

　自己調整学習の基本的な動機はアイデンティティの確認だということは，具体的には，子どもは望ましい人格特性やアイデンティティを所有していると他者からみられようと努力していて，この努力が子どもが学習行動を調整する根底にあるというのである。自己調整学習は，変化する環境からの要請に対する個人の反応であり，個人の能力や理論に応じたもので，適応の方法である。ここでの理論とは「理論の理論（theory theory）」のことであり，子どもが自分自身と彼らを取り巻く世界についての意味を理解しようとしていて，事実を体系化する方法が，年齢と経験を増すとともに，さまざまな理論に概念化されていくことを指す。

　Harter は，自己を，能動的な知るものとしての自己，「主体としての自己」と，対象としての自己，「客体としての自己」との 2 つの視点からとらえた。

　子どもの理論は，年齢の上昇につれて，分化され「対象としての自己」が意識され，行動の調整は洗練され体系化される。行動調整は，年少の子どもたちでは内潜的である。だが，中学，高校の青年たちでは，顕在的である。彼らは家族，学校，地域など自分の属するグループやコミュニティにおいて，自分が価値を認める他者から自分の高い評価が得られるように，自分の行動を調整する。そして自己調整的な生徒は，心理的なリスクを伴う目標を探索し，それに向けて努力する。また自分の誤りから学ぶことができる。ストレスのある状況に対して柔軟で積極的に反応する力があり，自分の能力にふさわしいやりがいのある課題に挑戦するようになる。

　子どもたちは環境の中で，さまざまな自己のアイデンティティや人格特性を選択し志向し，それに関係した行為を実行する。したがって，その実行される行為

は自分の望むアイデンティティを獲得することに関連している。子どもは自分のやる行為が他者から承認されるかどうかを判断する。同時に自分でも自分の行為を評価する。その結果ある行為が選択されそれを遂行する。この個々の行為の遂行はアイデンティティの形成へとつながっている。逆に，あるアイデンティティが望ましいとされると，子どもはそれとの関係で行為を選択し実行をする。これが自己調整である。この調整された行為の結果について，他者評価と自己評価がされる。自分の目指すアイデンティティを補強する行為や他者から評価される行為は，くり返され内化されていく。このように望ましいアイデンティティと調整された行為は，自己評価と他者評価，言い替えると個人評価や社会評価によって影響される。あるアイデンティティが試行されたとき，非難や制限，無視が起こると，別の新しいアイデンティティが試みられる。子どもは，自分は誰で，何になれるか，他者は誰を尊敬するかについて仮説を立て，さまざまな自己のアイデンティティや人格特性を試して成長する。このとき，他者による評価が大きく影響するのである。またあるアイデンティティが他者からプラスに評価されるという信念をもつと，そのアイデンティティを試そうとするし，それが行為の調整につながるのである。生徒は，異なる社会状況で，異なる人々に対して，さまざまなアイデンティティを試行する。この試行が成功したりよい結果が得られたアイデンティティは，その後も保持され形成され続けていく。

　このアイデンティティの形成過程の説明は個人的発達をみたもので，個人の知識に基づく構成主義の観点である。この観点は，自己調整学習が，社会的なアイデンティティを模索し，他者の承認を受けようとする個人的試みから生じるという考え方で，BrunerやPiagetに依拠するものである。

　これに対して1990年代に新しい構成主義が登場した。前述のParis et al. (2001) は，新しい構成主義の観点から自己調整の進行を次のように説明する。

　なお，DeCorteらは，この新旧2つの構成主義を，「認知革命の第一波と第二波」とよんだ。新しい第二波は「単独認知」(Rogoff) に対する批判であり，Bronfenbrenner, Cole, Vygotsky, Dewey, Bartlettらが指摘してきた文化的特徴や文脈の重要性を強調するものである。

　まず第1に，成績が振るわず教師の言うことを聞かない反抗的生徒たちを例にとる。彼らのアイデンティティの形成もその力動的過程は他の生徒の場合と同じように自己調整的である。彼らは，勉強でがんばり規則を守るなどの教師から推奨されることと結びつくアイデンティティを軽蔑する。勉強でがんばって規則を守ろうとしても，失敗は目に見えているからだ。そこで彼らは教師や学校に挑戦的態度をとり，学習方略は使わず習得目標も立てない。生徒は防御的方略として，

学校での努力や成功を低く見積もる方向に自分の行為を自己調整し，アイデンティティもそれと関連するものを形成していく。この場合は，防御的方法としての，代替的なアイデンティティの形成である。この視点から子どもは自己調整する。

　第2は，女子生徒は数学が弱いというような集団に対するステレオタイプである。Spencerらは，「男子は数学ができるが女子はそれにハンディをもつ」といった性差に関するステレオタイプの存在を指摘し，そのステレオタイプのせいで女子生徒がむずかしい数学の問題ができないことがよくあり，このステレオタイプがなくなると，この現象もなくなることを示した。生徒は，所属する集団へのステレオタイプに対応して，自己調整を行ない，学習結果はその影響を受けるのである。

　第3は，アイデンティティの形成は，社会的，文化的，歴史的な規定を受けるということである。どの文化圏のどの生徒にも有効な効果的自己調整学習行動といったものは存在しない。生徒はそれぞれに異なる自己のアイデンティティに基づいて，異なる目標をもっている。たとえば，アメリカの生徒たちは，社会的学習環境の影響を受け，学習場面では，認知方略や社会的比較，競争が多用される指導を受けている。しかしアメリカの文化圏以外では，個人の成功を重視する指導をアメリカと同程度に価値づけてはいない。このように，調整される行為は，さまざまな文化における望ましいアイデンティティと関連しており，社会的，文化的および歴史的条件に応じて異なっている。Boekaertsは，自己解釈の文化的差は，欧米の生徒では「個人的利益」と自己実現目標を志向するのに対して，アジアの生徒では「集団の利益」と自己融和目標を志向する違いだという。自己調整は社会的，文化的，歴史的条件という基準に基づいて行なわれているのである。

　このように新しい構成主義の観点からは，自己調整は，アイデンティティの形成，所属集団へのステレオタイプ，社会的，文化的，歴史的条件それぞれの影響のもとで行なわれるととらえられている。なお，この見方には，Lave & Wenger（1991）の正統的周辺参加（LPP）の理論も取り入れられている。彼らにならって，Paris et al.（2001）は，ある特定のコミュニティのメンバーになろうと努力している新たな参加者は，実践的な活動を通して，そのコミュニティにおける手段や道具，価値，習慣を身につけるという。しかし生徒たちの中には，学校の実践の円の周辺にとどまり，効果的な学習方略をつくり出すような実践には参加しないものがいる。その生徒たちには，自己調整学習の行為に対して，実践によく参加しサポートされている生徒たちと同じアイデンティティや価値を身につける期待はできないのである。

　このように，生徒は，自分のアイデンティティを親や先生，仲間から伝えられ

た考えに応じてつくり上げる。このとき，アイデンティティは人種，性別，文化など所属集団のステレオタイプの影響も受ける。授業など学校の諸活動を通して，生徒の学力やその他の社会的適応力を獲得させることが追求されている。それは生徒がどのような人間になろうとするかの支援でもある。したがって，学校で追求されている諸行動に対して，生徒の生きる目標や役割，アイデンティティの形成から切り離されたカリキュラムに従うかぎり，自己調整学習の指導はできないことになる。生徒の生きる目標や役割，アイデンティティと結びついた学習指導でなくてはならないのである。生徒が学習行動のセルフ・コントロールを，どのように，なぜするのかの説明は，個人の発達全体を参照して行なわれなくてはならない。かくして自己調整学習は，生徒がこれからの自己をたえずつくり上げていくという意味では過去の自分とこれからの自分を合わせた自分史的性格をもつといわれるのである。

　この指摘は大きな意味をもつ。これまでの学習理論では，一般的な学習者を想定し，彼らが，さまざまな学習課題に取り組み，その解決する過程，その成果を分析してきた。ここでの提起は，一般的な学習者ではなく，アイデンティティの形成・獲得を現実の社会生活の中で追求する具体的な学習者を対象にし，その学習の進行過程を具体的な文脈の中でダイナミックに分析，解明することである。従来の考えからみると，学習過程と人格形成過程の統合的視点とでもいえよう。こうなると学習研究の課題はさらに拡大し，膨大な変数の組み合わせを視野に入れる必要がある。しかしこれによって現実の学習の進行，展開はより正確に生き生きととらえることが可能となる。それには学習過程のより本質的な要素，過程が対象として洗練されて抽出される必要があり，それは人格形成過程でも同様であろう。まずは，この視点からの自己調整学習理論内部での検討が待たれるのである。

第6節　自己調整学習理論の哲学的基礎
　　　　──精神物理的二元論を越えて

　最後に自己調整学習理論の哲学的基礎の問題にふれる。
　Zimmerman（2001）は「自己調整学習理論が国際的関心が増すに伴っていくつかの誤解が，自己調整理論モデルの哲学的基礎について生じている」として，次のような自己調整学習理論の2つのモデルを対比して（図1-3）両者の哲学的基礎の見解の違いを述べている。
　まず精神物理的二元論では，人間性を2つのこれ以上は単純化できない不可分

二元論

```
自己／心  ➡  身体／環境
```

循環的対話モデル

```
目標  ➡  方略的行動  ➡  環境上の結果
```

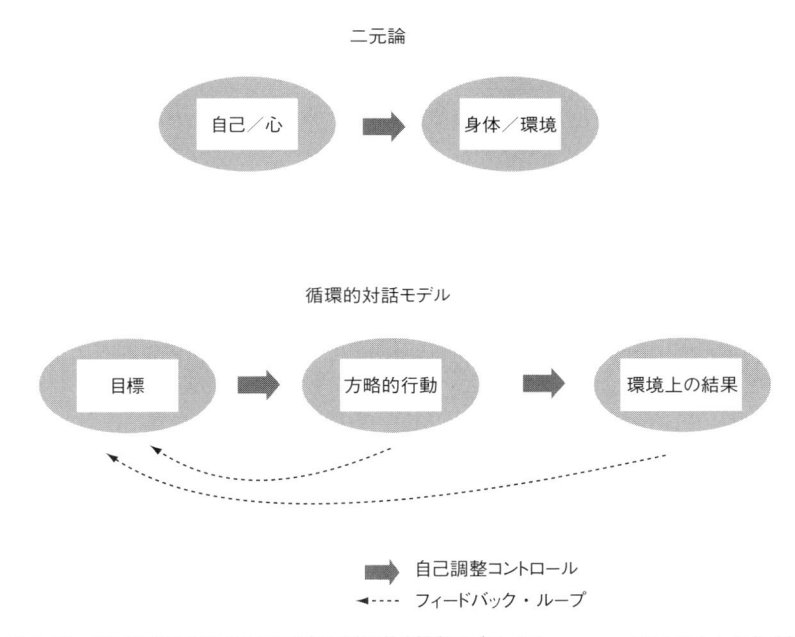

➡ 自己調整コントロール
◀---- フィードバック・ループ

図 1-3 自己調整における二元論と循環的対話モデル（Zimmerman, 2001をもとに作成）

の要素からなるとみる。物質である肉体とそれと闘う心的特性か魂，つまり，身体と心の２つの想定である。さらに二元論では，魂や自己などといわれる心は，厳しい訓練によって，身体をコントロールできるようになると考える。その訓練は，高い基準に基づいて行動しようとする意志とその行動基準を内面化する。二元論モデルでは，学習者は，身体に影響する外的な力から解放された自由や自律の感覚を得ようとして，自己調整するのである。この立場では，内的な力である心と外的な力である身体の間を分割し両者の葛藤を想定し，その葛藤こそが事態を乗り越える力とみているのである。学業成績の不振を心の鍛錬によって乗り越えようとするなどである。

これに対して自己調整の循環的対話モデルは，身体と心の対立ではなく，個人の目標の達成に向かう対話過程として自己調整を描き出す。自己調整の見方の中にも，内発的動機づけと外発的動機づけという２極の見方にみられるように二元論の多少のなごりがある。しかし循環的対話モデルは，自己調整を心と身体の葛藤による記述ではなく，人間の機能する原因を，変化する環境条件に適応させようとする心的行動的活動に帰属させる。方略使用，セルフ・モニタリング，自

己評価のような自己調整活動は，身体的レベルか心的レベルかに単純化できない。これらの活動は，自己向上のコントロール・ループにおける人間の内的作用，行動，環境を融合したものであり（Zimmerman, 1989），その3者の不可分な統一体としてとらえるのである。図 1-3 のように，二元論では自己調整の原因を学習者の心に置く。対話モデルでは自己調整の原因を学習者の適応活動だとする。この適応活動が，循環的対話モデルのループにおける，目標，方略的行動，環境上の結果，の原因となっているのである。

　自己調整のできる学習者たちは，自己調整の個人理論をつくり上げ，二元論的仮定を避ける。しかし経験の少ない初歩の学習者は，二元論の個人理論を形成する。二元論に基づいた，経験の少ない学習者は，自分の失敗を弱い意志のせいにする。その結果，彼らは学習を続ける気持ちがないことに気づくのである。逆に，自己調整のできる学習者は，失敗を自分の方略のせいにする。彼らはその失敗のもとになった不適切な方略を，次の学習ではやすやすと調整し適切な方略に変える。この自己調整学習を身につけた学習者は，社会的身体的環境を，自分で達成する有力な資源とみる。たとえば，自己調整ができる学習者は，そうでない学習者よりも，級友，教師やコーチからよく援助を受けていることが知られている。社会的環境をうまく利用しているのである。自己調整された学習を規定する基本的論点は，学習者が，二元論的意味で社会的に独立し自己完結しているかどうかでなく，学習の際に，自発性，忍耐に加えて循環的な適応スキルをもっているかどうかである。

第7節　まとめ

　まず，認知／メタ認知，動機づけ，行動コントロール，発達過程について4つの研究の流れが，1980年代半ばの自己調整の統合的研究の展開を用意したことを述べた。次いで自己調整，自己調整学習の定義を説明し，その諸理論を紹介した。その中で代表的理論である社会的認知モデルを取り上げ，その基本的特徴である，相互作用，自己効力，モデリング，自己調整について述べた。さらに，自己調整フィードバックの循環的段階モデルを，予見段階，遂行段階，自己内省段階の3つに沿って説明した。その上で自己調整学習方略を解説し，それは学習の目標に向けて努力する方法であり，目標と結果の橋渡しとなる基本的役割を担っていることに言及した。また自己調整学習の初歩および上達した学習者の比較から，上達した学習者になる要件を取り出した。

　自己調整学習理論に対して理論内部から，学習要因とその要因間の相互作用を

示しているにすぎないものであり，学習主体とその結果という因果関係の説明が明確でないという批判がある。他方 Vygotsky は，思考過程を知性と感情の分離することの欠陥を指摘して，回帰的因果説明を批判していた。これを受けて，Paris らは，自己調整の基本的な動機はアイデンティティの確認であると主張し，人がアイデンティティを獲得する過程で自己調整がどのように行なわれるかを論考した。さらに新しい構成主義の立場からの説明も加えた。最後に，自己調整学習の社会的認知理論の観点からその哲学的立場を明らかにした。二元論では心と身体に二分し両者の葛藤ととらえるが，循環的対話モデルでは人間の適応的活動の1つひとつを，内的作用，行動，環境の不可分な統一体単位としてとらえ，その単位1つが1つの総体として，目標，方略的行動，環境上の結果を循環させるのである。

第2章

自己調整学習方略とメタ認知

伊藤崇達

第1節　自己調整学習理論における学習方略とメタ認知

1. 自己調整学習を支えるもの

（1）自己調整学習の定義

　自己調整学習についてはさまざまな理論的立場からの見方があるが（Zimmerman & Schunk, 2001 / 塚野, 2006；伊藤, 2009 を参照），第1章でも紹介されているように Zimmerman（1989）は，次のような一般的な定義づけをしている。自己調整学習における「自己調整」とは，「学習者が，メタ認知，動機づけ，行動において，自分自身の学習過程に能動的に関与していること」ととらえられる。

　この定義に含まれている側面について詳しくみていくと，まず，「メタ認知」とは，一般的に「自らの認知についての認知」のことをいう。何かを覚えたり考えたりすること（＝認知）を自ら自覚しコントロールすること，また，そうしたことに関する知識のことを指している。そして学習者が，学習プロセスのさまざまな段階において計画を立てたり，進み具合などを自己モニターし自己評価をしたりすることを指している。「メタ認知」に関しては次節においてさらに詳しく取り上げることにする。

　次に，「動機づけ」とは，自己調整学習者が，高い自己効力感でもって学習に取り組んでいるかどうかといったことを指している。自己効力感とは，Bandura（1977）によって提起された期待に関する概念で，ある結果を生み出すために必要な行動をどの程度うまくできるかという個人の確信のことを表わしている。

　「行動」については，学習を最適なものにする物理的・社会的環境を自ら選択し，構成し，創造していることを指している。物理的環境を最適なものにするとは，たとえば，学習参考書を準備したり机のまわりを学習のしやすい環境に整え

たりして自ら学ぶ状況をつくろうとすることである。一方、社会的環境とは、学習の進んでいる友人からサポートをしてもらう、教え合いや学び合いによって自らを高めていこうとする、といったことを意味している。

以上のように自己調整学習とは、メタ認知、動機づけ、行動の面で自己調整の機能を働かせながら学習を進めていくあり方のことであり、欧米をはじめとして本邦においても理論的、実証的な検討が盛んに進められてきている（Schunk & Zimmerman, 2008／塚野，2009；伊藤，2009）。これまでメタ認知研究と動機づけ研究はそれぞれに研究が進展してきた経緯があるが、自己調整学習の理論は両者の研究の知見を統合的にとらえていこうとするものといってよいかもしれない。

(2) 自己調整学習の構成要素

Zimmerman（1989）は、自己調整学習を支えている重要な3要素として「自己調整学習方略」「自己効力感」「目標への関与」をあげ、これらの心理的要素が果たす役割について強調している。心理学でいう「学習方略」とは、学習を効果的に進めるための方法、やり方のことを広く指すことばで、学習ストラテジーと訳されることもある。認知心理学の発展とともに1970年代以降、教育実践とのかかわりにおいて学習方略の問題が取り上げられてきた研究の流れがあるが、Weinstein et al.（1988）は、「学習者が情報を符号化したり、課題を遂行したりするのを容易にする組織的な計画のこと」、辰野（1997）は、「学習の効果を高めることをめざして意図的に行う心的操作、あるいは活動」といった定義づけを行なっている。

自己調整学習方略、自己効力感、目標への関与の3要素は、相互にかかわりをもちながら自己調整学習の成立を支えているものと考えられている。学業上の目標の達成に向けて、自己調整学習方略を適用し、その結果として、遂行レベルが向上すれば、自己効力感が高まることになる。そして、その自己効力感が動機づけとなって、学習者は、さらに知識や技術の獲得を目指して、自己調整学習方略を適用し続けようとする。自己調整学習方略の適用によって遂行レベルが高まれば、さらに自己効力感が向上して動機づけにつながっていく。このように3つの要素は相互に密接なかかわりをもちながら循環的な関係をなし、自己調整学習を支えているといえる。

2. メタ認知

メタ認知は、1970年代初頭にFlavellが提唱したメタ記憶の概念をその源流とする。Flavell（1979）によれば、メタ認知とは、「自らの思考についての思考、自らの認知についての認知のこと」であるとしている。1980年代以降、心理学

におけるさまざまな領域でさかんに取り組まれるようになってきており，2000年代に入ると国際学会が設立され，学術誌"*Metacognition and Learning*"が創刊されるなど，現在もなお，心理学研究者の関心を集める重要なテーマであり続けている（Dunlosky & Metcalfe, 2009；Efklides & Misailidi, 2010；Hacker et al., 2009；丸野，2008；三宮，2008）。

Flavell（1979）は，「メタ認知」を「認知現象についての知識と認知」として，「メタ認知的知識」の側面と「メタ認知的経験」の側面とを区別してとらえる定義も提示している。その後の研究もふまえると，メタ認知的知識は，①自分自身，他人，人間全般のそれぞれがもっている認知的な特性についての知識，②認知的活動を要する課題についての知識，③どのような方略が効果的かについての知識，といった内容で構成されるものと考えられている。一方，メタ認知的経験とは，認知を要する課題に取り組んでいるときに生じる認知的，感情的な経験のことである。三宮（2008）は，その積極的な働きを強調して「メタ認知的活動」といういい方をしている。

Nelson & Narens（1994）は，メタ認知と認知の関係を図2-1のような枠組みで整理している。メタレベルが対象レベルから情報を得ることを「メタ認知的モニタリング」とよび，メタレベルが対象レベルを調整することを「メタ認知的コントロール」とよんで区別している。メタ認知的モニタリングとは，特定の認知的活動の状態や進み具合について評価することである。対象レベルにおける認知プロセスに関して，誤りに気づいたり（「気づき（awareness）」），なんとなくわか

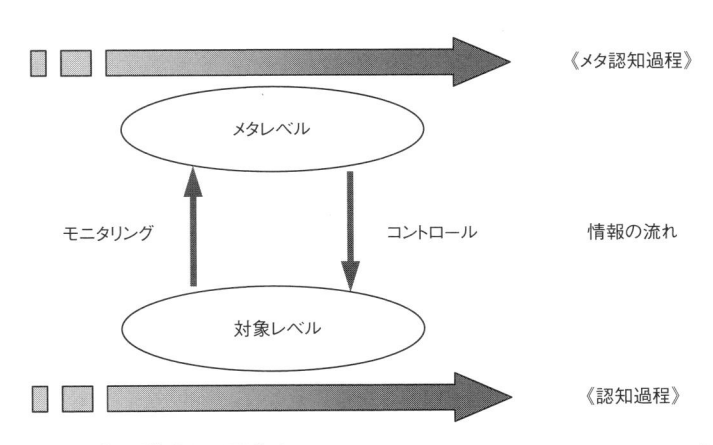

図2-1　メタ認知を説明する図式（Dunlosky & Metcalfe, 2009 ; Nelson & Narens, 1994をもとに作成）

ったり（「感覚（feeling）」），見通しをもったり（「予測（prediction）」），成否について評価したり（「評価（evaluation）」）することを指している。メタ認知的コントロールとは，進行中の認知的活動について調整をかけることである。対象レベルの認知プロセスに対する働きかけとして，「完全に理解しよう」といった「目標設定（goal setting）」を行なったり，「できるところから始めよう」といった「計画（planning）」を立てたり，「別の方法で取り組んでみよう」といった「修正（revision）」をかけたりすることである。

　自ら目標を掲げて，それらに向かって学習活動を自ら調整していく自己調整学習が進んでいく過程においては，自己の認知活動をしっかり見つめたり適切にコントロールしたりするメタ認知のさまざまな側面の働きが不可欠なものとしてかかわっているといってよい。

3. メタ認知プロセスを重視した自己調整学習の諸理論

　自己調整学習に関する理論には，第1章で取り上げられたZimmermanの社会的認知理論のほかにもさまざまなものがある。ここでは，メタ認知や学習方略のあり方に特に力点を置いていると考えられる理論モデルについて取り上げて説明することにする。Pintrichによる自己調整学習のモデル，Borkowskiによるメタ認知のプロセス志向モデル，Winneによる自己調整学習の4段階モデル，Muisによる認識論的信念と自己調整学習の統合モデル，Efklidesによる自己調整学習のメタ認知・感情モデル（MASRLモデル），以上の理論モデルが，自己調整学習のプロセスとそのメカニズムについて精緻な枠組みを提示しようとしており，今後の研究の理論的基盤となりうるものと期待できる。

(1) Pintrichによる自己調整学習のモデル

　Pintrich（2000）は，表2-1のような図式的な枠組みを提唱している。4つの段階，4つの領域からなる4×4のクロス表によって自己調整学習の説明を試みるものである。4つの段階としては「予見」「モニタリング」「コントロール」「内省」があげられており，また，4つの領域としては「認知」「動機づけと感情」「行動」「文脈」が考えられている。

　「予見」の段階において生じる自己調整活動としては，たとえば，「認知」領域では，内容に関する知識やメタ認知的知識の活性化，「動機づけと感情」では，自己効力の判断や目標志向の適用などが考えられている。「行動」領域では，時間と努力のプランニング，「文脈」領域では，課題や文脈の認知が想定されている。同じように「モニタリング」の段階では，4つの領域に関する意識とモニタリング，第3の段階である「コントロール」では，4領域を調整する方略の選択

表 2-1　Pintrich のモデル（Pintrich, 2000 をもとに作成）

段階	調整の領域			
	認知	動機づけと感情	行動	文脈
予見	・目標設定 ・内容に関する知識の活性化 ・メタ認知的知識の活性化	・目標志向の適用 ・自己効力の判断 ・課題の困難度の認知 ・課題の価値づけ ・興味の喚起	・時間と努力のプランニング ・行動の自己観察のためのプランニング	・課題の認知 ・文脈の認知
モニタリング	・メタ認知的意識と認知のモニタリング	・動機づけと感情についての意識とモニタリング	・努力，時間の利用，援助の必要性についての意識とモニタリング ・行動の自己観察	・課題や文脈の条件に関する変化のモニタリング
コントロール	・学習や思考のための認知的方略の選択と適用	・動機づけと感情を調整する方略の選択と適用	・努力を増減させること ・持続すること，あきらめること ・援助要請行動	・課題を変化させたり，再び取り組んだりすること ・文脈を変化させたり，そこから離れたりすること
内省	・認知的判断 ・原因帰属	・感情反応 ・原因帰属	・行動の選択	・課題の評価 ・文脈の評価

と適用が考えられている。そして，第 4 の段階の「内省」においては，認知的判断，感情反応，行動の選択，課題と文脈の評価といった内容が含まれている。この枠組みは，ヒューリスティックなものであり，すべての学習においていつも明示的な自己調整が行なわれるわけではないことに注意しておく必要がある。4 つの段階には，時間的な順序が一般的には想定されているが，ダイナミックなプロセスの可能性についても否定するものではないと考えられている。

　Pintrich のモデルの特徴としては，自己調整学習の理論的説明において，動機づけ概念，特に，目標理論（マスタリー vs. パフォーマンスと接近 vs. 回避の二次元の組み合わせ）を積極的に位置づけようとしているところに独自性があるといえるだろう。全体としてみると Zimmerman の社会的認知のモデルとかなり近い考え方をとっている理論であると思われる。

(2) Borkowski によるメタ認知のプロセス志向モデル
　Borkowski et al.（2000）は，方略の般化の問題に取り組んできた研究者であり，

メタ認知を重視したモデルを考えている。子どもが学習方略の利用を学ぶことで，自己調整の発達が進んでいくものととらえている。そのプロセスは，以下のようなものである。

　まず，子どもは特定の方略の属性に関する知識を蓄積していくが，経験とともに，しだいに別な方略の知識も増やしていくようになる。課題場面など，多様な文脈の中でこれらの方略が適用されていくが，そうすることで利用可能な特定の方略に関する知識もさらに豊かに広がっていくようになる。適切な方略を選択したり遂行をモニターしたりすることができるようになって，自己調整が生起してくる。そして，自己調整的なプロセスが確立するようになるとともに方略的な行動の有用性についても認めるようになっていく。さらに，方略使用と，その個人の動機づけの状態が結びつくことで，自己効力感と帰属信念が形成されるようにもなってくる。こうした側面には，認知活動に伴う成功・失敗やその原因についてのフィードバックが深くかかわっていると考えられている。フィードバックによって引き出された動機づけは，実行プロセスを活性化させることになり，その後の方略選択を規定していくことになる。最終的には，自己価値や学習目標などを含む自己システムによって構成されるようになると考えられている。

　以上がモデルの概略であるが，方略の選択と利用が，このモデルにおいて最も重要視されているポイントといえる。特定の方略を用いることが，高次のプランニングや実行スキルの形成や，自己効力感の向上につながっていくものと想定されている。自己調整学習の問題について方略の般化や方略の獲得プロセスの側面から迫ろうとする際に有用な視点を提供してくれるモデルといってよいだろう。

(3) Winne による自己調整学習の 4 段階モデル

　Winne (2001) は，自己調整学習について比較的安定した個人属性である「適性 (aptitude)」と，一瞬一瞬の活動の流れに相当する「出来事 (event)」とを区別した上で説明している。メタ認知の働きによって行動を方向づけ，課題に対する認知的な「方策 (tactics)」と「方略 (strategy)」の実行を適切に調整していくことが自己調整学習であるという定義をしている。他のほとんどの自己調整学習に関する理論とは異なり，Winne のモデルでは，方策と方略とが明確に区別され概念化が図られているところに特徴がある。方策とは，IF-THEN 形式のルール（状況－行動ルールともいう）として表わされるスキーマのことである。「…ならば，…せよ」といったルールのことであるが，その条件が妥当であれば，特定の行動が実行されることになる。一方で，方略とは，方策のセットを調整するものであり，より高次のレベルの目標にアプローチするための計画やプランとして特徴づけられている。

第 2 章　自己調整学習方略とメタ認知

　Winne によるモデルでは，4 つの段階が想定されている。第 1 段階としては，「課題の定義」があげられる。「課題の条件」と「認知的条件」をもとに課題に関する情報を処理し，目の前の課題がどの程度のむずかしさかといった課題の定義が行なわれることになる。第 2 段階としては，「目標の設定とプランニング」があげられている。図 2-2 にあるように「目標」とは「基準」の多面的で多変量的なプロフィールのこと（「基準」で構成されるスキーマに相当）であり，「目標」が活性化されることで，方策や方略が検索されることになる。第 3 段階には，「方策と方略の実行」が想定されている。前の段階で計画された方策や方略が実行され，課題そのものに取り組む段階である。第 4 段階としては「メタ認知の適用」が位置づけられている。これは任意の段階である。ここでは，必要に応じて

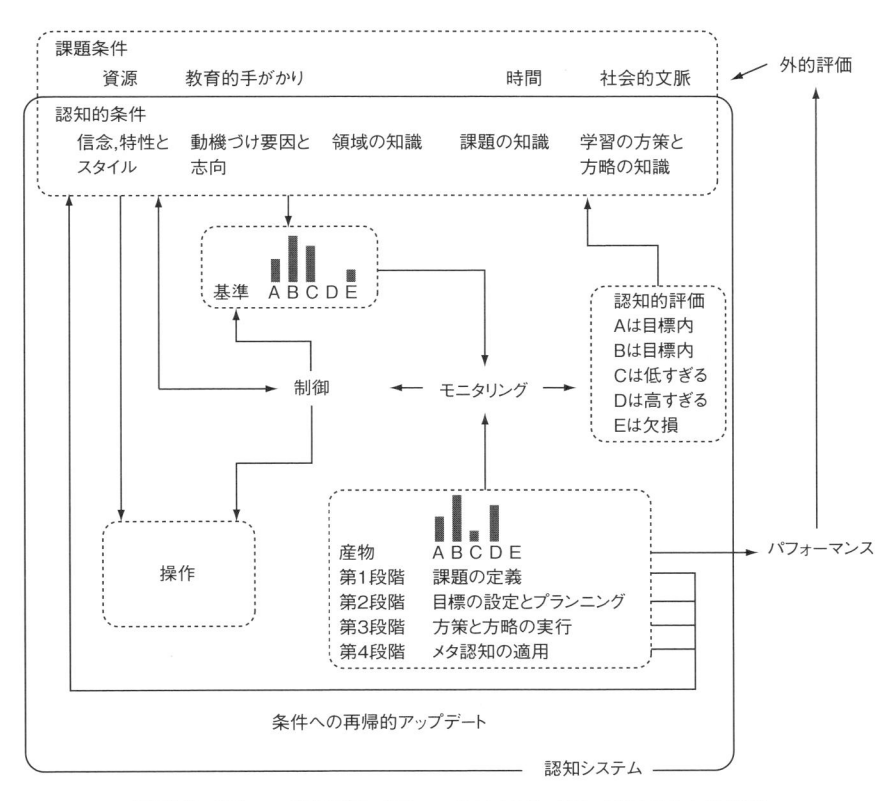

図 2-2　Winne のモデル（Winne, 2001 / 中谷（訳），2006 をもとに作成）

状況を調整したり，方策や方略の再構築を図ったりといったことがなされることになる。

　すべての段階を通じて「COPES (Conditions, Operations, Products, Evaluations, Standards)」という構造の存在が仮定されている点もこのモデルの大きな特徴である。先にもふれたように「条件 (conditions)」には，時間的制約や利用できる資源，社会的文脈などの「課題の条件」と，興味，目標志向，課題に関する知識などの「認知的条件」の両者が含まれる。これらは課題への取り組み方に影響を及ぼしていくことになる。情報処理のプロセスによって既存の情報が「操作 (operations)」され，新たな情報がつくり出されていく。これは「産物 (products)」とよばれている。図 2-2 にあるように「基準 (standards)」は，産物が有すると推測される質のことで，「評価 (evaluations)」は，モニタリングによってつくられる産物であり，基準と産物の間の合致を特徴づけるものと考えられている。

　Winne のモデルでは，「メタ認知的モニタリング」と「メタ認知的制御」が中心的な要素となっている。各段階において基準と産物の間の一致・不一致についてフィードバックが行なわれ，このフィードバックは次の活動の基盤を形成していくものととらえられている。

　図からもわかるように Winne のモデルは，再帰的なものと考えられていて，前の段階の産物が条件を更新し，そして，その条件下で次の操作が行なわれることになっていく。一般的には，自己調整学習のプロセスは第 1 から第 4 までの段階を順に追って進むものと仮定されているが，この順序は厳格なものではなく，時に異なったパターンをとることもありうるとされている。Winne のモデルでは，情報処理の理論をベースに緻密な理論化が行なわれてきているが，近年では，動機づけにかかわる側面についても重視されるようになってきている。この点については第 3 章において詳しく論じられる。

(4) Muis による認識論的信念と自己調整学習の統合モデル

　認識論的信念 (epistemological beliefs) とは，知識や学習について個人がもつ信念のことである (Schommer, 1990)。認識論そのものは哲学において論じられてきたものであるが，そもそも個人が知識や知るということについてどのような信念をもっているかということが，最近の教育心理学研究における重要なテーマの 1 つとなっている。

　Hofer (2004) は，認識論的信念を以下の 4 次元で整理している。①知識は不変のものか，発展するものか，②知識は権威ある者によって伝えられるものか，論理や思考を通じて獲得されるものか，③知識は断片的なものとみなすか，体系化された概念とみなすか，④知識の正当化は，権威者が疑いなく正しいとみなす

ことによってなされるものなのか，情報の信頼性と妥当性や論理的一貫性に関する評価に基づいてなされるものであるか，以上のような4次元の枠組みでとらえられている。

　Muis（2007）は，自己調整学習において認識論的信念が重要な役割を果たしているという仮定をもとに，図2-3に示すような認識論的信念と自己調整学習とを統合したモデルを提案している。Muisのモデルは，先に紹介したPintrichのモデルとWinneのモデルを基盤にして発展させたものであり，自己調整学習が4つのフェーズからなるサイクルとして考えられている。順にその概略を説明しておくと，まず，フェーズ1において課題の定義づけが行なわれることになる。課題や文脈，自己（認知的・動機づけ的・感情的要因と認識論的信念）から情報を得て作業記憶によって処理がなされると，特定の定義づけが行なわれる。自己調整学習のサイクルは循環をなしており，この課題の定義づけは何度も行なわれることになる。フェーズ2にいたって，方策と方略を使って課題に取り組むプランと目標が立てられる。課題の定義づけの際に検索された情報は，学習者が目標を成し遂げるために立てる基準に対して影響を及ぼすことになる。目標とは，Winneのモデルのように，情報の多面的なプロフィールのことである。プロフィールにある各基準をもとにして，活動に取り組んだ際に創出される「産物」との比較がなされることになる。これにはメタ認知的モニタリングの働きがかかわっている。目標としての基準にはさまざまなものがあるが，認識論的信念はこの段階において認識論的基準へと転化することになる。フェーズ3においては，方策と方略が実行される。産物のプロフィールについてのモニタリングは，内的なフィードバックを生み出すことになり，産物が観察できるものである場合は，外的なフィードバックがもたらされることになる。これらのフィードバックに基づいて，目標が達成されているかどうかの判断がなされていく。フェーズ4は，さまざまな反応や内省が行なわれる段階にあたる。ここで成功・失敗の原因帰属や課題に関する遂行の評価と判断が行なわれる。フェーズ4において中心的な位置を占めているのはメタ認知の過程であるが，すべてのフェーズにおいて作用するものでもある。このメタ認知を介して相互に情報のやりとりが行なわれ，内的システムの中にあるすべての要素の間の相互作用の総体が，モデル図の最下部にある「達成」を規定していくことになる。

　Muis（2007）の提案は，次の4点にまとめられる。①「認識論的信念が，課題に関する認知的・感情的条件の1つの要素として考えられること」，②「認識論的信念が，目標をつくる際に設定される基準に影響を及ぼすこと」，③「認識論的信念が，認識論的基準となり，メタ認知への入力として作用すること」，④

■ 第 1 部　自己調整学習の基礎理論

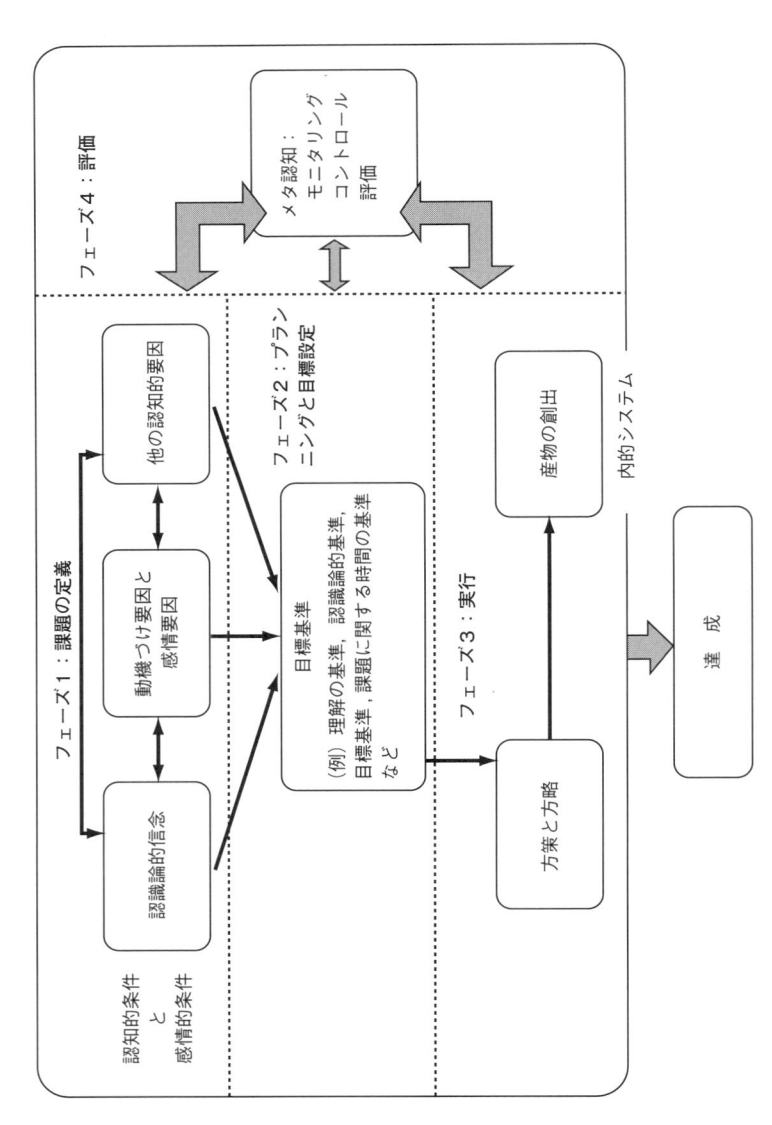

図 2-3　認識論的信念と自己調整学習の統合モデル（Muis, 2007 をもとに作成）

「自己調整学習が，認識論的信念の発達において役割を果たしている可能性があること」，以上の4つである。

近年，注目を集めている認識論的信念を自己調整学習のプロセスに位置づけたところに理論モデルとしての新規性と独自性がみられるが，どちらかというと内的な認知システムに準拠したモデルであり，動機づけや文脈のあり方の問題をいかに取り込んで説明していくかについてさらに検討していく必要があるだろう。

(5) Efklides による自己調整学習のメタ認知・感情モデル（MASRL モデル）

Efklides（2011）による「metacognitive and affective model of self-regulated learning：MASRL モデル」は，それぞれに研究が進められてきたメタ認知，動機づけ，感情について，自己調整学習において相互に作用し合う要素として，これらの研究知見の統合を図ろうと試みた理論モデルである。Efklides（2011）は，図 2-4 に示すように自己調整学習を2つのレベルの機能，すなわち，「個人レベル」と「課題×個人レベル」に区分して説明を行なっている。

自己調整学習における「個人レベル」とは，マクロなレベルであり，課題や状況を越えて作用する個人特性のことである。たとえば，メタ認知的知識や自己効力感，達成目標志向などは，あらゆる課題場面において何らかの影響を及ぼしうる個人特性といってよく，「トップダウンの自己調整」を生み出すものとして位置づけられている。

「課題×個人レベル」とは，状況に特有なマイクロなレベルのことであり，個人が特定の課題に取り組むなかで生じるプロセスを指している。オンラインの処理のプロセスであり，モニタリングやコントロールといったメタ認知が進行していくプロセスである。Efklides（2011）は，自らの思考や感情，生理的な状態についての気づきを体験すること，すなわち，主観的な体験が果たす役割を重視している。こうした体験は，自己調整の手かがりとなる情報を与えるものであり，データによって駆動された「ボトムアップの自己調整」をもたらすものとされている。

図 2-4 の「課題×個人レベル」の枠内に示してあるように，MASRL モデルでは，課題処理を3つの段階からなるものとして仮定している。まず，「課題の表象」とは，課題処理のはじめの段階にあたるものである。目の前にある課題の特徴を精査し表象を形成するが，これは目標設定やプランニングを導くものとなる。課題の表象を形成するための処理は，自動的になされる場合と分析的，意図的になされる場合がある。課題にふれたとき，興味や驚き，好奇心，不安といった感情も同時に経験することになる。次に，「認知的処理」の段階が続くが，これは課題処理の進行中の過程においてなされていくものである。自動的な課題の表象

■ 第1部　自己調整学習の基礎理論

	課題の表象	認知的処理	遂行
認知	モニタリングとコントロール	モニタリングとコントロール	モニタリング,コントロール,自己観察
メタ認知	メタ認知的経験(見通しとしての)とメタ認知的スキル	メタ認知的経験(進行中の)とメタ認知的スキル	メタ認知的経験(振り返りとしての)とメタ認知的スキル
感情	課題に関連したもの	活動に関連したもの	結果に関連したもの
感情/努力の自己調整	モニタリングとコントロール	モニタリングとコントロール	モニタリング,コントロール,自己観察
	感情の調整	努力の調整	感情の調整

（個人レベル：自己概念、能力、動機づけ、メタ認知的知識→メタ認知的スキル、感情、コントロール信念）

（課題×個人レベル）

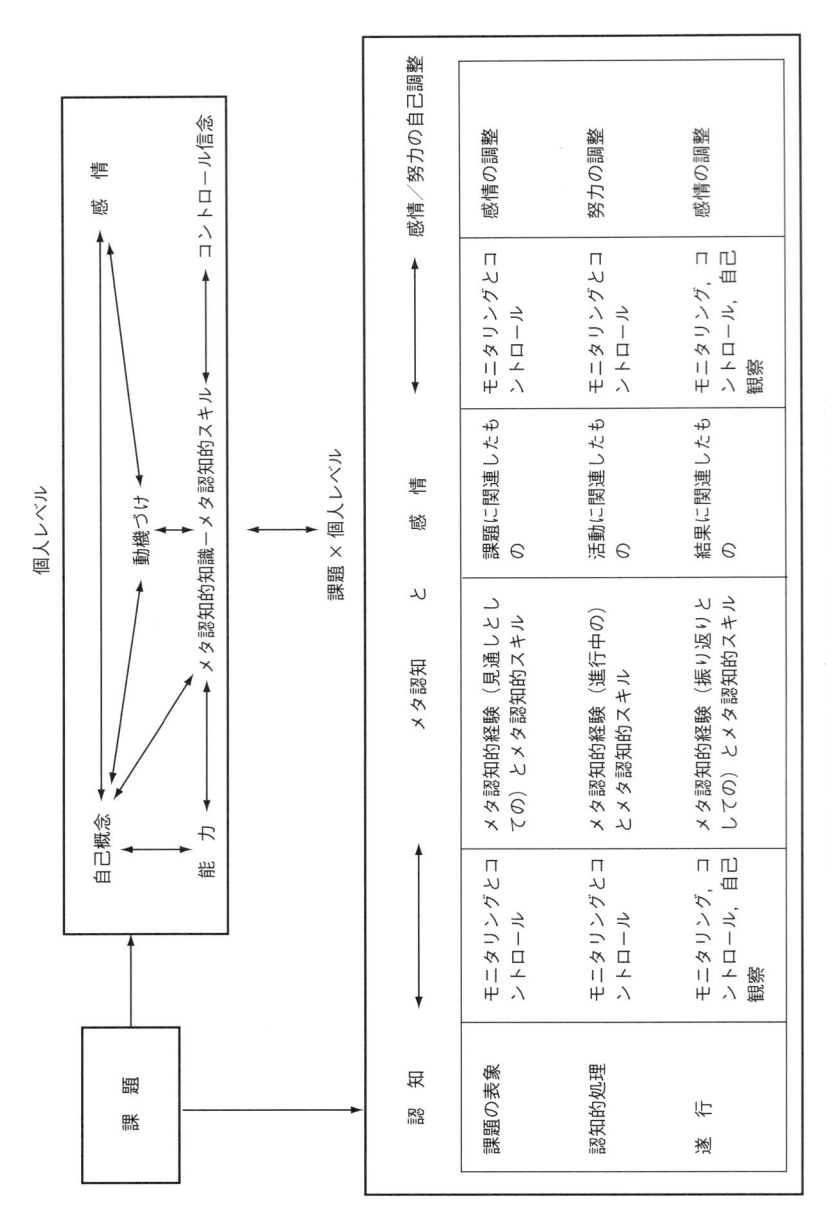

図2-4　MASRLモデル (Efklides, 2011 をもとに作成)

と記憶の検索から自然に処理が進んでいくこともあるが，多くの場合は，エラーが生じたり処理が中断されたりする。認知的処理のモニタリングによってさまざまなメタ認知的経験（「既知感」「喉まで出かかっているのに出てこない状態」「学習判断（学習の後に自分がどのくらい学習したかについて判断すること）」など）が生じ，課題の解決に向けて，認知的方略やメタ認知的スキルを用いたコントロールが行なわれるようになる。ここでも活動の状況に応じた感情が同時に生起することになる。最後の「遂行」は，課題処理の事後的な段階にあたる。認知的処理の結果は，行動となって現われたり，環境に対して何らかの効果をもたらしたりしていく。そして，結果のモニタリングによって，課題解決の正確さについて評価したり満足感を得たりする。期待していた成果が得られれば認知的処理は終了となるが，「自己観察」によって達成したことの最終的な評価が行なわれることになる。課題の表象，認知的処理，遂行の一連の流れにおいて，認知，メタ認知，感情の過程が密接な関係をもちながら自己調整学習を支えていることをこれまでの実証研究の知見をもとにして統合的に整理している。

以上のように，MASRLモデルの大きな特徴は，トップダウンとボトムアップの自己調整を結びつけたメカニズムを想定している点にあり，それぞれの自己調整がどのように生起して，相互に関係をもちながら変容を遂げていくのかについて説明を試みようとしている。

第2節　自己調整学習方略をとらえる視点
　　　　──学習方略のカテゴリー

1. Zimmermanの自己調整学習方略のカテゴリー

認知心理学や教育心理学の研究の流れの中でさまざまな学習方略の存在が指摘されてきているが，それらの中でもとりわけ自己調整学習方略とは，学習を効果的に進めるために個人内の認知過程，学習行動，学習環境といった側面を自己調整する方略のことを指している。Zimmermanは，実証的な研究の結果に基づき，表2-2に示すような自己調整学習方略のカテゴリーを見いだしている（Zimmerman, 1986, 1989；Zimmerman & Martinez-Pons, 1986, 1988, 1990）。

主として，体制化と変換，リハーサルと記憶，目標設定とプランニングは，個人内の認知過程を調整することを意図したものであり，自己評価や結果の自己調整といった方略は，学習行動を調整するためのものと位置づけられている。情報収集，記録をとることとモニタリング，環境構成，社会的支援の要請，記録の

表 2-2　自己調整学習方略のリスト（Zimmerman, 1989; Zimmerman & Martinez-Pons, 1990 をもとに作成）

方略のカテゴリー	方略の内容
自己評価	取り組みの進度と質を自ら評価すること。
体制化と変換	学習を向上させるために教材を自ら配列し直すこと。
目標設定とプランニング	目標や下位目標を自分で立てること。目標に関する活動をどのような順序，タイミングで行い，仕上げるのかについて計画を立てること。
情報収集	課題に関する情報をさらに手に入れようと努めること。
記録をとることとモニタリング	事の成り行きや結果を記録するように努めること。
環境構成	学習に取り組みやすくなるような物理的環境を選んだり整えたりすること。
結果の自己調整	成功や失敗に対する報酬や罰を用意したり想像したりすること。
リハーサルと記憶	さまざまな手段を用いて覚えようと努めること。
社会的支援の要請	(a) 仲間，(b) 教師，(c) 大人から援助を得ようと努めること。
記録の見直し	授業やテストに備えて，(a) ノート，(b) テスト，(c) 教科書を読み直すこと。

見直しなどの方略は，学習環境を最適化することを意図したものと考えられている。

2. Pintrich の自己調整学習方略のカテゴリー

　Pintrich & De Groot（1990）は，中学校段階の理科と英語に関する自己調整学習について尺度を作成して検討を行なっている。「動機づけ」と「学習方略の使用」を調べることで自己調整学習をとらえようとするもので「motivated strategies for learning questionnaire：MSLQ」と呼称され，一連の研究の中で尺度の妥当化の検討が進められてきている（Pintrich, 1989, 1999；Pintrich et al., 1993, 1994）。この尺度では，動機づけは，①自己効力感，②内発的価値（学習をおもしろい，重要であると認知しているか），③テスト不安の3側面で構成されている。学習方略に関しては，Pintrich & De Groot（1990）の研究では，別々の尺度と想定し

表2-3　Pintrichの自己調整学習方略のリスト（Pintrich et al., 1993をもとに作成）

上位カテゴリー	下位カテゴリー	方略の内容
認知的方略	リハーサル	学習内容を何度もくり返して覚えること。
	精緻化	学習内容を言い換えたり，すでに知っていることと結びつけたりして学ぶこと。
	体制化	学習内容をグループにまとめたり，要約したりして学ぶこと。
	批判的思考	根拠や別の考えを検討すること。批判的に吟味して新たな考えを得ようとすること。
メタ認知的方略	プランニング	目標を設定し，課題の分析を行うこと。
	モニタリング	注意を維持したり，自らに問いかけたりすること。
	調整	認知的活動が効果的に進むように継続的に調整をはかること。
リソース管理方略	時間管理と環境構成	学習のプランやスケジュールを立てて時間の管理をすること。学習に取り組みやすくなるように環境を整えること。
	努力調整	興味がわかない内容やむずかしい課題であっても取り組み続けようとすること。
	ピア・ラーニング	仲間とともに学んだり，話し合ったりして理解を深めること。
	援助要請	学習内容がわからないときに教師や仲間に援助を求めること。

ていた「メタ認知的方略」と「努力調整方略」が，因子分析の結果，1つにまとまり，「自己調整」と命名されている。一方で，リハーサル，精緻化，体制化が「認知的方略使用」の尺度として構成されている。大学生を対象としたその後の研究では，「認知的方略」「メタ認知的方略」「リソース管理方略」で構成されることが実証されている（Pintrich et al., 1993）。一連の研究をふまえて，Pintrich et al. が見いだしている学習方略のカテゴリーを表2-3にまとめておく。

3. 動機づけ的側面の自己調整学習方略

　これまでの自己調整学習方略に関する研究では，上述したように主として認知

的側面に焦点が当てられてきた。学習過程の自己調整ということを考えると，認知的側面以外の自己調整のあり方についても検討が求められる（Wolters, 1998；伊藤・神藤, 2003）。ここでは，自らのやる気の状態をどのように自ら調整するかという自己の動機づけの側面に対する自己調整について取り上げた自己調整学習方略のカテゴリーについて紹介しておく。

伊藤・神藤（2003）は，学習を効果的に進めていくために自らのやる気を自らの力で高めたり維持したりする工夫，すなわち，自己の動機づけの側面を自己調整する方略について検討を試みている（当該論文では「自己動機づけ方略」と呼称）。中学生を対象とした調査をもとに，表2-4にあげるような自己動機づけ方略のカテゴリーが明らかにされている。

これらの7つの学習方略は，さらに上位のカテゴリーにまとめられることが検証されている。「整理方略」「想像方略」「めりはり方略」「内容方略」「社会的方略」は，賞罰のような外的手段に頼るというよりは，課題や学習そのものや，それへの取り組み方を工夫したり調整したりすることで自らの動機づけの生成，維持，向上を図ろうとする方略であり，「内発的調整方略」として位置づけられて

表2-4 自己動機づけ方略のリスト（伊藤・神藤, 2003をもとに作成）

上位カテゴリー	下位カテゴリー	方略の内容
内発的調整方略	整理方略	ノートのまとめ方，部屋や机などの環境を整えることで動機づけを調整する。
	想像方略	将来のことを考えたり，積極的な思考をしたりすることで動機づけを高める。
	めりはり方略	学習時間の区切りをうまくつけて集中力を高める。
	内容方略	学習内容を身近なこと，よく知っていることや興味のあることと関係づける。
	社会的方略	友だちとともに学習をしたり相談をしたりすることで自らを動機づける。
外発的調整方略	負担軽減方略	得意なところや簡単なところをしたり，飽きたら別のことをしたり，休憩をしたりするなど，負担の軽減を図る。
	報酬方略	飲食や親からのごほうび，すなわち，外的な報酬によって学習へのやる気を高める。

いる。一方，負担軽減方略や報酬方略は，学習や課題自体に積極的に取り組んでいくというよりは，学習上の負担をうまくかわし，報酬などによって外側から自らの動機づけを維持したり高めたりしようとする方略であり，「外発的調整方略」としてカテゴリー化されている。外発的調整方略に含められる方略は，叱られないように勉強するといった外発的動機づけと関連を示しており，それに対して，内発的調整方略に含められる方略は，おもしろさや楽しさから学ぶといった内発的動機づけと関連を示していることが明らかにされている。

4. 多様な教科領域における学習方略

　学校教育では，通常，多様な教科領域における学習がカリキュラムとして設定されている。上に紹介した Zimmerman や Pintrich の自己調整学習方略，自己動機づけ方略は，教科を越えて用いられるものと考えられている。これら以外にも，たとえば，Weinstein & Palmer（2002）が開発している尺度「learning and study strategies inventory：LASSI」（情報処理，おもなアイデアの選択（要点をつかむこと），テスト方略，不安，態度，動機づけ，注意集中，自己テスト，勉強の補助，時間管理の10尺度で構成）や，本邦では，佐藤（1998）が「メタ認知的方略（柔軟的方略，プランニング方略）」と「認知・リソース方略（作業方略，人的リソース方略，認知的方略）」からなる学習方略尺度を作成しているが，教科を特定して調べるものではない。

　こうした流れの一方で，それぞれの教科に特有の学習方略についても明らかにしていこうとする研究が進められてきている。教科領域によって研究の進み方は異なるが，本邦のものを中心にしながら教科ごとにいくつか取り上げていくことにする。

(1) 英語科に関する学習方略

　Oxford（1990）の学習ストラテジーに関する理論は，外国語学習における先駆的な研究であり，英語学習に関しても詳細な検討が進められてきている。Oxford（1990）は学習ストラテジーを「直接方略」と「間接方略」に大別し，それぞれ3つの方略からなるものとしている。直接方略として，①記憶方略（知的連鎖をつくる，イメージや音を結びつける，くり返し復習する，動作に移す，で構成される），②認知方略（練習をする，情報内容を受け取ったり，送ったりする，分析したり，推論したりする，インプットとアウトプットのための構造をつくる，で構成される），③補償方略（知的に推測する，話すことと書くことの限界を克服する，で構成される）があげられている。一方，間接方略としては，①メタ認知方略（自分の学習を正しく位置づける，自分の学習を順序立て，計画

する，自分の学習をきちんと評価する，で構成される），②情意方略（自分の不安を軽くする，自分を勇気づける，自分の感情をきちんと把握する，で構成される），③社会的方略（質問をする，ほかの人々と協力する，ほかの人々へ感情移入をする，で構成される）があげられている。

日本での研究に目を向けると，堀野・市川（1997）が高校生の英単語学習に関する尺度を作成している。表2-5に示すように「体制化方略」「イメージ化方略」「反復方略」の3つの下位尺度で構成されている。これらのうち体制化方略のみが学業成績と関連を示していた。岡田（2007）は「体制化方略」「イメージ方略」「反復方略」に加え「モニタリング方略」を取り上げて中学・高校生の英単語学習の実態について明らかにしている。「体制化方略」「イメージ方略」はあまり用いられない方略であるが，積極的な学習態度とは結びついていた。

植木（2004）は，高校生の英文読解を取り上げて，「自己モニタリング方略」

表2-5 英単語学習の学習方略尺度（堀野・市川，1997をもとに作成）

方略のカテゴリー	尺度項目の内容
体制化方略	1つの単語のいろいろな形（名詞形・動詞形）を関連させて覚える。 同意語，類義語，反意語をピックアップしてまとめて覚える。 同一場面で使える関連性のある単語をまとめて覚える。 動詞の変化をまとめる。 スペルが似ている単語，意味が似ている単語はまとめて一緒に覚える。 動詞の分類化（自動詞，他動詞）をする。 その単語を使っている熟語を覚える。
イメージ化方略	単語のスペルを頭の中に印刷の文字ごと浮かぶようにイメージする。 単語をながめながらアルファベットの配列の雰囲気をつかむ。 頭の中に単語がイメージできるように何度も見る。 何か他の単語と関連させて連想できるようにして覚える。 発音が何か他の別の言葉（日本語）に似ていたら語呂合わせをする。
反復方略	手と頭が完璧に覚えるまで何度も書く。 英語から日本語，日本語から英語へと何度も書き換える。 新しいわからない単語にラインをひいておく。 発音しながら単語を書く。 わからない単語をチェックペンとシートを使って意味と単語をくり返し覚える。

（どのくらい理解できているか，どのあたりがわからないのかといった自問自答を，読解をしている途中で意識的に行なうこと）と「推論方略」（だいたいの意味を推測しながら読んでいくこと，自分の記憶と関連づけながら意味を考えてみること）を教授し，自己モニタリング方略と推論方略をあわせて教授することによって自己モニタリング方略の長期の保持と適用が促進するという結果を得ている。自己調整学習に関する研究では，学習方略を「認知的方略」と「メタ認知的方略」の2つのカテゴリーに大別してとらえることが多いが，相互の関係性について検討を要することが示唆されている。

　中山（2005）は，日本人大学生の英語学習に関してOxford（1990）のカテゴリーをもとに尺度を作成している。因子分析の結果として，「メタ認知方略」（目標をもつ，学習の計画を立てる，など），「体制化方略」（熟語をセットで覚える，関連させて覚える，など），「推測方略」（意味を文脈から推察する，など），「発音方略」（単語を口ずさむ，など），「社会的方略」（友人と一緒に勉強する，など）の5因子が見いだされている。

(2) 国語科に関する学習方略

　Nolen（1988）は，中学校段階の子どもを対象に説明文（生物に関する文章）の読解方略について調べている。「深い処理方略」（授業で学習したことにあてはめてみようとする，など）と「表面レベル（浅い処理）方略」（全体をくり返し読む，など）が取り上げられ，分析の結果，学ぶことや理解すること自体を目標とする課題志向性が深い処理方略の使用や価値づけと結びついていた。Nolen & Haladyna（1990）の研究では，深い処理方略として「精緻化方略」と「モニタリング方略」について検討がなされている。

　犬塚（2002）は，説明文の読解方略の構造について検討を行なっている。中学生から大学生を対象とした調査を実施し，7つのカテゴリーと3つの上位の因子からなる方略の構造を明らかにし（詳しくは第7章を参照），尺度の併存的妥当性，交差妥当性についても確かめられている。

　伊藤（1996）は，Pintrich & De Groot（1990）の尺度をもとにして，教科を越えた一般的な次元でとらえるものであるが国語学習においても適用できるように表現の修正を行ない，日本語版の尺度構成を試みている。結果として「一般的認知（理解・想起）方略」「復習・まとめ方略」「リハーサル方略」「注意集中方略」「関係づけ方略」の5つの学習方略が見いだされている。

　市原・新井（2005）も中学生を対象にした国語の学習方略尺度の作成を試みており，「意味理解方略」（文章はその主題を考えながら読む，など）と「暗記・反復方略」（教科書は暗記するくらいくり返し読む，など）の2つのカテゴリーで

構成されることを明らかにしている。

(3) 数学科に関する学習方略

Pokay & Blumenfeld（1990）は，高校生を対象に学習方略尺度を作成して検討を行なっている。「課題（当該研究では幾何学）特有方略」（幾何学の内容を自分のことばに置き換える，図を作成して理解しやすくする，証明問題でわかっていることを確認する，など）のほかに，「メタ認知的方略」（学習内容を理解しているか確かめる，など），「一般的認知方略」（覚えやすくする工夫，情報を集めること，既有知識との関係づけ，など），「努力調整方略」（おもしろくない内容でも最後までがんばり続けるようにする，など）が取り上げられている。縦断的な調査を行ない，学期のはじめは，科目についての価値の認識と成功への期待（自己効力感に相当）が，メタ認知的方略，一般的認知方略，課題（幾何学）特有方略，努力調整方略の使用を予測し，そして，課題特有方略と努力調整方略の使用が試験の成績を規定していること，学期の後半では，メタ認知的方略が成績を規定していることをパス解析によって検証している。

市原・新井（2005, 2006）は，中学生を対象にした数学の学習方略尺度の作成を試みている。「意味理解方略」（公式や規則はただその形を覚えるだけでなく，どうしてそのような形になるのかを考える，など）と「暗記・反復方略」（何度も同じ問題を解く，など）の2つのカテゴリーで構成されることを明らかにしている。

(4) 社会科に関する学習方略

社会科の学習方略に関する研究の1つとして，村山（2003a, 2003b）のものがあげられる。村山（2003a）は，中学生，高校生を対象にして社会科の歴史の学習方略尺度を作成している。表2-6に示すように「拡散学習方略」「マクロ理解方略」「ミクロ理解方略」「暗記方略」の4つのカテゴリーからなることを明らかにしている。また，村山（2003b）の研究では，中学生を対象にした実験的な学習教室において学習方略尺度を用いた調査を実施している。社会科の近現代史の授業の中でどのような学習方略を使用していたか（「授業学習方略」），テスト前の見直しの際にどのような学習方略を使用していたか（「テスト学習方略」）の2つの側面から検討がなされている。この研究では，下位尺度として「ミクロ理解方略」「マクロ理解方略」「要点把握方略」（授業の中で重要な部分とそうではない部分を見分けて処理する方略），「暗記方略」の4つが取り上げられている。

(5) 理科に関する学習方略

理科の学習方略に関する研究も進められつつある。Pintrich & De Groot（1990）による尺度，MSLQは，一般的な次元で学習方略をとらえるものであるが，理

表 2-6　歴史の学習方略尺度（村山，2003a をもとに作成）

方略のカテゴリー	尺度項目の内容
拡散学習方略	歴史に関する本や雑誌を読んだりする。 歴史に関するテレビや映画を見たりする。 友達や家族と，歴史に関する話などをする。 テストに出なさそうなところも興味があったら調べてみる。
マクロ理解方略	細かいことは気にせず，まず大きな流れを把握する。 細かいことを覚えるより，大きな流れをつかもうとする。 まず全体的な流れをつかんでから，細かい語句を覚える。 各時代の全体像をつかむことを重視する。
ミクロ理解方略	歴史で習ったことを，ノートや頭の中で自分なりにまとめてみる。 わからない言葉の意味を，自分で調べたり人に聞いたりする。 黒板に書かれたものは，それがどういうことかを頭で確認してからノートやプリントに写す。 歴史上の事件や戦争について，その内容を理解しようとする。 歴史で習ったできごとを，起こった順番に整理してみる。
暗記方略	意味のわからない語句がでてきても，まずとにかく覚える。 全体を理解する前に，語句を覚えることからはじめる。 なぜそうなるのかはあまり考えずに暗記をする。 重要そうな語句はとりあえずまる覚えをする。

科を対象にしていたということもあり，その後の研究で参照されている（たとえば塩見・駒井，1995）。北澤ら（2006）は，小学校の理科において，eラーニング・サイトの評価と，認知的方略と自己調整方略のそれぞれの自己調整学習方略の使用との関係について調べている。認知的方略と自己調整方略の測定には，Pintrich & De Groot（1990）の尺度が用いられている。eラーニングなどの ICT（Information and Communication Technology）を通じた自己調整学習の育成の問題は，今後ますます重要な研究テーマになるといえるだろう。

5. 今後に向けて

　上述のようにこれまでの学習方略に関する研究においては，MSLQ や LASSI をはじめとした教科領域を越えて用いられる方略と，特定の教科の中で用いられることを想定した方略のそれぞれに着目して検討が進められてきている。植

阪（2010）は，複数の教科で用いることのできる学習方略のことを「教科横断的な方略」とよび，学習指導上の有用性について強調している。また，指導をした方略が指導をした単元や教科を越えて利用されることを「方略の転移」とよんで，中学生を対象にした事例研究をもとに考察を行なっている。方略の転移が生じることによって，特定の教科における学習方略指導が学習全体の質の向上をもたらしていく可能性が示唆されている。

　自己調整学習は，動機づけによっても支えられていることをはじめに指摘したが，動機づけ研究の中でも同じような問題が議論されてきている。動機づけには，全体レベル，文脈レベル，状況レベルの3つのレベルがあり，研究においても実践においても，それぞれの水準の関係をふまえて検討していく必要があるというものである（速水, 1998；鹿毛, 2004）。全体レベルとは，一般的な性格特性としての動機づけのあり方であり，文脈レベルとは，家庭や学校といった特定の文脈における動機づけのあり方を指している。状況レベルとは，文脈レベルをさらに具体的な場面におろしたもので，人が今まさに経験しているところの動機づけの状態のことである。速水（1998）は，あるレベルの動機づけが類似の内容に対する動機づけに影響を及ぼしていくことを「動機づけの般化」とよんでいる。

　教育心理学における学習方略に関する研究は，動機づけ研究と同様に，全体レベルや文脈レベルでの検証に力点が置かれてきた傾向があるかもしれない。実践の中で学習方略の利用や獲得をうながしていくためには，状況レベルにおける学習のあり方についてさらに検討を進めていく必要があるだろう。最近の自己調整学習に関する研究では，マクロな次元だけでなく状況レベルの問題に迫ろうとする研究手法が開発されつつある。マイクロアナリティック（microanalytic）・アプローチはその1つであるが，これは，進行中の自己調整学習におけるメタ認知過程と動機づけ過程について査定を行なうための方法論である（Zimmerman & Moylan, 2009）。学習前，学習中，学習後において質的，量的データを得るべく質問を行なうもので，遂行の個人差について予測力をもった測度であることが明らかにされている。マイクロアナリティック法は，開始と終了がある一区切りの「event」をとらえる測度といえる。学習におけるeventは，連続して生起していくものであり，これを追いかけていくことで，メタ認知過程と動機づけ過程の間の相関関係や因果関係について明らかにすることができるだろう。

　動機づけ研究と学習方略研究のいずれにおいても，尺度の構成を行ない，さまざまな変数間の関係を調べていくといった伝統的な方法論に基づく心理学的な研

究についてはかなりの蓄積がある。これは，文脈や全体レベルといったマクロな次元の自己調整プロセスを明らかにするものといってよい。しかしながら，マクロな次元で明らかにされてきた自己調整学習のプロセスやメカニズムと，マイクロな次元で進行する自己調整学習のプロセスやメカニズムが同一のものであるかどうか定かではなく，そこには異なる原理が潜んでいる可能性があるかもしれない。オンラインの学習過程をとらえようとするマイクロアナリティック・アプローチなどの手法による研究とともに学習の改善を図る介入研究や，学習支援を実践する研究がさらに求められているといってよいだろう。先に紹介した Efklides (2011) の MASRL モデルは，マクロな次元とマイクロな次元とを接続して，相互の自己調整プロセスとそのメカニズムを明らかにしようとするものであり，今後の研究の1つの方向性を示唆する理論モデルといえるかもしれない。

　自己調整学習におけるマクロ-マイクロな次元の垂直的な関係についての分析とともにそれぞれの次元内の問題，すなわち，水平的な関係についての分析も求められる。近年の自己調整学習に関する研究は，授業外での学習，家庭学習，Web などを利用した自己学習場面など，多様な現実の状況における学習を問題にしようとしてきている。ここには，自己調整学習が行なわれるさまざまな文脈どうしの関係について明らかにしていこうとする研究の契機や可能性をみることができる。これらの視点に加えて，人間が成長・発達を遂げていくという長期的な時間の軸を考慮しておく必要もあるだろう。自己調整学習は，学習研究の枠組みの中で検討が進められてきたが，長期的にみてどのような変化を遂げていくかという縦断的な関係についても分析の視点としてもっておく必要があるだろう。

　今後，研究がどのように進展していくにしても，自己調整学習が，学習方略や動機づけ，メタ認知をはじめとしたさまざまな心理的な要素によって支えられており，それぞれの要素がマクロ-マイクロな水準間，水準内といった垂直的かつ水平的な相互の関係によって成り立っている複雑な事態であること，また，一生涯にわたって成長・発達を遂げていく生活の主体者である人間の営みであるということを考えておかなければならないだろう。

第3章 動機づけ

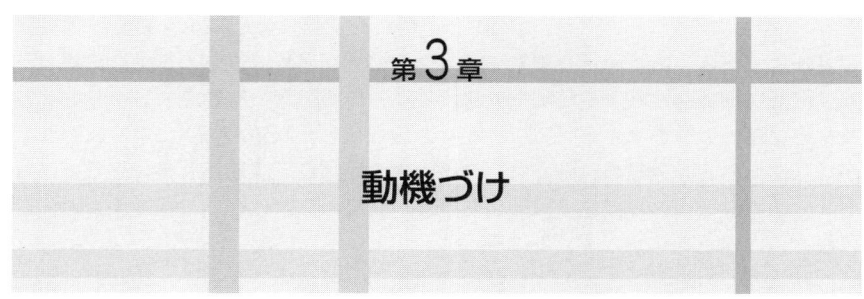

中谷素之

第1節　自己調整学習における動機づけの機能

　授業や教育実践において，児童・生徒が課題に対して意欲的に取り組んでいるかどうかは，学習の過程や成果に大きく影響する。学ぶ意欲すなわち動機づけは，学びの質・量に対して，特に重要な役割を果たしている。そこで本章では，自己調整学習の過程において，動機づけがどのような役割を担っているかについて議論する。

　はじめに，多様な領域にわたる自己調整学習の中でも主要な理論的枠組みについて，それらにおける動機づけ要因の意義と役割に焦点を当てる。次に，これまでの動機づけ理論および研究の蓄積をふまえ，近年注目されている主要な動機づけ理論では，自己調整学習の過程はどのように位置づけられ，とらえられているかについて論じる。まず，認知論的な動機づけ理論の代表的なものである2つの理論，すなわち自己効力感理論と達成目標理論について，次に情動論に基づく動機づけ理論である興味研究について論じる。最後に，自己調整学習を主体的に行なうことができる自律的学習者になるために，児童・生徒の動機づけをいかにとらえうながせばよいかについて，今後の課題も含めて考えていく。

1. 自己調整学習のプロセスにおける動機づけの位置

　自己調整学習研究において中心的役割を果たしている Zimmerman は，自身の理論の中で，自己調整学習のプロセスを大きく3つの段階によって概念化している。すなわち，予見段階，遂行段階，そして自己内省段階の3つである（たとえば Zimmerman & Moylan, 2009；第1章図1-2参照）。

　第1の予見段階では，学習における目標設定や，どの程度「できそうだ」という自信をもって学習に取り組んでいるかという自己効力感，あるいは「おもしろ

そう」「やってみたい」という興味などを含む，実際に課題に取り組む準備段階を意味している。第2の遂行段階では，学習の遂行過程で自らの行動を調整したり，促進／抑制したりする段階を意味する。自分の思考や行動をモニタリングし，教材や課題の中のむずかしい箇所に注意を焦点化し，課題の解決に取り組むなどがこれにあたる。最後の段階である自己内省の段階は，課題遂行後に生じるプロセスであり，達成の程度を自己評価したり，結果の原因について推論する原因帰属などの内容を意味する。

これらの3つの段階は，相互に循環的にかかわっていることが示唆されている。つまり予見段階の内容や特徴は，遂行段階における学習のプロセスに影響する。そして遂行段階における経過は，結果として自己内省段階での反応に大きくかかわってくる，という循環的関係が想定されている。

それでは，自己調整学習の3つの段階において，動機づけはどのように位置づけられるであろうか。Zimmerman（2011）の議論などを参照しながら，以下に論じていく。

まず直接的には，予見段階における目標や自己効力感，興味・関心といった要因は，動機づけの主要な概念だといえる（たとえばZimmerman, 2008）。課題をどのようなレベルで達成しようとするかといった目標設定は，学習の生起や維持において大きな役割を果たす。また自分がその課題を遂行し，習得できるであろうという信念である自己効力感も，学習過程全体を通じて影響を及ぼす要因である。そして課題への興味も，学習行動にいかに積極的，主体的に関与するかにかかわる重要な要因だといえる。このように，目標設定，自己効力感，そして興味などの動機づけ概念は，自己調整学習の初期の段階において，特に重要な役割を果たしている。

また，遂行段階においても，動機づけがその過程に関連をもつものと考えられる。課題をどのように認知し，解決するかという方略の選択や使用は，動機づけに支えられている可能性が高い。また，自分自身を励まし，肯定的に評価する教示によって，個人の遂行が向上するなど，自己教示によって学業達成がうながされることが示されており（Schunk, 2001），このような自らの思考や行動を方向づける動機づけ的要因の働きが，行動や成果に結びつくといえる。加えて，行動の維持やモニタリング，注意の集中についても，動機づけが意味ある役割を果たしていると考えられる。

さらに自己内省段階においても，結果の自己評価や原因帰属など，次の動機づけを規定する要因が機能している。学習の自己評価において，遂行を改善し，進歩した部分を評価する機会が多ければ，学習への自己効力感が高まり，達成がう

ながされることが見いだされている（Schunk, 1996）。また，結果に対する原因帰属のあり方は，学習行動のプロセス全般に影響する，主要な要因であることが示されてきた（たとえばSchunk, 2008）。

このように，自己調整学習の3段階において，動機づけという概念は，予見段階ではその中心的役割を有し，また遂行段階および自己内省段階においても，重要な機能を果たしていると考えられる。

2. 自己調整学習の諸理論と動機づけの機能

前項であげたZimmermanの自己調整学習の3段階過程は，おもにBanduraの社会的認知理論を背景にもつ自己調整学習の中心的な枠組みであり，そこには動機づけ概念が深いかかわりをもつことが論じられた。次に，他の自己調整学習の理論的枠組みにおける動機づけの位置づけについて検討していく。さまざまな理論的背景をもつ立場のなかで，以下では，情報処理理論に基づくWinne（2001）の情報処理モデル，および意思理論（Kuhl）を背景にもつBoekaertsの適応的学習モデル（Boekaerts & Niemivirta, 2000）に焦点を当て，各モデルの概略とそれらにおける動機づけの役割について論じる。

(1) Winneの情報処理モデル

Winne（2001）の自己調整学習の情報処理モデルでは，思考や理解の過程を情報処理的な立場からとらえ，認知・メタ認知の過程について詳細なシステムを想定している。自己調整学習においては，おもに課題の定義，目標設定とプランニング，方略の実行，メタ認知の適用の4段階が考えられ，この段階に沿って学習が進むと想定されている。またすべての段階を通じて，条件（Conditions），操作（Operations），産物（Products），評価（Evaluations），基準（Standards）という5つの要因からなる構造（COPES）が仮定される。また全体的な過程では，メタ認知的モニタリングとメタ認知的制御を中心に構成されていることから，その特徴として，メタ認知過程を重視したモデルであるともいえるだろう。

このモデルでは，動機づけの要因は，学習者の認知的条件に位置づけられており，比較的特性的な要因として動機づけをとらえているが，その一方で，動機づけは状態を示しており，学習過程のさまざまな段階で動機づけが喚起，維持，調整されることも述べている。最近，Winne & Hadwin（2008）は，COPESの構成に基づく自己調整学習のモデルにおける動機づけの機能について論じている。第1には，現状の結果と望ましい状態，目標規準との乖離に関する動機づけ的認知，第2には，現在の状況において乖離を埋める動機づけ行動の生起の2つの過程を提示しており，ともに自己調整学習において動機づけられた行動を引き起こすも

のとして位置づけている。

(2) Boekaertsの適応的学習モデル

Boekaertsの適応的学習モデル（Boekaerts & Niemivirta, 2000；図 3-1）は、学習における認知、評価、フィードバック、および目標形成の過程をモデル化したものである。その特徴として、学習課題そのものに焦点を当てたマスタリー・モードと、自己に焦点を当てたコーピング・モードの2つのモードを仮定し、学習の遂行と学習場面への適応の2側面を扱っていることがあげられる。

まず課題場面において、学習自体に焦点があり、知識やスキルの習得が中心となるか、あるいは学習に対処する自己に焦点があり、不安やストレスといったリソースの喪失が中心となるかが区別される。そしてそれに応じて、学習あるいはコーピングという、個人のもつ適切な方略が選択され、実行される。遂行や達成の結果は、当初の目標や規準に照らして評価され、それが次回への行動に影響する。

動機づけとの関連では、はじめに、課題において学習と自己のいずれに焦点があるかが弁別される際には、動機づけ信念やメタ認知的知識といった作業モデルが問題となる。すなわち、学習者自身が内発的、熟達的な動機づけ志向をもつのであれば学習に焦点化され、遂行や回避的な動機づけ志向をもつ場合には自己に焦点が向けられると考えられる。

また評価の段階においても、その場面の学習が望ましいものかどうかという一次的評価と、その場面で対処するべきこととその対処可能性についての二次的評価がなされる。そして評価に応じて目標が設定され、目標達成への行動が遂行される。この評価の各段階においても、評価の仕方や目標のレベルなどに、動機づけ要因が深くかかわっていることが考えられる。

最近では、自身のモデルをさらに発展させたデュアル・プロセス・モデルを発表し、学習における認知的プロセスおよび情動的（動機づけ）プロセスの両面を含めたモデルを提案している（詳細についてはBoekaerts, 2011を参照のこと）。

自己調整学習の研究枠組みにはこのほかにもさまざまなものがあるが、Alexander et al.（2011）がPsycINFOを用いて行なったデータによれば、最も研究が多くなされているのは、Zimmermanらの社会的認知理論に基づく研究枠組み（26%）であり、2番めにはPintrichら（たとえばPintrich, 2000）の動機づけられた学習方略質問紙（motivated strategies for learning questionnaire：MSLQ）を用いた枠組み（23%）、3番めにはWinneらの情報処理モデルによる枠組み（10%）であったことが示されている。この調査では、Boekaertsの適応的学習モデルはあげられていなかったが、その後の研究動向も考慮して考えれば、上記の3

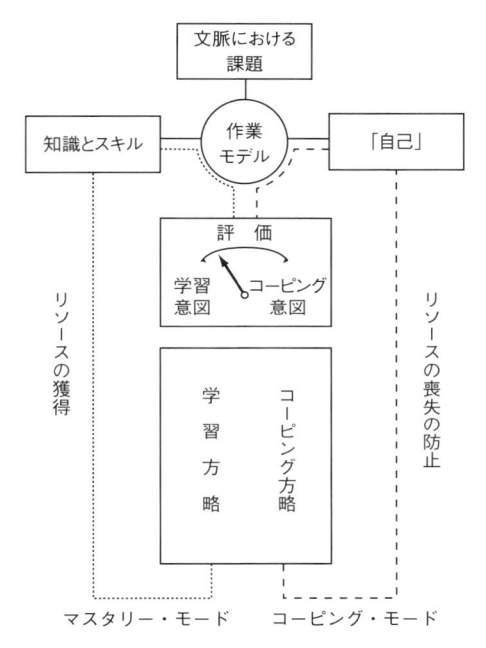

図 3-1　Boekaerts の適応的学習モデル（Boekaerts & Niemivirta, 2000 をもとに作成）

つは自己調整学習の主要なモデルであるといえる。それぞれのモデルで動機づけが重要な役割をもつとされていることは，自己調整において動機づけ要因が中核的要因として認識されていることを示すものだろう。

第2節　認知論および情動論の動機づけ研究と自己調整学習

　前節では，自己調整学習の諸理論と，そこにおいて動機づけ概念がどのように位置づけられているかについて概観した。しかし自己調整学習の裾野の広さを考えれば，これらの代表的な学習モデルだけではなく，より広いさまざまな学習理論において，また学習の各段階において，動機づけ概念は重要な役割をもっていると考えられる。

　Zimmerman（2008）は，動機づけ研究の中核概念が，自己調整学習のどの段階において機能しているかについて論じている。動機づけの各概念が，学習を引き起こす際に主導的な役割を果たすことはどのような理論的立場からも了解される

ことだろう。たとえば認知論に基づく主要な動機づけ理論の中心的概念である目標志向や効力感，または課題価値など，あるいは情動論による立場の中心的概念である興味なども，いずれも学習行動を喚起する働きをもつ。またこれらは学習行動の維持や調整などの媒介過程において，あるいは結果の段階においても，当該の行動を持続させたり，結果の評価や次回への動機づけ促進という点でも，有効な機能をもちうるものである（表3-1）。

本節では，人間の動機づけを理解する上で特に重要な視点である，動機づけの認知論および情動論の両立場から，主要な動機づけ研究の枠組みを提起し，それらの特徴や差異，そして自己調整学習との接点について議論する。

1. 認知論からみた動機づけの働き──①自己効力感

Zimmerman が提唱する自己調整学習の中心的モデルは，その基盤に社会的認知理論（Bandura, 1997）がある。社会的認知理論では，人間の行動を引き起こす中核的な要因として，自己効力感を想定している。自己効力感とは，その課題や対象に対して，やれそうだ，あるいはできそうだという肯定的な見通しのことを指す。社会的認知理論では，人が行動を引き起こす際の期待を，どうすればその結果にいたることができるかという結果期待と，結果にいたる行動を遂行できるかどうかという自信である効力期待とを区別してとらえている。この効力期待が自己効力感とよばれるものであり，行動を動機づける機能をもつのである。

また，成功あるいは失敗経験，過去経験による熟達，あるいは他者による代理経験などによって，学習者の自己効力感は促進／抑制される。また自己効力感は，当該の課題での一時的な成功・失敗の経験のみによって決まるのではなく，それらが蓄積され自己の中に形成される，学習者の自己効力信念によっても影響されうる（たとえば Schunk, 2008）。このように，個人がもつ課題に対して遂行できそうだという積極的な見通しである自己効力感は，学習における行動の生起や方略の遂行および結果，そして達成を媒介する，自己調整学習の中心的な役割を果たすものだといえる（Schunk & Ertmer, 2000）。

自己効力感は自己調整学習にどのような影響を与えているのだろうか。これらの関連に関しては多くの研究が蓄積されているが（たとえば Zimmerman, 2002），たとえば，生徒の自己効力感は，目標設定，自己モニタリング，自己評価，方略使用などの自己調整過程の実行を媒介して，学力（学業成績）にも影響を及ぼすという，学習過程全般への積極的な効果が示されている（Zimmerman, 2000）。また，「自己調整方略への効力感」を有することは，生徒の動機づけへの信念と，学業達成に積極的な影響をもつことが示唆されている（Zimmerman & Cleary,

表 3-1　動機づけの諸概念と自己調整学習における役割（Zimmerman, 2008）

動機づけの源	萌芽	媒介	随伴的結果か それだけの結果
目標志向	○	○	○
興味	○	○	○
自己効力感	○	○	○
結果期待	○		
時間展望	○		
課題価値	○	○	○
意思	○	○	○
内発的動機づけ	○	○	○
原因帰属	○	○	○
目標設定と自己反応	○	○	○
社会的動機づけ	○	○	
性同一性	○		
文化同一性	○		

2005）。

　学習における自己効力感と動機づけの発達の両方が，小学校から中学校へと学校段階があがるとともに落ち込んでいくことが知られている（たとえば Jacobs et al., 2002）。これは，中学校では社会的比較がより強調され，学業面での競争や相対評価が増加するためと考えられる。また，小学校 3 年生から高校 2 年生の生徒を対象とした Pajares & Valiante（2002）では，学年が上がるにしたがい，自己調整学習方略への効力感は急激に低下することが示されており，学校段階に伴って学習者の自己効力感が低下するという問題は，研究上とともに教育実践上でも大きな課題となるであろう。

2. 認知論からみた動機づけの働き──②目標研究

　学習において何を目指して行動するか，すなわち個人のもつ目標は，学習のプロセスにおいて重要な意味をもつ。学習の自己調整において，個人がいかなる目標を設定し，その達成に向けて自らの行動を認知，評価し，遂行するかは，その過程や成果を大きく左右する。

　ただし，目標（goal）ということばは広い概念であり，一般的には，「たとえば，

通常はある限られた時間内で，習熟のある一定の基準に達するための，行為の対象か目的である」(Locke & Latham, 2002) などのように定義される。自己調整学習に関する領域に焦点を当てるならば，これまでの研究の蓄積および動向から，達成目標 (achievement goals)，あるいは目標設定 (goal settings) といった概念から論じることがより適切であろう。ここでは，この2つの目標概念から，自己調整学習における目標の役割や機能について検討していく。

(1) 達成目標研究

自己調整学習の過程において，課題に対して学習者はさまざまな目標志向性をもつ。そのような学習への認知的な態度や姿勢は，その後の学習行動を規定し，成果の質に結びつく。

達成目標研究では，学習者のもつ目標は，最も代表的な分類として，学習に適応的な目標である熟達目標と，学習に不適応的な目標である遂行目標とに区別される。

近年では，これまでの熟達−遂行というコンピテンスの評価基準の次元に加え，新たに接近−回避という誘因価の次元を導入した，2×2の達成目標モデルが提案されている（たとえば Elliot & Church, 1997 など；表3-2）。このモデルは，より基礎的な行動へのエネルギーである接近−回避という動機づけの次元が，より認知的な志向性である熟達−遂行という目標次元によって規定されるとすることから，目標の階層モデルともよばれ (Elliot, 2006)，多くの研究知見を生み出してきた（たとえば Meece et al., 2006）。

これらの目標のうち，学習過程に最も効果的であるのは，熟達接近目標であることは多くの研究から認められている（たとえば Meece et al., 2006）。興味の喚起 (Harackiewicz et al., 2008) や幸福感 (Kaplan & Maehr, 1999) など，学習をうながす諸要因に対して熟達接近目標は積極的な関連をもっている。

また，近年の達成目標研究の知見から，達成目標と達成成果とは，一方向的な関連に限定されるものではなく，目標から成果へ，そして成果が次の目標形成へ

表3-2 2×2の達成目標モデル (Elliot, & McGregor, 2001)

	基準	
	個人内／絶対的	相対的
接近	熟達接近目標 （例：わかるようになりたいから）	遂行接近目標 （例：よい成績がとりたいから）
回避	熟達回避目標 （例：習得できないのがいやだから）	遂行回避目標 （例：無能だと思われたくないから）

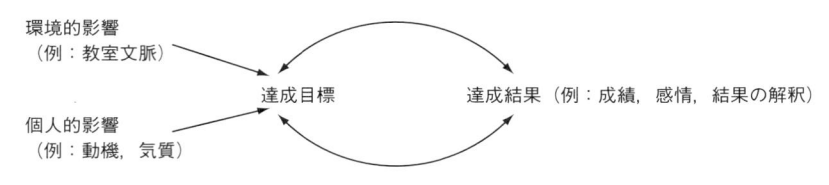

```
環境的影響
(例:教室文脈)
                    ↘
                      達成目標  ⇌  達成結果(例:成績,感情,結果の解釈)
                    ↗
個人的影響
(例:動機,気質)
```

図 3-2　達成目標の循環的性質(Fryer & Elliot, 2008)

達成課題はしばしば連続的であるが,はじめの目標選択による結果は,その後の目標選択の先行要因としても機能する。環境的,個人的性質は達成目標に常に影響する。

と影響する循環的プロセスが想定されている(図3-2)。実際の学習場面においては,学習活動は日々継続的,累積的に行なわれており,そこでは論理的に仮定された一方向の因果のみが生じているわけではなく,このような循環的なプロセスの提起は,現実的により妥当で応用可能性の高いものといえるであろう。

(2) 目標設定

達成目標研究では,個人のもつ比較的特性的な要因が,学習の過程や成果に影響することが示されてきた。一方で,各課題や状況において,具体的にどのような難易度や内容の目標を置くのかという目標設定という視点からも,自己調整学習における目標の機能に注目することができる。

目標設定することは,学習の過程においてどのような効果をもちうると考えられるだろうか。Zimmerman(2008)によれば,まず初期には,学習者を課題へと関心を向け,適切な課題選択をさせる可能性がある。そして遂行においては,取り組んでいる課題に努力を向ける,また目標追求への粘り強さを可能にする,といった機能を果たすだろう。そして積極的に課題に取り組んだことで,成果に対する満足感や自己評価を得ると考えられる。このように,学習の初期,媒介,そして結果のそれぞれにおいて,目標設定の積極的な効果が認められる。

さらに Zimmerman(2008)では,目標のもつ動機づけを促進する特性として,表3-3のような8つの観点を取り上げている。たとえば,目標の「具体性」という特性では,現在取り組んでいる課題の目標について,「精一杯努力しよう」という抽象的な内容よりも,15分で1ページやろう,などと具体的に記述することが動機づけに効果をもつことが知られている(Schunk, 1989)。また,目標の「近接性」の特性では,たとえば1週間先に達成するべき目標よりも,学期末レポートの毎日の進捗率などの時間的に近接した目標規準のほうが,行動への直接的なフィードバックとなるため学習に効果的であるという(Bandura & Schunk, 1981)。また,時間的に近接した短期的目標が,それ単独で位置づけられるので

はなく，やや時間のかかる長期的目標と統合された階層をもつことで，さらに両方の目標の効果を高め，動機づけを促進する可能性が高い（Zimmerman, 2000）。すなわち，目標が階層化されていれば，毎日の練習や宿題などの短期的な目標の積み重ねが，長期的にみてスポーツでの技術の向上や，算数や国語での基礎学力の定着などに結びつきうるのである。

このように，達成目標研究では，教科内容や学習単元によらず普遍的に，目標と学習過程の関連をとらえているのに比べ，目標設定の研究では，目標の中でも，ある教科や学習課題について，比較的個別の具体的な課題や実践について実証されてきたものである。すなわちこれらは同一の目標という概念を用いているものの，内容や時間的近接，あるいは困難度などについて，異なる焦点から研究が進められてきた面が強いといえる。

表 3-3　目標の優れた特性の例（Zimmerman, 2008）

目標の優れた特性	目標設定の例
目標の「具体性」	具体目標：私はテストで得点をB以上に上げたい。 一般目標：私はテストでよい点をとろうとする。
目標の「近接性」	近時目標：私は授業の最後までに1ページの問題を終えよう。 遠隔目標：学期の終わりまでに，この本を終えよう。
短期間と長期間の目標の「階層的」組織	短期目標：授業で課題にされた外国語単語の定義をマスターする。 長期目標：言葉の自発的な会話の中で語彙を増やす。
目標間の葛藤の「調和」と不足	優等生のリストに載せられたいという私の目標は，両親の目標と一致する。
「難しい」あるいは意欲的な目標	スペイン語の本の動詞全部を学習するという私の目標は，難しいができるものだ。
自己設定目標と指定された目標の「起源」	自己設定目標：私は学校で，少なくともCで代数のコースをパスする。 指定された目標：先生は，私が少なくともCで代数をパスすることを期待している。
目標の「意識した」質	練習を通して向上しようとするなら，エッセイの書き方をメタ認知的にモニターしなければならないことに私は気づいている。
学習過程か遂行結果への目標の「焦点化」	私の最初の目標は，作文のクラスで成績を上げるような，「遂行結果」に移る前の，作文の修正過程（たとえば，文章を修正する方略）を「学ぶ」ことに中心がある。

3. 情動論からみた動機づけの働き——興味の視点

　動機づけは，認知的側面，情動的側面など，複数の側面からとらえることが可能である。これまでみてきた自己効力感および目標は，おもに認知的側面にかかわるものであったが，一方，動機づけとはもちろん情動の喚起や維持の過程であり，情動的側面からも理解することができる。

　情動論からみた動機づけ研究の主要なものとして，興味研究があげられる（Renninger & Hidi, 2002）。以下では，学習の自己調整において興味がどのような役割を果たし，動機づけ機能を有しているかについて論じる。

　Pintrich & Zusho（2002）は，図1-2（第1章）でみた自己調整学習の3段階過程において，興味の喚起が特に予見段階において積極的な機能を果たす可能性を示している。予見段階で課題に対する興味を有することは，課題への取り組みや遂行の方略を検討する上で，その方向性を決める重要な要因となる。

　さらに，遂行段階においても，興味の果たす役割は大きいことが示されている。遂行段階における注意の焦点化は学習行動に深くかかわっているが，興味の喚起によって，課題の中でどの側面に注意を焦点化するかが異なることがいくつかの研究から示されている（たとえば Hidi, 2001）。また第3の段階である自己内省段階においても，課題や成果の自己満足感の程度において，興味などの感情要因が関連をもつことが考えられることから，興味の喚起が自己調整学習の各段階において有益であるといえるだろう。

　興味は短期的，一時的な状態であるとともに，課題や対象に興味が喚起されやすい人，といったように長期的な傾向や特性としても表現されうる。Hidi & Renninger（2006）は，図3-3のように興味の発達を状態から特性への4つの段階としてとらえるモデルを提起している。彼女らのモデルでは，興味は，主として課題や活動に依存して生起する状況的興味と，学習者自身の関心や価値観によって生起する個人的興味とに分けられる。初期の2段階では，興味は比較的短期的で状況依存的なものとして喚起し，後期の2段階では，興味は個人の特性に近いものとして生起し，特定の課題や状況に限定されず興味喚起の傾向が示されるとされる。

　このような興味の発達段階のうち，自己調整学習との関連は，特に第3および第4の段階において顕著になるという（Hidi & Renninger, 2006）。個人的特性として生起する興味は，課題遂行における取り組みや認知，対処と関連し，また自己調整の向上にも結びついていることが知られている（たとえば Renninger & Hidi, 2002）。

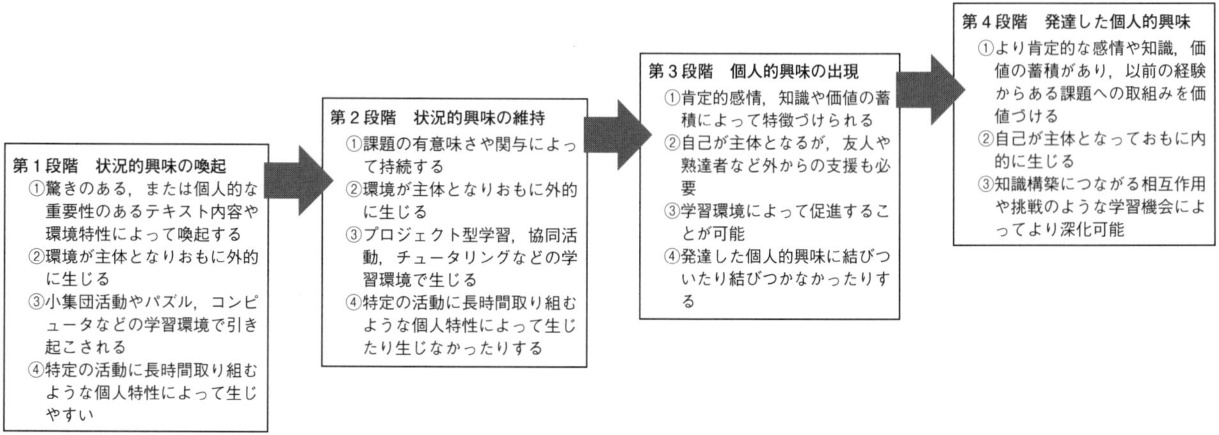

■ 第1部　自己調整学習の基礎理論

第1段階　状況的興味の喚起
① 驚きのある、または個人的な重要性のあるテキスト内容や環境特性によって喚起起こされる
② 環境が主体となりおもに外的に生じる
③ 小集団活動やパズル、コンピュータなどの学習環境で引き起こされる
④ 特定の活動に長時間取り組むような個人特性によって生じやすい

↓

第2段階　状況的興味の維持
① 課題の有意味さや関与によって持続する
② 環境が主体となりおもに外的に生じる
③ プロジェクト型学習、協同活動、チュータリングなどの学習環境で生じる
④ 特定の活動に長時間取り組むような個人特性によって生じたり生じなかったりする

↓

第3段階　個人的興味の出現
① 肯定的感情、知識や価値の蓄積によって特徴づけられる
② 自己が主体となるが、友人や熟達者などの外からの支援も必要
③ 学習環境によって促進することが可能
④ 発達した個人的興味に結びついたり結びつかなかったりする

↓

第4段階　発達した個人的興味
① より肯定的な感情や知識、価値の蓄積があり、以前の経験からある課題への取組みを価値づける
② 自己が主体となっておもに内的に生じる
③ 知識構築につながる相互作用や挑戦のような学習機会によってより深化可能

図 3-3　興味発達の4段階モデル (Hidi & Renninger, 2006 をもとに作成)

第3節　自律的学習者に向けて──動機づけの促進

　学習者自身が自らの学習において適切な目標設定や課題を選択し，遂行において困難にあたっても認知や情動を自己調整し，さらに得られた成果を積極的に自己評価し，より内的で統制可能な帰属を行なったり，肯定的な感情を有するといったプロセスが，自己調整学習の1つの理想である。このような自律的学習者になるためには，これまで述べてきた動機づけ要因は欠かせない重要性をもつ。
　最後に，自律的学習者に向けた動機づけを促進するための，理論的および実践的な取り組みについて論じ，現在の自己調整学習研究の到達点と課題について展望したい。

1. 認知から動機づけへ──動機づけ介入研究

(1) 自己調整促進プログラムによる介入研究

　近年 Zimmerman らは，自己調整学習を促進するための実践的な介入プログラムを作成し，その効果について検討している（たとえば Cleary & Zimmerman, 2004；Zimmerman & Cleary, 2009）。これは自己調整促進プログラム（self-regulation empowerment program: SREP）とよばれ，低達成のリスクのある生徒を対象に自己調整過程と動機づけを促進することで，学業達成を改善することを目標にしている。
　プログラムではまず，生徒に対する診断的評価が行なわれる。第1に，クラスでの学習のようすを授業のレポートや教師へのインタビューを通じて把握し，第2に，テストや学業成績から，学力の水準をつかむ。第3に，生徒が日常的にどんな学習方略を行なっているかを自己報告や構造的インタビューによって調べ，第4に，実際の学習課題において，生徒がどのような課題選択や方略を用いているかを発話分析などのマイクロ分析の手続きによって評価する。
　プログラムの後半では，自己調整促進のための介入が行なわれる。そのステップはおもに，エンパワメント，学習方略，循環的フィードバック・ループの3つであり，表3-4のように，それぞれの介入の目的およびその達成のための介入方法が設定されている。Cleary & Zimmerman（2004）では，インデックス・カードやノートの朗読，グラフ化やクイズなどの具体的な介入方法によって，テスト（知識クイズ）の得点が向上したという結果を示している。このプログラムは，学校やクラスといった，現実の教授場面での適用を重視して検討された，きわめて実践的な自己調整学習促進のためのプログラムだといえるだろう。

表 3-4　自己調整学習促進のための介入の目標と手続き（Cleary & Zimmerman, 2004）

介入段階	介入段階の目標	介入
エンパワメント	学習の遂行と過程全体において，生徒のコントロールの認知を強化すること	セルフ・モニタリング，グラフ化手続き
学習方略	生徒にさまざまな学習方略と自己調整方略を教えること	認知的モデリング，認知的コーチング，実践のガイド
循環的フィードバック・ループ	生徒に，予見，遂行コントロール，自己省察の各段階を循環的に用いる方法を教えること	自己調整のグラフ，認知的モデリング，認知的コーチング

（2）達成目標への介入研究

　先述のように，認知論に基づく動機づけ研究のうち，達成目標の枠組みは多くの研究成果を生みだしている。達成目標研究では，これまで教育実践を扱った研究はほとんどなく，重要な課題として指摘されている（Fryer & Elliot, 2008）。
　その中でも，特に教室場面への実践的介入を試みる取り組みとして，Dweckらの一連の研究をあげることができる（たとえば Dweck & Master, 2008；Blackwell et al., 2007；表3-5；図3-4）。彼女らの研究では，達成目標（習得目標対遂行目標）を規定する知能観に焦点を当てており，学習にとって不適応的な知能観である固定的知能観（知能とは生得的で固定的なものであり，努力で変えることはできない，といった知能観）に介入し，適応的な知能観である増大的知能観（知能とは後天的で可変的なものであり，努力や行動によって向上させることが可能であるといった知能観）に変容させる介入研究を行なっている。中学1年生を対象に，知能観の変容のために，2学期の数学の授業で実験群と対照群に分けた介入セッションが行なわれた。2群はともに目標設定や時間管理，暗記のコツなどの学習方略が教えられたが，実験群のみにおいて，脳科学に基づく増大的知能観が教えられた。すなわち困難こそ学びの絶好の機会であり，脳は努力や学習によって可変的な性質をもつことを視覚教材も使い教授された。その結果，実験群では努力志向の学習態度が身につき，困難の後でも意欲が維持・促進されるといった習得目標志向の学習方略が多く見いだされた。すなわち，増大的知能観を知識および実践の両面において教授することで，生徒の習得目標が高められ，学習においてより効果的な方略の使用が促進された。このように，学習者の知能観という認知的要因，信念に介入することによって，目標を介してより高いレベルの自己調整が可能となったと考えられるのである。

第3章　動機づけ

表 3-5　固定的知能観と増大的知能観の違い（Dweck & Master, 2008）

	固定的知能観	増大的知能観
定義	知能は固定的なものである	知能は柔軟なものである
生徒の目標	学習することを犠牲にしても，見た目を賢くみせること	困難でリスクがある場合でも，新しいことを学習すること
学習の基となるのは？	生来の能力	努力と学習方略
成功とは？	他者より賢くあること	向上と習得
失敗とは？	知能が低いということ	必要な努力をせず，学習方略が優れていなかったこと
努力とは？	知能が低いということ	知能を活性化し，知能を用いること

```
知能観            増大的知能観の教授         学習方略
```

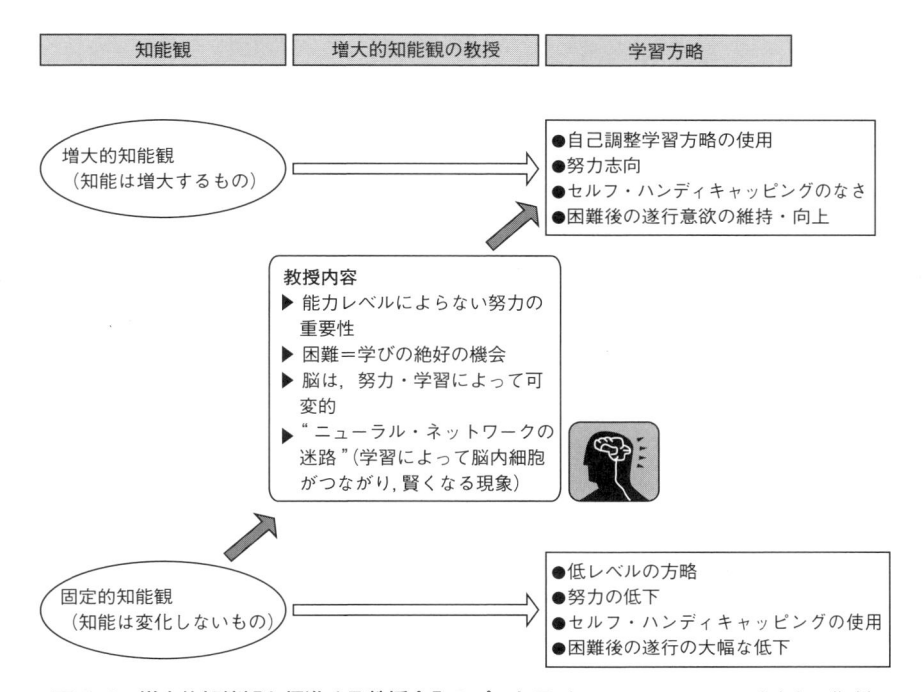

増大的知能観
（知能は増大するもの）
→
- 自己調整学習方略の使用
- 努力志向
- セルフ・ハンディキャッピングのなさ
- 困難後の遂行意欲の維持・向上

教授内容
▶ 能力レベルによらない努力の重要性
▶ 困難＝学びの絶好の機会
▶ 脳は，努力・学習によって可変的
▶ "ニューラル・ネットワークの迷路"（学習によって脳内細胞がつながり，賢くなる現象）

固定的知能観
（知能は変化しないもの）
→
- 低レベルの方略
- 努力の低下
- セルフ・ハンディキャッピングの使用
- 困難後の遂行の大幅な低下

図 3-4　増大的知能観を促進する教授介入のプロセス（Dweck & Master, 2008 をもとに作成）

2. 動機づけを介した自己調整学習の促進——メタ分析からみた今後の課題

　これまで述べてきたように，自己調整学習には膨大な研究知見の蓄積が存在しており，介入を検討した研究も少なからず存在する。最後に，自己調整学習研究の到達点と課題を俯瞰するためにも，これまでの自己調整学習の介入研究における動機づけの意義や効果，そしてそれらから導かれる課題について検討してみたい。

　自己調整学習における介入研究の効果をメタ分析によって検討した Dignath & Büttner（2008）によれば，小学生と中学生に対して行なわれた介入研究の効果を検討したところ，両学校段階において自己調整学習への介入効果はそれほど強いものではないものの認められた。しかし学校段階によって介入の効果の程度は異なっており，小学校段階では，正の評価やフィードバック，あるいは動機づけといった社会－認知的アプローチがより効果をもち，中学校段階では，生徒が既有の方略レパートリーの強化などのメタ認知的アプローチがより有益であったという。このような学校段階による効果の違いは，認知的発達を背景としていることが考えられ，小学校では環境からの影響が比較的大きく，教師やクラスでのフィードバックなどを通して，モデリングや模倣などによって認知的な自己調整を行なうことが有効だと思われる。一方中学校では，周囲の環境への依存から比較的独立してくることから，自分自身の思考や理解をメタ認知することがより重要な意味をもつと考えられる。

　このような学習者の認知発達を考慮し，今後動機づけ要因を媒介した自己調整学習の促進をより詳細に検討するべきであろう。また，社会－認知的アプローチと，メタ認知的アプローチの2つの特徴を生かし，課題や指導の過程に統合することで，より個や状況にあった効果的な学習の自己調整が可能になるといえるだろう。これらの数多くの実証研究の蓄積を検証したメタ分析の知見は，現在の自己調整学習研究の到達点と課題を示すものといえるだろう。

　また，これまでの自己調整学習の介入研究の結果からは，自己調整学習者を育てる教師教育の重要性が指摘されてきた。しかしこれまでの研究からは，教室において，具体的に教師によるどのような学習指導の訓練が可能かについて，十分な情報がないという問題もみられる（Dignath, 2011）。膨大な学習研究のメタ分析の知見を示した Hattie（2009）では，教師が生徒の学習に最大の効果を果たすためには，単に教師の指導が発揮されるだけではなく，教師や生徒，あるいは学習指導や学校要因の相互影響過程に焦点を当てることが重要であると主張している。すなわち自己調整学習の視点からいえば，生徒の自己調整の特性に応じて，

教師がどのようなフィードバックをすることが，よりよい自己調整の促進につながるかといった検証が必要であるといえるだろう。今後これらの研究によって，自己調整学習過程における動機づけのもつ機能をよりよく解明することが可能となるだろう。

第4章

自己調整学習における他者

岡田　涼

第1節　自己調整学習における他者の役割

　学習は個人の中で完結するものではなく，さまざまな他者との相互作用の中で展開していくものである。たとえば，小学校の教室を思い描いてみてほしい。そこには，学習すべき教材や課題があるだけでなく，日々の授業を行ない，子どもに働きかける教師がいるし，また一緒に授業を受けたり，宿題に取り組んだりする級友がいる。まったく1人で学習し，課題に取り組むことはむしろまれであり，教師から指導やサポートを受けたり，級友や仲間と協力しながら学習を進めていくことが多い。学習は他者との相互作用と不可分なものとして結びついているのである。自己調整学習においても同様に，一連のプロセスの中で他者が重要な役割を果たしている。自己調整学習という概念の中心には，自ら主体的に学習課題に取り組むことでさまざまな知識やスキルを習得していく自律的な学習を重視する考え方があると思われるが，自己調整学習のプロセスの中に他者の役割を想定することは，この考え方に反するものではない。自己調整学習の枠組みの中で想定される他者と学習との関係は，教師や仲間に頼ってパフォーマンスを高めようとするようなものではなく，教師の働きかけによって自己調整するための能力や動機づけを発達させたり，仲間との相互作用の機会を重要なリソースの1つとして利用したりするような，自己調整学習をうながす他者の機能に注目するものである。

　本章では，自己調整学習のプロセスにおいて他者が果たす役割について概観する。まず，第2節では，自己調整学習の発達と他者との関係を想定している理論として，社会的認知モデルと自己決定理論の2つを取り上げ，その概要を紹介する。次に，第3節と第4節では，他者との関係の中で生じる学習に関する研究をみていく。第3節では，仲間との相互作用と自己調整学習との関連に焦点を当て

た研究知見を紹介する。第4節では、教師の働きかけと自己調整学習との関連に焦点を当てた研究知見を紹介する。第5節では、他者との関係が学習に及ぼす影響をとらえる視点として、対人関係における自己調整について考える。ここでは、社会的自己調整の理論と他者とかかわる動機づけについての研究知見を紹介する。なお、本章では、学習場面における他者として、おもに友人を含む仲間と教師に焦点を当てる。もちろん、親や保護者も自己調整学習のプロセスにおいて重要な役割を果たしていると考えられるが、そのレビューは他書にゆずりたい。また、仲間関係と学習との関連については、協同学習の文脈で多くの研究がなされているが（Johnson et al., 1993；Rohrbeck et al., 2003）、本章では協同学習のような構造化されたものよりも、日常的に生じうるインフォーマルな学習に注目した研究知見に焦点を当てる。

第2節　自己調整学習の発達と他者

　自己調整学習に関する研究は、さまざまな理論的立場から行なわれており、多くの理論モデルが存在する。その中で、他者の役割を重視している理論として、社会的認知モデルと自己決定理論がある。本節では、この2つのモデルを取り上げ、その理論的背景を紹介する。

1. 社会的認知モデル

　社会的認知モデル（social cognitive model）（Zimmerman, 2000）は、Bandura（1986）の社会的認知理論を背景として自己調整学習のプロセスや発達をとらえたモデルである。社会的認知理論は、社会的存在としての人間が環境との相互作用の中で行動を変容させていく過程を理論化したものであり、3者の相互作用論、自己調整の3つのプロセス、モデリングなどを特徴としている。3者の相互作用論とは、個人要因、行動、環境要因という3者がお互いに影響を及ぼし合う過程をとらえるものである。自己調整の3つのプロセスは、自身の行動の特定の側面に焦点を当てる自己観察（self-observation）、自身の遂行を何らかの基準と比較する自己判断（self-judgment）、自己判断の結果として肯定的あるいは否定的に反応する自己反応（self-reaction）である。これら3つの下位プロセスが相互に作用しながら自己調整のプロセスが進むことになる。モデリングは、教師や仲間などのモデルを観察することによる認知、感情、行動の変化を指しており（Schunk, 2001）、モデルの行動に目を向ける「注意」、モデルに関する情報を記憶に貯蔵しておく「保持」、観察したモデルの行動を自身の行動に移す「運動再生」、観察し

第 4 章　自己調整学習における他者

た行動を実行するための「動機づけ」という4つの要素からなっている。このモデリングには，新しい行動を獲得する観察学習，行動の抑制を強めたり弱めたりする制止／脱制止，すでに学習した行動の遂行がうながされる反応促進の3つの機能があるとされている（Bandura, 1986）。

　これらの特徴の中で，自己調整学習における他者の役割を考える上では，モデリングが有用な視点を与える。Zimmerman（2000）の社会的認知モデルでは，自己調整能力の発達との関連でモデリングの重要性を理論化している。Schunk（2001）は表4-1のように説明している。学習の初期段階では，他者の学習行動を観察することによってスキルや方略を身につけていく（観察的レベル）。モデルのスキルや方略の獲得が進み，学習者がそれを遂行できるようになるにつれて，モデルの行動をそのまままねるだけでなく，モデルのより一般的な学習のスタイルや型を模倣するようになる（模倣的レベル）。その後，モデルが取り組んでいた課題と類似の課題に取り組む際には，モデルを観察することなく独自にスキルや方略を用いることができるようになっていく（セルフ・コントロールされたレベル）。最終的に，自身のおかれた文脈や状況に応じて，獲得してきたスキルや方略を適切に調整しながら用いることができるようになる（自己調整されたレベル）。前者2つのレベルはモデルという社会的な起源をもつ学習であるが，後者2つは自己を起源とする学習である。このように，学習を自己調整する力は，他者の学習行動を観察するモデリングによって発達していくのである。

　モデリングの機能は，よりミクロな日常の学習場面においても想定されている。社会的認知モデルでは，予見，遂行，自己内省の3つの段階のサイクルによって自己調整学習が進んでいくとしている。予見の段階は，実際の遂行に先行するものであり，活動に対する事前の準備をする過程である。遂行の段階は，学習中に生じる過程であり，学習に対する注意や活動に直接的な影響を及ぼす過程である。

表4-1　自己調整能力の発達に関する社会的認知モデル（Schunk, 2001をもとに作成）

発達のレベル	社会からの影響	自己からの影響
観察的レベル	モデル 言葉による説明	
模倣的レベル	社会的ガイダンス フィードバック	
セルフ・コントロールされたレベル		内的基準 自己強化
自己調整されたレベル		自己調整プロセス 自己効力信念

自己内省の段階は，遂行後に生じる過程であり，自らの努力に対して自己評価的に反応する過程である。あらかじめ自身の学習能力や学習の過程を見通し，実際の遂行過程を自らコントロールしながら学習に取り組み，学習後には遂行の程度や質を自己評価するというサイクルによって自己調整的な学習が進んでいくのである。予見の段階においては，学習に対する自己効力感を形成する上で，他者の遂行を観察する社会的モデリングが重要な役割を果たしている。モデルとなる他者が学習に取り組んでいるようすを観察することで，学習者はモデルが用いているスキルや手続きを参考にすることができる。また，モデルが成功しているところを観察することで，同じスキルをもっている自分も成功できるという自信をもつことができる。

社会的認知モデルでは，特にモデリングという観点から自己調整学習における他者の役割をとらえている。最初，自己調整的に学習を進める力をもたない学習者は，他者が学習に取り組んでいるようすを観察することで，スキルや手続きを自分のものとして獲得していく。また，他者が成功しているようすを見ることで，自己効力感が高まり，学習に対する動機づけを維持することができる。学習場面における他者の存在は，学習者がスキルや手続きの獲得を通して自己調整能力を発達させ，自己効力感を高めるための資源として重要な役割をもっているのである。

2. 自己決定理論

Reeve et al.（2008）によると，自己調整をとらえる理論は，「なぜ自己調整するのか」に焦点を当てる why 理論，「何を自己調整するのか」に焦点を当てる what 理論，「どのように自己調整するのか」に焦点を当てる how 理論の3つに大別できる。自己決定理論（self-determination theory）（Deci & Ryan, 2000；Ryan & Deci, 2009）は，この中で why 理論に相当し，学習者が自己調整的に学習に取り組む際の動機づけに焦点を当てている。

自己決定理論では，大きく分けて非動機づけ（amotivation），外発的動機づけ（extrinsic motivation），内発的動機づけ（intrinsic motivation）という3つの動機づけ状態を想定している（図4-1）。非動機づけは，行動と結果との随伴性を認知しておらず，活動に対してまったく動機づけられていない状態である。非動機づけの状態は，学習性無力感に陥っている状態と類似している。外発的動機づけには，自律性の程度からいくつかのタイプが想定されている。外発的動機づけの1つめのタイプは，外的調整（external regulation）である。外的調整による動機づけでは，何らかの外的報酬を得ることや外的な罰を避けることが目的となってお

り，外的な要因や他者からの働きかけによって行動が開始される。2つめのタイプは，取り入れ的調整（introjected regulation）である。取り入れ的調整では，明らかな外的統制がなくても行動が開始されるが，行動の目的は不安や恥などの感情を低減し，自己価値を守ることであり，内面で統制されている感覚をもつことで動機づけられている。3つめのタイプは，同一化的調整（identified regulation）である。ここでは，行動の価値を自己と同一化し，個人的な重要性を感じて肯定的な態度で自発的に従事する。4つめのタイプは，統合的調整（integrated regulation）である。統合的調整は，ある活動に対する同一化的調整が，個人がかかわる他の活動に対する価値や欲求との間で矛盾なく統合されている状態であり，まったく葛藤を感じずに従事するような動機づけである。内発的動機づけは，活動それ自体を目的として，興味や楽しさなどのポジティブな感情から動機づけられている状態である。行動の開始，維持において外的要因を必要としないという点で，完全に自律的な動機づけであるといえる。

　動機づけが自己決定性を増していく過程は，外的な価値や調整を内在化していくプロセスであるとされている（Deci & Ryan, 1985）。内在化とは，最初は自己の外部にあった価値や調整を自身の中に取り込み，自己と統合していくことである。たとえば，最初は親から言われてしぶしぶ勉強していた子どもが，不安や恥ずかしさから勉強する段階を経て，しだいに学習が自分にとって大切であるという価値観をもって勉強するようになっていくような過程を内在化としてとらえることができる。

　自己決定理論の観点からは，学習に対する肯定的な価値を内在化して自律的に動機づけられるようになっていく過程として，自己調整学習の発達をとらえることができる。この内在化が促進されるのは，自律性への欲求（need for autonomy），有能さへの欲求（need for competence），関係性への欲求（need for relatedness）と

非動機づけ	外発的動機づけ				内発的動機づけ
無調整	外的調整	取り入れ的調整	同一化的調整	統合的調整	内発的調整
動機づけの欠如	統制的動機づけ		自律的動機づけ		
自律性がもっとも低い	←――――――――――――――――――――→				自律性がもっとも高い

図4-1　自己決定理論における動機づけ概念と自律性の連続帯（Ryan & Deci, 2009をもとに作成）

いう基本的欲求が満たされるときであるとされている。自律性は自身の行動の指し手あるいは源泉の感覚であり（deCharms, 1968），自律性への欲求は自身の行動を自ら決定し，行動の起源でありたいという欲求である。自律性の欲求は，指し手（origin）とコマ（pawn）という概念をもとにしており，人は外的な力によって動かされるコマではなく，自分の行動を自ら決定する指し手でありたいという欲求をもっているのである。有能さは社会的環境と効果的に相互作用する能力であり（White, 1959），有能さへの欲求は活動を通して自身の能力を高めたいという欲求である。関係性は他者との情緒的なつながりやコミュニティへの所属の感覚であり（Ryan & Powelson, 1991），関係性への欲求は他者との間に情緒的なつながりをもちたいという欲求である。社会的環境がこれらの欲求を満たすとき，学習者は学習に対して自律的な動機づけをもつようになる。

　自己決定理論では，学習者の基本的欲求を満たすことで学習に対する価値を内在化させるところに他者の役割を想定している。学習者にとって，必ずしも学習活動が楽しいものであるとは限らない。学習内容や単元に対して興味や重要性を感じず，親や教師といった他者からの指導によってしぶしぶ取り組む場合もけっして少なくない。しかし，学習者が自律性や有能さ，関係性を感じることができるように，教授方法を工夫したり，学習環境を設定したりすることで，しだいに学習者は自己調整的に学習を進めていくための動機づけをもつようになっていくのである。

第3節　自己調整学習のリソースとしての仲間

　日常の教室場面において，仲間の存在は学習を効率的に進めていくためのリソースとなり得る。必要に応じて仲間に援助を求めたり，協力したりしながら学習を進めていくことも自己調整学習の重要な一側面である。本節では，自己調整学習における仲間の役割をとらえた研究知見を紹介する。

1. 仲間を介した自己調整学習

　これまでの研究では，自己調整学習の重要な構成要素として自己調整学習方略が検討されてきた。自己調整的な学習者とそうでない学習者とでは，学習に際して用いている方略が異なるという想定のもとに，自己調整学習を構成する学習方略が注目されてきたのである。それらの自己調整学習方略としては，適切に自己の学習の進度を評価する自己評価（self-evaluation）や，適切な下位目標を設定する目標設定（goal setting）など個人内のプロセスに焦点が当てられ

てきた(Zimmerman & Martinez-Pons, 1990)。その一方で，研究の初期から，学習のリソースとして積極的に仲間との相互作用の機会を利用するような学習方略も想定されていた。たとえば，Zimmerman & Martinez-Pons (1986) は，高校生に対する面接調査から，14 の自己調整学習方略カテゴリーを明らかにしているが，その中には社会的支援の要請(seeking social assistance)が含まれている。社会的支援の要請は，仲間や教師その他の大人からの援助を求めようとすることである。仲間や教師に学業面での支援を求める学習方略は，学業的援助要請 (academic help-seeking) として多くの研究がなされており，その生起プロセスをとらえるモデルや理論が提出されている (Karabenick & Newman, 2006；第 5 章参照)。また，Pintrich & De Groot (1990) が作成した学習の動機づけ方略の質問紙 (Motivated Strategies for Learning Questionnaire：MSLQ) にも，仲間との相互作用の機会をリソースとする学習方略が含まれている。MSLQ は，動機づけを測定する 6 下位尺度と学習方略を測定する 9 下位尺度から構成されている。学習方略の下位尺度として，リハーサルや精緻化などに加えて，援助要請 (help-seeking：「授業の内容がわからないとき，他の学生に助けを求める」など) と仲間学習 (peer learning：「課題を完成させるために，他の生徒と一緒に作業をするようにしている」など) が含まれている。必ずしも個別の研究領域として考えられていたわけではないものの，自己調整学習研究の初期からすでに，仲間を介した学習方略は自己調整学習方略の中の一部に含まれていたのである。

2. 友人との学習活動

　学業的援助要請だけでなく，仲間や友人との学習活動をより詳細にとらえようとする研究も，近年になって散見されるようになってきている。Patrick et al. (2007) は，課題に関する相互作用 (task-related interaction：「わたしは，算数に関して他の子がどうすればよいかわからなくなっているときに，助けてあげる」など) を測定する質問項目を作成している。この研究では，課題に関する相互作用が多い児童ほど，学業達成の程度が高いことが明らかにされている。また，岡田 (2008b) は，中学生を対象とした調査で，日常における友人との学習活動として，援助要請(「わからない問題のヒントを出してもらう」など)，援助提供(「友人がどうしてもわからないとき，教えてあげる」など)，相互学習(「テスト前に問題を出し合う」など)，間接的支援(「勉強への不満を話し合う」など)，学習機会(「一緒に図書館へ行く」など)の 5 つの側面を明らかにしている。ほかにも，Jones et al. (2008) は，仲間との議論と自己調整学習との関連について調査を行なっている。高校生を対象としたこの調査では，クラス内の仲間だけで

なく，学校外の仲間と議論を行なっている生徒ほど，MSLQ で示される自己調整学習の得点が高かった。この知見は，クラス内外での友人とのかかわりが，学習を自己調整する能力の発達をうながしている可能性を示すものである。さまざまな特徴をもつ他者とかかわることを通して学習方略を獲得し，自己調整の能力を発達させていくのである。

3. ピア・モデリング

　自己調整学習研究をリードする社会的認知モデルにおいては，モデリングが重視されていることは先述の通りである。これまでの研究においては，具体的な教育実践の1つの方法として，ピア・モデリングに関する研究が行なわれている。ピア・モデリングに関する代表的な先行研究を表 4-2 に示す。Schunk et al.（1987）は，ピア・モデルの性質に注目し，熟達モデルと対処モデルの比較を行なっている。熟達モデルとは，最初から有能にふるまい，高いスキルを示すモデルである。一方で，対処モデルとは，最初は課題をうまくこなせずに弱気な発言をするが，しだいに課題を正しくこなせるようになり，自信を示す発言をするようになっていくモデルである。これら 2 つのタイプのピア・モデルの効果を検討したところ，特に算数を苦手とする児童にとっては，熟達モデルよりも対処モデルのほうが，自己効力感やスキルの獲得に対して有効であった。この対処モデルの効果に関しては，類似性が重要な役割を果たしている。つまり，算数を苦手とする児童は，分数の計算をまちがえたり，弱気な発言をするピア・モデルがしだいに課題を解けるようになっていくようすを観察し，自分と似ていると感じられたため，自己効力感を高め，実際にスキルを獲得していくことができたのである。ほかにも，課題に対して高い興味や自発的な取り組みを示す内発的動機づけモデルや，しだいに課題に対する興味を高めていく内在化モデルの効果についても検討されている（Cellar & Wade, 1988；Ito et al., 2009）。

　また，Orange（1999）は，自己調整学習方略を直接的に教授する方法としてピア・モデリングを用いている。実験では，大学での学習に対してさまざまな問題（学習を先延ばしにしてしまう，学習に対して無気力になっている，など）をもつ学生が，自身の問題について話し合い，その解決方法としての自己調整学習方略を学んでいくビデオを見る。その後，実験参加者は，ビデオの中で示された自己調整学習方略を自分の学習においてどのように用いることができるかを考える。その結果，実験の後で自己モニタリングや自己動機づけなどを含む自己調整学習に関する能力が高まっていた。分数の計算方法のような具体的な課題に対する自己効力感やスキルだけでなく，学習全般に対する自己調整学習方略を獲得する上

表4-2 ピア・モデリングに関する先行研究

研究	対象者	教科，単元	ピア・モデルの種類	結果の概要
Braaksma et al. (2002)	中学生（8年生）	論説文のライティング	有能モデル，無能モデル	能力の低い学習者は無能モデルに注目した場合にライティングの技術が向上し，能力の高い学習者は有能モデルに注目した場合にライティングの技術が向上した。
Cellar & Wade (1988)	大学生	部品の組み立て課題	内発的動機づけモデル，外発的動機づけモデル	内発的動機づけモデル条件では，外発的動機づけモデル条件よりも課題に対する従事時間と回答数が多かった。
Ito et al. (2009)	小学生（5年生）	分数の足し算，引き算	内発的動機づけモデル，内在化モデル	内在化モデルは，自律的動機づけの高い児童の成績を高めた。
Schunk & Hanson (1985)	算数を苦手とする小学生（8歳～10歳）	引き算	熟達モデル，対処モデル	2つのピア・モデル条件（熟達モデル，対処モデル）では，教師モデル条件やモデルなし条件よりも自己効力感，スキル，成績が高かった。
Schunk & Hanson(1989a)	小学生（4年生）	分数の足し算，引き算	熟達モデル，対処のみモデル，対処＋情動モデルのそれぞれについて，単一モデルと複数モデル	対処＋情動モデル条件では，対処のみモデル条件よりも自己効力感が高かった。
Schunk & Hanson (1989b), Experiment 1	算数を苦手とする小学生（9歳～12歳）	分数の足し算，引き算	ピア・モデル，自己モデル，ピア・モデル＋自己モデル	ピア・モデル条件，自己モデル条件，ピア・モデル条件＋自己モデル条件では，統制条件よりも自己効力感と成績が高かった。
Schunk et al. (1987), Experiment 1	算数を苦手とする小学生（4年生～6年生）	分数の足し算，引き算	熟達モデル，対処モデル	対処モデル条件では，熟達モデル条件よりも自己効力感，スキル，成績が高かった。
Schunk et al. (1987), Experiment 2	算数を苦手とする小学生（4年生～6年生）	分数の足し算，引き算	熟達モデルと対処モデルのそれぞれについて，単一モデルと複数モデル	単一の対処モデル条件，複数の対処モデル条件，複数の熟達モデル条件では，単一の熟達モデル条件よりも自己効力感，スキル，成績が高かった。

表 4-3　モデリング志向性尺度の項目（岡田ら，2010 をもとに作成）

項目
・授業でわからないところがあったら，友だちのやり方を参考にしようと思う
・勉強に対してやる気のある友だちを見習って，自分もがんばろうと思う
・勉強しているときに，友だちがどのように考えているかに気をつけてみようと思う
・勉強について，友だちのよいところを見習いたいと思う
・勉強がわからないとき，できている友だちをお手本にしてやってみようと思う
・授業中，友だちがどうやって問題を解いているかに注意してみようと思う
・勉強するとき，友だちと同じように取り組んでみて，学ぼうと思う

でも，ピア・モデリングは有効なものであるといえるだろう。

　以上の研究は，いずれも実験場面において実験者がピア・モデルを設定することで，その効果を検証するという形をとっている。ある意味では，モデリングすることを強いている環境で見いだされた知見であるともいえる。しかし，日常において学習者が自らモデリングを行ない，他者の学習から何かを学ぼうとしているかどうかを明らかにすることは，自己調整能力の発達を考える上で重要であろう。岡田ら（2010）は，日常の自発的なモデリングをとらえるために，モデリング志向性尺度を作成している（表 4-3）。この尺度は，他者からの働きかけがなくても自ら他者を参考にしながら学習を進めているか否かの個人差をとらえようとするものである。小学 5 年生を対象とした調査で，モデリング志向性の高さは学習に対する自律的動機づけや仲間に対する親密目標と関連していた。

4. 動機づけのリソースとしての仲間

　自己調整的に学習を進めていくためには，自身の認知的な側面を調整する方略だけでなく，学習に向かう動機づけを維持し，うまくコントロールしていく方略も必要である。学習内容をうまく処理するための方略を身につけていたとしても，やる気を出すことができず課題に向かうことができなければ，自己調整的に学習を進めていくことはできない。

　自己調整学習方略には，認知的側面に関するものだけでなく，自身の動機づけを調整する方略も想定されている。そして，その中には仲間や友人を重要な動機づけのリソースとする方略も考えられている。伊藤・神藤（2003）は，中学生を対象とした調査で 8 つの自己動機づけ方略を特定している。その 8 つの方略は，

整理方略(「ノートをきれいに,わかりやすくとる」など),想像方略(「行きたい高校に受かったときのことを考える」など),ながら方略(「音楽を聞きながら勉強する」など),負担軽減方略(「得意なところや好きなところを多く勉強する」など),めりはり方略(「短時間に集中して勉強する」など),内容方略(「身近なことに関係づけて勉強する」など),社会的方略(「友達と教えあったり,問題を出し合ったりする」など),報酬方略(「勉強やテストがよくできたら,親からごほうびをもらう」など)である。この中で社会的方略は仲間や友人を動機づけのリソースとするものである。確かに1人では気分がのらないときでも,友人と一緒に勉強する機会を設けることでやる気を保てることはある。仲間や友人の存在は,勉強の仕方や学習方略のモデルとしてだけでなく,動機づけを保つための重要なリソースにもなっているのである。

第4節 自己調整学習を支える教師

自己調整学習は,基本的には教師などの大人が主導するものではなく,本人が自律的に学習を進めていくような学習のあり方を指している。しかし,学習を自己調整する能力を発達させる初期の段階や,あるいは獲得した自己調整学習方略をうまく使用して学習に取り組むための環境設定という点では,やはり教師が重要な役割を果たし得る。本節では,自律性支援という観点から,自己調整学習の過程で果たす教師の役割について考える。

1. 教師の自律性支援

学習場面において,教師はさまざまな形で児童・生徒とかかわっているが,そのかかわり方はそれぞれの教師によって大きく異なっている。教師が児童・生徒とかかわる際の教授行動をとらえる視点の1つとして自律性支援がある。自律性支援(autonomy support)(Deci & Ryan, 1987)とは,学習者の視点に立ち,学習者自身の選択や自発性をうながすことである。その対極には,特定の行動をとるようにプレッシャーを与える統制(control)が想定されている。Reeve(2006)によると,自律性支援-統制は,学習者の動機づけを喚起するための方法に関して教授者がもっている信念や態度であり,相互作用場面においてそれらが具体的な教授行動として発現することになるとしている。

Reeve et al.(2008)は,実験場面で教授行動を観察したいくつかの実証研究をもとに,自律性支援にあたる教授行動と統制にあたる教授行動を表4-4のようにまとめている。自律性支援の定義に合致し,生徒の視点や自主性を尊重するよう

表 4-4 自律性支援的な教授行動と統制的な教授行動 (Reeve et al., 2008 をもとに作成)

自律性支援的な教授行動	
聞く	授業中に教師が生徒の発言を聞くことに費やす時間
生徒がしたいと思っていることを尋ねる	生徒がしたがっていることを教師が尋ねる頻度
個別で作業する時間を設ける	生徒が1人で,あるいは自分のやり方で勉強するために教師が与える時間
生徒の発言をうながす	授業中に生徒が学習内容について話す時間
座席をうまく配置する	教師よりも生徒が教材の近くに座れるような座席配置
理由を説明する	ある活動や考え方,感じ方がなぜ有意義なのかを教師が説明する際にきちんとした理由を用いる程度
情報的なフィードバックとして褒める	生徒の改善や熟達について肯定的で効果的なフィードバックを伝える程度
励ます	生徒の取り組みを後押しし,支える発言の頻度
ヒントを与える	生徒がつまずいたときにどうすればよいかを伝える頻度
応答的になる	生徒が発した質問やコメント,提案に対して応答的であること
生徒の視点で発言する	生徒の視点や経験を認める共感的な発言の頻度
統制的な教授行動	
指示や命令をする	「これをしなさい」「それを動かしなさい」「ここに置きなさい」「ページをめくりなさい」などのように命令をすること
「〜べき」と発言する	生徒の意に反することでも,考えたり,感じたり,したりすべきであると言うこと
「正しいやり方」を教える	生徒が自分で効果的なやり方を発見する前に,決まったやり方を声に出して教えること
「正しいやり方」を示す	生徒が自分で効果的なやり方を発見する機会を与える前に,決まったやり方をはっきりと示すこと
教材を独占する	教師が実際に教材を手にもっていたり,独占していること
統制的な質問をする	信じていなかったり,疑問を感じているようなイントネーションで指示を伝えること

なかかわり方が自律性支援的な教授行動であり，逆に生徒の自主性を阻害してしまうようなかかわり方が統制的な教授行動となっている。

2. 自律性支援と自己調整学習

　自己調整学習の重要な特徴は，他者からの働きかけや強制力によって学習するのではなく，自ら自律的に学習プロセスをコントロールするところにある。そのため，教師の働きかけによって生じる学習は自己調整学習ではないと思えるかもしれない。しかし，自己調整の能力は徐々に発達していくものであり，もともと自己調整的に学習を進められる学習者ばかりではない。そのような自己調整能力の発達にとっては，学習者を取り巻く学習環境が重要であり，特に低年齢の児童・生徒にとっては教師の教授行動が強い影響力をもつことは想像に難くない。

　これまで，多くの研究で教師の自律性支援が児童・生徒の動機づけを促進することが示されてきた（Ryan & Deci, 2009）。特に，学習課題に対する興味や楽しさといった内発的動機づけに対する影響が報告されている。たとえば，Tsai et al.（2008）は，ドイツの中学生を対象とした調査において，授業での自律性支援と教科に対する興味との関連を調べている。生徒は，数学，国語（ドイツ語），外国語の3教科について，3週間にわたって日記式の質問紙に回答した。その結果，いずれの教科についても，授業で教師からの自律性支援を多く感じたほど，授業の内容に対する興味が高かった。

　教師の自律性支援は自己調整学習方略の使用にも影響する。いくつかの調査研究において，教師からの自律性支援と体制化や精緻化などの深い情報処理方略あるいはモニタリングや計画といったメタ認知的方略と関連を示すことが報告されている（Vansteenkiste et al., 2009；Young, 2005）。Sierens et al.（2009）は，高校生を対象とした調査で，自律性支援と構造化という2側面から教師の教授行動をとらえて，自己調整学習方略との関連を検討している。構造化（structure）とは，生徒が示すべき行動に対して明確な期待を伝えることを指す。たとえば，生徒が問題の解き方に詰まったときに別の解き方を教えるなど，学習の仕方にガイドを与えることが構造化にあたる。一見すると，自律性支援と構造化は相反するものであると感じるかもしれない。しかし，構造化という教授行動は，特定のやり方を強いるのではなく，生徒が自分自身で学習を進めていけるように課題の構造を明確にする態度を示しており，自律性支援と矛盾するものではない。実際，この研究でも，自律性支援と構造化には正の相関がみられていた。この自律性支援と構造化が自己調整学習方略に及ぼす影響を調べたところ，自律性支援と構造化の交互作用効果がみられ，両方が高い場合に認知的方略やメタ認知的方略の使用が

■ 第1部　自己調整学習の基礎理論

多くなっていた。生徒の自主性を尊重し，かつどのように学習を進めていくかについて明確な道筋を示してやることによって，生徒は自己調整的に学習を進めていくことができるのである。

3. 自律性支援と仲間との学習活動

　教師の自律性支援は，児童・生徒が自己調整的な学習方略を用いて積極的に学習に取り組む上で重要な役割を果たしている。それだけでなく，教師の自律性支援は，級友や仲間との学習活動もうながすことが明らかにされている。

　仲間との学習活動の1つとして学業的援助要請がある。学業的援助要請の研究文脈では，評価に対する懸念や自尊心の傷つきといった理由から援助要請を回避する現象が問題となっている（第5章参照）。自律性支援的な教師のもとでは，援助要請の回避が生じにくくなる。Shih（2009）は，中学生を対象とした調査によって，教師の自律性支援の認知と動機づけ，学業的援助要請の回避との関連を調べている。その結果，図4-2に示すように，自律性支援的な教師のクラスでは，自律的動機づけ（同一化的調整や内発的動機づけ）が高く，学業的援助要請の回避が低かった。また，Marchand & Skinner（2007）は，小学生を対象とした縦断調査において，教師の自律性支援が多いと感じている児童ほど，援助要請を行ないやすいことを報告している。ほかにも，Summers et al.（2009）は，大学生を対象とした調査から，教師が自律性支援的であるほど，学生どうしが相互作用的に学習を行なっていることを明らかにしている。

　自律性支援的な教師のもとでは，学習者は自らのやり方で学習を進めていくことができる。そのため，学業面での困難に直面した際には，級友や仲間との相互

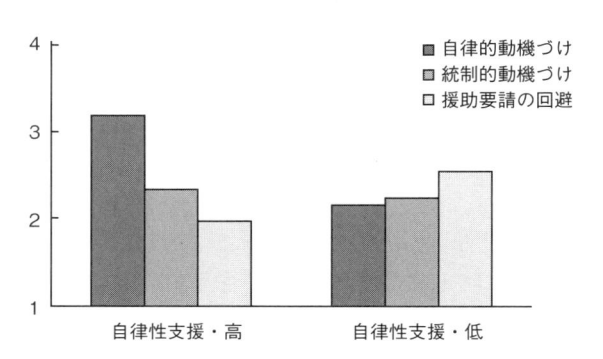

図4-2　教師の自律性支援の高低による動機づけと学業的援助要請の回避
（Shih, 2009をもとに作成）

作用の機会を一種のリソースとして利用することで，学習に取り組むことができるのであろう。また，成績や順位を強調されることが少ないために，他者からの評価を気にすることなく積極的に級友や仲間とかかわることができるのである。

4. 教室における自律性支援

これまでの研究で，教師の自律性支援は児童・生徒が自己調整的に学習を進めていく上で重要な役割を果たしていることが示されている。自律性支援は，指導において教師がもつある種の信念を示すものである（Reeve, 2006）。では，実際の教室場面において，教師の自律性支援は，どのような形で発現するのだろうか。

鹿毛ら（1997）は，小学1年生の算数の授業を対象に，教師の自律性支援が授業過程にどのように反映されているかを調べている。授業の単元は，「たし算」「ひき算」であった。最初に，児童の自律性をどの程度支援しようとしているかについての質問紙を教師に対して実施し，その得点が高い5クラスと低い5クラ

表4-5　自律性支援の高い教師と低い教師の発話（鹿毛ら，1997をもとに作成）

カテゴリー	発話の例	高群	低群
課題構造			
オープンエンドな課題：教師による非限定的な発問	教師：何で足し算でいいのか，お話しして。児童：「全部で」があるから。・・・教師：「全部で」があるから足し算だと思う。	47	29
認知的ギャップの使用：課題に対する教師の意図的な誤り	教師：かさたてにかさが8本入っていました。あとからかさを入れます。全部で何本になりますか（あとから入れるかさの数を意図的に示さない）	4	0
権威構造			
指示の連呼：同じ内容に関する2回以上の連続的な指示	教師：すいません。積み木をちょっとしまってください。・・・お話しするから，積み木しまって。〇〇君，お話しするよ。・・・〇〇さん，お話しするから積み木しまって。	38	36
児童への謝罪：教師の児童に対する謝罪の言明	教師：ごめんね。	12	3
評価構造			
失敗の受容：教師による児童の失敗に対する肯定的フィードバック	教師：「やっつ」っていくつかわかる？児童：あ，6個，6個。児童：8個。・・・児童：5個・・・。教師：なんかいろんな数が出てきちゃったけど，「やっつ」はいくつなんだろう。	8	6
児童による正誤判断：児童による正答判断および児童による誤答判断	児童：そうやると間違えちゃうよ。	33	6

スで授業観察を行なった。教師の発話について，Ames（1992）の課題構造（課題と学習活動のデザイン），権威構造（権威と責任の配分についてのデザイン），評価構造（評価実践と報酬の使用についてのデザイン）の観点から分類している。各カテゴリーの発話例と自律性支援の高低ごとの頻度を表 4-5 に示す。自律性支援的な教師は，オープンエンドな課題（教師による非限定的な発問）や認知的ギャップ（課題に対する教師の意図的な誤り）を使用することが多く，また児童に謝罪したり，児童による正誤判断をうながしたりしていた。全般的に，自律性支援的な教師は，児童が自ら考えを深めていけるように働きかける発言が多いことが特徴であった。

Turner et al.（2003）は，小学 6 年生のクラスを観察し，自律性支援的な教師の談話を分析している。対象となった教師 A は，児童の自律性を支援する発言が多くみられた。授業の中で，教師 A はしばしば児童を教室の前によび，内容の鍵となる部分を説明させていた。表 4-6 の談話は，児童 C が混乱しながらも 100 を 2 × 2 × 5 × 5 に素因数分解した後に続く教師 A と児童 C のやりとりである。この例で，教師 A は児童 C に素因数分解のやり方を再び説明させることで，児童 C 本人と他の児童の理解を確認している。教師 A は，自分から答えや知識を伝えるのではなく，児童本人に考えさせるような質問を多く行なっていた。つまり，児童が自律的に学習を進めていけるようにうながしていたのである。

表 4-6　自律性支援的な教師の談話 (Turner et al., 2003)

教師 A：じゃあ，これをどうやって解いたのかもう一度教えてくれますか。
　（児童 C は大きなため息をついて，教師 A はそれをまねする）
児童 C：先生はわかったと思ったのに。
　（教師 A を含めて，クラスのみなが笑う）
教師 A：あなたは，○○先生（教師 A 自身の名前）がどれだけ頭がこんがらがっているかわかっているでしょう。私は，できる限り何回でも聞きたいんですよ。
児童 C：2 × 2 は 4 です。
教師 A：そうですね。
児童 C：それから 5 × 5 を計算して，次に 2 × 2 × 5 × 5 を計算すると 100 になります。
教師 A：そうですね。5 × 5 はどこから出てきたの。
児童 C：25 からです。
教師 A：正解です。
　（クラスのみなが児童 C に拍手をする）
教師 A：みなさん，わかりましたか。

第5節　対人関係における自己調整

　ここまでみてきたように，自己調整学習の過程においては他者が重要な役割を果たしている。教師のサポートを受け，また仲間や友人の学習行動を参考にしながら，学習者は自身の学習行動を調整していく。その一方で，学習がもつ社会的な性質を考えれば，学習に直接関係する認知や行動だけでなく，他者との相互作用を適切に調整することも必要となる。本節では，他者との関係を調整する社会的自己調整のモデルを紹介し，また他者とかかわる際の動機づけに関する研究知見をみていく。

1. 社会的自己調整

　これまで，児童・生徒の友人や仲間などの社会的関係とさまざまな学習成果との間に密接な関係があることは，くり返し指摘されてきた（Ryan, 2000）。多くの研究で，他者から受容され，仲間や友人と肯定的な関係を築いている児童・生徒は，学業達成や学習意欲が高いことが明らかにされている。Patrick（1997）は，このような学習面と社会的側面との関連を考える上で，社会的自己調整（social self-regulation）の概念を提起している。社会的自己調整とは，自身の社会的相互作用をモニターし，それを調整することを指す。学習面での自己調整について，Garcia & Pintrich（1994）は，学習をうまく進めていくためには，認知的プロセスと動機づけプロセスの両方が活性化される必要があるとしている。学習場面において適切な目標を設定し，その目標に向けた行動を遂行していく調整方略が学業達成や学習意欲などに強く影響するのである。社会的場面においても同様に，仲間や友人と肯定的な関係を築いていく上では，認知的プロセスと動機づけプロセスが重要となる。これまでの研究から，仲間から受容されている児童は，向社会的な目標を設定し，仲間と適切にかかわる社会的スキルを有していることが明らかにされている（Asher & McDonald, 2009）。一方で，仲間から拒絶される児童は，仲間の行動を敵意的に解釈しやすかったり，攻撃的にかかわったりすることが多い（Crick & Dodge, 1994）。他者との相互作用において，認知的な面と動機づけの面で自己を適切に調整することによって，仲間や友人と適切な関係を築いていくことができるのである。

　Patrick（1997）は，肯定的な仲間関係と学業達成や学習意欲との間に関連がみられるのは，学業場面における自己調整と社会的場面における自己調整が背景に共通のプロセスをもっているためであるとしている（図4-3）。学習を自己調整する能力と肯定的な仲間関係に影響する社会的な自己調整能力は，高次の自己調

■第1部 自己調整学習の基礎理論

```
           ┌──────┐
           │ 自己調整 │
           └──────┘
           ╱        ╲
┌─────────────┐  ┌─────────────┐
│学習場面での自己調整│  │社会的場面での自己調整│
│・認知的プロセス  │  │・認知的プロセス  │
│・動機づけプロセス │  │・動機づけプロセス │
└─────────────┘  └─────────────┘
       │                │
┌─────────────┐  ┌─────────────┐
│学習面での成果   │  │社会的側面での成果 │
│・学業達成     │  │・肯定的な仲間関係 │
│・学習意欲     │  │・他者からの受容  │
└─────────────┘  └─────────────┘
           ↔          
```

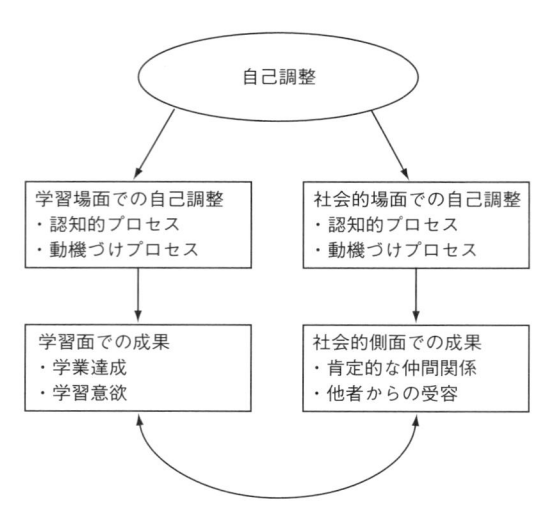

図4-3 学習面と社会的側面における自己調整
(Patrick, 1997をもとに作成)

整能力を共有している。こういった高次の自己調整能力があるため，学習場面でうまく自己調整を行なえる児童・生徒は，社会的場面においても自己を調整しながら適切に他者とかかわることができる。そして，その結果として学業達成や学習意欲と肯定的な仲間関係との間に関連が生じているのである。

2. 他者とかかわる動機づけ

　社会的場面における自己調整を考える上で，児童・生徒が他者との関係に対してどのように動機づけられているかは重要な視点である。教師や級友に対して，自ら積極的にかかわろうとする児童・生徒は，学習に関するサポートを得る機会も多くなり，協同的に問題解決を図ることができる。学習場面における他者との関係を考えるとき，学習に対する動機づけだけでなく，他者とのかかわりに対する動機づけにも注目することが必要である。

　学習場面においては，仲間や友人との関係が大きな影響力をもつ。第3節でみたように，仲間や友人との相互作用の機会は学習を進めるための重要なリソースとなり，また仲間関係のあり方は学業達成や学習意欲と密接に関連している。Okada (2007) は，高校生を対象とした調査で，友人関係に対する動機づけと学業的援助要請との関連を調べている。友人関係に対する動機づけ (friendship motivation) は，第2節で紹介した自己決定理論の枠組みをもとに，外的調整

(「向こうから話しかけてくるから」など)，取り入れ的調整(「友人がいないと後で困るから」など)，同一化的調整(「友人といることで幸せになれるから」など)，内発的動機づけ(「親しくなるのは嬉しいことだから」など)という4つの概念からとらえている。学習の場合と同様に，外的調整から内発的動機づけに向かうにつれてより自律的な動機づけとなっている。分析の結果，自律的な動機づけが高いほど，友人に対して学業的な援助要請を多く行なっていることが示された。つまり，相手との関係に対して積極的な価値や楽しさを見いだして友人とかかわっている生徒ほど，学業場面においても友人とかかわる機会が多かったのである。

仲間や友人との関係だけでなく，児童・生徒にとって教師との関係は重要である。自分が，教師とうまくかかわることができるという信念を，社会的効力感（social-efficacy）という。社会的効力感は，学習に対する自己効力感や自己調整学習と関連することが明らかにされている（Patrick et al., 1997；Patrick et al., 2007)。岡田（2008a）は，中学生を対象とした調査で，教師の自律性支援が学習内容に対する興味に及ぼす影響は，学習に対する効力感と社会的効力感の両方に媒介されることを示している。教師とうまくかかわることができると思っている児童・生徒は，日ごろから積極的に教師とかかわり，その中で学習に対するサポートを得ることができる。そのことによって，学習に対する効力感や興味を高くもつことができているのである。

第6節 まとめ

本章では，自己調整学習のプロセスにおける他者の役割についてみてきた。自己調整学習は，単に独力で学習を進めることではなく，仲間や教師との相互作用の中で自律的に学習を調整していくことである。教室場面ではともに学習する友人や仲間が存在する。その友人や仲間の学習をモデリングしたり，ときには仲間との相互作用の機会を学習のリソースとして利用することによって，自身の動機づけを高めたり，自己調整的に学習を進めるための方略を獲得することができる。また，学習場面でであう課題は困難なものも多いため，自律的に取り組むことができる学習者ばかりではない。その際，教師が学習者の自律性を支える形でかかわることによって，しだいに学習を調整する能力や自律的に取り組む動機づけを発達させていくことができる。仲間や教師といった学習場面における他者との適切な相互作用の中で，学習者は自己調整能力を発達させていくのである（図4-4）。

その一方で，仲間や教師との関係を自己調整する能力も必要である。仲間と相

■ 第1部　自己調整学習の基礎理論

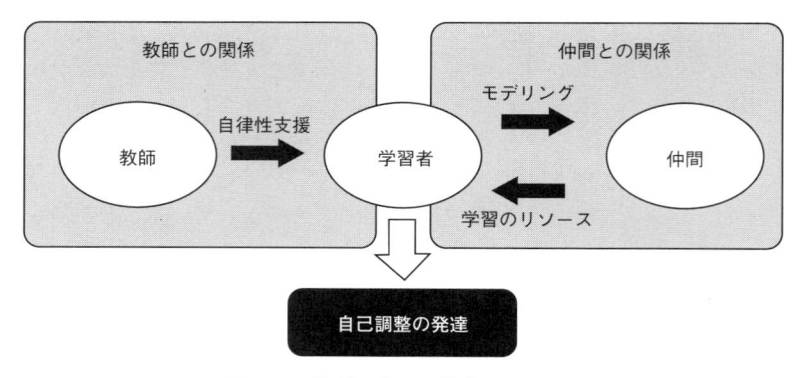

図 4-4　他者と自己調整学習との関係

互作用的に学習を進めていくためには，適切な仲間関係をもっていることが前提となる。たとえば，授業でわからない問題があったとしても，ふだんからまったく話をしない級友に尋ねることはむずかしいだろう。また，児童・生徒が教師に対してある程度の信頼感や親密さを感じていなければ，教師が自律性支援的にかかわろうとしても，自己調整学習をうながすようには機能しないかもしれない。学習者と仲間や教師との間に適切な関係があってこそ，仲間との相互作用あるいは教師からの働きかけが学習者の自己調整の発達をうながすことになる。そして，仲間や教師との関係を築いていく上では，社会的側面での行動を自己調整する能力や動機づけが重要となるのである。

　自己調整学習について考えるとき，まず注目されるのは個人内の認知的プロセスや動機づけプロセスである。しかし，本章でみてきたように，自己調整学習のプロセスにおいては，学習者を取り巻く他者との関係は非常に重要な役割を果たしている。他者との相互作用という視点は，今後の自己調整学習の重要な研究テーマの1つであるといえるだろう。

第5章

学業的援助要請

瀬尾美紀子

　わからない場合に質問することは，学習を進めていく上で重要な学習方略の1つである。わからないことをそのままにしておくと，学習内容の理解が困難になる可能性が出てくるためである。自らの学習を停滞させずに進めていくには，誰かに尋ねたり，自分で調べたりして，つまずきを解消しておくことが必要である。特に，学習内容がむずかしくなってくると，つまずきに直面する場面は多くなってくる。自己調整的な学習者とは，そのような場合にも，自分のまわりの他者あるいは参考書などの環境資源を積極的に活用し，能動的に学習を進めていく学習者であるとされている（Karabenick, 1998；Karabenick & Newman, 2006；Schunk & Zimmerman, 1994, 2007）。

　本章の第1節では，学業的援助要請について先行研究を概観する。特に，学業的援助要請と質問行動との相違，学業的援助要請の学習方略としての二面性，教師への援助要請と友人への援助要請に関する知見を中心に紹介する。そして，学業的援助要請に関する2つの中心的な研究テーマについて述べる。第2節と第3節では，それらのテーマに関して，これまで明らかにされてきた研究知見を紹介する。最後の第4節では，自己調整的な学習方略として学業的援助要請を行なうために，どのような支援策が考えられるか述べる。

第1節　学業的援助要請とは

1. 学業的援助要請と質問行動

　学業的援助要請は，「学習場面において，内容が理解できない，問題が解けないなどの困難な状況に直面し，自分自身で解決がむずかしいと感じたとき，教師や友達や，親などの他者に援助を求める行動」と定義される（たとえば中谷，

1998；Newman, 1990；野﨑, 2003）。日常的な文脈の中では，学業的援助要請とよばれることは少なく，むしろ「先生に勉強のことを聞く」「先生に質問する」など質問あるいは質問行動（questioning, question asking）とよぶことのほうが多い。そのため，学業的援助要請に関する研究が盛んになり始めた当初は，両者の呼称が混在して用いられていた（たとえば van der Meij, 1988）。

　「質問」は一般には「わからないところや疑わしい点について問いただすこと」とされる。もちろん上述した学業的援助要請も，わからないところについて他者に尋ねるといった意味で「質問」としても誤りではない。しかし，質問の意味するところはほかにも広範にわたる。たとえば，だいたいは理解できているが自信がもてない場合に，確認の目的で行なう場合にも質問は行なわれる。また，生徒から教師への質問ばかりではなく，生徒が理解できているか教師が確かめる場合も，質問とよばれる。「質問」について，学術的に統一した定義は困難とする立場もある（たとえば Dillon, 1998）。「質問」という概念の多様さを考えると，この研究領域においてしだいに「学業的援助要請」という用語が統一的に用いられるようになってきたのは自然な流れと考えられる。では，両者の相違はどういった点にあるだろうか。

　「質問」ということばが用いられるさまざまな場面と学業的援助要請の定義を比較すると，大きく2つの特徴が浮かび上がる。1つは質問者（援助要請者）がどれほど困っているかすなわち「困窮度」という点である。学業的援助要請では，「自分自身で解決がむずかしいと感じたとき」に援助を求めることから，一般に困窮度は高いと考えられる。その一方で，質問の場合には，必ずしも自分自身で解決困難であることを自覚している場合ばかりではない。たとえば，議論の途中で，議論の前提を確認するような質問は，おそらく議論の理解が困難だから質問するということではないだろう。質問の目的は，議論内容の理解をより促進することに近いといえる。

　もう1つの特徴は，フィードバックとして想定されるものの違いである。学業的援助要請は，学習者に対する「援助」をフィードバックとして想定している。援助ということばを用いる背後には，学習者がつまずいた問題の答え自体だけでなく，答えを導く過程の説明や，自分自身で答えを導くためのヒントを出したりアドバイスを行なうことが期待として込められている。これに対して「質問」へのフィードバックは，質問に対する直接的な答えであることが多い。以上でみてきたように，「学業的援助要請」は「質問行動」と重なる部分をもちながらも，質問という表現では十分に表わし尽くせない特徴を反映させた概念定義といえる。

2. 学業的援助要請の二面性——自律的援助要請と依存的援助要請

　1980年代以前の欧米では，学業場面に限らず，援助を要請することは「他者への依存的行動」であり自立の妨げであるという見方が一般的であった（Karabenick, 1998）。しかし，「学業的な援助要請は，学習時の困難に直面した場合にそれを解決するための有効な対処方略である（Nelson-Le Gall, 1985）」との見方が示されて以降，周囲の人的資源を活用する学習方略の1つと位置づけられ（たとえばSchunk & Zimmerman, 1994；佐藤・新井, 1998），精力的に研究が進められている。

　その一方で，「最小限の努力で課題をすませる方略（effort-minimizing）」として扱った研究もみられる（Meece et al., 1988）。具体的には，宿題を友達に見せてもらう，自分で十分に復習しないで全部教えてほしいと頼む，答えや解き方の手順だけを教えてもらう，といったものである。こうした学習行動は，その場を何とか取り繕ってやり過ごせればよいとする考え方が背景にある。実際に教育場面においてもこういったタイプの援助要請は頻繁に観察される。学業的援助要請を研究していく際に，このような学業的援助要請がもつ二面性を適切にとらえて，研究を進めていくことが重要である。

　学業的援助要請の二面性については，これまでに複数の研究で言及されている（たとえばNadler, 1998；Nelson-Le Gall, 1985；Newman, 1994）。Newman（2006）は，二面性を含んだ学業的援助要請の用語を「必要性」の観点から整理している（表5-1）。「必要性」による区別では，表の同じセルに入っているにもかかわらず，よび名が異なっている。その理由の1つとして，各研究者が二面性のどういった側面に焦点を当てるかの相違が考えられる。たとえば，Nelson- Le Gall（1985）は「援助要請の目的」に着目している。つまり，目の前にある問題が即座に解消されることを目的とするのか（実効的援助要請），目の前の問題だけでなく，将来に同様の問題に直面した際にも有効な手段や方法（ツール）を手に入れることを目的とするのか（道具的援助要請）という点である。一方，Newman（2002）は「必要性の状況に応じているか否か」という点に着目して，適応的援助要請と非適応的援助要請として区別している。

　瀬尾（2007）は理論的な概念として整理した研究や，実際に操作的に定義したものを概観し，各研究者が着目した二面性を統合する形で，「問題解決の主体」「必要性の吟味」「要請内容」の3つの観点を設定し，自律的援助要請と依存的援助要請として区別することを提案している（表5-2）。1つめの「問題解決の主体」は，つまずきという問題場面において誰が主体になって取り組むのかという

表 5-1 学業的援助要請の必要性に着目した分類（Newman, 2006 を改変）

援助は必要？	実際の行動	
	援助を求める	援助を求めない
はい	**適応的援助要請** (Adaptive help seeking)	**非適応的な「他の行動」** (Nonadaptive "other action")
	適応的援助要請 (Adaptive HS [a]) 自律的援助要請 (Autonomous HS [b]) 適切な援助要請 (Appropriate HS [c]) 道具的援助要請 (Instrumental HS [d])	消極的行動 (Passivity [a]) 回避－隠し行動 (Avoidant-covert action [b]) 援助要請の回避 (Avoidance of HS [c]) 消極的行動 (Passivity [d])
いいえ	**非適応的援助要請** (Nonadaptive help seeking)	**適応的な「他の行動」** (Adaptive "other action")
	非適応的援助要請 (Nonadaptive HS [a]) 実効的援助要請 (Executive HS [b]) 依存的援助要請 (Dependent HS [c]) 実効的援助要請 (Executive HS [d])	ns [e] ns ns ns

表の横の段ごとに，研究者が下記の通り対応している。
a：Newman (2002).　　　d：Nelson-Le Gall (1985).
b：Butler (1998).　　　 e：Not specified.
c：Ryan et al. (2005).

表 5-2 自律的援助要請と依存的援助要請（瀬尾, 2007）

	自律的援助要請	依存的援助要請
問題解決の主体	援助要請者	援助者
必要性の吟味	十分	不十分
要請内容	ヒント・解き方の説明	答え

観点である。援助要請は「つまずき」という自分自身の問題をどのように解消していくかという意味で一種の「問題解決行動」ととらえることができる（Nelson-Le Gall et al., 1983）。Nelson-Le Gall (1985) や Nadler (1998) は，問題解決の目的の違いによって2つの異なるタイプの援助要請を区別できることを指摘している。つまり，つまずきを自分自身の問題としてとらえ，自分で解決するための方法を習得する目的をもつ場合と，問題解決自体は他者にゆだねてその結果だけを得てつまずきを解消しようとする場合である。これらは，援助要請という問題解決場面に直面した場合に，問題解決の主体が自分自身なのか，援助者とするのかといった観点としてとらえられるだろう。

2つめの「必要性の吟味」は，援助要請が必要であるかどうかについて事前に十分な検討を行なうかどうかという観点である。Butler（1998）は自律的援助要請の操作的定義の1つとして「援助要請にいたるまでに自力解決に取り組んだ時間」を指標としている。これは，つまずいたときに，すぐに援助を要請するのではなく，自分で解決可能かどうかしばらく問題解決を試みながら援助要請の必要性を慎重に吟味することといえる。

3つめの「要請内容」は，要請する援助の内容がつまずきを解決するための「ヒントや説明」か「答え」そのものなのかという観点である。これは，先行研究で指摘されてきた援助要請の目的と関連する。自分でつまずきを解決する方法を習得する目的で援助を要請する場合には，つまずきに対しての直接的な答えだけではなく，その解答にいたるまでのヒントやプロセスの説明を求める必要があるだろう。一方，そうした目的をもたない場合，ヒントやプロセスの説明よりは，つまずきに対する直接的な答えだけを要求することが多いだろう。

3. 対教師援助要請と対友人援助要請

援助を要請する相手が，教師である場合と友人である場合では，援助要請の様相が異なることは容易に想像できる。たとえば，わからないことがあったとき，友達には比較的，気軽に尋ねることができる一方で，先生にはなかなか質問しづらいということもある。先行研究では，教室場面における対教師援助要請と対友人援助要請の違いについても検討が行なわれ，おもに援助要請の生起頻度，援助要請の有効性や信頼性に対する認知，心理的脅威の認知に関して知見が得られている。

まず，生起頻度に関して，小学生の場合には対友人援助要請のほうが対教師援助要請よりも明らかに多い結果が示されている（Nelson-Le Gall & Glor-Scheib, 1985）。具体的には，教室場面において観察された学業的援助要請の83％が友人に対するものであり，教師に対するものは17％にとどまっていた。これは，欧米の教室場面における結果であるが，わが国の場合でも，友人に対する援助要請が教師に対するものを上回る結果が，中学生を対象とした調査によって示されている（野﨑, 2003）。

しかし，認知レベルでは，必ずしも友人への援助要請を評価しているわけではなかったり，できれば避けたいと考えているようすもうかがえる。たとえばNewman & Goldin（1990）は，子どもたちが，友人よりも教師のほうが，正確かつ適切な援助を行なってくれると認知していることを明らかにしている。また，教師へ援助要請する場合と比べて，友人への援助要請において，「援助を要請す

ると，ばかだと思われるのではないか」といった自己の能力に対する友人の評価に脅威を感じていることが示されている。自分と能力的に同じレベルである友人へ援助を要請することは，相手よりも自分が劣っていることを認めることにつながる，というように社会的比較理論の立場から説明されることが多い。

　友人への援助要請に対して，このような否定的な認知があるにもかかわらず，なぜ友人への援助要請のほうが，教師への援助要請よりも実際には多く行なわれているのだろうか。こうした矛盾の背景には，いくつかの要因が考えられる。1つは，アクセスの問題である。瀬尾（2005）は援助要請が積極的に行なわれるために必要な条件を高校生に自由記述させているが，「先生がいる場所がわかること」「先生の時間と自分の時間の調整」など，教師への接近機会の確保に関するものが全体の記述の約6割を占めていた。したがって，本来は教師へ援助を要請したいと思っていても，現実にはアクセスが容易な友人に頼らざるを得ず，その結果，対友人援助要請が多くなっている可能性が考えられる。

　ほかに，教師に対する能力感の脅威のほうが友人に対するものより上回る可能性が考えられる。先述した通り社会的比較理論からは，能力レベルが近い友人への脅威のほうが大きくなる。しかし，一方で生徒は教師から評価される対象でもある。生徒が教師に援助を要請することは，その部分に関して生徒自身が十分に力をつけていないことを教師に露呈することであり，その結果，評価を下げてしまう危険性が伴う。そうした教師に対する評価懸念が強い場合には，教師への援助要請は回避され，より脅威の小さい友人への援助要請が促進されるものと思われる。

4. 学業的援助要請に関する2つの問題

　学業的援助要請の先行研究では，以下にあげる2つの研究テーマを中心に研究が進められてきた。1つは，「援助要請の回避に関する問題」である。援助要請が必要と思われる場合であっても，必ずしも学習者は援助要請を行なうわけではない。なぜ学習者は援助要請を回避するのか，という問題に関して，学習者の援助要請に対する動機づけや認知的要因，援助者に関する要因，クラスの雰囲気など社会文脈的要因が検討されている。第2節では，それらの研究を具体的に説明する。

　もう1つの研究テーマは，「援助要請のスタイルに関する問題」である。前述したように，援助を要請する際，自分にとって必要かどうかを十分に吟味し，自分が主体的につまずきを解決する手段となるようなヒントや解き方を要請する自律的援助要請を行なう学習者がいる一方で，援助者に対し依存的に援助を要請

する者がみられることが指摘されている（たとえば Nadler, 1998；Nelson-Le Gall, 1985）。第3節では，自律的援助要請と依存的援助要請の問題について明らかにされた知見を紹介する。

第2節　学業的援助要請の回避に関する問題

1. 援助者の反応・態度の影響

「わからないことがあっても，なぜ質問しないの？」と学習者に尋ねてみると，「こんな質問をすると，ばかにされそうで，とてもできない」という声が多く聞かれる。援助者の反応や態度に関する検討は，援助者が教師である場合の研究が多く行なわれている。生徒に対するインタビュー調査では，「質問すると教師が怒る」「勉強不足を責める」「ばかにする」といった教師の否定的な反応や態度が援助要請の回避に強く影響していることが報告されている（Newman & Goldin, 1990；van der Meij, 1988）。援助者が教師ではなく友人の場合にも，特に「ばかにする」といったような否定的な反応は，援助要請回避の要因になるだろう。

一方，質問することを教師が奨励することや，質問に対してサポート的な態度で接することは援助要請の促進につながる（Karabenick, 1994；Karabenick & Sharma, 1994；Newman & Schwager, 1993）。他の自己調整学習方略とは異なり，対人的な方略である学業的援助要請では，援助者の反応や態度が援助要請実行の鍵の1つになるといえる。

2. 動機づけ・達成目標・援助要請に対する認知の影響

学習に対してどのような動機づけをもつかということも，学業的援助要請を行なうか回避するかに影響を与えることが多くの研究によって報告されている。特に，動機づけやその一種である達成目標が，援助要請に対する肯定的あるいは否定的な認知を媒介して援助要請の生起と回避に影響を与えるモデルを検討するタイプの研究が多く行なわれている（図5-1）。

1つめの主要な知見は，遂行目標あるいは外発的動機づけが高い学習者ほど，援助要請に対する脅威の認知を感じやすく，その結果，援助要請を回避するというものである（Newman, 1990；Ryan & Pintrich, 1997）。他者よりもよい成績をとりたいという遂行目標をもつ場合，援助を要請することは自分自身の能力が欠如していることを示してしまう脅威であるととらえるため，結果，援助の要請を回避するということである。しかしその一方で，遂行目標が援助要請に対する否定

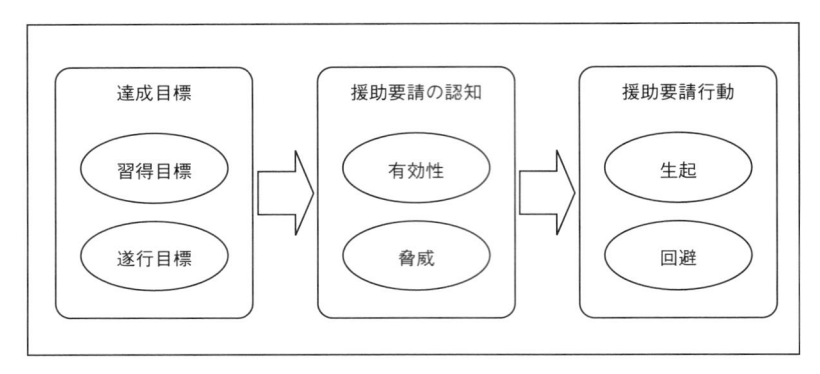

図5-1　先行研究で検討されてきた「援助要請行動の生起」に関する媒介モデル

的な認知だけでなく，肯定的な認知にも結びついて，援助要請の生起に影響を及ぼす知見も報告されている（野﨑，2003；上淵ら，2004）。よい成績をとりたいという遂行目標をもつ学習者の中には，援助要請はよい成績をとるために有効な方略ととらえ，援助要請を実行しようとする者がいることを示唆している。

2つめは，内発的動機づけや「自分の能力を伸ばすために学習する」といった習得目標が高い学習者ほど，援助要請を有効な方略と認知し，実際に行なうという結果である（Newman, 1990；野﨑，2003；Ryan & Pintrich, 1997；上淵ら，2004；Tanaka et al., 2002）。この結果は一定の再現性が確認されているが，習得目標については，援助要請の有効性の認知をコントロールした場合に，援助要請の回避に関連することも報告されている。Tanaka et al.（2002）は，こうした結果について，援助を要請することが依存的な行動と否定的に認識された可能性を示唆している。

3. メタ認知的スキルの問題

「質問したいけど，わからないところが自分でもよくわからなくて，質問できない」という学習者も多い。自分の理解状態をモニターし，つまずきを明確化するといったメタ認知の問題であるととらえることができる（Nelson-Le Gall, 1985；Nelson- Le Gall et al., 1983）。

瀬尾（2005）は，Schoenfeld（1985, 1992）の数学的問題解決方略を参考に，数学のつまずきを明確にするために必要なメタ認知的スキルを「つまずき明確化方略」として整理し（表5-3），この方略の使用が援助要請行動とどのように関連しているか高校生を対象に検討した。その結果，習得目標が高いほどつまずき

表 5-3 つまずき明確化方略の内容（瀬尾，2005）

つまずき明確化方略
・問題文を数式であらわしてみる
・何を求めれば問題が解けたことになるか考える
・解き方の流れをイメージしてから問題を解くようにする
・問題を考えるために図を描く
・例題と問題文を比較して異なる部分に印をつける
・わからない記号や用語に印をつける
・関連する公式や定理を教科書などで調べる

明確化方略を使用し，援助要請を行なう傾向が示された。この研究では，同時に，援助要請に対する有効性や脅威の認知との関連も検討されたが，有意な関連は示されなかった。援助要請が有効であるとの認知よりも，つまずきを明確化するメタ認知スキルを使用できることのほうが，援助要請行動にとっては重要である可能性を示唆している。

第3節　なぜ依存的な援助要請が行なわれるのか

1. 動機づけの影響

　依存的な援助要請を引き起こす要因を検討した研究は，ここまで述べてきた援助要請の回避に関する研究と比べると圧倒的に少ない。ただし，依存的援助要請の特徴の1つである「答えの直接的な要請」あるいは，自律的援助要請の特徴の1つである「ヒントの要請」が，どのような動機づけ要因に影響を受けて行なわれるのかについては，いくつかの研究が散見される。
　まず，習得目標が高い学習者ほどヒントの要請を行なうことが実験研究において示されている（Butler & Neuman, 1995；Newman & Schwager, 1995；Newman, 1998）。習得目標は，「学習内容を理解する」ことや「考えることを楽しめる」ことなど，自分自身の能力を伸ばしたり熟達することを目指すものであることから，自分自身で理解したり考えるときの助けになるようなヒントを求めるといえる。
　一方，遂行目標については，答えの要請に結びつく場合と，要請の回避に結びつく場合の2つの影響が指摘されている（Newman & Schwager, 1995；Nadler, 1998）。悪い評価を避け，よい成績をとりたいという意味で遂行結果に着目する

目標をもつ場合，直接的な答えを聞き出そうとする依存的援助要請が行なわれることが予測されている。他方，遂行結果への着目が，他者との能力の比較において自分の優位さを示したいからという場合には，援助要請は回避される。援助を要請することは，自分の能力が不足していることを示すことと同等になるためである。

2. 学習観とメタ認知的スキルの影響

　学業的援助要請が自己調整学習における学習方略の1つであることを考えると，一般に上述した動機づけ以外にも，学習方略の使用を支える知識やスキルおよび近年注目されている学習観について，その影響を検討する必要があるだろう。学習観とは，学習のしくみや働き，また有効な学習法などに関して個人がもつ信念のことである（瀬尾ら，2008）。学習者がどのような学習方略を使用するかについては，どのような学習観をもっているかに影響を受けていることが示唆されている（堀野・市川，1997；市川ら，1998）。

　一方，学業的援助要請を行なうためには，スキルや知識が必要であることも指摘されている（Nelson-Le Gall et al., 1983）。特に先述した自律的援助要請と依存的援助要請を区別する特徴の1つである「必要性の吟味」では，自分の理解状態を把握し，つまずいている箇所を明らかにした上で，自分の問題解決能力に照らして援助要請が必要であるかどうかを判断するという一連の思考過程と言い替えることもできる。この過程の遂行には，メタ認知的スキルが深く関与していることが示唆されている（Nelson-Le Gall, 1985）。

　瀬尾（2007）は，「学習観が直接的に援助要請スタイルを規定する」という仮説と，「メタ認知的スキルの使用を媒介しさらに援助要請スタイルに影響を与える」という仮説を，共分散構造方程式モデルを用いて，中学生と高校生を対象に検討を行なった（図5-2，図5-3）。おもな結果を以下にまとめる。

＜中学生の場合＞
（ア）「方略・失敗活用志向」の学習観をもつ生徒ほど，つまずきを明確化する方略を使用し，自律的に援助要請を行なう傾向がある。
（イ）「丸暗記・結果重視志向」の学習観をもつ生徒ほど，依存的援助要請を行なう傾向がある。また，そうした学習観をもつ生徒は，つまずきを明確化する方略を用いようとしない。

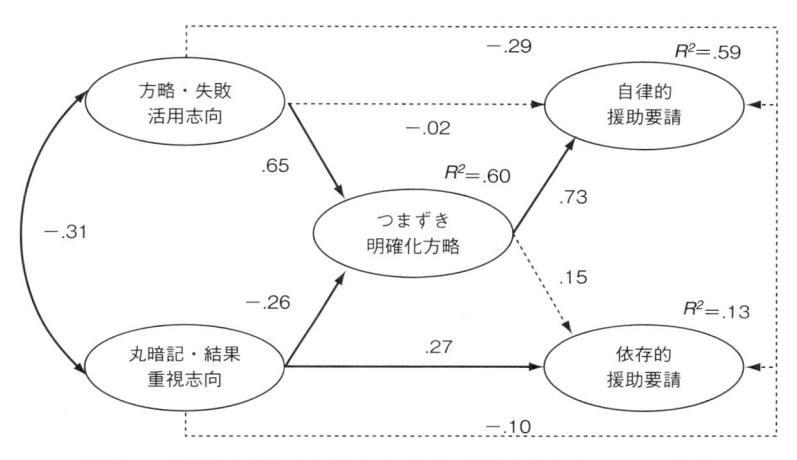

第5章 学業的援助要請

図 5-2 中学生の援助要請スタイルに関する結果（瀬尾，2007 を改変）

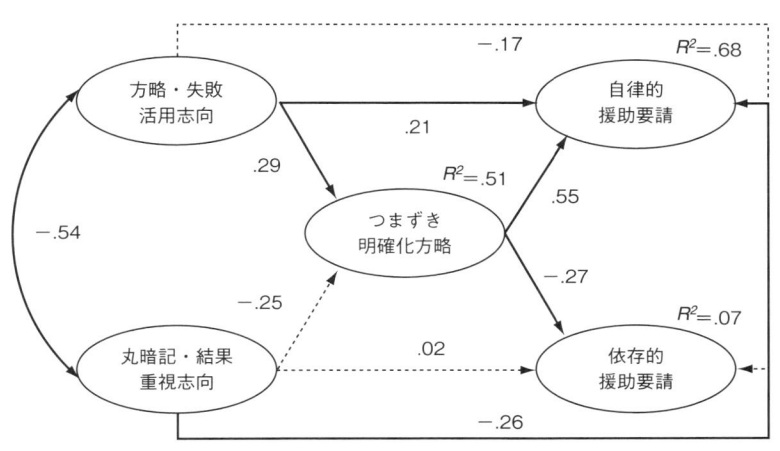

図 5-3 高校生の援助要請スタイルに関する結果（瀬尾，2007 を改変）

GFI = .85, AGFI = .83, RMSEA = .05

統計的に有意になったパスは実線で，有意にならなかったパスは破線で示した。
数値は標準化したパス係数，双方向のパスの数値は相関係数である。

＜高校生の場合＞
（ウ）「方略・失敗活用志向」の学習観をもつ生徒ほど，つまずき明確化方略を用いて自律的援助要請を行なおうとする。一方，つまずき明確化方略を用いない生徒は依存的援助要請を行なう傾向がある。
（エ）「丸暗記・結果重視志向」の学習観をもつ生徒ほど，自律的援助要請を行なわない傾向がある。

　以上の結果の中で，特に中学生と高校生との間で異なっている点が2つある。
　1つは「丸暗記・結果重視志向」の学習観が援助要請スタイルに与える影響である（上述（イ）と（エ））。中学生の場合はそうした学習観をもつ生徒ほど，依存的援助要請を行なうのに対し，高校生の場合では，そうした直接的な関連ではなく，自律的援助要請を行なわないあるいは回避するという結果になっている。
　この点に関して，瀬尾（2009）は，援助要請に対するコスト感（Newman, 1990）の影響を示唆している。この場合のコスト感とは「援助要請することは面倒だ」といったように，援助要請に必要な各種の決定とそれに基づいた要請行動に対して負担を感じることである。たとえば，援助要請を行なう前には，誰に，何を援助要請するか決める必要があり，決まればそれを実行に移すわけであるが，それを決めたり実行することを面倒だと感じたり負担ととらえることである。自律的援助要請では，自らが主体的につまずきの原因を把握し，その解消を図っていくわけであるが，結果だけを重視する学習観をもつ場合には，こうした作業に対して非常にコスト感を感じることが予想される。特に，高校では中学校よりも複雑で難易度の高い課題を扱うため，より強いコスト感が生じる。その結果，自律的援助要請を回避しようとする判断につながるのではないかといった考察がなされている。
　中学生と高校生で異なる2つめの結果は，つまずき明確化方略の使用が援助要請スタイルに与える影響である（上述（ア）と（ウ））。中学生の場合には，方略を使用する学習者ほど自律的援助要請を行なう一方で，依存的援助要請に対しては方略使用の影響はみられず，「丸暗記・結果重視志向」の学習観のほうが影響をもつことが示されている。一方，高校生の場合には，方略を使用するかしないかということが，援助要請スタイルに直接的に影響を与えている。瀬尾（2007）はこうした相違をふまえ，中学生に対しては，つまずき明確化方略を教授するだけでなく学習観にまで立ち返って指導し，高校生に対してはより直接的な影響を示した，つまずき明確化方略を重点的に指導する必要性を示唆している。

3. 教師の指導スタイル認知

　第2節では援助要請が回避される要因として，援助者の反応や態度について説明した。依存的な援助要請に対しても，ここまでみてきた援助要請者側の要因だけでなく，援助者側の要因について検討していく必要がある。しかし，その点についての検討を行なった研究はあまりみられない。わずかに，教師のサポート的態度に関する検討が行なわれているものの，依存的援助要請と自律的援助要請に対する影響に関して明確な違いはみられなかったとする結果が報告されている（Ryan et al., 2005）。

　瀬尾（2008a）は，教師の指導スタイル，すなわちつまずきに対してどのような指導を行なうかについて検討する必要性を指摘している。従来検討されてきた教師のサポート的態度はおもに，学習者の情動面への働きかけであるのに対し，教師の指導スタイルは学習者の認知面への働きかけといえる。瀬尾（2008a）は，中学生と中学校の数学教師を対象に，これら2つの教師要因がどのように学習者の援助要請スタイルに関連するかについて検討を行なっている（図5-4）。

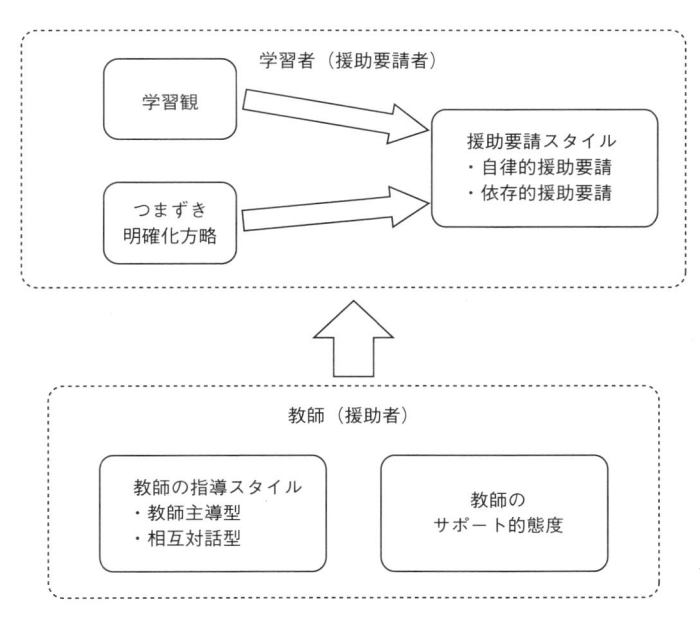

図5-4　学習者の援助要請スタイルに対する教師の影響モデル（瀬尾, 2008a）

表 5-4　教師の指導スタイル

	教師主導型指導	相互対話型指導
定義	教師がつまずき解消を主導して行なう指導	学習者自身がつまずきを解決できるように，対話を通じて考えさせる指導
特徴	・つまずきを解決するための思考活動を教師が行なう。 ・教師の思考活動の結果を生徒に伝達する。	・つまずきを解決するための思考活動を教師と学習者が対話的に行なう。 ・学習者自身に思考活動の成果をまとめさせる機会を多く設定する。
指導方略例	・つまずいた問題で重要なところを教師が教える。 ・どうすればまちがわないかを教師が教える。 ・まちがった原因を教師が教える。	・どうすればまちがわないか尋ねる。 ・どのように考えたか説明させる。 ・教師の前で問題を解くように指示する。

　まず教師の指導スタイルとして，関連する先行研究（石田ら，1986；市川，1993，1995，1998；鹿毛ら，1997；Vermunt & Verloop, 1999）を参考に，教師主導型指導と相互対話型指導の2つの指導スタイルを設定した（表 5-4）。教師主導型指導とは，教師が主導権をもってつまずきに対して指導を行なうことである。具体的には，つまずきを解決するために教師が中心的に問題に取り組み，生徒はその結果を教師から教えてもらうといった指導スタイルである。一方，相互対話型指導とは，学習者自身がつまずきを解決できるように，学習者の思考を活性化させるような対話を通じて行なう指導スタイルである。もう1つの教師要因である教師のサポート的態度とは，学習者が援助要請を行なうことに対する肯定的な態度や反応である。具体的には，「先生は質問するとできるだけ親切に答えてくれる」「先生は生徒の質問に喜んで答えてくれる」「質問してきた生徒に対して，先生は怒ることがある（反転）」などである。

　こうした教師要因の影響を明らかにするために，階層線形モデル（HLM）(Raudenbush & Bryk, 2002)による分析が行なわれた。この分析法は，生徒がクラス（教師）にネストされているという，学校特有のデータ構造を積極的に利用できる点に大きな特徴がある（図 5-5）。具体的には，まず目的変数について①クラス（教師）間での違いがあるかどうかを検討する。もし違いがみられた場合には，②さらにその違いをクラス（教師）に関する要因で説明できるかどうか検討するという手順で分析が進められる。

　中学生2,304名，数学担当教師22名のデータを用いて，上述した階層線形モ

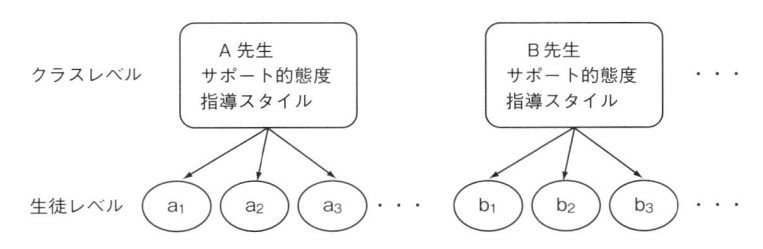

図 5-5　階層線形モデル分析が適用可能なデータ構造（瀬尾，2010 を改変）
$a_1, a_2, a_3 \cdots$ は A 先生のクラスの生徒を示している。

デルによる分析を行なった。①クラス間の差異を確認する分析では，自律的援助要請と依存的援助要請の頻度について，クラス間の違いが確認された。また，つまずき明確化方略の使用と援助要請スタイルとの関連に対してもクラス間の違いが確認された。そこで，②クラス間の違いを説明する要因として，教師のサポート的態度と教師の指導スタイルを説明変数として分析を行なった。これらの教師に関する変数については，教師の自己報告によるデータと，生徒が認知した教師に関するものの 2 種類のデータを収集していたため，それぞれを投入して分析した。その結果，教師の自己報告によるデータではいずれも有意な結果は確認されなかった。この結果は，同様に教師の自己報告データを使用した援助要請の生起に関する Ryan et al.（1998）と同様であった。一方，生徒が認知した教師変数を投入した場合には有意な結果が得られた。おもな結果を以下に述べる。

＜教師の指導スタイル＞
（ア）教師主導型指導は依存的援助要請との関連が示された一方で，自律的援助要請との関連は示されなかった。
（イ）相互対話型指導は依存的援助要請，自律的援助要請のいずれとも関連は示されなかった。

＜教師のサポート態度＞
（ウ）教師のサポート的態度と依存的援助要請との関連は示されなかった。同様に自律的援助要請とも関連は示されなかった。

　まず，教師の指導スタイルについては，教師主導型指導が依存的援助要請と関連を示した。教師主導型指導は，教師からの説明が中心的に行なわれ，つまずきに対する思考活動を教師が肩代わりするという特徴がある。こうした指導スタイ

ルが,問題解決を教師に委ねる依存的援助要請を引き起こす可能性が示唆されたといえよう。教師の生徒集団に対するリーダーシップを検討した三隅(1984)では,3つの指導類型(専制型,民主型,放任型)のうち,作業の方針をすべて教師が決定・命令する専制型の指導を受けた生徒たちは,教師の命令に対して服従することや教師へ許可や意見を求めることが多く行なわれたと述べられている。つまり,自分たちで思考したり判断したりするのではなく,教師の判断や指示に依存していたのである。教師が働きかける対象が,瀬尾(2008a)では個人のつまずきであったのに対し,三隅(1984)では集団の活動といった違いはあるが,どちらも教師が主導しているという点では共通している。瀬尾(2008a)で得られた結果も,三隅(1984)の結果と整合するものといえる。

次に,教師のサポート的態度については,依存的援助要請,自律的援助要請との関連はみられなかった。瀬尾(2008a)では,教師のサポート的態度が依存的な援助要請を引き起こす可能性を予測していたが,そうした可能性は確認されなかった。先に述べた指導スタイルとの関連を総合して考えると,対象となった中学生では情動・動機づけ面への支援としての「教師のサポート的態度」が直接的に援助要請に結びつくわけではなく,より影響が強いのは認知面への働きかけとしての「教師の主導的スタイル」のほうである可能性が示唆された。サポート的態度が依存的援助要請に結びつくかどうかについては,今後,小学生あるいは高校・大学生など,より幅広い発達段階に対して検討を重ねていく必要がある。

第4節　学業的援助要請プロセス・モデルと教育実践に対する示唆
――依存的援助要請の抑制と自律的援助要請の促進

1. 学業的援助要請プロセス・モデル

ここまで紹介してきた学業的援助要請に関する研究知見をまとめて,学業的援助要請に関するプロセス・モデル(図5-6)を提案したい。図の中央部分は,学業的援助要請の意思決定プロセスである。先行研究で提案されてきたプロセス・モデル(Nelson- Le Gall, 1985；Nelson- Le Gall et al., 1983；Newman, 1991, 1994；Ryan & Pintrich, 1998)に共通する部分を3段階のプロセスにまとめている。まず,第1段階は,「援助要請の必要性の認知と判断」である。援助要請行動では,自分が学習課題を理解できていないことに気づくことがまず必要である。そして,自分のつまずきがどういった手段で解消可能か検討し,援助を要請するかどうかの判断が行なわれる。このプロセスに,Nelson-Le Gall(1985)や瀬尾(2005)

で指摘されたメタ認知的スキル(つまずき明確化方略)が関与している。また，その背後から，習得目標や遂行目標といった学習に対する動機づけや，結果・暗記重視あるいは思考過程重視の学習観が影響を与えている(瀬尾, 2007)。

　援助要請を行なうことが仮決定されると，第2段階の援助要請に関する意思決定によって具体的な要請内容や援助者の決定がなされる。ここでも，第1段階と同様に，メタ認知的スキルと動機づけや学習観の影響が示されている。たとえば，習得目標が高い学習者ほどヒントを要請することが報告されている(Butler & Neuman, 1995 ; Newman & Schwager, 1995 ; Newman, 1998)。また，前節で述べたように瀬尾(2008a)では，教師の指導スタイルに対する認知の中でも特に，教師主導型指導の認知が依存的援助要請と関連することを示した。このように，複数の要因の影響を受けながら援助要請プロセスの各段階を経て，援助要請行動のスタイルが決まり，実際に援助要請が行なわれる。なお，Ryan & Pintrich (1998)で取り上げられている教室の目標構造などの文脈的要因の影響も重要であるが，

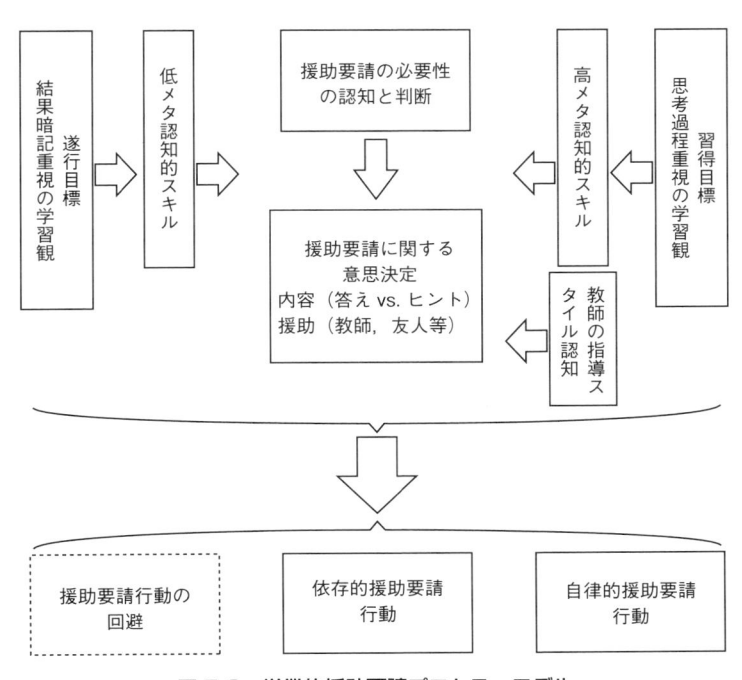

図5-6　学業的援助要請プロセス・モデル

今回のモデルでは，簡潔さを重視し含めていない。

以上のプロセス・モデルから，依存的援助要請を抑制し自律的援助要請を促進するには，おもに3つの観点からのアプローチが必要であることが示唆される。1つめに「つまずきを明確化する方法（メタ認知的スキル）の教授」，2つめに「学習の目標や学習観の自覚化と変容」，3つめに「教師自身の指導スタイルの自覚化と変容」である。以下で教室場面における具体的な展開例を述べる。

2. つまずきを明確化する方法の教授

援助要請を行なうためには，これまでくり返して述べてきたように，つまずいていることを学習者自身がまず認知することが必要である。そして，依存的な援助要請ではなく，学習者自身が主体的につまずきを解決するための援助要請すなわち自律的な援助要請を行なうためには，さらにつまずきを特定し明確化することが求められる。しかし，つまずきを明確化することは，学習課題の難易度が高くなるほど一般に困難になる。

瀬尾（2005）では，こうしたメタ認知的活動を促進するために，数学のつまずきを明確化する方略を教授する指導法を考案し，高校生を対象とした実験授業によって検討している。表5-3のつまずき明確化方略のうち以下の4つを取り上げて教授した。

・わからない記号や用語にしるしをつけて確認する
・図，表，グラフを使えるか確認する
・問題を数式で表わせるか確認する
・使える公式があるか確認する

具体的には，実際の数学の問題を解きながらこれらの方略を使用するようすを，教授者が発話思考しながら質問生成を行なってみせた。その後，実際に方略を活用して質問生成を行なわせたところ，つまずき明確化方略を教授したグループでは，教授しなかったグループに比べて生成した質問内容について，実験授業の前後で課題内容に深く関連したものがより多く増加することが確認された（図5-7）。方略を教授することによって，学習者自身がつまずきをより明確にすることができるようになったといえる。また，この効果は，数学の学力差（ここでは文系・理系の差）に関係なく示された。

「質問したくてもわからないところがわからなくて質問できない」と訴える中高生は非常に多い。つまずき明確化方略を教えることによって，最低限でも自分

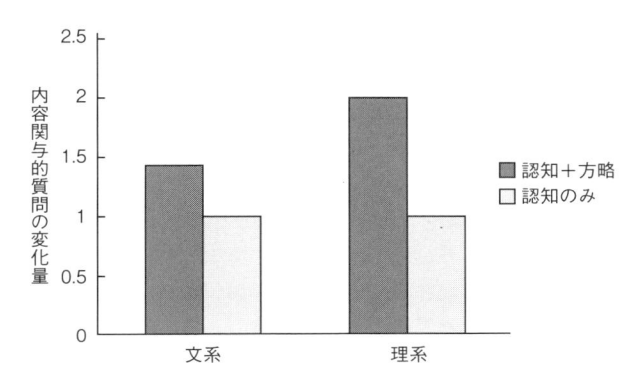

図 5-7　数学の問題に対する内容関与的質問の実験授業前後の変化量（瀬尾, 2009）

「認知＋方略」：援助要請の有効性認知を促し，つまずき明確化方略を教授した群
「認知のみ」：援助要請の有効性認知のみを促し，つまずき明確化方略は教授しなかった群

のつまずきを把握することができれば，自分で教科書や参考書を調べたり，友人や教師に質問したりするといった対処が可能となり，学習を滞らせずに進めていくことが期待できる。

3. 学習の動機づけや学習観の自覚化と変容

　学習の動機づけや学習観も，学業的援助要請の諸相に影響を与える重要な要因であることが示されている。先にも述べたように，特に，依存的援助要請には，結果や丸暗記を重視する学習観の影響が示唆された。また，習得目標をもつ学習者ほど答えではなく，つまずきを自分で解決するためのヒントを求めようとすることが多くの研究でくり返し報告されている。こうした結果から，依存的援助要請を抑制し自律的援助要請を促進していくためには，学習者自身が学習の動機づけや学習観を自覚的に見つめなおすことが不可欠となる。

　しかし，学習者自身が学習観や学習の動機づけを自覚し振り返ることは，通常ではほとんど行なわれていないといってよいだろう。たとえば，学習場面でまちがうことつまり失敗は日常的なものであるが，それをどのようにとらえるかすなわち失敗に対する考え方は個人差が大きい学習観の1つである。テスト結果の返却場面で，点数だけ見て，どこをどうまちがえたかにはまったく興味を示さず答案をカバンにすぐしまう学習者がいる一方で，失敗を振り返りなぜまちがったのか納得するまで考えようとする学習者もいる。そうした行動は，長い時間をかけ

て形成されてきた習慣的な行動として行なわれていることが多い。また行動の背景にある学習観の存在に自力で気づくためには，かなり高次のメタ的な視点が必要である。学習の動機づけも同様である。

　自分の学習観や学習の動機づけを自覚化させ，自分に合ったよりよい学習法を見つけさせるための実践的な取り組みとして，高校における学習法講座（瀬尾,2008b）や数学力・学習力診断テストCOMPASSを活用した実践（市川ら，2007）が行なわれている。これらの実践では，自分の学習観や学習動機づけの特徴を知る活動を，質問紙の診断結果に対する授業者の解説やワークシートによって行なったり，実際にいろいろな学習法について体験したり，それらを今後の学習にどのように反映させていくか考える活動を行なっている。こうした活動を通じて，自らの学習観を自覚するだけでなく，他の学習観の存在を知ったり，効果的な学習法を体験したりすることで，学習観の変容や学習法の工夫へとつながることが期待できる。

　依存的援助要請から自律的援助要請への変容をうながすためには，第3節で紹介したように，「丸暗記・結果重視志向」の学習観を抑制し，「方略・失敗活用志向」を促進していくことが重要である。こうした学習法講座による学習観の変容をうながす実践的取り組みが，実際に援助要請スタイルの変容にどのように影響を与えるか，今後の検討が待たれる。

4. 教師自身の指導スタイルの自覚化と変容

　教師の指導スタイルに対する学習者の認知の中でも，特に教師主導型指導が依存的援助要請に大きな影響を与える可能性が示唆された。先に述べたように，教師主導型指導とは，教師からの説明を中心とした指導で，学習者自身が行なうべき思考活動を教師が肩代わりするといった特徴をもつ。

　たとえば，「$3x^2+5x-2$ を因数分解しなさい」という問題が解けない学習者に対して，教師が解き方を説明しながら答えを出して終わりにする場合，それは教師主導型の指導に近いといえる。生徒にとっては，先生の説明を聞いているとわかったような気がするし，自分1人で考えなければいけないたいへんさ，すなわちコスト感を考えると，先生に質問したほうが手っ取り早くつまずきが解消するだろうといった見込みをいだくことになる。そうした心理的な働きによって，依存的な援助要請が引き起こされることが考えられる。

　こうした依存的な援助要請と教師主導型指導の結果，つまずきは一見すると解消されたかのようにみえることが多いが，実際には，学習者が自分で問題を解いてみようとすると，どうしていいかわからないといったことが起こる。これは，

Vermunt & Veloop（1999）が述べているように，教師主導型の指導が，学習者が自律的に学んでいくために必要な学習方略を習得する機会を奪ったゆえの帰結と考えることができる。たとえば，教師がていねいなプリントを作成して配布することが生徒に学習内容の要点を整理したりまとめたりする機会を奪い，さらにはプリントの内容さえ暗記しておけば大丈夫といった態度をもたせることが紹介されている。つまずきに対する支援においても，わかりやすくポイントを教師がまとめて説明するといったことが，学習者の思考活動を抑制することにつながっていないかなど，教師自身の支援が学習者にとってどのような意味をもつのか顧みることが重要であろう。

　学習者の思考活動を奪ってしまうのではなく，学習者自身につまずきを乗り越えるために必要な思考スキルや知識を獲得させる指導法として参考になるのが，認知カウンセリング（市川, 1993, 1998）の6つの基本的技法である（表5-5）。認知カウンセリングでは，つまずいた問題が解けることだけを目標とするのではなく，学習者が学習観や学習方法に関する自分自身の問題点を把握し，効果的な学習観や学習方法を獲得していくことが目標とされる。目標を達成するため，できる限り学習者の考えを学習者自身に説明させることによって，自分自身の理解状態の把握をうながす。そして，理解を深めるための思考スキルの使い方を最初はカウンセラーがモデルを見せながら，学習者自身にも身につけるような働きか

表 5-5　認知カウンセリングにおける基本的な技法（市川, 1993 を改変）

技法	目的	具体的指導の例
自己診断	問題点をはっきりさせるというメタ認知を促す。	どこがわからないのか，なぜわからないのか言わせてみる。
仮想的教示	何となくわかったという状態を自分で明確なものにしていく。	ある概念や方法を「知らない人に教示するつもりで」説明させる。
診断的質問	（学習者の理解度の診断）	どこまでわかっているかを試すための質問をしてみる。
比喩的説明	（学習内容の意味理解を深める）	概念の本質を比喩（アナロジー）で説明する。
図式的説明	（学習内容の意味理解を深める）	概念間の関係を整理して図式化する。
教訓帰納	問題側のむずかしさ，やり方の工夫，自分の思いちがい・ミスなどを教訓として抽出する。	解いた後に「なぜ，はじめは解けなかったのか」を問う。

（　）は，市川（1993）では直接言及されていないが，目的として推測されるものを筆者が記入した。

けを行なっていく。

　学業的援助要請は，自己調整学習における他の学習方略とは異なり，対人的な相互作用の中で実行される方略である。したがって，学習者がどのような目的をもって学業的援助要請を行なうのかということに加えて，援助者がどのような目的をもって支援を行なうのかといったことにも学習者は影響を受ける。学習者の学業的援助要請の目的と，援助者の支援の目的が，「学習者自身がつまずきを主体的に解決する方法を獲得する」ということで一致するときに，学業的援助要請は学習者にとって真に意義のある学習行動となるのではないだろうか。

第6章

自己調整学習研究における文化的考察

秋場大輔

　FreudやPiagetの研究からも明らかなように，心理学研究は人間の思考や言動を個人単位で解釈する傾向が強い。現代においても，個人の心理的プロセスに焦点を置き，文化などのコンテクストの役割を「ノイズ要素」として排除する心理学研究が後を絶たない。文化に焦点を置いた研究でも，異文化差異や共通点を強調する一方，個人レベルのプロセスと文化的コンテクストの接点を追求する調査はまれである。しかし，Bronfenbrenner (1979) を筆頭とし，Vygotsky (1978)，Rogoff (2003)，García Coll et al. (1996)，そしてKitayama et al. (2003) などに代表される心理学研究者陣は，コンテクストを無視した個人単位の心理解析や異文化比較偏重の研究に異を唱え「人間を文化の一部，そして文化を人間の一部」と概念化し双方を同時に考慮する，いわゆる「個人・文化一体パラダイム」に基づいた研究構想を掲げてきた。その影響力は着実に増大の途を辿っているとはいえ，教育心理の研究をみる限りでは，個人レベルの態度やスキルを重視する傾向が顕著であり，たいていの研究テーマは個人単位で説明，解析されている。その背景には，文化や社会を焦点とした研究は教育社会学や文化人類学の管轄内にあり，教育心理学の領域外であるという古典的先入観があることが指摘されている。同時に，その反動からか，文化的な要素を短絡的に解釈し「東洋人は集団主義，西洋人は個人主義」あるいは「東洋人は独創性に欠け，西洋人は創造性に富む」のような短絡的憶測に基づいた文化的差異の提示を目的とした研究が後を絶たない。このような研究では文化的要素と個人発達プロセスとの接点が焦点となっておらず，心理学研究としての価値が疑わしい場合も多い。また，こういった異国間差異の描写を目的とする研究の多くが，文化間の違いを強調するあまり各文化内の個人的差異を否定してしまう傾向も顕著となっている（Akiba & García Coll, 2004 参照）。

　自己調整学習の研究も例外ではない。その文献の大多数が，「いかに自己調整

学習のスキルを養成するか」という個人レベルの視点に基づき文化的コンテクストを除外したものであったり，その逆に個人的プロセスを無視し単に「西洋の生徒は東洋の生徒よりも自己調整スキルに優れている」など，包括的な文化的差異を指摘するものだったりする。したがって「文化間にみられる自己調整学習の傾向の違いは，どんな個人的および文化的要素がどのようなプロセスで融合した結果おこるのか」あるいは「自己調整学習の傾向は，文化的コンテクスト内の発達のプロセスでどのように培われていくのか」といった点には焦点が当てられていないのが実態である。しかし，上記のように「個人と文化は引き離せないものである」という前提を考えると，心理学研究を討議するにあたり個人と文化の接点を同時に考慮することの大切さは明らかではなかろうか。この章では，文化というコンテクストがもつ，自己調整学習研究における役割を考えていく。その際，まず文化などの概念の定義を確立する必要がある。

第1節　文化と個人

1. 文化と個人の融合

　文化という概念は，日常的に使われるものだけにその定義があいまいである。学術的にも，視点や焦点によりさまざまな定義がなされている。単一の定義が存在しないとされる「文化」というコンセプトであるが，心理学では，文化人類学的心理学（anthropological psychology）や文化心理学（cultural psychology）の慣例に基づき，物的概念と主観的観念を含めた以下のような定義がなされることが多い（Triandis & Suh, 2002）。まず，文化とは社会のメンバーたちにより共有される知識，考え，芸術，倫理観，きまり，しきたりなどを含む複雑なシステムである（Taylor, 1987）。また，Herskovitz（1948）による「人間によってつくられた，環境的要素」，Hofstede（1980）が提唱した「一社会を他から区別化する，共有思想」，あるいは Cole & Wertsch（1996）が強調する建造物や用具などの物的要素や言語などに代表される象徴的要素といった側面も，文化を定義するにあたって忘れてはならない。これらのエレメンツが個人的要素と一体となり互いに働きかけ，個人の感情，思考，言動などとなって表現されるという考えが，文化心理学の前提である。

　また，日本においては「文化」と「国家」が同一視されることが多々あるが，文化にはありとあらゆるコンテクストがあることを認識されたい。一般的には下記の文化が心理学研究に密接に関連しているとされる。

第6章 自己調整学習研究における文化的考察

- 異国文化
- 人種文化（例：アメリカ国内における黒人文化，白人文化など）
- 宗教文化
- 地域・地区文化（例：北海道の文化，東京の文化，大阪の文化など，あるいは都心文化，郊外文化など）
- 階級文化（本人や家族の収入，職種，学歴など）
- 世代文化
- ジェンダー文化

これらは相互除外的な関係ではなく，たとえば異国文化を解析するにあたって，人種や宗教，地域性などの要素が交絡する可能性への配慮が必要である。自己調整学習の研究においては，以下のような文化的研究が発表されている。

Salili et al.（2001）の研究によると，中国ではテスト偏重が顕著であり，生徒は受動的に反復練習と暗記をすることを「学習」であると信じている。したがって，学習にあたりさまざまな方略を使い分けることを重視する自己調整学習の研究では，中国人生徒は方略のレパートリーに欠け，自己調整学習のスキルは乏しいとしている。ただしそれを裏づける学習結果に結びつけるデータは提示していない。Ho et al.（2001）も，中国人の生徒は自主性に欠け，質問をしたりなどの能動的な学習法はとらないのがふつうであるとしている。これの基盤には，儒教に基づいた「師の教えを仰ぐ」という学習の概念化があり，Ho et al. は中国では指示を待ち先生の言うことを聞くことが，よい学習法と考えられており，われわれが定義する自己調整学習とは程遠い学習方略がとられていると述べている。同様に，Li（2002）は，中国文化では子どもの学習スキルを定義するにあたり，方略などの特定のスキルよりも，生徒の「向学心」や「好学の気持ち」といった総体的態度を重要視する傾向にあるとの結果を出している。したがって，自己調整学習という枠組みの中の異文化比較では，中国人生徒は自己調整学習スキルに欠けているとの結果が数多く出ている（McInerney, 2007 も参照）。

McInerney（2007）は異国間では教育システムも価値観も異なり，おのおのの文化の枠組みの中で「自己調整学習」という観念は定義されていると指摘する。たとえば，西洋では「自己調整学習スキルに欠ける」とみなされ通用しないであろう，東洋人にありがちな「受動的」あるいは「クリティカルシンキングに欠ける学習」といった特徴も，東洋の文化では好ましいものかもしれないという可能性をあげている。要するに，西洋における自己調整学習の特徴と東洋における自己調整学習とでは，性質が違うのではないかと McInerney は述べている。その理

論は説得力に富む一方，「西洋」対「東洋」という二分化は乱雑だという印象は避けられない。また，アジア人やアジア系欧米人が欧米の学校や学術界で顕著なる活躍をしていることを考慮すると，「西洋では東洋式の学習概念は通用しない」という前提に，かなりの違和感を覚える読者も多いのではなかろうか。

　Yamauchi & Greene（1997）は，ハワイの中高生の自己効力感を調査し，アメリカ本土のデータと比較した。生物を除く科目において，ハワイの生徒はアメリカ本土の生徒よりも自己効力感が低いことが実証された。Yamauchiらは，ハワイ文化では自慢を避け謙遜を重んじるという過去の研究をあげ，この結果が謙虚さを評価するハワイ文化を反映するものであるとした。この研究では謙虚さが直接測定されなかったのが残念であるが，西洋文化において概念化される自己効力感とそれ以外の文化で測定される自己効力感は，違う性質のものであるという論点は，非常に興味深いものである。

　またPurdie & Hattie（1996）は，オーストラリアと日本の生徒の自己調整学習スキルを比較し，オーストラリアの生徒が日本の生徒に比べて自己調整学習研究で有効とされる方略（例：目標設定，教師への質問，自己診断など）を頻繁に使っていることを示した。一方，日本の生徒の間では暗記や教科書の復習といった，比較的レベルが低いとされる方略の利用が目立った。Purdieらは，一般的に学業優秀とされる日本の生徒に関してこのような結果が出たことに驚きを感じ，以下の見解を示している。西洋で暗記や復習が表面的で効果が薄いと批判されるのは，これらを使う生徒がそれ以外の方略を使わない傾向にあるからである。一方，日本では暗記や復習は単に教材を理解する過程の手段とされ，学習の一環として行なわれている。要するに，暗記等の「低レベル」とされる方略を使い基盤をつくった上で，日本人の生徒はその他の方略も使っているのではないかと述べている。したがって，単発的なデータ取得ではなく，生徒の学習プロセスをより総体的に解析研究することが必要だとの可能性を示唆しているが，そのような調査はこれまで行なわれていないようすである。

　Kurman（2001）の研究では，インドネシアとイスラエルの大学生の自己調整スキルが比較された。Kurmanは，イスラエル人は個人主義や平等といった概念を重視し，インドネシア人はヒエラルキーに基づいた集団主義を尊重するという2点を前提とし，コンピュータ・ゲームに基づいた実験を行なった。イスラエル文化はチャレンジ精神が旺盛でリスクを冒しても難題に取り組むことを評価するが，インドネシア文化は安全策を選ぶことを推奨する傾向にあるという憶測のもと，「イスラエル人は高レベルに挑むので自己調整に優れている一方，インドネシア人は挑戦を避けるので自己調整に欠ける」という仮説が立てられ，データ

によって支持された。特にイスラエル人男性に難題にチャレンジする傾向が高く，インドネシア人女性に危険を避ける傾向が顕著であったという結果が出ている。しかし，この研究にはいくつかの問題点がある。まず，Kurman の実験は，あくまでもコンテクストが娯楽的なものであり，学業における自己調整とは必ずしも関連していない可能性があるというのが筆者の印象である。また，Kurman による調査は文化間の相違以外の思考プロセスや発達過程を調査するものではないので，個人主義や集団主義に基づいた結果解析はまったくの憶測に過ぎない。それに加え，イスラエルとインドネシアの生徒の学力を比較したデータがないことを考慮すると，インドネシアの生徒たちが自己調整学習のスキルに欠けるという考察は果たして有意義なものであろうか。

このほかにも，学校外での学習の傾向における異国間差異も考慮する必要がある。たとえばアメリカやオーストラリア等では「教育」は学校での学習と家庭での宿題で成り立っているのに対し，日本をはじめとするアジア諸国の多くでは家庭における宿題以外の学習や塾など，学校外での学習が重視されている。実際，Gorrell et al.（1996）によると，韓国の生徒は学校内では自己調整学習のスキルに欠ける傾向にあるが，学校外の学習では自己調整学習の方略の利用にたいへん優れているとの結果を出している。学習コンテクストによって自己調整学習の傾向が変わるとの研究結果は興味深いものであり，さらなる研究が必要とされる。要するに，自己調整学習の異文化研究を理解，実施するにあたっては，各国での教育システムやしきたりなどはもちろん，それ以外の文化的要素をも考慮することが必須である。

Eaton & Dembo（1997）は，自己効力感に焦点を当て，自己調整を各文化のもつ「子ども像」というマクロな枠組みから解析した。その調査では，アジア系アメリカ人の生徒は非アジア系のアメリカ人生徒に比べ，自己効力感が低いという結果が出ている。その一方，自己調整学習の理論に反し，アジア系アメリカ人の生徒は低い自己効力感にもかかわらず，白人などに代表される非アジア系のアメリカ人生徒に比べ学習意欲が高く，よい成績を収める傾向があるという結果も示された。Eaton らは，このパラドックスを以下のように説明している。アジア系アメリカ人の親は権威主義に基づいた子育てをする傾向にあり，それにより生徒は教師や親に従い勉学に励む。したがって，それが結果的に好成績につながるとしている。また，アジア系の親は子どもに多大なる期待を寄せるので，子どもはその期待に沿えない場合は「一族の恥」と感じる。Eaton らはアジア系の子どもたちは親や教師に対する「怯え」により勉学に励み，好成績を収めていると示唆している。要するに，権威主義や親が与える威圧感が，自己調整学習の欠如に

よる潜在的悪影響を補っているというわけである。もちろんこの解釈は憶測にすぎず，欧米におけるアジアのステレオタイプを反映するものと考えられ，その信憑性は疑わしい。これらの説明に関して Eaton & Dembo はデータを示しておらず，また Chao（2001）に代表される研究により，この「アジア系家庭の抑圧的子育て」という反アジアのステレオタイプ的概念は，近年ことごとく否定されている。したがって，自己調整学習研究においても実際にこのような文化的要素やプロセスを包括的に検討した異文化研究が必要である。このような批判はあるものの，Eaton らによって指摘される「文化によっては自己調整学習が学習結果と比例しない」という可能性は，自己調整学習における文化的要素の役割を語るにあたり大切なものである。

　宗教においては，de Silva（2000）がデータこそ提示しないものの，仏教やヒンズー教は自己制御を重んずる宗教であり，自己調整学習にも関連があるであろうと示唆している。たとえば，仏教の場合，感情の制御，禅に代表される外的刺激の遮断など，自己調整学習の基盤となるスキルが重視されており，その関係を示すデータの模索は非常に意味深いものであろう。また，プロテスタント倫理では勤勉，我慢，学業優先などが重要視され，自己調整への関連が推測される（Rose, 1985）。したがってこれらの関係を示すデータが切望されるところである。

　ジェンダーに関しては，Zimmerman ら（Zimmerman & Martinez-Pons, 1990）が研究データを発表している。ニューヨークの小学5年生，中学2年生，そして高校2年生にアンケートを実施し，宿題や作文，試験勉強などを含めたシナリオに関して，自己調整学習方略の使用頻度を調べた。その結果，目標設定，プランニング，記録をとること，モニタリング，学習環境の整備などの項目において女子が男子よりも方略実行に優れているという結果が出ている。その他の項目に関しては，男女差はなかった。ほかにも Pokay & Blumenfeld（1990），Ablard & Lipschultz（1998），そして Neber & Schommer-Aikins（2002）をはじめとする研究者陣が，女子が自己調整学習に優れているという結果を出している。ただし，これらのジェンダー差に焦点を当てた研究は，どのようなプロセスがそのような差異につながっているかは提示しておらず，そこがこれからの課題ではなかろうか。また，ジェンダー研究に限らず，文化的要素を考慮した研究は，文化を1次元的なものとみなす場合がほとんどである。たとえば，ジェンダー差を提示する研究の場合，人種や階級などは無視される傾向にある。しかし，筆者の「文化アイデンティティの複雑性」に関する自著（Akiba et al., 2004；Akiba, 2007 など）に述べられているように，文化に関するカテゴリーは相互排他的ではなく，複数の文

化が交差する実態を認識する必要がある。たとえば，女子生徒は理数科目で男子生徒に劣るというステレオタイプが蔓延する一方，アジア系生徒は総体的に理数科目に優れているというパラドックスがアメリカ文化に存在する。そういった風潮の中，アジア系女子生徒はこの2つの対照的な文化ステレオタイプに立ち向かうことを強いられるわけである。したがって，ジェンダー差だけ，異国間の差だけを示す研究は，このような複雑なニュアンスを無視しているという可能性は否めない。

たとえば，前述のKurman（2001）によるイスラエルとインドネシアの比較では異国文化が宗教文化と交絡している上，ジェンダー要素も関与している。したがって，すべての差異を異文化要素だけに帰属するのは不適切ではなかろうか。また，アメリカにおいては人種，宗教，地域，階級などが強く関連するケースが多く，黒人は，宗教は福音主義，地域的には都心部，階級的には収入や職種，学歴などについて恵まれないケースが大多数である。また，黒人女性と黒人男性では多大なる相違点があり，大学など高等教育の場で学ぶ黒人の多くは黒人女性である。したがって，アメリカにおいて「黒人文化」を語るに際し，研究者は人種文化以外にも，宗教や地域，階級，そしてジェンダー要素も考慮する必要があるわけである。異国間研究においても，たとえばアメリカと日本を比較する場合，異国文化的要素以外にも，宗教，地域，階級やジェンダー等の要素も念頭に置く必要がある。冒頭に指摘したように，これらの文化的要素は，1人ひとりの遺伝的要素（資質，容姿など）や興味，各種スキルなど個人的要素，および家族や友人，教師などの中間的要素との相互関係にあり，その結果が「その文化の中の，一個人」の発達として表現されるというのが，García Collをはじめとする文化心理学者の提唱するコンセプトである（García Coll et al., 1996）。

Klassen（2004）の自己調整学習研究に関する視点は，その意味で貴重な存在にある。Klassenは，自己調整学習に関する異文化研究を次のように批判している。自己調整学習スキルの成績への影響など，心理学研究において普遍的と解釈される現象は，限られた文化的背景の中で展開されてきている。自己効力感に関する研究も例外ではなく，自己効力感と学習結果との密接な関係は，西洋（特にアメリカ）における調査に基づいたものである。自己調整学習が成績にもたらす影響をより詳しく理解するためには，自己調整学習のもつ意味合い等を含め，さらなる異文化研究が必要であるとの見解を示した。Klassenの調査では，欧州系カナダ人生徒とシーク教徒のインド系カナダ人生徒の2つのグループに関し，いかに自己調整学習のさまざまな側面が概念化されているかが焦点となった。なかでも，インド系カナダ人生徒は自己効力感において欧州系カナダ人生徒を上回っ

たが，その文化的差異自体よりも，どのように自己効力感が形成されているかに関して興味深い結果が出ている。両者とも過去の実績や「なんとなく」といった感情的な側面から自己効力感を見いだしていることが判明したが，インド系カナダ人は，それ以外にも「他人からの評価」が頻繁に自己効力感の背景にあげられ，これらの生徒の自己効力感に多大なる影響を与えているのである。

Klassen（2004）は，これをインドのカースト制に結びつけている。カースト制では，ランキングのように他者との比較という文化的レンズを通した世界観が強調され，生徒や親はランク上昇に熱心となる傾向にある。そのような環境の中では，自らの能力などを含めた自己観は自分の信念や考察に基づいた「絶対的」なものではなく，他人との比較による「相対的」なものである。したがって，自らの能力を判断するにあたり，他人が自分をどう評価しているかが大切な要素となるわけである。これは，カースト制のほかにも，他人との関連，比較を重視するヒンドゥー教にも関連していると Klassen は述べている。そういった意味では，過去の実績とひと口に言っても，欧州系カナダ人の生徒が「この難易度のテストでは，過去に約 8 割の正解率だったかな？」という面を強調するのに対し，インド系カナダ人の生徒は「この難易度のテストでは，過去にだいたいクラスで 2～3 番くらいだったかな？」といった側面に焦点を置くことも考えられ，さらなる調査が必要とされる。筆者の印象では日本文化にもランキングを重視する傾向が多大にあると思われ，興味深いところである。Klassen の調査では自己効力感と成績との関連が実証されたが，その相関関係のプロセスはインド系カナダ人生徒と欧州系カナダ人生徒において異なるものである可能性が高く，文化のもたらす影響と個人的要素の相互関係を，さらに深く追求した研究が求められる。次のセクションでは，この相互関係とはいかなるものであるか，詳しく検討してみたい。

2. 文化と個人の相互関係

筆者がさまざまな心理学の講座を担当するときに，文化と個人の相互関係は重要な基礎トピックの 1 つである。その際，大学院生も含めた学生の多くが「先生，それでは自己調整学習の何％が遺伝で，何％が環境の要素によるものなのでしょうか？」，あるいは「環境が個人的要素に働きかけるのですか？それとも個人が環境的要素に働きかけるのですか？」といった質問をする。これらは，文化と個人の融合的相互関係という根本的な概念の難解さを示唆する質問であり，筆者の経験では定義や説明よりも，自己調整という枠組みを超えた例を用いて回答するのが効果的である。以下は，筆者がブラウン大学で教鞭をとった際に実際に遭遇した女子学生の逸話だ。

ベセニア（仮名）は，ニューヨークのブロンクスにある低所得者用団地に，5人きょうだいの末っ子としてシングルマザーのもとに生まれ育った黒人である。幼少時から読書が好きで，本好きな近所の中学生とともに図書館に通っていた。小学校に入ってからも好成績を収め，勉強に専念することを煙たがる傾向が顕著であるきょうだいや周囲の子どもたちには「がり勉」とつねにばかにされたものの，反骨精神旺盛なベセニアにはそれが逆にやる気の源となった。小学3年生のときに，教師の勧めでコネチカット州にある小中高一貫の全寮制私立学校の編入試験を受験し，完全奨学金つきで合格。当初地元を離れることに反対していた母親も結局は同意した。白人の高所得者の多い学校だったので社交的には孤立状態にあり，ホームシックにも苦しんだが，ベセニアは，それを原動力とし猛勉強。大学進学に反対だった家族を説得し，目標としていたアイビーリーグの大学に進み，結局奨学金のみを頼りに博士号まで取得した。

　これは，個人の資質，努力，性格，そして環境的要素等の融合がスムーズに進み，個人が環境に働きかけ，環境が個人に働きかけ，その相乗効果で好結果が得られた例である。
　もしベセニアが「がり勉」とからかわれることや編入先での孤立を強く苦と感じていれば，たとえ同じコネチカットの私立進学校で学んだとしても結果は違っていたであろう。逆に，ベセニアが地元ブロンクスや転校先で孤立せずに華やかな交友関係を楽しんだというシナリオを考えても，勉学に必ずしも専念できなかったという可能性が出てくる。また，図書館好きの近所の中学生や編入を勧めた小学校の教師との出会いがなかったり，十分な奨学金が受けられなかった，家族の同意が得られなかった，ベセニアが男子だった，アジア系アメリカ人だった，不法移民の子どもであったなどの場合にも，結果的に異なった可能性が明白である。また，アメリカ文化に黒人差別，階級格差，教育格差といった背景がなかったとすれば，このようなシナリオ自体が存在しなかったであろう。さて，このような途切れのない「個人と環境の融合」は，どのような形で自己調整スキルの発達と関連しているのであろうか？

■ 第1部　自己調整学習の基礎理論

第2節　文化と自己調整

1. 文化的コンテクスト内の自己調整学習

　自己調整学習は，学習作業へ取りかかる際の思考や感情，行動などを調整する（Schunk, 2001）。学習環境の選択や整備，情報処理の方略選択と実施，達成度のモニタリング，フィードバックの考慮，援助要請など，さまざまな過程が含まれる。特定の作業や目標により，生徒は能動的に効果的な手段を選び，実施していく必要がある。したがって，自己調整学習は「教えられたことを実施する」という単純なプロセスではなく，経験に基づきながら，非常に複雑かつ自発的な思考プロセスを要求する（Corno, 1987）。そして，自己効力感や結果期待，作業自体への興味や価値観などが学習効果を左右するだけでなく，動機づけ要素としても関連してくる（Zimmerman, 2004；McInerney, 2007）。

　Zimmerman（2004）は，自己調整学習には予見段階，遂行段階，そして内省段階の3段階が関与していると述べるが，自己調整学習のスキルがいかに培われるかに関しては，概して興味を示していない。こういったスキルはモデリング，他者による指導，フィードバックなどにより獲得されると述べているものの，彼をはじめとする自己調整学習研究の第一線にいる研究者は，「どうしてスキルの高い生徒とそうでない生徒がいるのか」，あるいは「文化的要素が，いかに自己調整学習の傾向に影響をもたらすか」などに関する調査は行なっていないのが実態である。Zimmermanらは，以下の14の自己調整の方略を，万国共通としてあげている（Zimmerman & Risemberg, 1997）。

①自己評価
②情報の構成の変換
③目標設定と計画
④本などの情報収集
⑤記録とモニタリング
⑥勉強しやすい環境の整備
⑦自己報酬
⑧暗唱と暗記
⑨友達への援助要請
⑩教師への援助要請
⑪親への援助要請

⑫テストの復習
⑬ノートの復習
⑭教科書の復習

ただし，これは異文化研究を通して実証されたものではないことを念頭におく必要があり，その根拠は残念ながら明らかにされていない。また，サポート要請や質問など，明らかに文化的要素に左右されると思われる項目も含まれることを考慮する必要がある。

2. 2次的コントロールとしての自己調整

「自己調整学習研究」の基盤が「自己調整研究」にあることはいうまでもない。前述のように自己調整学習の研究においては文化的発達プロセスの追求がなされていないが，自己調整においてはいくつか特筆に値する研究があり，ここで紹介していきたいと思う。心理学研究では，1次的コントロール（primary control）と2次的コントロール（secondary control）という2つのタイプの問題解決法が提示されている（Rothbaum et al., 1982）。1次的コントロールにおいては，人間は問題解決にあたり環境に直接働きかける一方，自己調整に代表される2次的コントロールにおいては，人間は環境を受け入れ自己の考え方や言動を調整することにより問題解決していくとされる。要するに，1次的コントロールは「外向き思考」に，2次的コントロールは「内向き思考」に基づいている。

たとえば，小論文テストに取り組むにあたり，自分の個性や信念を前面に出し，すすんで自らの見解を述べていくのは，1次的コントロールに基づいた方略とされる。それとは対照的に，まず問題集等で出題や採点の傾向を調べたり，文法や作文法等を勉強することによりテスト対策していくのは，2次的コントロールを駆使した方略とされる。また大学の入学試験に際し，志願大学ごとに「赤本」などを参考にして過去の出題傾向や解答法などを学ぶことは，2次的コントロール系の勉強法だといって語弊はないであろう。Morling & Evered（2006）は，欧米文化では一般的に1次的コントロールが能動的で好ましい問題対処法とされる一方，2次的コントロールは，概して受身的で時には精神衛生上好ましくない問題解決スキルであると信じられていると述べている。言い方を変えると，1次的コントロールでは生徒は自分の信念に基づき闇雲に問題解決に向かって「アタック」していき，2次的コントロールでは，生徒は状況を深く理解することにより方略を決めていく。したがって，Morlingらは，潜在的に2次的コントロールが問題解決により効果的であることを指摘している。

■第1部　自己調整学習の基礎理論

　日本の読者にとって，2次的コントロールという概念は，問題解決以外のコンテクストでも比較的わかりやすいものではなかろうか。筆者は日本の文化は環境を変えていくこと（1次的コントロール）よりも自分を調整していくこと（2次的コントロール）を重視するという印象をもっている。たとえば，石の並ぶ禅庭園を鑑賞することにより，緑や花に溢れ，川のせせらぎの音がするという庭園の「経験」を，心の中でつくり出すという禅思想は，日本文化における2次的コントロールのもつ意味合いのよい例であろう。また，近年日本で頻繁に使われる「空気を読む」という概念は，状況を察知することにより自分の言動を調整することを評価するという，日本文化における2次的コントロールの重要性を示唆している。筆者が教育を受け現在は教鞭をとっているアメリカでは，このような価値観は一般的なものではなく，それに相当する英語の単語やフレーズはない。したがって，アメリカ人に「禅庭園」や「空気を読む」などの2次的コントロールの概念を説明することは容易ではなく，詳細にわたる説明をしてもコンセプトを理解できないケースも多いと思われる。そういった理由もあり，2次的コントロールには文化的背景があることを，Morling & Evered (2006) は指摘している。

　心理学研究によると，この2次的コントロールは性格的なもの（disposition）であろうか？　それともスキルであろうか？　効果的な自己調整学習のスキル養成法をデザインするにあたり，これは大切な論点である。社会心理学者 Snyder (1974) が提唱したセルフ・モニタリング（self-monitoring）の概念をはじめ，Rothbaum et al. (1982)，Weisz et al. (1984) も含め，2次的コントロールを性格的な要素として概念化し，現在もその伝統を引き継ぐ研究が主体となっている。特に，パーソナリティ心理学や社会心理学など，基礎研究系の研究者たちは質問紙を用いて2次的コントロールの傾向を測定し，異文化や性別などによる差異を見いだしてきた（Essau & Trommsdorff, 1996；Lam & Zane, 2004；Morling & Fiske, 1999；Chen et al., 2005）。それによると，欧米よりもアジアで，男性よりも女性が2次的コントロールの傾向を強くもつとの研究結果が多数出ている。これらの調査は，社会的協調，他人との関係などを重視する環境に育つことが自己調節など2次的コントロールの助長につながるとしている。ただし，2次的コントロールを性格的なものと受け止めてしまうと，いかにその傾向を培っていくか等の「応用研究」には焦点が当たらない。これは，2次的コントロールの傾向の低さは「病理学的」なものとみなされないためである。

　一方，教育心理学を含めた応用系心理学の研究では，2次的コントロールをスキルとして解釈している。他の章で紹介されている自己調整学習の研究以外でも，

たとえば，Skinner et al.（2003）は，2次的コントロールを問題解決スキルあるいはコーピング・スキルの1つとして概念化し，人々がいかに日常生活におけるストレスに対処しているかを調査した。Rudolphらによる調査を含め（Rudolph et al., 1995），同様の研究が多数，自己調整スキルレベルの違いを提示しているが，その差異の原因論や原因追及は強調されていない。明らかに，基礎研究と応用研究では2次的コントロールの解釈の焦点が異なっており，このギャップが自己調整の文化的研究に関する調査不足に影響しているのではなかろうか。

第3節 イーミック研究とエティック研究の融合

Olaussen & Bråten（1999）は，自己調整学習研究には，文化的研究に必要な枠組みが確立されていないことを指摘している。特に，文化環境的な要素を考慮することなしに，アメリカ起源の理論や活用法を他文化に押しつけている現状が好ましくないことを強調している。たとえば，援助要請や質問等を通し，他人のサポートを求めることは自己調整学習の大切なスキルとされている。しかし，他人に頼ることは好ましくないとし，質問に関しても自分で答えを見いだすことが大切だとする傾向の文化において，このような方略は逆に非効果的学習の象徴である可能性はないであろうか。たとえば，アメリカの教育現場では「援助が必要かはわからないが，念のため助けを求めておく」「たとえ答えが明らかであっても質問してみる」といった行為自体が評価される傾向にある。筆者が先日大学院の講座で課題を出したときも，それを痛感させられた。簡単な課題であり，締め切りや提出法なども明確に明記されていたにもかかわらず，院生たちの一部は即座に「模範解答を見せてもらえますか？」「締め切りはいつですか？」「どうやって提出すればいいのですか？」「級友と共同作業を行なってもいいですか？」などの質問を寄せた。また，アメリカでは大学や大学院での学生による教授に対する授業評価において，「質問することを勧める」「質問に快く答える」「わからないことがあれば手助けしてくれる」などの項目が大きな比重をもつ。Olaussenらが指摘するように，積極的に質問をする，援助要請などの方略はアメリカ文化の価値観に基づく自己調整学習の研究により「効果的なスキル」と分類されているが，「まず自分で考えてみる」ことを強調する文化的コンテクストや，より独立した問題解決力が求められる大学院という教育現場においてどのような役割を果たすであろうか。

こうした論題を考慮するにあたり，イーミック（emic）とエティック（etic）という2つの異文化研究法が関連してくる（Brislin, 1980；Headland et al., 1990）。

イーミック研究とは、文化人類学研究において頻繁にみられるアプローチであり、各文化の内部者の観点から研究、解析を行なう。一方、エティック研究とは、複数の文化を研究対象とし、外部者の視点から客観的に異文化間比較することである。Olaussen & Bråten (1999) が上記で批判しているのは、後者であるエティック次元偏重の自己調整学習研究だ。エティック的アプローチに基づいた自己調整学習研究の応用の場合、文化的意味合いや環境的制約などを考慮することなく、客観的なスタンスがとられる。しかし、大多数の研究者が欧米（特にアメリカ）の視点から調査を行なっている実態を考慮すると、客観的とはいえども欧米文化にみられるさまざまな前提や憶測を丸ごと他文化に当てはめ、「輸出」してしまう危険性がある。

たとえば、観察学習を重視する文化的コンテクストに育った生徒は、一見受動的とみなされる学習方略を遂行する傾向にあると仮定される（Gutiérrez & Rogoff, 2003 参照）。しかし、観察学習を強調するコンテクストでは、この「受動的」対「能動的」という二分化自体が無意味なことだという可能性が出てくる（Mejía Arauz et al., 2005）。Rogoff et al. (2003) の研究では、メキシコ文化では子どもの教育は日本でいう「師弟関係」に似た形態をとり、大人側が「教えている」という意識をすることなしに、子どもは大人のすることをつねに観察し、時には見よう見まねで試行錯誤をくり返すことが判明した。一方、欧米では子どもは大人の世界から根本的に「隔離」されており、丹念にデザインされた教授法に基づき、子ども向けの解説を与えつつさまざまな質問に答えるのが理想的な教育法とされる。したがって、欧米の研究で能動的かつ効果的とされる方略（たとえば、わからないことは質問する、説明を求める）は、メキシコ文化では非効果的であろう。メキシコ文化と同様、アジアの文化においても説明や質問に基づいた教育よりも、洞察力を重視する傾向がある（Min, 2005）。アメリカの教育現場において、教育者や研究者たちは頻繁に「クラスで発言や質問をしないアジア系生徒」に対する懸念を表わす傾向にある（Tani, 2008 など）。筆者はアメリカの大学で常勤として教鞭をとり始めてから約 10 年になるが、自己調整学習研究に精通しているはずの欧州系やアフリカ系アメリカ人の同僚から、「アジア系学生は、恥ずかしがり屋で授業中まったく発言や質問をしない。この学生たちにクラスで発言や質問をさせるには、どうしたらいいか」と頻繁に相談を受ける。筆者はまず、これらの教授に「発言や質問をしないアジア系の学生の成績は悪いのか？　理解に欠けているように見受けられるか？」と問いかける。すると、ほとんどの場合「いや、成績はいいし、理解はしているようだ」との返答が得られる。その時点で筆者が「それなら、どうしてそれ

らの学生に発言や質問をうながす必要があるのだ？」と問うと，教授陣は「クラス全体の雰囲気やエネルギーが損なわれる」という以外，返事に困る。まれに「発言や質問をしないということは，やる気がない証拠ではないか？」との返答もあるが，好ましい学習結果を出している学生に「やる気がない」との懸念を示すのは，的を射た批判であるとは考えがたい。アジア系学生が質問をしないのは，必ずしも発言することや質問することを恥じたり，理解不足で発言ができない，やる気がない，あるいは授業に集中していないなどのマイナスの理由ではなく，他の要因が関与している可能性を認識する必要がある。

　まず，Nisbett ら（Nisbett, 2003；Nisbett et al., 2001）の実験研究によると，アメリカ人の思考プロセスではさまざまな論点のメリットとデメリットを解析し，自分にとって最も説得力のある正論を選び，それ以外を却下することを目標とする傾向が強い。アメリカ人のディベート好きは，これを反映するものだとされる。一方，日本，韓国，そして中国に代表されるアジア系の実験参加者は，異なった論点を考慮するにあたり，必ずしも正論と愚論を判別するのではなく，あくまでもトピックの全体像を確立することに焦点を置く傾向にあった。アジア系の生徒はさまざまな論点やコンテクストを考慮の上，目先の理論的矛盾に左右されることなく，異なる視野の融合を見いだそうとすると Nisbett は指摘している。また，真実を追求しようとするアメリカ文化に比べ，アジア文化では意見の不一致を自然に受け入れ，白黒をはっきりさせることを避ける風潮が顕著である。したがって，「負けるが勝ち」といった一見矛盾した概念はアジアでは容易に受け入れられると考えられるが，アメリカでは受け入れられないコンセプトであろう。実際，筆者は大学院の心理学講座で，この「負けるが勝ち」という考えを非アジア系のアメリカ人学生に紹介してきている。「Losing is winning.」「To lose is to win.」などと英訳をし，「自己主張に没頭し状況を悪化させるよりも，相手に譲ることにより調和を保ったり心の静寂をとり戻すなどのメリットもある」との説明を加えても，「それは負け惜しみだ」と反応する学生が大多数である。また losing には体重等を落とすという意味合いもあるため，中には「ダイエットに成功してたくさん減量すれば，ダイエットコンテストに勝てるという意味か？」というお粗末な解釈をする学生も出てくる。それだけこの諺の真の意味合いは非欧州系アメリカ人に直観的に伝わりがたいようすである。どちらにせよ，白黒をはっきりさせることを必ずしも欲しない傾向は，アジア系生徒のクラスでの発言頻度が低い理由の可能性の 1 つと考えられる。

　一方，欧米の多くの文化において，授業中に積極的に発言や質問をすることを「能動的学習」とみなし重要視する傾向が強いのは上記の通りであるが

(McElwee, 2009)，必ずしも発言の内容が問われない傾向もあるという実情がある。Chylinski（2010）の実験では，オーストラリアの大学生の授業中の発言の頻度を増やすため，学生が発言する度に紙幣が渡された。これを1学期続けた結果，紙幣を受け取らなかったクラスに比べ，紙幣を受け取ったクラスの学生の授業中の発言数が飛躍的に増えたことが判明した。筆者の意見では，Chylinskiの論文を解釈するにあたり，研究結果そのものよりも注目に値するのが実験方法である。この実験では「発言頻度」が従属変数として扱われたのに対し，「発言内容」はまったく考慮されなかったことが興味深い。要するに，紙幣を渡すことによって発言内容がどう推移したかは，まったく問われなかったのである。これは，文化的には欧米圏とされるオーストラリア文化の価値観を反映しているのではなかろうか。実際，筆者が教鞭をとる大学においても，クラスでの発言をするにあたり，学生たちの多くは頻度を重視しているのが明確である。たとえば，以下のような光景がディスカッション授業でよくみられる。

学生A：「今のコメント，わたしは同意できません！」
教　員：「どの点が同意できないのですか？」
学生A：「特に理由はないけど，とにかく同意できないんです！」（I don't really have specific reasons, but I just don't agree with it!）

学生B：「わたしはピアジェのセオリーが好きではありません」
教　員：「具体的に，どのような点が嫌なのですか？」
学生B：「よくわからないけど，好きじゃない！」（I don't really know, but I just don't like it!）

しかも，時によっては先を争ってこのような発言をするのである。自己主張自体を評価する傾向にない日本文化の場合，このような内容の発言が教育現場で高く評価されるとは考えがたい。この例は，前記のOlaussen & Bråten（1999）が提唱する，自己調整学習の研究における文化的枠組みの考慮の大切さを描写している。これ以外にも，アジア系生徒がクラスですすんで質問や発言をすることを避けるのには，自ら答えを見いだすことを学習の大切な一環ととらえているからだという考えもある（Lewis, 1995）。しかし，これも「わからないときは率先して聞く」という学習方略が習慣化している非アジア系の教授陣には理解しがたいようである。質問をしないことは，その場では受動的で非効果的に見受けられても，後に個々の学生が疑問への答えを見いだすことは，非常に能動的で効果的な方略

ではなかろうか。逆に，自分で考えようとせずに，即座に質問したり手助けを求めることは，受動的方略であると位置づけることも可能ではなかろうか。したがって，エティック的に「質問をするのは自己調整学習の大切な方略の1つ」「質問をしないのは，自己調整学習のスキルに欠けるから」との欧米文化を反映した信念がアメリカでは非常に強く，自己調整学習の専門家でさえそういった前提を消去することは困難なのである。

この例でも明白なように，多文化における自己調整学習に関する概念の意味合いを吟味するイーミック的基礎研究なしにして，多文化における応用は無意味であることはいうまでもない。このようなイーミックなしのエティック研究と同様，エティックなしのイーミック研究も応用研究におけるその利用価値が限られる。しかし，残念ながらイーミックとエティックの両方を考慮した自己調整学習の研究は McInerney（2007）も指摘するようにまれであり，将来的に切望されるところである。

第4節　終わりに——これからの研究の方向

ゆとり教育などさまざまな政策の影響もあり，以前に比べ世界最上位ではなくなったとはいえ，日本の教育水準は世界的にも依然比較的高いものである。そういった日本文化の中で生まれ育った心理学研究者が，これからの自己調整学習の研究に貢献していくことは，日本の心理学研究界のみならず，グローバルなレベルでも非常に大切である。Zimmerman ら（Zimmerman, 1990；Zimmerman & Schunk, 2001）による研究や実践を模倣するエティック的アプローチのほかに，イーミック的な研究を通し，日本文化独自の自己調整学習の基礎と実践も同時に確立していきたいものである。それに際し，筆者の予備研究で明らかになった事項をいくつか紹介していきたい。

日本の子育てや教育の場で強調される概念の1つに「反省」がある。文化祭や運動会などの学校行事の後には，行事の成功，失敗にかかわらず反省会があり，言動やプロセス，結果などが詳細にわたり検討される。また，児童や生徒に粗相があった際は，反省文を書くことがうながされる。さらに，学校以外の子育てや訓練の場でも，自己改善の一部として自らの言動を振り返ることが求められる。たとえば筆者が日本でスケート選手をしていたころ，選手たちは試合の勝ち負けを問わずにコーチに反省文を提出し，次の試合に備えた。この反省文は現状改善を目的とし，過去の過ちを理解し改善努力をしつつ，よい点を認識し伸ばすことにより，いかに将来に結びつけていくかという目的があったと思われる。

反省は，謙虚さを評価する日本文化特有の概念であるといわれる（Izumi-Taylor, 2009）。反省はリフレクション（reflection，動詞は reflect）と英訳されるが，それは反省というよりは「印象」に近いものでありニュアンスがかなり違う。リフレクションでは，哲学者 Locke も述べたように，特定のあやまちや言動を対象とせず，自分の存在，人間像などを追求するという意味合いが大きい（Yolton, 1970）。したがって，アメリカの教育の場でたとえば「Let's reflect on our experience this semester（今学期について，リフレクトしましょう）」と先生が投げかけると，生徒は自分や他人に関する特定の反省点ではなく，楽しかった，むずかしかった，宿題が多かったなどの一般的印象を述べる傾向にある。したがって，筆者がアメリカの学校で反省をうながす際には，大学院の学生が相手であっても「今学期自分のしたことで，どの点がどのようによかったか」「どの点がどのように悪かったか」，そして「どうやって悪かった点を将来的に改善できると思うか」など具体的な質疑を行なっていく必要がある。

　自分の弱点や過ちを認めることを嫌い，自尊心や自信に焦点を置くアメリカの国民性もあってか，学生が自発的に「日本的な反省」することはない。同時に，筆者が上記のプロセスを通してそのような反省をうながすと，「よかった点をリフレクトするのはわかるが，マイナスの点に焦点を置かれると自信がなくなる」といった反応が頻繁にみられる。また欧米にはキリスト教に基づく懺悔（confession）という習慣があるが，Dyslin（2008）が定義するように，懺悔とは自分の過ちを告白することを通した精神的降伏（spiritual surrender）を指す。したがって，反省とは性質のまったく異なるものである。

　この「反省」は，日本の生徒の自己調整学習をイーミック的に理解するにあたり欠かせないものではなかろうか。Zimmerman（1990）は，自己調整学習に関し3つの大切な特徴をあげている。「自己観察」「自己評価」，そして「自己反応」であるが，これらを通して，生徒は目標達成に向かい自分がどの程度前進してきたか，努力の度合いや方略の調整が必要かなどを判断する。先に描写した反省のプロセスを通し，これら3カテゴリーにおける判断スキルが直接助長されると筆者は考えている。また，反省をすることにより，作業自体への理解が促進されるとともに，将来に同様の作業に取り組む際，どの方略をいかに駆使するのが効果的かの理解が深まる。偶然にも，作業の理解や方略選択・利用も自己調整学習の主要スキルとしてあげられる（Zimmerman, 2004）。さらに，Zimmerman らは自己評価やモニタリングなどの方略は文化を問わず効果的であるとしている（Zimmerman & Risemberg, 1997）。

　言い方を変えると，反省というコンセプトを直観的にもち合わせないアメリ

人生徒や研究者にとって，こうした自己調整学習のスキルは異物的なものである可能性が高い。一方，これらのスキルは日本人には比較的自然に受け入れられるものだと考えられる。そういった意味では，このように自己調整学習の主要な基盤をもちあわせている日本人の生徒に，質問やサポート確保など，日本文化では補助的とみなされるであろう自己調整学習の方略を積極的に使う必要が生じないとの考え方もできないであろうか。要するに，「日本の生徒は自己調整学習の主要スキルに優れているので，それ以外の補助的スキルを使わずにすむ」と仮定すると，これまでの異文化研究と異なり，日本人の教育達成レベルの高さと矛盾しない説明が成り立つ。

　反省のほかにも，現在筆者が模索している事象に，テレビの字幕テロップがある。もともとは聴覚障がい者向けに，おもにニュース等で音声情報を凝縮した形の字幕が使われるようになったとされているが，日本の一般放送の場合，バラエティ番組やスポーツ番組なども含め，テロップによる要点表示をほぼ例外なしに見かける。前述の通り，自己調整学習の万国共通の方略の1つに「情報の構成の変換」という項目があり，教材の要約などを通し情報変換することにより，学習がより効果的になるというのである（Zimmerman & Risemberg, 1997）。たとえばニュース番組を見ながら，生徒は情報がいかに字幕に要約されるかを自然に身につけていく可能性があると思われる。要点をまとめるスキルを養成するのは非常にむずかしいとされており，テレビというメディアを使ってそのスキルが伸ばせるという可能性は，非常に興味深いものである。

　一方，聴覚障がい者のための字幕は，一般視聴者には見えない「クローズド・キャプション」とよばれる特殊機能が使われるアメリカのテレビでは，一般放送で字幕が使われることはきわめてまれである。また，クローズド・キャプションは，要点ではなく音声放送がそのまますべて記述されるものであり，要点のみを表示する日本の一般放送の字幕とはまったく性質の違う内容である。このような日常的な文化的差異も含め，ぜひ日本の字幕テロップと自己調整学習の概念との関連に関する研究を奨励したい。ここで紹介した反省，字幕テロップなどの表面的な事象には，謙虚さを重んずる文化や障がい者に対する姿勢など，さらに深い文化的背景があることを忘れてはならない。また，成績や自己調整学習の傾向には多大なる個人差もあることを念頭に置き，その違いをいかに説明していくかの考慮も必要である。どちらにせよ，日本におけるこのような包括的イーミック研究が充実してくれば，「日本人生徒は能動的な自己調整学習スキルに欠けている」といった矛盾に満ちたこれまでのエティック研究に惑わされることなく，日本においての自己調整学習とはどのようなものか，どのような自己調整学習スキルが

日本文化では必要とされるかなど，文化の実態により適応した研究と実践が可能になると信じて疑わない。

第2部

自己調整学習と教育実践

第7章

国語教育における自己調整学習

犬塚美輪

　国語科で扱われる内容を考えてみると，語彙の学習，正しい文法の習得，読解，作文と多岐にわたっている。現代文と古文・漢文といった違い，物語文と説明文などのジャンルの違いもある。こうした多様な内容を，読解と作文という2つの活動を中心として指導しているのが国語科だといえるだろう。

　本章では，現代文の読解と作文について取り上げる。このように焦点化する理由は，第1に，現代文の読解と作文が自己調整を必要とする学習活動の1つの典型であるからである。Zimmermanは「変化する状況に適応」し，「退化と失業を避けるために（中略）巧みな生涯学習者にならなくてはいけない」と指摘し，自己調整学習の重要性を述べている（Zimmerman & Schunk, 2001/ 塚野, 2006）。生涯学習においては「読み書き」がその活動の主体になることは想像に難くない。第2に，読解や作文は，自己調整が重要かつ困難な課題であることを指摘したい。読解や作文は，複雑な認知過程をうまく調整することが必要な課題であり，時間の使い方や方略の利用，動機づけのような情動的要因など，多様な要素がかかわってくる。こうした課題の特徴から，自己調整学習の研究も多く行なわれており，実践への知見も多く得られることが期待できる。第3に，近年の教育動向があげられる。論理的な文章の読解と作文の学力を向上させることが重要視されてきており，国語教育における問題として現代文読解と作文に焦点を当てて検討することが妥当だと考えられる。以上のような理由から，本章では，読解と作文に着目し，その認知過程と教育実践のあり方を論じていく。

第1節　自己調整学習の視点からみた読解・作文の認知過程

　自己調整学習では，①自己評価とモニタリング，②目標設定と方略計画，③方略実行とモニタリング，④方略実行の結果のモニタリングの4ステップからな

るサイクル・モデルを提案している。ここからは,「方略」が自己調整学習を実行する上での中心となっていることが読み取れる（Zimmerman & Schunk, 2001/塚野, 2006）。そこで, 本節ではまず, 読解および作文の認知プロセスを概観し, 学業的成功につながるような効果的な方略は何か, その方略を使用するプロセスはどのようなものか, という点について論じる。また, 自己調整学習の視点からは, 効果的な方略使用をうながす情動的要因についても検討することが重要である。そこで, 本章では, 情動的要因の中でも動機づけに特に着目して論じることとする。

1. 読解の認知過程と自己調整学習

　自己調整学習の観点では, 学習者は受動的な存在としてではなく, 主体的に学習を行なう存在として定義される。読むことは「情報をインプットしていく受動的な作業」という印象をもたれやすいが, 認知心理学の知見からは, こうした印象は正確でなく, 読み手の主体的な活動によって理解が構築されていくことが示されている。たとえば, 読み手はたえず文章内に表わされた情報間のつながりを推論していることが示されており（Kintsch, 1998；Kintsch & van Dijk, 1978), 読み手が自分の既有知識を積極的に用いて文章内容の全体像を把握しようとすることがわかっている。さらに, Graesserら（Graesser et al., 1997；Graesser et al., 1994）は, 読解過程で構築された知識構造と, その後の推論活動が循環して進行する読解モデルを構築している。これらのモデルは, 文章中の情報をもとにボトム・アップ的に積み上げていく読解プロセスと, 知識をベースにした推論というトップ・ダウンの2つの方向から読解を説明している。実際の読解活動では, ボトム・アップ, トップ・ダウンの両方向の認知過程が起こっており, 読み手は,「まさに, テクストとの対話を通して読み手の中にもう一つの（中略）意味世界を作り上げていく」（佐藤, 1996）のである。

(1) 効果的な読解方略とその使用

　上で述べてきたように, よりよく読んでわかるためには, ボトム・アップ, トップ・ダウンのプロセスをより効果的に実行していくことが必要である。認知心理学では,「学習中に学習者が従事する行為および思考で, 符号化プロセスに影響を与えるということを意図したもの」（Weinstein & Mayer, 1986）を「方略」とよぶ。すなわち, 読み手が自分の読解プロセスをより効果的にしようと意図して行なう行為や思考は方略として位置づけられる。

　読み手は, 自発的にさまざまな方略を用いる（Pressley & Afflerbach, 1995）。犬塚（2002）は, 中学生から大学生までを対象に, 説明的文章を読ませた後で読解

中の読解方略使用について尋ね，読解方略の因子構造を示した（表7-1）。表7-1をみると，読解方略は7つのカテゴリーにまず分類できることがわかる。さらに，この7つのカテゴリーは3つの上位因子のもとにまとめられている。3つの因子とは，理解におけるつまずきを解消するための方略に関する理解補償因子，文章に書かれている内容の理解・記憶にかかわる内容理解因子，文章中には明示されていない情報に関する理解深化因子である。これらの因子は，理解の深さによって解釈することができる。すなわち，より表層的なレベルの方略を表わす因子として理解補償因子があり，理解深化因子はより深いレベルの理解と考えることができるだろう。

一方，上述したような読解方略は，「書かれている内容を的確に理解する」範囲のものであると位置づけることもできる。たとえば，研究者が論文を読んだり，ビジネスマンが業界の動向レポートを読んだりする際には，より高次の読解を行なっていると考えられる。すなわち，論理的な整合性を検討したり，新たな問題を見いだしたりするような，より積極的な読解が行なわれているのである。こうした場面では，上にあげた方略に加え，異なる方略が必要とされるだろう。このような，情報を吟味し，論理性を追求する読解は「批判的読解（critical reading）」とよばれ，その実態や指導に関する研究が近年行なわれるようになってきた（たとえば，沖林，2004）。では，「批判的読解」の方略としてどのようなものがあるのだろうか。批判的読解の方略の構造に関しては，まだ体系的な検討がなされて

表7-1 説明文読解方略の構造（犬塚，2002, 2009をもとに作成）

方略因子	方略カテゴリー	方略例
理解補償方略	意味明確化	難しい文は，自分のことばでかみ砕いて言い直しながら読む
	コントロール	わからないところはゆっくりと読む
内容理解方略	要点把握	大切なところに線を引く，コメントや内容をまとめたものを書き込む
	記憶	むずかしいことばや内容は理解しないで丸暗記してしまう
	質問生成	自分がどのくらいわかっているかをチェックするような質問を自分にしながら読む
理解深化方略	構造注目	接続詞（しかし，そして，つまり，などのことば）に注目しながら読む
	既有知識活用	すでに知っていることと読んでいる内容を結びつけようとしながら読む

表 7-2　批判的読みのチェックリスト（井上，1998 をもとに作成）

語の用法	1　重要な語は定義されているか 2　用語の意味は一貫しているか 3　早まった一般化をしていないか 4　比喩や類推は適切か 5　語の感化的用法（色づけ）はないか
証拠となる 資料・事例	6　証拠となる資料や事例は十分か 7　その事実を代表する典型例か 8　隠された資料や証拠はないか 9　反対の立場からの資料や証拠は考えられないか 10　不適切な資料や証拠はないか
論の進め方	11　根拠のない主張・結論はないか 12　隠された仮定・前提はないか 13　誤った（悪用された）理由づけはないか

いない。一方，井上（1998）は，言語技術という観点から「批判的読みのチェック・リスト」として表7-2のような項目をあげている。これは批判的読みの指導者向けのチェック・リストと読み取れるが，同時に，高次の読解のための方略として有効であることが予想される。

(2) 自己調整学習とメタ認知の観点

ここまで，さまざまな方略とその構造についてみてきたが，これらの方略をいつ・どのように使うかという視点も欠かすことができない。どのような場面においても効果のある「方略セット」があるというわけではなく，状況に応じて効果的な方略を適切に選ぶことができるか，ということが重要だからである。ここでは，2種類の方略使用のプロセスのとらえ方を示し，それぞれの観点から方略使用のプロセスを検討しよう。

第1の観点は，読解を1つの課題ととらえ，その読解中と読解前後の3つの時期に分ける考え方である。自己調整学習のサイクル・モデルはこうした観点に立つものであるので，以下ではこの第1の観点を自己調整学習の観点とよぶこととする。先述した Pressley & Afflerbach（1995）は，読解中の方略だけでなく，読解の前や後の活動についてもその重要性を指摘している。自己調整学習の観点からみると，「読解の目的を明確にする」「テキストをざっと読んで読み方を考える」といった読解前の方略的活動は，自己調整学習の「自己評価とモニタリング」および「目標設定と方略計画」のステップとして位置づけられる。また，「方略実行とモニタリング」のステップは「重要情報を特定する」「推論する」といった方略的活動によって実現されているといえる。さらに，読解中や読解後の

「自分が用いている方略や読解プロセスの効果を確認する」といった活動は，自己調整学習の「方略実行の結果のモニタリング」のステップとして位置づけることができる。

　読解の活動は，このように複数のプロセスが関与しており，その点に着目して，これらを統合して1つの課題としてとらえるという点に，自己調整学習の特徴がある。実践的な観点からみると，読解がより広い学習活動の文脈の中でとらえられるため，指導計画に反映しやすいというところが，自己調整学習の利点といえよう。こうした利点を発揮する指導方法として，Zimmerman et al.（1996）は，用いる方略を精選し，4つのステップに沿って読解を改善していく方法を提案している（表7-3）。Pressley（2000）は，単独の方略を指導するより，複数の方略の効果的な組み合わせを指導するほうが，学習者の読解をより向上させることを指摘しており，自己調整学習の観点からの読解指導の有効性が発揮されているといえよう。

　第2の観点としては，読解中の動的なプロセスにより焦点化してとらえる考え方をあげたい。上述した読解を1つの課題としてとらえる第1の観点に基づいた指導は，読解につまずきのみられる学習者や，初歩の学習者には特に適している。一方で，より熟達した読み手にとっては，まさに読んでいるその内容に沿った方略を，その場で自己調整的に用いていくことが要求される。そうした読み手について考えるためには，読解中の方略に焦点化して検討することが必要であろう。

　先述した犬塚（2002）は，こちらの立場から方略をまとめたものといえる。さまざまな方略の中から，そのときの読解状況にあわせて自己調整的に方略を選択し使用するためには，読み手は，方略について「どのような場面で効果を発揮す

表7-3　Zimmerman et al. の文章理解と要約スキル指導ステップ（Zimmerman et al., 1996）

指導ステップ	概要	例
自己評価とモニタリング	現在の読解過程と遂行状況を明らかにする	読んだ文章の特徴，読解中の行動，読解後の要約の得点
目標設定と方略計画	具体的な目標を立て，目標を達成するための方略を特定する	文章中で同定する主題の数，具体的な方略（要約文を見つけて書く）
方略実行とモニタリング	読解過程と遂行状況を観察する	読んでいるときの方略使用状況（回数），読解後の要約の得点
方略の実行結果のモニタリング	読解過程と遂行状況を観察し，必要なら新たな方略を導入する	読んでいるときの方略使用状況（回数），読解後の要約の得点，新たな具体的方略（自分に質問する）

るか」といった知識をもつことが必要である。同時に，自分の理解状況を適切に把握している必要もあるだろう。こうした方略の効果に関する知識や，自身の理解状態に関する理解を，認知心理学の理論では「メタ認知」とよぶ。三宮（1996）は，課題や方略に関する知識を「メタ認知的知識」とし，自身の理解状態を把握し，認知的活動をコントロールしようとするプロセスを「メタ認知的活動」とよんだ。Nelson & Narens（1994）は，認知的活動をメタレベルと対象レベルの2つのレベルで生じるものと位置づけている。読解に当てはめると，理解表象の構築という対象レベルの認知活動だけではなく，それを一段上の視点からとらえ，対象レベルの活動を導くメタレベルの認知が必要となる。したがって，読解中のプロセスに焦点化し，課題における方略の適応性や柔軟性を視野に入れた観点は，より「メタ認知」を重視した立場であるといえる。

　上述した2つの観点は，これまでは十分に統合されてこなかった。メタ認知的活動の側面からは，読解中のプロセスに関する詳細な検討がなされる一方で，教育実践において効果を発揮するための読解前後の活動を含めての検討は見受けられない。一方，これまでの自己調整学習研究では，方略実行の有無（あるいは回数）のみが検討対象となっていることが多く，メタ認知の観点から重視されるような，自己の理解状況に適した方略をうまく用いることができるか，という点に関する検討は十分になされてこなかった。また，自己調整学習では方略の適切性を所与のものとして位置づけ，それを獲得することに主眼が置かれているが，メタ認知的知識では，そうした適切性をどのように理解するかという点を重視しているというところにも2つの観点の差異をみることができよう。

　近年の研究では，自己調整学習とメタ認知の観点の双方を統合した理論化や実践的試みがなされるようになってきている（第2章参照）。読解過程の複雑さを考えると，単独のプロセスのみに働きかけることが，読解の向上につながるとはいえず，さまざまな過程を組み込んだ読解を1つの課題としてとらえる自己調整学習の観点が重要であることはすでに述べた通りである。その中に，動的なプロセスに特に焦点化する「メタ認知的な観点」を組み込むことが今後の研究・実践の課題となるだろう。

（3）効果的な方略使用をうながす動機づけ要因

　さて，自己調整学習の特徴は，上述したように認知的な側面において複数の過程を統合してとらえるという点にとどまらない。自己調整学習の研究では，情動的要因が学習の過程に与える影響を重視している。特に新たな方略を導入した際には，よい結果がなかなか出ないことによる自信の喪失や，方略使用のむずかしさが，適切な方略の習得を妨げるため，指導者などの支援が必要だとされている。

読解研究ではどのような要因が考えられてきただろうか。ここでは，読解についての信念と文章内容についての興味という動機づけの側面に焦点を当てて論じる。

読解についての信念とは，言い替えれば「『読んで理解する』とはどのようなことか」という問いについて個々の読み手がもつ考えであり，「読解観」と表現することもできる。先に述べてきたように，読解とは読み手が主体となって文章に働きかけ，理解表象を構築していく自己調整的な活動である。しかし，読解をそうした主体的な営みとしてはとらえられない学習者も少なくない。欧米では，「すらすら読めるが内容について理解が十分ではない」読み手が「word caller」とよばれて問題とされている。これは，「読む」ことと「文字を読み上げること」の区別が十分にされていない読み手が少なくないことを示すものであろう。すでに述べたように，読解は，記号・文字・単語・文・文章とより小さな単位から全体へと表象を構築していくボトム・アップのプロセスと，知識をそのプロセスの枠組みとして用いるトップ・ダウンのプロセスにより成り立っている。そして，そのプロセスの中でさまざまな方略を用いていくことが必要である。word callerは，こうした複雑な読解プロセスのうちの限られた一部分のみにしか注目していないため，用いる方略も限られたものになることが予測できるだろう。

また，われわれは経験的に「より興味のあるものには時間と労力をかける」ことを知っている。では，興味の影響は読解プロセスや方略の使用のような読解の質的な側面にも影響するだろうか？

Hidi（1990）やSchiefele（1991）は，トピックに対して感じる「おもしろさ」が学習における重要なリソースであることを指摘しており，文章を理解する際にも，内容にどのくらい興味をもつかは重要であると考えられる。いくつかの研究によって，興味が高いほど，読解の成績がよいことが示されている（たとえばSchiefele, 1992；Shiefele & Krapp, 1996；Sweet et al., 1998など）。Hidi（1990）は，興味は処理する情報の選択にかかわる中心的な要素であること，そして，「おもしろい」と感じる情報を処理するときには，「おもしろくない」情報を処理するときにはない要素が働いていることを指摘している。

一方，興味は単独で影響するわけではなく，内容以外の文章要因と交互作用することを指摘する研究もある。Meyer et al.（1998）は，読み手が感じるおもしろさと文章構造の明確さが読解の成績にどのような影響を与えるのかを検討し，文章の構造が明確でない場合に，読み手が感じるおもしろさが成績に与える影響が大きいことを示した。また，おもしろいと感じている人ほど質の高い要約を生成しており，このことからも興味が理解に影響を与えることが示された。こうした結果からは，おもしろさとしての興味が積極的処理をうながしたために遂行成績

が高くなったのではないかと考察され，おもしろさが読解中の方略使用に影響することが考えられる。積極的な方略使用をうながすためには，学習者に興味をもたせることがよい影響を及ぼすと考えられる。

2. 作文の認知過程と自己調整学習

次に作文の認知過程に注目してみよう。読解同様，作文の認知過程も複雑に複数のプロセスが組み合わさって構成されていると考えられている。Hayes & Flower（1980）は，書く内容のプランニング・実際に書く活動・書いたものの見直しと修正，という3つの下位プロセスを中心とした作文の認知プロセスを提示している（図7-1）。これら3つの下位プロセスは，作文全体がその流れに沿って行なわれるだけでなく，総合的にモニタリングされ，書いた後でプランニングをやり直したりするようなくり返しも含まれる。これらのプロセスには，課題の特徴が影響するとともに，実際に書き始めると，自分が書いた文章自体も外的な課題環境要因として作文の認知プロセスと相互作用を生じる。Hayes & Flower（1980）のモデルからは，「よい」文章を作成するためには，これらの複雑な認知過程をうまくコントロールしていく必要があることがわかる。とりわけ，中心となる3つの下位プロセスに関すること，すなわち，プランニングの内容ややり方，文を書く基礎的なスキル，書いたものの評価の仕方と修正方法といった点が重要

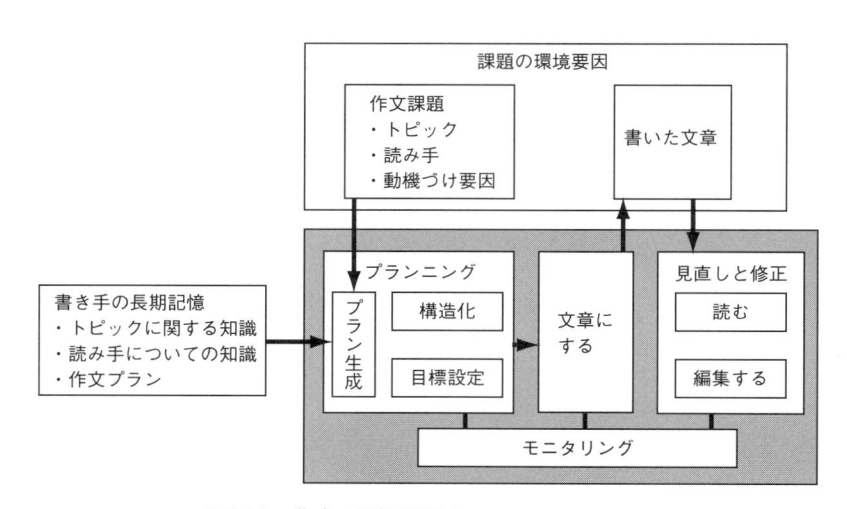

図7-1　作文の認知過程（Hayes & Flower, 1980）

だといえるだろう。

(1) 効果的な作文方略とその使用

　Bereiter & Scardamaria（1987）は，優れた書き手と子どもの作文プロセスを比較し，書くのが苦手な学習者は，Hayes らが指摘するような下位プロセスのそれぞれに十分な時間をかけておらず，特にプランニングの段階の認知過程における質的な違いが顕著であることを示した。子どもと優れた書き手を比較した研究からは，次のような違いが指摘されている（Bereiter & Scardamaria, 1987；McCutchen, 1988）。

　子どもたちは，テーマを与えられると，あまり考えることなく書き始め，相対的に執筆に多くの時間を費やした。子どものプランニング時のプロトコルをみると，子どもは，プランニングとはどのようなものか，という意識も明確でなく，課題そのものをプランとして用いようとしていることがわかる。プランニングを求められると，子どもたちは課題に関連する記憶を検索することに意識を向け，それをそのまま書くのである。思いつくことがなくなると書くのをやめ，読み直したり修正したりすることは少なかった。修正を求められた場合も，字のまちがいを修正するような表面的なレベルにとどまっていた。こうした作文のプロセスを，Bereiter らは「知識語り」とよんでいる。

　それに対して，熟達した書き手は，実際に執筆する段階にも長い時間を費やすとともに，プランニングや見直しと修正に多くの時間を割いていた。彼らは，プランニングにおいて，課題をもとにプランを立てることを明確に意識している。彼らは，自分が書く文章について，かなり明確な目標を設けている。どのような読者に伝えるのか，また，自分はどのようなキャラクターとして語るべきか，何を伝えたいのか，といったことを目標として設定し，その目標を達成するためのプランとして，レトリックや用いる単語を選び，構成を決めていくのである。修正の段階においても子どもとの違いがみられ，優れた書き手は，内容や意味に注目し，書く前に立てたプランに基づいた評価を行なっていることが示唆された。こうした優れた書き手の書き方は「知識構成」とよばれた。

　これらの研究からは，作文を自己調整的に行なう鍵が，まさに執筆しているそのときだけでなく，むしろ，書く活動の前後のプランニングや見直しと修正の段階にあるということがわかる。こうした示唆に従い，プランニングや見直しと修正のそれぞれの段階に関する指導方法や方略の研究が行なわれてきた。たとえば，プランニングの方略として，概念地図（岩男，2001；Kellog, 1990）があげられる。岩男（2001）は，因果関係を示す概念地図をプランニングにおいて用いることで，書かれた文章のわかりやすさが向上したことを示している。また，見直しと修正

については，Hayes（1996, 2004）が，「修正スキーマ」の重要性を指摘している。つまり，「修正時に何に注目するか」という知識枠組みのありようが，書かれる文章の質に影響を与えるのである。これまでの研究知見からも，書くのが苦手な学習者は，表面的なレベルに注目し，その修正に多くの時間を費やすことが示されている（Butterfield et al., 1994；Chanquoy, 2001）。Wallace ら（Wallace & Hayes, 1991；Wallace et al., 1996）は，大学生に対して，見直しと修正において「概念的なレベル」に着目するように短い教示を行なうことで，そのスキーマの方向づけを変え，より深いレベルでの処理を促進することができることを示している。

こうした直接的な教示に頼らず，学習者自身がより適切な見直しと修正を行なうことができるよう，方略の学習に着目した研究として，Zimmerman & Kitsantas（2002）をあげよう。彼らの研究では，社会的認知のモデル（Bandura, 1986）の観点から方略の学習方法について提案がなされている。対象者となった書き手は，「モデル」となる書き手が文章の見直しと修正を行なうようすを観察し，模倣することを通して方略を学習していった。このとき，最も方略の学習に促進的だったのは，まちがいを自分で修正しながら上達していく「コーピング・モデル」を観察し，模倣段階においてフィードバックを得る条件であった。

これらの研究からは，プランニングや見直しと修正のそれぞれに着目した働きかけによって，作文の量や質が向上することが示唆されている。しかし，作文の認知過程の複雑さと再帰性（くり返し）を考えると，個別の段階の方略ではなく，作文の認知過程全体を統合した指導が重要だと考えられる。自己調整学習研究ではこうした立場に立ち，課題となっている作文をうまく行なうための方略セットを用意し，その習得を通して作文の成績を向上させようとする試みが数多くなされてきた。

たとえば，Graham と Harris らは，作文の自己調整方略学習プログラム（self-regulated strategy development: SRSD）を開発している。このプログラムの特徴は，プランニングと見直しと修正の両段階に着目している点である（Graham et al., 2000；Harris et al., 2002）。このプログラムでは，必要な方略を学習者と指導者が話し合いを通して明らかにし，それを6つの段階を通して学習していく（表7-4）。方略学習の原則となる段階を大きな枠組みとして示しつつ，個々の学習者が必要な知識を吟味するプログラムになっている点や，方略を知識として得るだけでなく，それを習慣化し自発的に用いることができるようになることを目指している点に大きな特徴がある。このプログラムは，作文に特異的な問題をもつ学習者だけでなく，多くの対象者に適用され，その効果を発揮している。

では，こうした指導にはどの程度効果があるのだろうか。Graham & Perin

表7-4　SRSDの6段階（Graham et al., 2000をもとに作成）

第1段階	背景知識を活性化する	課題（作文）や方略について何を知っているかを明らかにする
第2段階	方略について議論する	学習者にとって必要な方略は何か，話し合いながら決定していく
第3段階	方略をまね（model）する	モデルや指導者が方略を用いるようすを見てまねしてみる
第4段階	方略を覚える	モデルがいない状況で，方略を使ってみる
第5段階	方略をサポートする	自分で方略を用いることができるようにコントロールする
第6段階	自分でできるようになる	自発的に必要な場面で方略を用いる

（2007）は，方略指導を行なった研究のメタ分析を実施し，方略指導の効果量が平均で1.03と大きいことと，研究によって効果量の大きさに差があることを見いだした。研究間の差異についてみてみると，自己調整学習の観点から実施された研究と，学習に困難をもつ書き手に対する指導に関する研究において，特に方略指導の効果が大きいことがわかった。

ただし，これらの方略がどのように作文を改善したのか，という質的な側面についてはより詳細な検討が必要である。多くの研究で取り入れられている指標は，文字数などの量的な変数，使われている単語の知識レベル，といった比較的表層的なものである。文章のよさについて検討していても，教員の印象評定で尋ねているだけということも多い。作文の学習の初期においては，こうした指標が十分な説得力をもつが，よりよい論文を書くというようなより高度な作文場面を想定すると，どのような方略が作文の質をどのように高めるか，という点について明らかにされるべきであろう。

（2）効果的な方略使用をうながす動機づけ要因

前述したGrahamとHarrisらのSRSDプログラムでは，作文方略と同時に「目標設定」「自己教示」「モニタリング」「自己強化」の4つの方略を取り入れている点が特徴的である。これらの方略を用いることで，方略の自発的使用や持続を図るとともに，しばしば自己効力感を喪失し，学習性無力感に陥りがちな書き手を支援し，より動機づけられた状態を維持することができる。こうした動機づけ要因を指導のモデルに組み込むことが自己調整学習のモデルの特徴であり，自己調整学習のモデルに基づいた介入研究の効果の大きさに寄与していると考えるこ

とができるだろう。Graham et al.（2000）は，作文方略を用いることに対する自信は，学習者自身の効力感を高め，自己効力感の高さは書き手の満足と作文に対する興味を高めることにつながると指摘している。

一方，Hidi は，作文において動機づけの要因が十分に検討されていないことを指摘している（Hidi & Boscolo, 2006）。作文課題は多くの場合，教師からテーマやトピックが指示され，それに沿った文章を書く活動として取り上げられる。こうして課される作文を「むずかしい」「学問的な」活動と位置づけ，否定的な感情をもつ学習者はけっして少なくない。このような学習者にとって，個人的に興味をもてるトピックが取り上げられることは，作文によい影響を及ぼすことが予想される。

しかし，これまでの研究からは，興味がそれだけで作文の質を向上させるとは言いきれない。Hidi & McLaren（1991）は，6年生にさまざまなトピックに対する興味を評定してもらい，興味のあるトピックと興味をあまりもてないトピックについて作文を書かせた。その結果，作文の質を向上させたのは，興味そのものではなく，トピックに関する知識であることが示唆されたのである。同様に，書き手の知識による影響を示す知見はほかにもある（たとえば Boscolo & Mason, 2000；中村・岸, 1996）。一方，Renninger et al.（2002）は，11歳の学習者を対象に課題を出す際に，その課題が学習者にとって重要で価値のあるものであることを示したところ，より多くの内容を想起し，かつ内容についてよく考察された文章を書いたことが示されている。これらの研究からは，課題への動機づけが重要であるが，それは必ずしも書き手が事前にもっている「おもしろそう」かどうかという印象によっては決まらず，課題の価値や重要性に関する理解から引き起こされることが示唆されている。

また，前述したように学習者の作文に対する否定的な感情を考えると，作文の課題自体を興味あるものにするにはどうしたらよいか，という点についても検討する必要があるだろう。Boscolo & Cisotto（1997）は，トピックに対する興味は作文の活動自体に対する興味を高めることにつながるとはいえないことを指摘しており，この問題が単純には解決できないことがうかがえる。

一方，「書くことを通して学ぶ」ことによって，文章を書くことの有用性に気づかせようとする試みもある（Mason & Boscolo, 2000；Boscolo & Carotti, 2003）が，その効果はまだ検討の途上である。Mason & Boscolo（2000）では，科学的概念の学習において，作文が有用であったと評価されているものの，それが作文に対する興味にはつながっていないことが示されている。Hidi & Boscolo（2006）は，こうした結果について，「（作文に対する）動機づけの変化の一側面として，

有用性の認知がある」という解釈の可能性を示し，書くことを通して学ぶことの意義を示唆している。

3. まとめ

　ここまで，現代文の読解と作文に関する認知過程について，方略の使用を中心に概観した。読解と作文について，学習者は「センスしだいである」と考えることも多いが，本節で概観した多くの研究は，適切な方略を用いることがプロセスを改善し，より成績を高めることを示していた。また，こうした認知過程だけでなく，読解や作文を動機づける興味や自己効力感も同時に重要であった。動機づけに関して，環境面をより強調する社会的構成主義の立場からは，読み書きの学習が単なる機械的な仕事としてではなく，「意味をつくり出す創造的な活動」として取り組まれることも重要であることが指摘されている（Nelson & Calfee, 1998）。これらの知見は，実際の教育場面にはどのように適用できるだろうか。次節では，学習者の発達に沿って，読解や作文の指導について検討していきたい。

第2節　自己調整学習の視点からみた読解・作文の指導

　第1節では，読解と作文の認知過程を「方略」を中心に概観してきた。一方，国語科教育という観点から読解・作文指導をとらえると，各教育段階における教育目標を考える必要がある。また，自己調整学習研究においても，発達は自己調整のあり方に影響を与える大きな要因と考えられている（Zimmerman & Schunk, 2001/塚野，2006）。そこで，本節では，初等・中等・高等教育のそれぞれの教育段階における教育目標と，認知発達の特徴をふまえ，読解と作文の指導のあり方を検討する。そこから，わが国の国語教育の中で，現代文の読解と作文における学習者の自己調整学習を促進するための指導実践について考察したい。

　ただし，ここで示す教育段階や発達上の特徴は，あくまで典型的な像であり，個々の学習者の状態を示すものではないことには留意が必要である。たとえば，特定の読解方略を教示した場合の効果は，すべての対象者に同様にみられるわけではなく，対象者の事前の読解力などの要因によって異なると考えられる（秋田，1988；Gaultney, 1998）。また，学習障害などのより深刻な学習上の問題を抱えた学習者への対応としても自己調整学習の枠組みによる方略指導が有効であることも示されている（Harris & Graham, 1999）が，Kendou et al.（2007）は，読解が困難な読み手に熟達者の用いる方略をそのまま教示しても効果が低い（あるいは逆

効果である)ことを指摘している。読み手の認知過程を視野に入れ，個人の特性に合った指導を構築することが，どの段階においても最も重要であることを強調したい。

1. 初等教育

(1) 初等教育前期

　小学校低学年の時期における第1の課題は，ひらがなを中心とした文字の習得と，それらを用いて文や文章をスムーズに読み書きできるようになることである。文字を読む流暢さは，のちの読解力に関連するという知見（Stanovich, 1999）もあり，文字を符号化するというボトム・アップのプロセスをスムーズに実行できるようになることが，重要であることを示している。作文においても，この時期は文字を書き，文を流暢に書くことができるようになることが第1の目標となる。流暢に書くことの重要性は，認知的資源の観点から指摘できる（McCutchen, 2006）。この時期，多くの子どもにとって，書くことは多くの認知的資源を必要とする課題である。書いている内容に目を向けさせるためには，書くことに割かれている認知的資源が少なくてすむようにしておかなくてはならない。

　こうした基本的な読み上げのスキルを向上させるための取り組みとして実際の教育現場で多く行なわれているのは，学校や家庭で教科書などの文章を読み上げ，他の人（教師や親など）に聞いてもらう，という活動である。こうした活動は，読み上げの練習として重要であるばかりでなく，基本的な学習習慣を身につけ，自己調整学習方略の獲得をうながすというためにも重要である。家庭での学習環境に目を向けた指導も重要だろう（第13章参照）。

　第2の課題としては，第1節でも示したような読むこと・書くことについて学習者がもつ信念への働きかけをあげたい。読解や作文の方略を本格的に学び始める時期に，積極的な読解・作文観を育て，のちの積極的な方略の学習に結びつける必要があると考えられるからである。

　読解においては，「読む」ことと「読み上げる」ことの違いを知り，「読む」ことは「理解表象を心内に構築する」ことであり，そのためには単なる符号化だけでなく，積極的に自分の知識にアクセスし，推論を働かせなくてはならない，ということを学習者に意識させることが必要である。そのためには，「読み上げる」だけではなく，理解表象の質を問うような活動を，こうした読解の初歩の段階から取り入れていくことが有効だと考えられる。

　たとえば，小学校2年生の教科書には，ものの作り方を書いた説明文が題材として取り上げられることが多いが，読解の授業において，読み上げるだけでなく，

実際に説明文に従って作るという活動を授業に取り入れることが読解観の育成にとって有効であろう。ものの作り方のような手順文の場合，書かれている意味を理解するということは，実際にできるかどうかに直結している。そのため，作るという活動を通して，「わかったつもり」になっていた文章内容について，じつは「わかっていなかった」ことに気づき，読み上げることと理解することの違いを実感することができると考えられる。

　作文に関しては，この時期の学習者の作文に対する意識は「会話」に対するそれに基づいていると考えられる（Bereiter & Scardamaria, 1987）。そのため，作文が短く，完結しないで終わってしまうことが多い。作文では，会話と異なり，1人で「話し続け」なくてはならないため，1つのことについて長く書くことがまだ困難なのである。したがって，さらに書くべきこと，言うべきことを引き出すためのパートナーがいることで，より長い文章を書けるようになると考えられる（Daiute & Dalton, 1993）。ここから，徐々に「会話」とは異なる「作文」の意識を育てていくことが必要である。

(2) 初等教育後期

　学年が上がるにつれて，初等教育においてもより長い文章を読むこと・書くことが要求される。長い文章の読解・作文では，内容の構成に意識を向けることや，要点を意識することが必要になってくる。そこで，この時期の読解・作文において，方略（読み方・書き方）の指導が強調されるようになる。

　この時期の読解は，「読み上げ」からの本格的な離脱期として位置づけられよう。RAND Reading Study Group（2002）は「小学校3年生のときの優れた読み手がその後も優れた読み手であり続けるとは限らない」ことを指摘している。文章を読み上げるスキルが重要だった小学校の低学年に比べ，方略を知っているかどうかが問題になってくる時期だといえるだろう。指導要領においても，3・4学年の目標として「内容の中心をとらえたり段落相互の関係を考えたりしながら読む」といった記述があり，およそこの時期から，文章を読むときに，要点をつかむことや構造に注目するといった，文章全体を理解するための方略が開始されると考えられる。

　Brown et al.（1983）は，要約作成時に用いるルールに着目して，学年と熟達による発達を検討している。彼らの研究から，小学生の段階では，不要部分を「削除」するという簡単なルールがおもに用いられるが，その後，トピック・センテンスの「選択」や「創出」，語の「置き替え」といった高度なルールが適用されるようになり，それらの適用比率は学年とともに，また熟達とともに上昇することが示された。これは，内容について再構成することはむずかしくとも，指示さ

れれば重要な部分に着目するということができることを示唆していると解釈できる。

一方，作文に関しても，より長い文章を書くことが目指され，指導要領には「段落相互の関係などを工夫して文章を書く」といった記述がみられる。自分の体験や主観的な感想を述べる作文はこの時期から積極的に取り入れられるようになる。

また，作文の認知過程についての意識が高まってくるのもこの時期である。Bereiter & Scardamaria（1987）では，10歳の書き手ははじめの下書きメモに書いてあったことだけを作文していたのに対して，12歳の書き手は，メモを通してアイデアを膨らませ，文章にしていったことが示唆されている。これは，この時期の書き手が，不完全ながらもプランニングについての意識をもち始めたことを示しているととらえることができるだろう。

上に述べたように，初等教育の後半は，読解や作文の内容や構成に目を向けた指導が開始されると同時に学習者が読解や作文の認知過程について意識し始める時期だといえるだろう。しかし，小学校の教室において，方略が明示的に指導される機会はそれほど多くはないという指摘もある（Pressley et al., 1998）。犬塚（2007）は，大学生を対象とした調査を実施し，読解方略をいつごろから使うようになったか，どのように指導されたかを尋ねた。対象者の多くが，要約などの方略を小学校高学年から中等教育前半期に学習した，と回想しているが，「指導を受けた」と認識されている方略ばかりではなく，質問生成方略や，既有知識活用方略については指導を受けた経験がない，と答える対象者が多い（図7-2）。

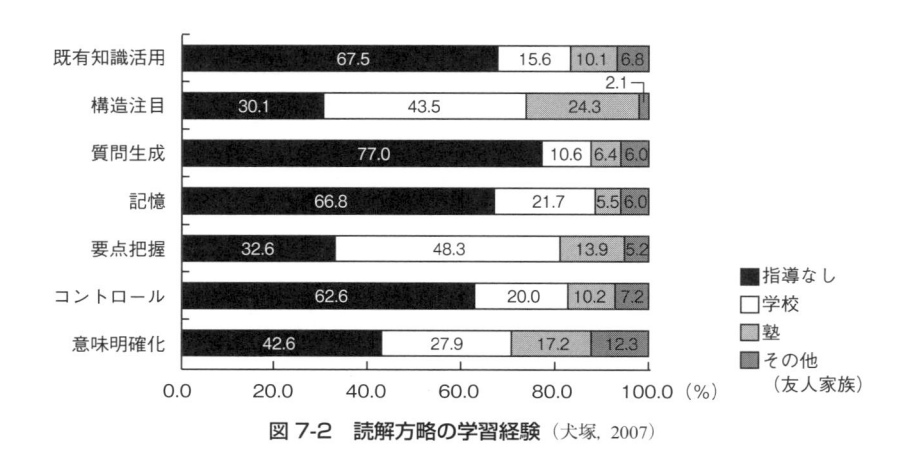

図 7-2 読解方略の学習経験（犬塚, 2007）

こうした回答からは、方略についての明示的な指導が、まだ十分に行なわれているとはいえないことが示唆される。

2. 中等教育

　この時期にはより長く複雑な文章の読解と作文が課題となる。Cain et al.（2004）は、中高生（中学2, 3年生、および高校2年生）を対象とした調査を行ない、推論を行なったり、自らの理解をチェックしたりする行動（モニタリング）が、読解成績と相関することを示した。彼らの研究は、単語の知識や単語処理のスピードの影響を除いても、こうした方略の使用頻度が、独自に読解成績を説明することを明らかにしている。また、課題の難度や目的にあわせて、柔軟に方略を用いることも、この時期には必要になってくる。こうしたことを考えると、読解や作文の認知プロセス全体を視野に入れた方略の組み合わせを取り上げ、メタ認知的な観点から、状況に即した運用について指導することが必要になる。

　たとえば、Palincsar & Brown（1984）の相互教授法では、教師に援助されながら、学習者が交代で要約・質問・明確化・予測を行ないながら読解方略を獲得することが目指された。20日間にわたる指導の結果、直後テストだけでなく、3週間後のフォローアップの段階でも読解成績の向上が維持された。この指導枠組みの特徴は、方略知識を教授するだけでなく、それを「いかにして使うか」という適用方法について学習させたという点にある。運用方法への着目が、方略の定着と適応的な使用をうながし、読解の持続的な改善につながったと考えられる。清河・犬塚（2003）は、相互教授法の枠組みを参考に、より活動中のメタ認知に着目した読解指導として「相互説明」を開発し、その効果を示している。これらの方略指導では、他者を介して方略の運用方法を学ぶという点も特徴的である。一方的な指導者やモデルではなく、自分の認知過程をメタ認知的にとらえる役割をもつ他者が存在することで、より方略の学習が促進されたと考えられる。

　一方、作文についても、方略の組み合わせとその運用を指導する方法の効果が高いことが示されている。たとえば、De La Paz & Graham（2002）は、文章生成のプランニングと見直し・修正の両段階に着目し、中学生を対象として方略の指導を行なった。彼らは、学習する方略を「PLAN & WRITE」ということばでまとめ、学習者が参照しやすいようにした（表7-5）。6週間の指導の結果、方略指導を受けた学習者は、方略指導を受けなかった学習者と比較して、より長い文章を書き、より洗練された単語を用いるようになっていた。また、教員による文章全体の質の評価を比較しても、方略指導を受けた学習者のほうが高い評価であった。作文の認知過程全体を視野に入れた運用方法が取り上げられていることが、

表 7-5　De La Paz & Graham が指導した文章産出の方略（De La Paz & Graham, 2002 をもとに作成）

方略	方略の内容
PLAN	
Pay attention	課題に注意し，何をどう書くか確認しよう
List main ideas	主題とそれに関する主要な内容をあげよう
Add supporting ideas	主要な内容を具体化・支持する内容を加えよう
Number ideas	書く順序を決めよう
WRITE	
Work from your plans	主題を示す1文を書こう
Remember your goals	目標を思い出そう
Include transition words	接続語を入れよう
Try to use different kinds of sentence	文の書き方を変えてみよう
Exciting, interesting $100,000 words	よりよい（おもしろい，注意をひく）表現がないか考えよう

作文の量的質的側面の向上に資したと考えられるだろう。

3. 高等教育

　さらに，中等教育の後半から高等教育に進む時期には，文章内容を鵜呑みにするのではなく批判的読解（本章第1節1.(1)参照）を行なうことの重要性も増してくる。文部科学省は，「クリティカル・リーディング」ということばを用いて，こうした読解の重要性を次のように示している。

> 「具体的には，与えられた情報や資料について，目的意識をもって，自らの有する知識・経験と結びつけて分析・評価する，比較考察や批判的検討を加える，自分なりの意見を論述する，客観的に論証することなどが重要となる」（文部科学省, 2007）

　高等教育においては，さらに専門的な知識に基づいた批判的読解を行なうことが求められる。しかし，こうした高水準の読解の指導に関しては，自己調整学習をはじめ教育心理学の知見が十分に蓄積されたとはいえない。犬塚（2010）は，大学における論文読解指導に先述した相互説明の枠組みを用いて実施している。方略の明示的指導と相互説明を組み合わせることにより，より内容を的確にとらえられるようになり，論文読解に対する態度が変化したことが報告されている。

また，沖林（2004）では，適切なガイダンスを伴ったグループでの討議が，批判的読解の質を向上させることを示している。これらの研究からは，方略や観点の指導と他者とのやりとりが批判的読解の育成に効果的であることが示唆される。

作文においては，より説得力のある論理的な文章を書くことが中心的な課題となる。書き方だけでなく，トピックや内容の選択も学習者自身が考えなくてはならない。よりいっそう高度な自己調整学習が求められるのである。作文の認知過程に関する研究では，熟達した書き手は，固定的なプランに沿って書くのではなく，書きながら考えたり，アイデアを練ったりしていくことや，書きながら新たな創造が行なわれることも指摘されている。専門的な論文を書くという課題に対して，学習者がこれまでのようにプランニングを重視した作文を行なうべきか，新たな方略を用いるべきか，という問いに対する検討が行なわれる必要があるだろう。

4. まとめ

本節では，国語科で指導される内容の中でも，読解と作文に焦点を当て，各教育段階における課題と指導のあり方について検討してきた。はじめにも述べたように，国語科での指導内容にはさまざまな要素が含まれており，本章ですべてを網羅的に論じることはできない。しかし，自己調整学習の観点から現代文の読解と作文に焦点化して考えることによって，自己調整学習のサイクルを念頭に，方略の明示的使用や適切な運用を視野に入れた指導を行なうことや，動機づけ要因にも着目することが必要であることがわかった。こうした知見は，これからの国語科教育を考える上で重要な視座を提供するものだと考える。最後に，自己調整学習の観点からの読解・作文指導研究に関して，今後の課題をまとめる。

まず，方略の指導において，他者が果たす役割に注目したい。伝統的な自己調整学習の枠組みでは，社会的認知の観点から，モデルとしての他者の存在が指導に取り上げられてきた。しかし，本節で取り上げた研究知見においては，他者はより多様な意味をもっていると考えられる。たとえば，相互教授法（Palincsar & Brown, 1984）や相互説明（清河・犬塚，2003）においては，自己の認知過程をメタ的にとらえることを助ける存在としても位置づけられている。他者とともに学ぶことが，読解や作文の自己調整をどのように促進するのか，という点について，より精緻に検討していくことも今後の課題となるだろう。

次に，一般的な文章について効果的な読解や作文を促進する方略やその指導が提案されているものの，批判的読解や専門的な文章の作文に関してはまだ検討が十分に進んでいないことを指摘したい。自己調整的読解と作文のいわば集大成と

して，これらの課題にどのように取り組むのか，またそれをどう支援していくのか，という点についての研究と実践がよりいっそう発展していくことが望まれる。

　最後に，方略の指導や自己調整学習の枠組みが，どの程度持続的な力として学習者に獲得されたか，という点についての検討も必要だと考えられる。従来の研究の多くは，指導の直後の認知過程や動機づけの変化は詳細に検討しているものの，それがどの程度長期的な効果として持続するのか，持続させるためにはどのような働きかけが必要なのか，に関する知見が多く得られているとはいえない。より長期的な視野に立った実践と研究が今後の検討課題として残されている。

第8章

算数・数学における自己調整学習
日本の児童・生徒のつまずきの原因とその支援策を中心に

植阪友理

　「一生懸命に数学の問題集を解いているのに成績が上がらない」「教科書の問題も，問題集もたくさんやっている。それでも得点が上がらないので机に向かって勉強する気がおきない」「文章題が苦手でなかなか解けるようにならない」「計算がなかなか合わない」「そもそも算数・数学なんて何のために勉強するのだろうか」，など算数・数学にまつわる悩みは尽きない。

　こうした算数・数学における悩みを解消する上で，自己調整学習にかかわるさまざまな研究は有益な示唆を与えてくれる。自己調整学習では，学習過程を「学習を始める前に，どのように行なうのかを計画する段階（予見段階）」「学習を実際に実行する段階（遂行段階）」「学習後に学習プロセス全体を振り返る段階（自己内省段階）」の3つに分け，自己内省段階が，次の予見段階に影響を与えるという具合に，学習全体をサイクルとしてとらえる。また，これらのそれぞれの段階にどのような力が求められるのかについても特定し，具体的な支援を具体的に提案している（学校における自己調整学習にかかわる研究を取り上げたレビュー論文としては，Dignath et al.（2008）によるメタ分析などがあげられる）。

　自己調整学習で得られた知見は，集団での一斉指導のみならず，個別学習指導にも活用されている。たとえば，算数・数学に限らないものの，Cleary & Zimmerman（2004）は効果的な自己調整学習のサイクルを生徒が身につけるための自己調整啓発プログラム（self-regulation empowerment program: SREP）を開発し，教師や学校心理士が担う自己調整コーチ（self-regulated learning coaches）などを通じて個別学習指導の中で実施している。また，日本でも，自己調整学習研究などの知見も参考にしつつ，自立した学習者を育成することを目指した実践的研究活動として「認知カウンセリング」（市川，1993，1998；清河・犬塚，2003；植阪，2010aなどを参照）とよばれる個別学習支援が行なわれている。

　認知カウンセリングは，直接的には自己調整学習の系譜に位置づけられるもの

ではないものの，自立した学習者を育てることなど，目指している学習者像は自己調整学習研究が目指すものと非常に似かよっている。このため，前述したように自己調整学習研究における知見も多く活用されている。また，冒頭で述べたような「問題が解けない」「成果が上がらない」といった具体的な悩みを支援する中で，従来の研究では十分に明らかにされてこなかったつまずきを特定したり，それらを測定するテストを開発したり，新たな基礎研究を立ち上げたりといった活動へと結びつけてきている。すなわち，認知カウンセリングの知見は，自己調整研究に対しても有益な示唆をもたらしうる。

そこで本章では，認知カウンセリングにおける知見なども参考にしながら，算数・数学において「自己調整ができる学習者」であるために求められる要件，学習上の悩みが生じるつまずきの原因，さらには自己調整的な学習者を育てる実践的な試みを紹介することとする。なお，文献検索において self-regulated learning と math というキーワードで検索を行なうと，実に多くの欧米の文献に行きあたることからも容易にわかるように，算数・数学における自己調整学習にかかわる研究は，国外においても盛んに行なわれている。これらの研究の一部は，邦訳された自己調整学習にかかわる文献などにおいてもみることができる（たとえば，Schunk & Zimmerman, 1998 / 塚野, 2007）。本章では，もちろん国外の研究の中でも重要な研究については必要に応じて言及する。しかし，国外の研究については代表的なものにとどめ，日本の児童・生徒の実態がわかる文献や，それらの問題意識をふまえた日本の国内における実践的な試みを積極的に紹介することとする。

第1節　算数・数学における自己調整に求められることとつまずきの原因

では，算数・数学という領域において自己調整ができる学習者とは，どのように学んでいる学習者のことなのだろうか。自己調整学習研究では，学習過程をサイクルとしてとらえることは前述した通りである。こうした学習サイクルは1つに固定されるものではなく，さまざまなレベルが想定されており，複数のレベルのサイクルが組み合わさったものととらえられている。算数・数学を学習する過程においてどのようサイクルがあるのかを想像してみると，第1に，個々の具体的な問題を解くというサイクルがある。第2に，個々の問題を解くことを超えて，授業→家庭学習→テスト→授業…といったより大きなスパンでの学習サイクルが考えられる。個々の問題を解くという前者の学習プロセスを「ミクロ・レベルの学習サイクル（ミクロ・サイクル）」とすると，家庭学習やテストまで含めて

考える後者の学習プロセスは「マクロ・レベルの学習サイクル（マクロ・サイクル）」と考えることができる。

ミクロ・サイクルとマクロ・サイクルに分けるという発想は，算数・数学について言及したものではないが，Lens & Vansteenkiste（2008）においても用いられている。算数・数学に関してもこの2つのレベルでとらえると，自己調整ができる学習者の姿をとらえやすくなるため，以下ではミクロ・サイクルとマクロ・サイクルに分けてとらえ，それぞれのサイクルにおいて求められる認知的要素を明らかにするとともに，学習者はどのような部分でつまずいているのかについて考えてみることにする。

1. ミクロ・レベルの学習サイクル
──数学的問題を解くことを中心としたプロセス

数学的な問題を解く認知的なプロセスについては，Polya（1945），Hayes & Simon（1974），Mayer（1992）などによって古くから数多く提案されている。提案されたモデルによって若干の違いはあるものの，共通点も多い。そこで，本書ではこれまで提案されたモデルをふまえて，図8-1のように5つの段階に分けてとらえ，それぞれの段階に必要な認知要素を考えてみることとする。

第1の段階は，個々の文の意味を逐語的に理解する段階である。ここでは，日本語の知識や，数学の専門用語の知識が必要となる。たとえば，「1辺が5cmの立方体があります」という文が問題の中に含まれていたとしよう。多くの大人がこの意味を理解できるのは背景となる日本語の知識に加えて，cmなどの単位に

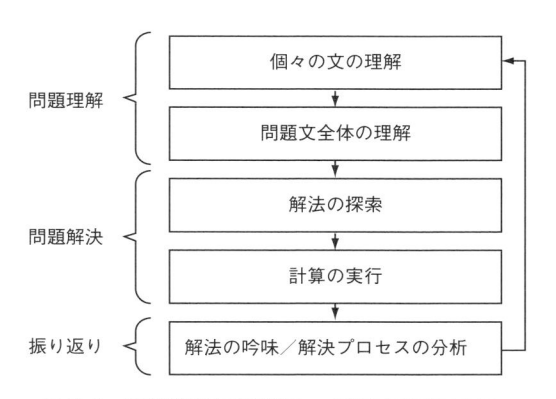

図8-1　数学的問題を解決し，学習するプロセス

関する数学的知識や立方体といった図形にかかわる数学的知識を身につけているからである。もし，立方体という知識がない小学生であれば，この文を理解することはできない。当然，この先の段階に進むことができない。算数・数学のテストにおいて直接的に問われることは少ないが，数学的な知識を十分に理解できているかということは，ミクロ・レベルの学習サイクルをうまく進めていくためには重要なことなのである。

　第2の段階は，複数の文の意味を統合し，全体としてどのようなことを表わしているのかを理解する段階がある。たとえば，「学校は校庭の木の2倍の高さである。ビルは学校の3倍の高さである。ビルは校庭の木の何倍の高さだろうか」という問題を考えてみよう。先ほどの段階は，それぞれの文の意味をとらえる段階であったのに対して，この段階では複数の文章を結びつけて，全体としてどのようなことを表現しているのかを把握することになる。この段階に求められることとして，問題スキーマがあげられる。問題スキーマとは，いわゆる問題パタンの知識と考えるとわかりやすい。多くの大人は，問題スキーマのように問題全体をとらえる枠組みとなるような知識をもっているために，容易に問題文の全体像を理解することができるのである。

　また，問題スキーマのみならず，学習方略や問題解決方略にかかわる知識やスキルも求められる。方略とは，作戦・戦略といったような意味であり，学習方略や問題解決方略とは，それぞれ学習のための方法，問題解決のための方法といったことを指している。たとえば，「図をかいて考えてみる」「問題文の状況がわかっているかを自分で（もしくは他者に）説明してみる」などである。上にあげた問題では，校庭の木，学校，ビルという3つを絵に描いてみるだけで，ずっと文章全体の意味を理解することが容易になるはずである。つまり，この段階をうまく乗り切るためには，単に十分な問題スキーマをもっているだけではなく，方略について知り，方略を使いこなすだけの力を十分に身につけておくことが求められる。

　第1と第2段階は，いわば「問題を理解する」段階であった。一方，第3段階と第4段階は，「問題を解く」段階である。第3段階は，解法を探索する段階，すなわち答えを導くための立式を行なう段階である。この段階にまず求められるのは，解法探索のための方略知識である。第2段階の方略とも共通するものも多いが，たとえば「図にかいて考える」「似た問題を思い出す」「変数を減らして考える」などが有効である。より詳細に知りたい場合には，Polya（1945）が提案したヒューリスティックや，Schoenfeld（1985）が検討しているリストなどが参考になるだろう（Hembree, 1992 は，算数・数学的問題解決にかかわるメタ分

析を行ない，これらのヒューリスティックの効果の比較を行なっている)。また，方略知識に加えて，この段階では文章に書かれている前提をふまえて，最終的には解法に結びつく作戦を考える必要があることから，筋道立てて考える力(論理的な力と言い替えることもできるだろう)が求められる。

　第4段階は，計算を実行する段階である。第3段階で立てた方針に基づき，計算を実行するためには，計算アルゴリズムにかかわる正確な理解が求められる。また，計算にあまりに時間がかかっていては，解法の探索や問題文の理解に時間を回すことができず，やはりつまずいてしまうだろう。よって，正しく計算ができる力のみならず，ある程度迅速に計算ができる力も求められるのである。

　最後の段階は，解の吟味と振り返りを行なう段階である。計算の結果として得た解が，問題文の答えとして適切であるのかを照合したり，自分の解決過程を振り返り，より適切なやり方があったかなどの評価を行なう。Polya (1945) など従来のモデルでは得られた解の適切さを吟味する段階と位置づけられているが，問題を解くということを一連のサイクルとしてとらえるのであれば，解いた後に正誤を確認し，失敗や成功の理由を分析することまで含めて考えるほうが自然であろう。この段階でも学習方略を活用することが求められる。たとえば，答えを吟味する段階では，そもそも答えがあまりにかけ離れているものになっていないかを確認したり，自分はなぜまちがってしまったのかを分析することが求められるのである(こうした学習方略は，メタ認知的学習方略とよばれている。詳細は第2章を参照されたい)。

　以上のような一連のプロセスをくり返すことが，ミクロ・レベルの学習サイクルである。自己調整ができる学習者とは，これらのプロセスを経て問題に正解できる児童・生徒だけを指しているのではない。どのような学習者であっても，まちがいやつまずきが一度も生じないということはありえない。むしろ，目の前にある問題を解くことに失敗したとしても，第5段階において適切に自分のつまずきを分析し，次につなげていけるような学習者が，自己調整ができる学習者ととらえられる。

2. COMPASS を通じてみえてくるミクロ・サイクルの問題

　では，日本の子どもはミクロ・サイクルのどの部分につまずいているのだろうか。ミクロ・サイクルのつまずきを考える上で，近年東京大学において開発されている算数・数学基礎学力診断テスト COMPASS (componential assessment：構成要素型テスト) は有益な示唆を与えてくれる。算数・数学は，数と式，関数，図形などさまざまな単元から構成されており，通常のテストではこうした学習領

域を単位として構成されることが多い。一方，COMPASS では，図 8-2 のように上述したような学習プロセスにかかわる認知要素を，個別の診断テストとして構成し，問題解決プロセスのどこの部分につまずいているのかの原因を診断しようと試みている（COMPASS の開発コンセプトの詳細については，市川・南風原ら，2009 を参照）。

Ichikawa et al.（2007）や植阪ら（2010, 投稿中）による COMPASS の実施結果の分析から，日本の児童・生徒は，以下のような点が共通して弱い可能性が示唆されている。いくつかの問題が指摘されているが，ここでは自己調整学習にかかわりの深い問題点として，以下の 3 点について言及したい。第 1 の問題は，数学的用語を説明する力の不十分さである。COMPASS には，数学的な用語が理解できているのかを確かめる課題として，「概念判断課題」と「概念説明課題」の 2 つが設けられている。COMPASS を実施した結果，特に後者の概念説明課題において得点がいちじるしく低いことが明らかになった。「概念説明課題」とは，「『反比例』について次の 2 つの問いに答えてください。①空欄に適切な言葉を入れて，「反比例」の具体例を作りなさい（1 点満点）。②「反比例」とはどういう意味か，x と y を使った文で説明しなさい（2 点満点）。（中 2）」などのように，用語の意味と具体例をことばで説明させるものである。中学 2 年生 682 名に対し

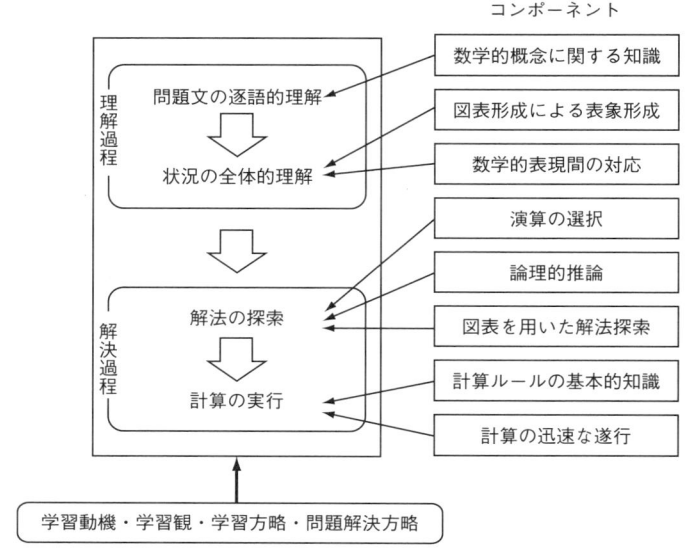

図 8-2　問題解決プロセスと対応づけた COMPASS の構造（市川・南風原ら，2009）

第8章　算数・数学における自己調整学習──日本の児童・生徒のつまずきの原因とその支援策を中心に

てこうした問題を実施した結果が，図8-3である。この図をみるとわかるように，得点分布が0点を中心にかなり低い得点に集まっている（平均点にして1.64点）。ここで問われている用語は，教科書に枠囲みや太字などで示された内容であるにもかかわらず，ことばで説明することを求めると，戸惑う生徒が多いことがわかる。ことばで説明できないということは，十分に理解ができていないということである（こうした問題が生じてしまう，学習者の日々の学習の仕方や授業のあり方の問題については，マクロ・プロセスにおける問題を述べる節において言及する）。

　第2の問題は，小学校レベルの定型的な問題のための問題スキーマを迅速に運用する力を十分に獲得していないという問題である。COMPASSには「基本文章題」とよばれる課題が含まれており，「子どもが60人います．1人につき3冊ずつノートを配るとすると，ノートを何冊用意すればよいですか（小5）」や「2000円のケーキを20%引きで売りたいと思います．値段は何円になりますか（中2）」などの問題に対して，式と答えを書くことを求められている（1問5点満点）。問題をみるとわかるように，中学校を対象とした問題であっても，小学校レベルの問題を出問し，ある程度のタイム・プレッシャーの中で迅速に解決することができるかをみている（中学校2年生版の場合，3分6問構成）。しかし，実施してみると，平均点は12.02点（SD=7.24）であり，小学校レベルの問題であっても，約2問しか完答できていないことを意味している。また，図8-4が示しているように，0点から30点まで広く分布しており，満点の参加者が約7%いる一方で，0点の中学生も約7%いることから，非常に個人差が大きいという問題もうかがえる。割合や速さなど，小学校レベルの定石的な問題については，十分な

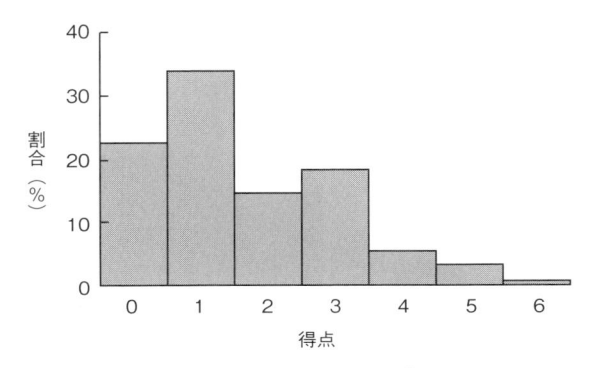

図8-3　COMPASSにおける説明課題の結果（植阪ら，投稿中）

163

■ 第2部　自己調整学習と教育実践

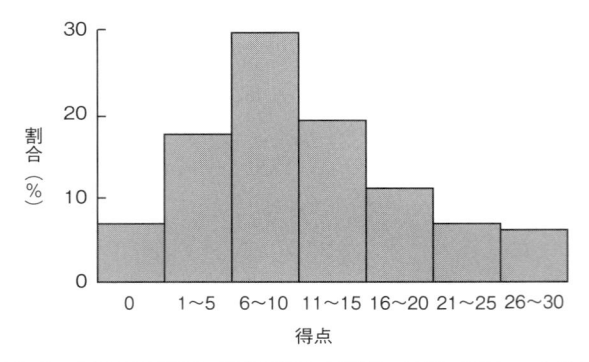

図 8-4　COMPASS における基本文章題の結果（植阪ら，投稿中）

スキーマ知識をもち，かつ迅速に立式できる程度になっておかなければ，それらの知識を使いながらより高度な問題を解くことに支障が出る。「日本の子どもは応用的な問題には弱いが，パタン化された問題には強い」といった議論がなされることも少なくないが，この調査の結果をみる限り，(非常に容易な問題であるならばともかく) 割合などについては定石的な問題であっても迅速に解く力を必ずしも十分に得ていないことがわかる。

　以上に述べてきたような教科書レベルの算数・数学の理解や，小学校レベルの定石的な問題を迅速に解決する力は，従来の学校教育においても基礎・基本とされてきたような内容である。現在の日本では，平成19年度から行なわれるようになった全国学力テストなどの結果をふまえて「基礎・基本はおおむね満足，活用に課題」という論調が一般的である。しかし，COMPASSのようにミクロ・サイクルの各段階に必要な認知要素をこまかく分けて検討してみると，必ずしも十分ではないことがわかる。安易に「基礎・基本はおおむね満足」と結論づけることは，学習者のつまずきを放置することにつながりかねない。こうした問題をかかえていることを教師や研究者が意識し，学習者自身がこれらの問題を自覚するようにうながし，かつこれらを学習者自身が解決していけるような力を育てる努力をしなければ，自己調整ができる学習者の育成にはつながらないと考えられる。

　COMPASSの結果からみえる第3の問題は，学習方略を自ら積極的に活用しようとする発想の弱さである。COMPASSでは，学習方略をどの程度自発的に利用しているのかについても評価を行なっている。具体的には，図表を利用すれば比較的容易に解ける課題を設け，図表を自発的に作成したり，自発的に書き込みなどをして積極的に利用しているのかを検討している。たとえば，図表の利用課題では，「花子さんは正方形のタイルをしきつめて，長方形の形を作ることにしま

した．下の図のように，毎日，右側に3列ずつ，下側に2列ずつのタイルをたし，長方形の形を大きくしていこうと思います．タイルの合計がはじめて100枚をこえるのは，何日目でしょうか（中2）※1日目と2日目を示す図が添付」などの問題が与えられ，問題を解決するために，どの程度積極的に図表に書き込みや新たな図表の作成をしているのかといった点が評価される．

　こうした課題を実施してみると，図8-5に示すように，図表を活用せずに不正解である学習者が多くいることが明らかとなっている．すなわち，日本の学習者は図表などの頭の中以外の資源を活用せずに，簡単に問題を解くことをあきらめてしまっているのである．この問題は，日本の子どもの白紙答案の多さとも結びつく深刻な問題である（長崎，2005）．同様の指摘は，Uesaka et al.（2007）による国際調査からも示唆されている．日本の子どもは，教師が授業の中で説明のために使っている図を多くみており，それらをノートに写すことや注目することは積極的に行なっているものの，自分が問題解くときにはなかなか自発的に利用していないというわけである．こうした問題が生じる背景として，Uesaka et al.（2007）は，日本の子どもが「図表とは先生がわかりやすく教えてくれるための道具」としてとらえており，「自分たちが問題を解くための道具」とはとらえていない可能性を論じている．問題を解く際に工夫して取り組もうとする発想が希薄であるといえよう．

　なお，こうしたミクロ・プロセスにおける問題は，日本の子どもの学習上のつまずきの原因となっている可能性があるものの，日本においてのみみられる特徴というわけではない．たとえば，Uesaka et al.（2007）は図表の自発的な作成や利用にかかわる国際調査を行ない，図表を利用しないという傾向が比較対象国であるニュージーランドに比べて日本において特に顕著であることを明らかにしているが，同時にニュージーランドにおいても，図表を使わずに問題解決に失敗し

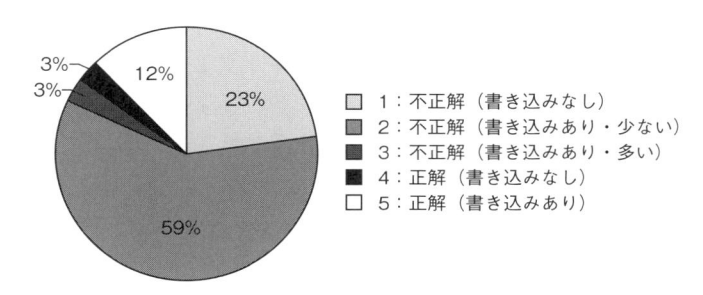

図8-5　COMPASSにおける図表を用いた解法探索課題の結果（植阪ら，投稿中）

1：不正解（書き込みなし）23%
2：不正解（書き込みあり・少ない）59%
3：不正解（書き込みあり・多い）3%
4：正解（書き込みなし）3%
5：正解（書き込みあり）12%

てしまう学習者が少なからず存在することを明らかにしている。すべてのコンポーネントについて国際比較調査を行なっているわけではないが，こうしたつまずきが他の国においてもみられる可能性が十分にあると考えられる。

3. マクロ・レベルの学習サイクル
——授業・家庭学習・テストを中心としたプロセス

　次に，マクロ・レベルの学習サイクルについて考えてみたい。マクロ・サイクルはミクロ・サイクルとは異なり，それほど明示的に研究されてきているわけではない。しかし，「この問題がわからない」と訴える学習者のつまずきの背景には，「ふだんどのように勉強しているのか」が大きな影響を与えていることが少なくない。このように，ミクロ・レベルの学習サイクルにおいて生じたつまずきの原因を考える上でも，マクロ・サイクルを考えることが重要である。ここからはマクロ・レベルの学習サイクルを授業，家庭学習，テストの3つの学習場面に分けて，それに沿って学習者が身につけておくべきことを考える。

　授業の中において教師は，多くの場合，その意味や原理に注目しながら授業を行なっている。しかし，教師が原理を重視している一方で，教師が強調しているはずの原理や意味を積極的に取り出しながら学んでいる学習者ばかりではない。テストで最終的に求められるものが，「問題をどう解くか」といった手続き的な部分が中心であり，「なぜ」を問われることが少ないという学校現場における問題については後述するとしても，認知カウンセリングの事例からは，公式の暗記やそこへの当てはめがうまくできるかといった手続き的なことに焦点を当てて学び，なぜそのようなやり方をするのか，どのような意味なのかを十分に理解しないままに学習している学習者は少なくないことがうかがえる。意味を考えずに数値だけを機械的に変化させて解く子どもとは，まさにこの例である。なぜそうなるのかの理由や原理を理解していなければ，少し応用的な問題に変化しただけで対応することができなくなる。学んだことを次に活かすためには，授業の中に現われる「なぜ」や「意味」に焦点を当てて学習する態度やスキルが不可欠であり，自己調整ができる学習者にはこうしたことが求められていると考えられる。

　なお，教師や級友から勉強方法を学びとることも重要である。たとえば，図表などをかいて手を動かしながら考えるという学習方略に焦点を当て，図表をうまく使い分ける力を育成する指導法を開発した Uesaka & Manalo（2006）の研究では，授業の中で使われた問題や図を振り返り，「この問題ではこの図がわかりやすかった，あの問題ではこの図がわかりやすかった」ということを意識的に比較させておくと，比較しない場合（同様の図表は授業で用いている）に比べて，柔

軟にかつ適切に図表を使いこなせるようになることを明らかにしている。Uesaka & Manalo（2006）では，教師が授業中に利用された図表を比較するように求めていたが，理想的には学習者本人が自発的に授業の中で教師や級友がうまく使っているさまざまな方略を意識的に吸収し，自分のものにすることが求められる。学習方略や問題解決方略については，後述するように近年の研究や実践では学校現場で指導するという事例も散見されるようになってきているものの，一般の学校現場ではまだまだ十分に行なわれてきていない。授業の中から「なぜ」や「意味」の部分を身につけるとともに，明示されていない「どうやってやるとうまくいくのか」というコツについても学びとることも，自己調整ができる学習者の特徴といえよう。

　また，学習は授業だけで成立するものではない。その学習者が1人になったときにどのように学んでいるのかも重要な要素である（1人で行なう学習は，家庭で行なわれるとは限らないが，ここでは授業以外の学ぶ活動を総称して「家庭学習」とよぶことにする）。家庭学習の内容として最も想起されやすいものは，授業で学んだ内容の復習であろう。この復習を1つ例にとってみても，自己調整ができる学習者（すなわち自立した学習者）とそうではない学習者とで大きな差がみられる。たとえば，植阪（2010a）は，「一生懸命勉強しているにもかかわらず，全然成績が上がらないどころか落ちてしまう。特に数学をみてほしい」と訴えて認知カウンセリングに来談した中学2年生の女子の事例を取り上げている。このクライエントは，復習として問題集にも積極的に取り組み，非常に多くの時間をかけて勉強しているものの，解いた後に振り返ろうとするようすがほとんどみられず，なぜまちがったのかという理由も当然のことながら十分に分析されていなかったことを報告している。その結果，同じようなまちがいをくり返し，時間をかけて復習を行なっても，一向に学習成果に結びつかないという事態となっていた。この事例からもわかるように，単にたっぷりと時間をかけて復習を行なうだけでは不十分であり，むしろ短時間であっても，「自分はどこが理解できていないのか」「なぜまちがったのか」といったことを意識的に学ぶ必要がある。

　また，復習を行なう際の学習の質を高めるだけではなく，授業の内容がうまく理解できないと感じた場合には，授業の前に予習を取り入れてみるという態度も，自己調整ができる学習者としては重要であろう。予習とは，これから学ぶ内容がどのようなことであるかを知ることを意味しており，心理学の従来の知見に照らしてみると，先行オーガナイザーと考えることができる。先行オーガナイザーとは Ausubel（1960）によって提案された概念である。先に与えられ，その後の理解を形成することを助ける機能を果たすために，このようによばれている。先行

オーガナイザーにかかわる一連の研究から得られた知見を一言でまとめると，事前にこれから学ぶ学習内容の骨子になることを頭に入れておくと，より複雑なものであっても理解しやすくなるということであり，まさに予習をしておくと，授業の内容が複雑であっても，理解が容易になるということを示唆している。これに加えて予習の段階で理解できていない部分を明確にしておくことで，限られた処理資源を「自分がわからなかったこと」を理解するために集中させることができるため，より効率よく学ぶことができる（家庭学習における予習の役割については，第13章に詳しい）。

　さらに，ふだんの学習のあり方を考える上で欠かせないのが，学習者がもつ学習に対する信念である。たとえば，鈴木（2011）は，テストの目的や役割に関する学習者の認識を「テスト観」と名づけ，この構造を明らかにしている。テスト観は，「自身の理解状態を把握し，学習改善に活用するものだといった認識（改善）」「テストは自ら学習を行なうためのペースメーカになるという認識（誘導）」「テストとは他者と比較を行なうためのものだという認識（比較）」「テストとは勉強を強制させるためのものだという認識（強制）」の4つからなるとされる。鈴木（2011）は，テストとは自分の学習改善に役立つものだという認識が高いほど，テストを積極的に受けようとする動機づけが高まり，適応的な学習行動にも結びつくことを示している。一方，テストは勉強を強制するものだという認識が強いほど，まちがえた問題を解き直したり，まちがいの原因を分析したりする学習方法をとらなくなることもあわせて示している。すなわち，テストをどのようなものであるととらえているのかによって，学習方法そのものが変化してしまうことを実証的に示しているのである。

　学習にかかわる本人の認識が影響を与えるという議論は，知能観によって学習行動が異なることを提案する Dweck & Master（2008）と類似した発想をもつ。学習者がもつ学習にかかわる信念は総称して学習観とよばれている。この中では，上述したようなテストに対する信念に限らず，より広く学習をどのようにとらえるのかについても提案されている。たとえば，植阪ら（2006）は，算数・数学を題材として覚えることに関する信念として「丸暗記すればよい（丸暗記志向）」と「丸暗記だけではなく意味を考えながら覚える（意味理解志向）」を対比し，問題を解くことに関する信念として「答えさえ合えばよい（結果重視志向）」と「答えだけではなく，途中経過も大切だ（思考過程重視志向）」を対比している。また，学習全体にかかわる信念として「勉強量さえこなせばよい（練習量志向）」と「勉強量が重要なのは当然のことであるが，それに加えて学習方法を工夫することも大事だ（方略志向）」を対比している。さらに，失敗状況に対する

とらえ方として「失敗は自分の弱点を知るよい機会である（失敗活用志向）」をあげている。これは鈴木が提案した，テストを自らの学習改善のよい機会ととらえるというテスト観を包括するような信念である。植阪ら（2006）は8つの下位尺度の因子分析を行なった上で，意味理解志向，思考過程重視志向，方略志向，失敗活用志向を認知心理学の発想に親和的な信念として「認知主義的学習観」と名づけている。一方，丸暗記志向，結果重視志向，練習量志向，環境重視志向の4つを「非認知主義的学習観」と名づけている。また，数学の成績との関連を分析し，認知主義的学習観のみが数学の成績と正の相関をもつことを示している。テストに限らず，学習に対して適応的な信念をもつことは，適応的な学習方法を利用することにつながるだけではなく，効果的な学習法を指導された際に，そこから多くのものを学びとる素地ともなる。認知主義的学習観をはじめとして適応的な信念をもっていることは，自己調整を実現するための重要な背景要因なのである。

4. 認知カウンセリングや調査を通じてみえてくるマクロ・サイクルの問題

　では，マクロ・サイクルにはどのようなつまずきがみられるのだろうか。まず，日々の学習方法に問題がある可能性が指摘されている。たとえば，市川（2000）は，学習すべき概念や手続きを言語的に記述したり説明したりする活動が学習方略としても重要であることを述べる一方で，認知カウンセリングの事例をふまえて，こうした活動をふだんから行なっている学習者は少なく，このことが学習者自身の理解状態の明確化やコミュニケーション能力の育成の妨げとなっていることを主張している。つまり，用語を説明する力の弱さは，ふだんから「用語の意味がわかっているかを自ら説明してみる」といった活動を子どもたち自身が行なっていないことを如実に示した結果であると考えられる。このほか，図表を利用していないという問題や，工夫して計算するという態度が育っていないという問題も，ふだんからこうした活動を取り入れていないことの表われととらえることができる。つまり，基本的な用語が理解できていない，図や表を使って考えていないといった，COMPASSからみえてくるさまざまなミクロ・サイクルの問題の原因は，ふだんの学習方法にあるというわけである。

　また，学習観の問題も指摘できる。たとえば，先述した植阪（2010a）の事例研究からは，ひたすら問題を解いても振り返りをしないという学習行動に陥ってしまったのは，「ひたすら解くことが大切だ（練習量志向）」が強く，「工夫して勉強をしたほうがよい（方略志向）」や，「まちがいは恥ずかしいものではなく，自分の弱点を知るために重要である（失敗活用志向）」が希薄であったこと

が指摘されている。学習観の問題は，認知カウンセリングの事例研究を集めた市川（1993）の報告の中でもくり返し指摘されている。たとえば，中村（1998）は，漢字の部首などの意味をまったく考えずに，丸暗記で漢字を覚えようとして，うまく覚えられないという悩みをかかえてしまった事例を紹介している。学習上のつまずきが生じている背景には，非認知主義的な学習観があるという問題が潜んでいる可能性がある。

さらに，なぜこうした学習方法や学習観になってしまうかについて考えてみると，日々の指導法の問題も指摘できるのではないだろうか。たとえば，先行オーガナイザー研究からも予習が効果的であることが示唆されている一方で，現在の学校現場では教師からこうした活動があまり好まれていないことが，予習に対する教師の意識調査から指摘されている（詳細は市川，2004 を参照）。また，先述したように，教科書で太字になっていたり，枠囲みをしているような用語は，基本的な内容の一部であり，これらの理解をうながすことは授業において当然なされるべきことと考えられる。しかし，こうした用語はおうおうにして教師から説明されるのみで，学習者自身が説明できるかを確認するような機会は少ないのではないだろうか。つまり，学習者自身が教師から教えられた内容について能動的に表現し，理解を確認する時間は必ずしも十分に確保されていないのが実態である。その一方で，用語の理解を前提として，問題を解くような時間は比較的多くの時間が割り当てられている。このため，上述したような学習者の認識が生じたのかという問題も，じつは日々の授業の進め方を通じて暗黙のうちに形成されてきた可能性がある（従来の授業における問題点の指摘と，それを解消するための具体的な提案は第 3 節の床（2012）実践にも詳しい）。

また，図表の自発的な利用に焦点を当て，それらをうながすような授業実践を開発した Uesaka et al.（2010）は，自発的にこうした学び方を利用するようになるには，学習者本人が「なるほどこの方法は自分にとって大事である」と認識することと，その方法を利用しようと思ったときに，利用できるだけのスキルをともに身につけさせる必要があることを，実験授業を通じて示している。逆にいえば，日々の授業の中では図表を多く見せながら授業をしているものの，こうした点については十分にうながせていないということがわかる。なお，上述した Uesaka et al.（2010）の実験では，学習者自身が「答えさえ合えばよい」と考えていた場合には，教師からの働きかけが効果的に機能しないことが示唆されている。長年の学習経験を通じて形成された学習観は一朝一夕には変えがたいものであるが，学習観から変化させなければ，教師がいくらよい働きかけをしても定着しないという事態が生じてしまう可能性がこの研究からもうかがえる。

5. 自己調整学習のモデルからからみた学習者のつまずき

　では，上述してきたような学習者のつまずきは，冒頭に述べた自己調整学習のプロセスを3つの段階のサイクルとしてとらえるモデルに照らしてみると，どのようにとらえることができるだろうか。はじめに個々の問題を解くというミクロ・サイクルについて考えてみると，図や表を用いるなどの方略をとっていないなどの問題は，遂行段階における方略の問題と考えられる。また，COMPASSの結果からは，基本的な数学用語が理解できていない，定石的な問題を解くためのスキーマが獲得できないなどの問題が見受けられたが，これらは領域知識ととらえることができる。従来のサイクル・モデルでは，領域一般的なモデルを強く意図しているために，領域知識の重要性については十分にモデル図の中に取り入れられていない（たとえばZimmerman & Campillo, 2003, p.239）。しかし，算数・数学に典型的にみられるように，実際に自己調整ができる学習者を育てる上では，図には明示的に現われていない領域知識の問題もあわせて考えていく必要があることがうかがえる。

　さらに，より重要な点として，上述したような領域知識の不十分さがなぜ生じたのかを考えてみると，マクロ・サイクルにおける方略の問題が指摘できる。たとえば，学習中に用語などを説明できるかを確認しながら学習する，ふだんから図表をかいて考えるという学習習慣が身についていないために，最終的には問題においてこうしたことを求められたときにできないということになる。すなわち，1つのレベルの中で各段階が相互に影響を与え合っているだけではなく，ミクロ・サイクルとマクロ・サイクルは密接に結びつき，影響を与え合っているのである。

　次に，マクロ・プロセスの問題として指摘した点について考えてみると，「説明できるかを確かめながら勉強していない」「ふだんから図表を使って考えていない」といった問題は，マクロ・サイクルにおける遂行段階の方略使用の問題としてとらえられる。ただし，なぜまちがったのかをとらえようとしないといった学習習慣の問題は，自己内省段階における方略の問題とも考えられる。また，予習をするという学習行動については，遂行段階の方略としてとらえることもできるが，授業が理解できないにもかかわらずこうした方法をとっていないという問題は，予見段階の問題としても位置づけることができるだろう。なお，テスト観や学習観の問題として指摘されたことは自己動機づけ信念とよばれているものと考えられる。

　こうしてみるとわかるように，マクロ・サイクル，ミクロ・サイクルともに，

遂行段階における方略使用の問題が大きいことがわかる。本章では，こうした学習者の問題が教師の指導によって生じている可能性も指摘している。学習者のとる学習行動や信念の背景にある，教師の指導法や指導観は，従来のモデルでは明示的に表わされていないものの，指導を考える上では重要な問題である。

第2節 算数・数学において自己調整ができる学習者を育てる実践的試み

　これまで，自己調整的な学習者が身につけるべきことと，つまずきの原因について考えてきた。ここからは，自己調整的な学習者を育てるための試みについて考える。その際，特に，学び方の指導に焦点を当てた研究に着目する。学習方略をはじめとして，学び方を身につけさせようとする研究は，自己調整学習研究において大きな関心が寄せられている部分である。本節では，日本の学校現場において学び方がどのように指導されているのかについて言及した後，学び方を育てる実践的研究について言及する。なお，学び方を育てることを目指した研究には，指導の方針に関していくつかの立場が存在する。これらの発想の背景には，欧米を中心として行なわれてきた自己調整をうながす研究知見が少なからず影響を与えている。そこで，はじめに海外の研究などもふまえながら，実践的試みのいくつかの立場について相対化してとらえ，本章で取り上げる実践の立場を明確にする。次に，自己調整ができる学習者を育てる日本における実践的研究の中から2つを取り上げ，それぞれを比較的ていねいに紹介する。

1. 現在，学校現場ではどのように指導されているのか？

　まず，一般的な学校現場では，上手な学び方を身につけ，自己調整が行なえるような学習者を育てることについて，どのような取り組みを行なっているのだろうか。この点に関する広域的な調査はまだ十分に行なわれていないものの，地域や対象を限定した探索的な調査はいくつか行なわれている。たとえば，瀬尾（2007）は，静岡県の高校を中心に学習法に関する調査を行なっている。この結果，「学び方の手引き」を作成して配布するなどの試みは行なわれるようになってきているものの，長期的かつ継続的な指導には必ずしも結びついていないことを指摘している。また，植阪（2011）による岡山県の小・中学校を中心とした調査からも，学び方の指導に関する問題点が示唆されている。この調査は，数年間にわたって認知心理学の発想を取り入れて指導法改善に取り組んでいる先進校31校を対象にしており，これらの先進校では学び方についても学校全体で積極

第8章　算数・数学における自己調整学習——日本の児童・生徒のつまずきの原因とその支援策を中心に

的に取り組んでいる一方で，内容を詳細に検討してみると，学ぶためのルールとして示されている内容は，「何をどのくらいするのか」（例，「3年生は30分，4年生は40分勉強しましょう」といった学習時間にかかわるもの，「勉強をするときにはテレビを消しましょう」などといった学習環境にかかわるものなど）を中心としたいわゆる学習規律にかかわるものが多く，どのように学ぶのか（覚えるときの工夫や問題を解いた後の工夫など学習方略にかかわること）に関する言及や指導は必ずしも十分ではないことを指摘している。

また，学び方の指導について直接的に調査をした研究ではないものの，伊藤（2002）は，学習方略をどのようにして獲得したのかについて，回顧法を用いて大学生を対象に調査を行ない，「実践を伴った指導」は「口頭での注意や忠告」に比べて必ずしも多くないことを指摘している。これらを考えあわせると，効果的な学び方について，定着をうながすために実際に体験も含めながら指導を行なうということが，これまでの学校現場では十分に行なわれてきていない可能性がある。

学校現場で明示的に指導されてきていない背景には，学習方略や問題解決方略といった学び方にかかわることは，「学習者自身が自然に気づいてゆくべきことである」という日本の教育現場の発想が見え隠れしている。すなわち，学び方は「隠されたカリキュラム」としてとらえられてきたことが影響している可能性がある。しかし，これまで論じてきたように，従来のこうした指導では日本の子どもが必ずしも十分に自己調整ができる学習者として育っていないという実態がある。隠されたカリキュラムとして，実際に学習者自身が利用するかどうかは本人にまかせるとしても，暗黙のうちに学習者が効果的な学び方を身につけることを期待するだけではなく，学習のレパートリーとして身につけられるように指導することも必要といえよう。

2. 学び方の指導にかかわる研究におけるいくつかの立場

自己調整的な学習者を育てる実践的な研究を紹介する前に，学び方の指導にかかわる研究の立場を整理し，相対化する。学び方の指導にかかわる研究では，大きく2つの立場に分けることができるのではないだろうか。一方は獲得させたい学び方を，教師のほうからある程度明示的に指導するという立場であり，もう一方は，獲得させたい学び方は明示せず，学習活動の中で自然に身につけさせようとする立場である。

前者の例の中で，比較的初期に提案された有名なものは，Bransford & Stein（1984）のIDEALである。彼らは以下にあげる5つを問題解決のコツとして述べ

ている。

　　I=identifying problems（問題の存在を認識する）
　　D=defining problems（問題を定義する）
　　E=exploring alternative approaches（いろいろな方法を探す）
　　A=acting on a plan（計画を実行する）
　　L=looking at the effects（結果を検討する）

　その後の研究では，単に効果的な学習方略を知識として提供するのみならず，これらの学習方略を具体的な学習内容に即して体験させ，実証的にその効果を検証しようとする研究がみられるようになる。Brown et al. (1983) は，方略の使用状況や有効性について明示的に伝えた上で実際にトレーニングを行なうことの重要性を，「教示した上でのトレーニング (informed training)」ということばによって提唱している。算数・数学に即してこうした指導を行なった研究として，たとえば，Ramdass & Zimmerman (2008) があげられる。この研究では，自己訂正方略 (self-correction strategy) とよばれる一種のメタ認知方略を使用した場合には，しない場合に比べて学習課題であった割り算の学習成果が上がりやすいことや，自己効力感が向上することを示している。この他にもさまざまな研究が行なわれており，自己調整学習において提案されている方略を明示的に教授した場合には，こうしたトレーニングを行なわない場合に比べて学業成績が向上することを示した Camahalan (2006) などはその一例である。

　さらに，近年の研究では，教師から学習者に教授するというスタイルだけではなく，学習者どうしの相互作用を活用した指導も開発されている。たとえば，Roth & Bowen (1994) は協同的な学習環境によって，科学的概念のみならずグラフ理解を促進させようと試みている。このほかにも，Uesaka & Manalo (2007, 2008, 2011) は，図表は個人が問題を解くための道具であるとともに，他者への説明のための道具であることに注目し，新たな指導法を開発している。具体的には，教師から図の有効性やスキルを体験する場を提供するのみならず，図や表を使いながら教え合う経験を設けることで，その後の自発的な図表の利用が増加することを示している。すなわち，従来の教師主導の方略指導のみならず，協同的な学習環境を設定することによって，より効果的に自己調整学習ができる学習者を育てられることを示している。これらの指導の背景には，Vygotsky (1978) による社会的構成主義の影響もみられる。すなわち，他者との協同の中で方略を利用する経験を積むことで，最終的には個人が自ら使える状態へと内化させようと

第8章 算数・数学における自己調整学習——日本の児童・生徒のつまずきの原因とその支援策を中心に

いうわけである。

　以上のように，教師が学ぶべきよりよい学び方を明示した上で，協同的な学習環境なども活用しながら学び方の指導を行なっている研究に対して，もう1つの立場である，学び方を教師から明示しないタイプの指導も行なわれている。たとえば，Bransford が中心となって開発した The Jasper project（The Cognitive & Technology Group at Vanderbilt: CTGV, 1997）とよばれる実践教育プロジェクトがあげられる。このプロジェクトでは，ジャスパー・ウッドベリーとよばれる主人公が出てくるビデオ教材を使って，日常場面に即した数学の問題を解きながら，算数・数学における問題解決力の育成を目指している。ここでは，単に与えられた問題を解くだけではなく，類似した問題を解決しやすくするための道具（スマート・ツールとよばれる）を自らつくり出すことが重視されている。これらの研究についてここではあまり多くを紹介しないが，これらの研究は，おもにデザイン研究とよばれる実践を通じて授業を構成するための原則（デザイン原則とよばれる）を明らかにしていくという手法で行なわれた研究の中で提案されてきている。

　これらの2つの立場について，どちらについても一長一短があるため，単純にはどちらがよいとはいえない。ただし，前述したような日本の学習者の実態に照らして考えてみると，ある程度明示的に学び方を指導していく必要性がうかがえる。そこで本章では，以下，前者の立場に沿った実践的研究の事例を取り上げてみたい。

3. 学び方の育成に焦点を当てた日本における実践的研究

　ある程度，獲得させたい知識や技能を明確にした上で，自己調整ができる学習者を育てる試みは，「自己調整」ということを明言していない研究であっても，少なからず行なわれるようになってきている。たとえば，学び方やメタ認知に焦点を当てた実践などはその例である。また，認知カウンセリングも，個別学習相談を通じて自己調整的な学習者を育てる試みの1つと考えられる（実践事例としては，植木，2000；清河・犬塚，2003；植阪，2010a などを参照）。従来のこうした研究は，研究者が主体となって行なわれてきたものが多いが，近年では研究者から心理学的な知見の提供を受け，教師が主体的に行なう実践研究も行なわれるようになってきている。研究者を中心とした試みは，理論が直接的に活かされているというメリットがある反面，長期間にわたって研究者自身が学校の中で授業をすることがむずかしいため，日々の実践に結びつきにくいという特徴をもつ。その一方で，うまく両者を連携させることができれば，いっそう効果的な指導に

結びつくことが考えられる。現在の時点では，研究者と学校現場の教師が協同しながら行なう実践的な研究は必ずしも多く行なわれているわけではないが，先駆的であり，今後の実践に大きな影響を与えうる先行実践と考えられる。そこで，以下では，研究者が中心となってミクロ・プロセスの問題を解決するために行なった実践例と，教師が中心となって行なったマクロ・プロセスの問題を解決するために行なった実践例を1つずつ取り上げ，それぞれについて概要を紹介することとする。

(1) ミクロ・プロセスの改善を目指した研究者による実践：学習法講座の試み

　1つめに取り上げるのは，前述した COMPASS と連動した実践である。COMPASS の結果を通じて，日本の子どものミクロ・サイクルの問題がうかがわれることは上述した通りである。こうした問題に対して，研究者から直接的に児童生徒に働きかけ，改善しようという試みである。

　この実践では，COMPASS を実施し，それをふまえて自分の弱点に応じた学習法講座を受講させ，ミクロ・レベルの学習サイクルの問題を解消しようと試みている。たとえば，中学1年生を対象に COMPASS を実施し，生徒は自分の結果を大学のスタッフによる解説も聞きながら分析してもらう。この学校では，多くの生徒がつまずく学力要素について，事前にいくつかの学習法講座を準備しており，生徒には分析結果もふまえてどの講座を受講したいのかの希望を出させている。ここで提供される学習法講座としては，「数学用語に強くなろう（数学用語を意識しながら学習することをうながす学習法講座）」「図表をかきながら考えよう（自発的な図表の利用をうながす学習法講座）」「筋道立てて考えよう（論理的に考える具体的な方法を指導する学習法講座）」「工夫して計算しよう（工夫して計算する態度やスキルをうながす学習法講座）」などがある。

　この学校では，希望を考慮しながら学年全体を学習法講座ごとに再編成し，数学の時間を使って2コマ分の学習法講座を開催し，生徒に受講させていた。この実践において講師となったのは，大学の教員や院生など，研究者である。さらに，終了してから約半年後に，定着テストも実施している。定着テストの結果は，単に教師や研究者が結果を知るためだけではなく，個票として生徒に返却され，学習者自身が自分自身で問題点が解決されたのかや，まだ残っているのかを自覚できるように工夫されていた。定着テストを返却する際にも大学のスタッフが参加して解説し，その中では，他の学習法講座で指導した内容について，要点のみではあるものの，すべての生徒に伝えられた。以上が一連の流れである。近年ではこれらの講座の一部を教師が担当することもあるが，基本的には研究者が直接的に学習者に働きかけているという点や，教師が担当する場合であっても，授業の

流れについては研究をふまえて研究者側が計画しているというところに特徴がある。

　また，講座ごとに焦点を当てている学力要素は異なるものの，どの講座もある程度共通した発想で設計されている。Uesaka et al.（2010）が明らかにしているように，どんなに有効な方法であっても，本人が「なるほどこの方法は，よい方法だ」と実感し，かつそれらを使いこなすだけのスキルが身についていなければ，自発的に利用することにはつながらない。そこで，各講座で取り上げる学習法が有効であるという認識（有効性の認知ともよばれる）を高めるさまざまな工夫を設けている。たとえば，図表講座では，同じようなタイプの問題を与え，図を使って解く場合と，図なしで頭の中だけで解く場合を比べるといった活動が取り入れられている。また，数学的な文章題について，図や表を使って説明し合う活動も多く取り入れられている。これは，前述した Uesaka & Manalo（2007, 2008）の研究をふまえたものである。図や表を使って教え合うことを通じて，教わる側は「図や表を使うことはこんなにもわかりやすくなる」ということを実感するとともに，教える側もまだわかっていなかったことに気づくなど，内容をよりよく深く理解することに結びつき，図表の有効性をより深く実感することにつながると期待される。

　また，体験の場を設けるという点も，授業を設計する際の共通した原理である。たとえ頭の中でこの方法がよいと理解していたとしても，実際にどのように利用すればよいのかがわからなければ，自発的に使うようにはならないからである。こうした原理のもとで開発された授業の効果を，受講群と非受講群で比較した結果，多くの講座において学習方法の改善がみられたことが示されている（実証的データについては，市川・鈴木ら，2009；植阪ら，2009 などを参照）。

(2) マクロ・プロセスの改善を目指した教師による実践：授業と評価の変化に着目して

　上述したような試みが，少なからず児童生徒の学習法によい影響を与えることは，実証的なデータからも示されている。しかし，ただ数時間の授業を行なって支援するだけでは，必ずしも十分な支援とはならないことはいうまでもない。日々の授業法から変化させていかなければ，本当の意味で自立した学習者を育てることにはならないだろう。また，日々の授業を変化させたとしても，定期テストなど，評価が従来と変わらないのであれば，結局のところ学習者はこれまで通りの方法で学習することを続けることになると考えられる（評価のあり方によって学習者の勉強方法が変わってくることは，村山（2003）による研究においても実証的に示されている）。こうした発想から，日々の授業さらには評価を変化させる実践が行なわれている。以下では，こうした実践について紹介する。

■ 第2部　自己調整学習と教育実践

　ここで取り上げるのは，岡山県の中学校において行なわれている床勝信主幹教諭の実践である（詳細は，床, 2012 を参照）。床（2012）は，「従来の学校現場では，思考過程が重要である，意味の理解が重要であると強調しながらも，テスト問題は結局のところ問題を解かせるということに終始していた。こうしたテストでは，子どもたちは結局「答えさえ合えばいいんでしょ」という学習観になってしまう」と問題点を論じている。こうした問題意識をふまえ，テストを大幅に変化させている。たとえば，図 8-6 に示すように多角形の内角の和を求めるという学習内容をふまえたテストでは，従来型のテストが「六角形の内角の和を求めなさい」と計算結果を求める問題が一般的であったのに対して，「六角形の内角の和は 720 度になる。この求め方を，下の図を使って説明しなさい」といった具合に「なぜそうなるのか」を学習者自身に説明させることを求めている。このほかにも，図 8-7 のように，学習者がよくやってしまうような典型的な誤答例を示し，どの部分がなぜまちがいなのかを説明させるという課題なども出題している。このように，テスト問題そのものを変化させることによって，「答えが出るだけではなく，なぜそのようになるかが大切」「学習上のつまずきを分析し，活用することが大切」などといった発想へと変化させようとしているのである。すなわち，マクロ・プロセス全体を支える学習観をよりよい方向へと変化させることを狙っている。

　また，このようにテスト問題を変化させるだけではなく，授業法そのものにも変化を加えている。図 8-8 には，多角形の内角の和を学習する授業を例に，従来の授業と提案する授業を対比している。従来の授業では，教師から求め方の原理を説明し，n という一般化した形で定式化した後，学習者はさまざまな問題を解くことになる。その後，ある多角形の内角を求めたり，内角の和から何角形を推測したりなどの問題が取り上げられる。一方，床（2012）の実践では，求め方の原理を説明し，n という一般化した形で定式化した後，教師と同じような説明が学習者自身にもできるのかを問う場面がつくられている。「なぜ」の部分を，教師のみならず学習者にも説明させるとともに，こうしたことができることが重要であるという発想を伝えているのである。こうした活動の後，学習者は異なる方法で公式を求めるというより発展的な課題に挑戦している（具体的には，教師からの説明では，頂点間を結んで三角形を形成して内角の和を求める方法を紹介したが，学習者は図 8-8 に示すように多角形の中に任意の点をとり，その点と頂点を結んで三角形を形成させ，この図を使って内角の和を求める課題に挑戦していた）。

　さらに，上述したような授業で狙う目標や，テストのあり方は多くの子どもに

6. 六角形の内角の和は720°になる。この求め方を，下の図を使って説明しなさい。

1つの頂点から対角線をひいて三角形をつくる。
六角形では、4つの三角形ができた。三角形の和は180°なので
180°×4=720°
だから、六角形の内角の和は720°になる。

図 8-6 実践で提案されたテスト例と回答例（途中経過を説明させる課題）

[問題] 下は，先日に行った単元テストで，多くの生徒が間違えた例である。この解き方の間違いを説明しなさい。　3点

3. 当たり2本，はずれ2本が入っている4本のくじの中から，同時に2本取り出す。このとき，当たりくじをひく（少なくとも1本は当たる）確率を求める。すべてのひき方を図に表してから求めなさい。

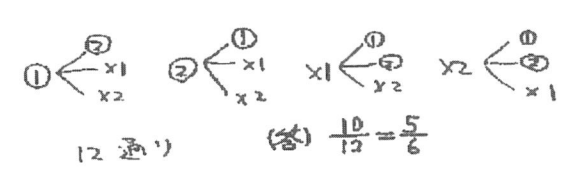

【図】　当たり①，②，はずれを×1，×2，とする

12通り　　（答）$\frac{10}{12}=\frac{5}{6}$

[回答例]

①-②と②-①は同じだから、12通りではなくて6通り

図 8-7 実践で提案されたテスト例と回答例（まちがいを説明させる課題）

■第2部　自己調整学習と教育実践

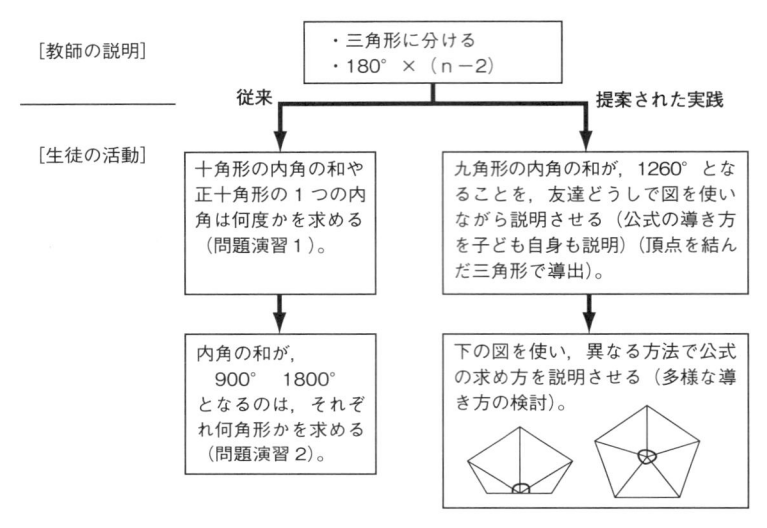

```
[教師の説明]                    ・三角形に分ける
                                ・180°×（n−2）
                        従来                    提案された実践
[生徒の活動]
        ┌─────────────────┐       ┌─────────────────────┐
        │十角形の内角の和や│       │九角形の内角の和が，1260°となる│
        │正十角形の１つの内│       │ことを，友達どうしで図を使い│
        │角は何度かを求める│       │ながら説明させる（公式の導き方│
        │（問題演習１）。  │       │を子ども自身も説明）（頂点を結ん│
        └─────────────────┘       │だ三角形で導出）。│
                                    └─────────────────────┘
        ┌─────────────────┐       ┌─────────────────────┐
        │内角の和が，      │       │下の図を使い，異なる方法で公式│
        │900°　1800°      │       │の求め方を説明させる（多様な導│
        │となるのは，それぞ│       │き方の検討）。    │
        │れ何角形かを求める│       │                  │
        │（問題演習２）。  │       │                  │
        └─────────────────┘       └─────────────────────┘
```

図8-8　従来の授業と提案された実践における授業の流れの違い

とって目新しいものであり，そうした方法の価値を説明したり，家庭でどのように学習を進めればよいのかを学ばせる必要もあるだろう。このため，数学通信を年間40号ほど発行している。この中において，家庭での学習方法そのものへのアドバイス，授業で理解が十分になされなかった内容の補足，多くの学習者がまちがいやすそうな問題の提供などを行なっている。こうした実践を通じて，最初は教師からうながされて学習する状態であるものが，いずれ自らの学習方法として定着することを期待しているのである。こうした授業法を通じて，学力そのものの向上も実感されていることが報告されている。授業を通じて単に知識や技能の獲得を狙うのではなく，自立した学習者を育てる試みの好例ととらえられるだろう。授業法のみならず，評価も変化させるような実践が今後は多く行なわれることを期待したい。

第3節　まとめ

本章では，算数・数学という切り口から，自己調整ができる学習者について考えてきた。本章が取り上げた内容としては，以下の点があげられる。まず，算数・数学において自己調整ができる学習者が身につけるべき学力要素について，ミクロ・プロセスとマクロ・プロセスの２つに分けて考えた。次に，それぞれの

サイクルにおいてどのような学習上のつまずきが存在するのかを，特に日本の学習者ということにこだわって考えた。さらに，自己調整ができる学習者を育てる試みについて，いくつかの立場を相対化した上で関連する実践的研究の例を紹介した。

　自己調整ができる学習者であるためには，効果的な学び方を学習者自身が知り，自らの学び方を改善していく必要がある。こうしたプロセスに求められることとして，ある特定の領域で学んだうまい学び方を，他の文脈においても利用するといういわば「学習方略の転移」（植阪，2010a）が求められる。転移については，事前に学習した知識をほかの文脈に活かすことのむずかしさが古くから論じられ，類推的転移研究をはじめとしたさまざまな要因や支援が検討されてきたにもかかわらず，学習方略の転移については，これまで十分に検討されてきていない。しかし，指導者であれば容易に想像できるように，学び方を他の文脈で自発的に活かす学習者というのは必ずしも多くはない。本章は算数・数学という1つの単元にしぼって論じたため，十分には論じられなかったが，こうしたことが今後の自己調整学習研究においてももっと研究テーマとなってもよいのではないかと考えている。

　なお，こうした問題意識は，従来の心理学において得られた知見を個別学習指導という実践の中に活かす中で見いだされてきたものである。このように，心理学を実践の中で利用することによって，従来の心理学では検討されてこなかった問題を見いだし，新たな心理学的な基礎研究を立ち上げ，最終的には実践に戻すという一連の研究アプローチが提案されており，REAL アプローチ（researching by extracting, analyzing, and linking approach）とよばれている（植阪，2010b）。学校現場では，自己調整ができる学習者を育てるという発想はまだまだ十分に知られていない。しかし，こうした視点は，学校教育で学ぶことの価値をよりいっそう高めるためにも重要である。自己調整学習という1つの発想のもと，実践から立ちあがった問題を検討する研究が多く行なわれ，さらに実践と密接に結びついていくことを期待したい。

第9章

理科における自己調整学習
誤ルールの修正に焦点を当てて

進藤聡彦

第1節　理科学習の特徴としての誤ルールとそのモニタリング

1. 自己調整学習と理科の学習

　自己調整学習の定義はさまざまであるが，学習に関する自発的過程であり，学習者が自身の力で能動的に取り組む活動（Zimmerman, 2001）である点は，ほぼ共通しているといってよいであろう。また，これまで自己調整学習で研究対象になってきたのは，おもにメタ認知を含む認知の側面や動機づけの側面である。

　自己調整能力が教科の学力と関連することを指摘する研究は多い。たとえば，Pintrich & De Groot（1990）は，中学生を対象に自己調整学習の能力を測定するMSLQ（motivated strategies for learning questionnaire）を用いて，自己調整学習と理科などのワークシート，教科書の再生や再認テスト，レポートの成績などとの関連を調べた。その結果，MSLQの「理科の教材を覚えるのにくり返し言ってみる」などの認知的方略に関連する因子や「学んだ内容がわかっているか明確にするために，自分自身に質問する」「学習内容がつまらなくても終わるまでやり続ける」などのメタ認知や努力管理に関連する因子と成績の間に関連がみられた。また，認知的方略は学力と直接結びついているわけではなく，認知的方略の使用法の理解を媒介して，学力と関連をもつことを示唆する結果を得ている。

　本章では理科の学習にかかわって自己調整学習の問題を取り上げる。Greene & Azevedo（2009）は，学習者の自己調整的な学習行動のうち具体的なものをミクロ水準，それらをカテゴリー化してまとめ上げ，より一般的な水準で記述したものをマクロ水準として階層化している。また，Hofer et al.（1998）はリハーサルや精緻化といった教科を超えた学習内容に共通して適用可能な一般的認知方略と，特定の教科や学習内容に適用される領域固有の認知方略を区別している。では理

科におけるミクロ水準にある具体的で，領域固有の認知方略とはどのようなものなのであろうか。この問題は教科の特性と深くかかわる。そこで，まず理科という教科の学習の特徴についてふれていく。

　理科は自然現象を対象にしている。学習者は日常生活の中で，そうした自然現象を観察・経験する。そのことによって，学校教育などで学ぶ以前から当該の現象の説明原理などに関する知識を自成的に獲得することがある。そしてそれは，広範な問題解決で適用されることからわかるように，経験した特定の現象からの知識を一般化したルールとよびうる形態になっていることがある。これらの点で，自成的に獲得された知識は能動的な認知活動の所産であり，人の優れた認知の側面を表わしている。その一方で，限定された経験からの一般化であるために，現在の科学からみれば，誤りないし不十分だと見なされるようなものもある。心理学や教科教育学では，そのような知識を前概念（Clement, 1982），現象学的原理（diSessa, 1993），直感ルール（Stavy & Tirosh, 2000）などと概念化してきた。それぞれの意味内容は細部では異なるものの，その概略においては同一であるので，一般化された知識であるという点，理科で獲得が目指される知識が「pならば（は），qである」のようにルール命題形式で記述されうる法則（ルール）であり，それとの記述上の対応が可能になるという点から，以下では誤ルールという用語を用いることにする。

　理科領域の誤ルールの例として，等速直線運動をしている物体から切り離された物体は，切り離された地点からそのまま真下に落下するという直落下信念（straight-down belief）と名づけられた物理学領域のもの（McCloskey et al., 1983），地球は丸いが中は空洞でその中の平面に人が住んでいるという地学領域の誤ルール（Vosniadou & Brewer, 1992）などが広く知られている。また，金属は燃焼すると重さが減る（Furio Mas et al., 1987），生後に獲得した形態も遺伝する（Kargbo et al., 1980）などは，それぞれ化学，生物学領域の誤ルールの例である。

　誤ルールの生成プロセスやその修正方略の問題は，知識獲得や概念変容のメカニズムを解明しようとする認知心理学にとって主要な研究テーマの1つとなってきた。また，誤ルールの発見や修正の問題は教育実践にも直結するため，教育心理学や理数を中心とした教科教育学の関心も集めてきた。さらに，以下に述べていくように誤ルールの修正の問題は自己調整学習と深くかかわっている。しかし，従来は自己調整学習の観点から誤ルール修正の問題が取り上げられることはほとんどなかった。そこで，本章では理科という教科の特徴の1つである誤ルールの修正の問題に焦点を当てて，自己調整学習について考えていく。

2. 誤ルールの修正とメタ認知的モニタリング

　学校教育などによって科学的ルールが教授された場合，誤ルールの修正に必要な認知過程として図9-1のA型のようなものが想定できる。すなわち，科学的ルールが教授されたときに，それに対応する誤ルールをモニターして両者の異同を対照する。その際に誤ルールが誤りないし不適切であり，科学的ルールが適切であることに納得できた場合に誤ルールの修正がなされるのであろう。

　しかし，科学的ルールが教授された後でも誤ルールによる問題解決がなされる場合があることから，誤ルールの修正は困難であることがしばしば指摘されてきた。その原因として，誤ルールが学習者自らの経験によって生成されたものであるために，確信度が高く，科学的ルールが教授されても納得できずに，誤ルールが残存したり（B型），科学的ルールの教授の際に誤ルールにとっての反証事例が提示されるなどした場合，もとの誤ルールを反証事例と整合するように一部変更して，新たな誤ルールを生成するようなこともありうる（C型）。これらは学習者の誤ルールに対する確信度の高さに起因する修正が困難な原因となる。また，教授者側からみれば，誤ルールの誤謬性と科学的ルールの妥当性を学習者に納得させえなかったことを意味する。

　一方，学習者が誤ルール自体の所有やその適用に無自覚的であるために，科学的ルールを教授されても両者が対照されることなく，両者の異同が明確に意識されないことも誤ルールの修正を阻む原因となりうる。その結果，互いに矛盾する

```
                  ┌─── 科学的ルールの教授 ◄─── 誤ルール
                  │
                  ├─► A型   誤ルールのメタ認知的モニタリング ───► 両ルールの対照
                  │          ───► 誤ルールの誤謬性と科学的ルールの正当性への納得 ───► 誤ルールの修正
                  │
                  ├─► B型   誤ルールのメタ認知的モニタリング ───► 両ルールの対照
                  │          ───► 誤ルールへの確信と科学的ルールへの不承認 ───► 誤ルールの残存
                  │
                  ├─► C型   誤ルールのメタ認知的モニタリング ───► 両ルールの対照
                  │          ───► 誤ルールと科学的ルールの部分的納得 ───► 新たな誤ルールの生成
                  │
                  └─► D型   誤ルールのメタ認知的モニタリングの欠如 ───► 両ルールの並存
                             ───► 確証度の高い誤ルールの残存・低い科学的ルールの剥落 ───► 誤ルールの残存
```

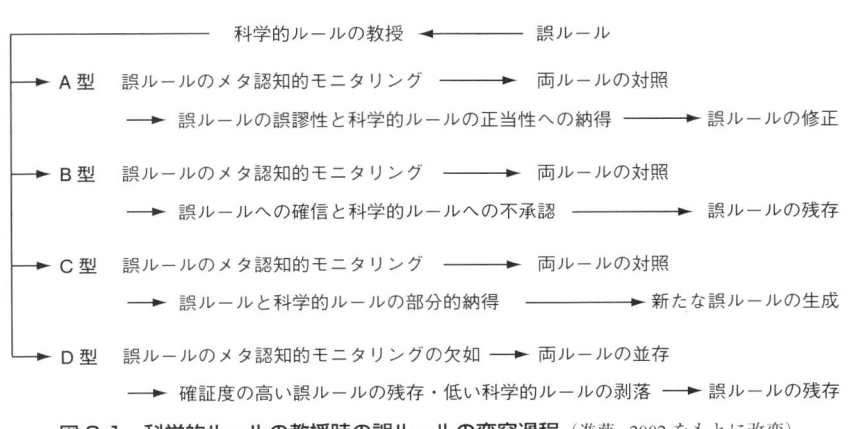

図9-1　科学的ルールの教授時の誤ルールの変容過程（進藤, 2002をもとに改変）

はずの 2 つのルールが同一個人内に並存し，並存する 2 つのルールのうち日常でくり返し使用され，確信度の高い誤ルールが問題解決時に活性化され，適用される。そして，確信度や使用頻度が低い科学的ルールは時間の経過とともに剥落してしまうことが考えられる（D 型）。

　誤ルールの修正に困難をきたす B 型〜 D 型のうち，D 型として示したプロセスは，メタ認知的モニタリングに関連している。Hashweh（1986）は，問題解決に際して誤ルールが適用されるメカニズムとして，その適用が自動化された手続き的な形態の知識であることをあげている。それゆえ，誤ルールを修正するためには，学習者がどのような誤ルールをもつのかを同定し，それが誤りであったり不十分であったりすることを学習者に意識化させる必要があると述べる。これは，学習者が問題解決時にどのような知識をどのように適用しているのかについて，モニタリングする過程が欠如する場合があることを意味している。そうした認知過程を欠くことを示す例として，次のような研究があげられる。

　高校までの理科にとって基本原理となる質量保存の法則に関連して，小野寺（1994）は 6 歳の年長幼児を対象にいわゆる Piaget タイプの重さの保存課題を事前テストとして課し，保存概念が未獲得の者を選んだ。それらの幼児に訓練セッションで，等重量の粘土ボールを変形して重さを変えることを試みさせた。そこでは，どのように変形しても重さは変わらないことになるが，子どもたちが見せた反応はいくつかの型に分類できるものであった。それらの型と事後テストの結果との関連を調べた。その結果，訓練セッション中に「あれ」「どうして」などの驚きを意味する発言をするか，首をかしげ不思議そうなしぐさを見せた「驚き」型の反応をした者と，変形操作の結果を見ても驚いたり，不思議がったりするようすは示さず，単に「同じ」などの発言をした「冷静」型の者で事後テストの成績は対照的であった。「驚き」型では，事後テストで非保存段階にとどまった者はなかったのに対して，「冷静」型では非保存段階にとどまった者がみられた。

　「冷静」型の幼児たちにとって，訓練セッションでの試行結果は，彼らが事前にもっていた誤ルール（形が変われば重さも変わる）に抵触するはずのものであった。しかし，訓練セッションでの反応は，その矛盾が意識されることがなかったことを示唆している。すなわち，既有知識である誤ルールやその適用についてのモニタリングを欠いたまま，訓練セッションの課題を遂行していたと考えられる。また，「冷静」型では事後テストの改善がみられなかったことから，誤ルールの修正には当該の学習内容に関する自らの誤ルールをモニターしながら，科学的ルールとの差異を対照して学習を進めることが必要であることを示唆している。

第9章　理科における自己調整学習——誤ルールの修正に焦点を当てて

　自らの誤ルールについてのメタ認知的モニタリングを欠くという現象は，年少児にとどまらない。進藤（1995）では，浮力について既習の大学生を対象に，事前調査として図9-2に示すようないくつかの問題を課し，選択肢による解答とともに選択の理由を問うた。その結果，図に示した問では，選択肢イを選んで正答した者は40％にすぎず，ウが32％，エが14％，アとオがそれぞれ6％などとなった。

　続いて行なわれた実験では，4群が設定された。A群では事前テストとして，図9-2の問題への選択肢による解答を求めた。その上で，それぞれの実験参加者の選んだ選択肢に応じて，事前調査であげられた選択理由を参考に作成された判断の基準（科学的ルールや誤ルール）を文にしたものを提示し，それが自らの判断の理由と一致するか否かの判断を求める課題（以下，判断課題）に回答させた。たとえば，選択肢アを選んだ者に対しては，「水は物を浮かす力が他の2つの液体に比べて大きい」，選択肢イとウではそれぞれ「浮力は液体の単位体積あたりの重たさが大であるほど大きい」「浮力は液体の単位体積あたりの重たさが小であるほど大きい」というものであった。また，選択肢エでは「同一の物体が液体中にあれば，液体が何であれ物体にかかる浮力は等しい」というものであった。これらの文は後のテキストの読解に群間で異なる影響を与えないように属性の値の水準で記述し，現象が生起するメカニズムにふれないことに注意が払われた。次に浮力の原理について説明するとともに，それぞれの誤ルールが誤りであることにもふれたテキストの読解を求め，事後テストを行なった。B群では判断課題を行なうことなく事前テスト，テキストの読解，事後テストを行なった。C群ではテキストの読解と事後テストのみを行ない，D群は事後テストのみを行なった。

体積30 cm³，重さ100 gの物体を水（a），サラダ油（b），サトウ水（c）に入れ，バネ秤で重さを測った。バネ秤が重い目盛りを指す順序について選択肢から答えを選べ。なお，1 cm³あたりの重さは，水：1g，サラダ油：0.9g，サトウ水：1.1gである。

ア．サラダ油＝サトウ水＞水
イ．サラダ油＞水＞サトウ水
ウ．サトウ水＞水＞サラダ油
エ．水＝サラダ油＝サトウ水
オ．その他の答え（　　　　）
カ．わからない

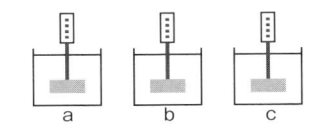

図9-2　浮力に関する誤ルールを見いだす問題例（進藤, 1995 より抜粋）

4群に対する手続きの違いについて，A群では事前テストと判断課題によって実験参加者自身の誤ルールを言語化して提示することで，誤ルールが言語命題という形で明示的に外在化された状態でテキストの読解が行なわれることを意図した。これに対し，判断課題を欠いたB群では言語化はなされなかったが，事前テストでの問題解決によって，誤ルールが顕在化されることを意図した。C群では，誤ルールの顕在化を促進する可能性のある介入的手続きはとられず，誤ルールのモニタリングを欠いた状態でテキストが読解されることを意図した。また，D群は統制群として設けられた。

事後テストの結果は，全体としてA群≒B群＞C群≒D群となった。また，応用的な問題では，A群＞B群となった。事前テストを行なったA，B両群の事後テストの成績が高かったことから，この両群では問題を解くという活動を通して，事前の誤ルールとテキストで説明された科学的ルールとの異同の照合が行なわれたことが示唆される。加えて，応用問題でのA群＞B群という結果は，言語化可能な水準で自らの誤ルールをより明確にモニターできることが，両ルールの異同のより詳細で明確な照合を促進し，誤ルールの修正が図られやすくなったことを示唆する。このように，先の幼児でみられた誤ルールについてのモニタリングを欠くという現象は年長者にもみられること，その種のモニタリングが誤ルールの修正に資する要因となっていることを再確認する結果となった。

学習者の既有知識の所有や適用に関するモニタリングは，誤ルールの修正に限らず他の学習でも必要になる。しかし，誤ルールの修正では既有知識（誤ルール）と新規に学ぶ知識（科学的ルール）の照合過程がより重要な役割を果たすことから，学習者が学習内容に関して多くの誤ルールをもつ理科において，特に必要な，具体的で領域固有の性質が強い認知過程といえる。

3. 誤ルールのモニタリングにかかわる2つの問題

年少の者だけでなく年長者であっても，科学的ルールの学習時に誤ルールのモニタリングを欠くという上記の実験結果から，2つのことが問題になりうる。1つは自らの既有知識である誤ルールは，なぜモニターされにくいのかという問題であり，もう1つはどうすればモニタリングが行なわれるようになるのかという問題である。

前者について，誤ルールをもつ者はその生成の基となる現象に遭遇したり，またその際に当該の現象を説明する理論を構成したりしているはずである。進藤（1999）は，先に誤ルールの例として取り上げたMcCloskey et al.（1983）の直落下信念に関する問題を専門学校生に課し，あわせて類似の現象や解答の根拠とな

る理論を明確に答えられるか否かについて調べた。その結果，誤ルールによる問題解決を行なった者の多くが，（それ自体は不適切であるにせよ）根拠となるべき現象や理論を明確に回答し得なかった。また誤ルールによる問題解決を行ない，根拠を明確に回答できなかった者と，正しい問題解決を行ない，その根拠も適切に回答できた者との間の解答への確信度の評定値に差は認められなかった。

このことから，法則や公式といった形で言語的に教授される科学的ルールとは異なり，自成的に獲得されるという特徴とかかわって，誤ルールは明確に言語化される機会を欠いたまま獲得され，曖昧な状態の知識となって保持されると考えられる。そのことが原因となって，誤ルールの所有やその適用に関するモニタリングは困難なものになっていると推定できる。しかし，モニタリングは不十分であっても当該の誤ルールは問題解決時に活性化され，問題解決に適用される。そして，解決結果への確信度には影響を与えない性質があることが示唆される。

次に，学習者が自らの誤ルールをモニタリングできるようにするための教授法はどうあるべきかという2つめの問題を考えていく。Schraw et al.（2006）は，過去の理科教育に関する学術論文に基づき，メタ認知や自己調整の促進に関係する理科の教授方略として，教師のサポートの下に学習者が生成した疑問を学習者どうしが協同で解決していくような問題解決型の協同学習をあげている。そのような授業では，学習者が自らの既有知識に基づき仮説を立て，それを検証し結果を解釈するというような能動的な学習が期待でき，既有知識が顕在化されるとしている。また，討論を通して自らの考えを開示することによっても，メタ認知的モニタリングの機会が提供されると述べる。特に，同じ学力水準の生徒間の討論は発達の最近接領域内での学習を可能にするため，より有効であるとしている。

このような考えに沿う実験結果を小林（2003）にみることができる。いうまでもなく実験は理科の授業における主要な学習活動の1つであるが，小林（2003）は中学生の「力の働きと物体の運動」の単元で，4種の実験指導法が学習内容の理解，科学的問題解決能力や態度の育成に及ぼす効果の違いを調べた。4種の指導法とは，①仮説の生成・実験計画・結果の考察という実験活動に必要な一連の過程を教示し，それぞれについて学習者間の話し合いを通して活動させる，②学習者に仮説の生成は行なわせず，教師が模範的な実験計画・結果の考察を行なう，③実験活動を学習者にまかせきる，④仮説の生成のみを学習者が行ない，教師が模範的な実験計画・結果の考察を行なう，というものである。

実験中のようすを観察したところ，①の方法では実験に必要な一連の過程を省略せずにたどり，生徒はそれぞれのまちがいを互いに指摘する形で効果的な実験を行なった。また，誤った仮説を生成した場合でも，仮説を検証するために必要

な実験を計画し，実験結果の考察の段階で仮説を棄却し，正しい結論を導くことができた。これに対して，②や④では教師が演示した活動の再生にとどまり，③の指導法では実験に必要な過程の省略が起こった。事後に行なわれた学習内容に関する理解度テスト，科学的問題解決能力や態度を調べるテストのいずれにおいても，①の方法が他の3つの方法にまさっていた。

①の指導法の効果は仮説の生成など，一連の活動について話し合いをさせることで，それぞれの学習者の考えが顕在化される。そして，顕在化された状態で他者の考えとの異同，学習者自身の事前の考えと話し合いによって得られた新たな考えの異同が対照される機会が保障される。このようなことを通して，より洗練された仮説が生成されたり，実験が行なわれたりしたと考えられる。

教育現場で導入している教師も多い仮説実験授業という教授法も，小林（2003）で効果が高かった①の方法と同様の手続きを踏む。仮説実験授業はおもに理科を対象とした授業法であり，教科書・ワークシート・指導案の性質をあわせもつ「授業書」に沿って授業が進められる。その進行の一般型は，問題の正解についての選択肢による予想，それぞれの予想を巡っての討論，実験による予想の検証である（たとえば板倉, 1997）。このうち，正解の予想段階では学習者に認知的葛藤を生起させるような選択肢が用意され，学習者は予想という形の問題解決によって，誤ルールのような事前の考えを顕在化させる機会が与えられる。また，討論の段階では自らの考えの開示という形で，より直接的に事前の考えを顕在化させることができる。先に述べたように，誤ルールの修正には科学的ルールと誤ルールとを対照しながら学習を進めることが必要であった。したがって，仮説実験授業はメタ認知的モニタリングを喚起させるという観点からも優れた教授法ととらえることができる。

以上のように，問題解決型の協同学習という形態を導入することで，誤ルールのような学習者自身の既有知識のモニタリングが促進される可能性がある。このことと関連して，Lodewyk et al.（2009）は自己調整学習の観点から，与えられたテーマを自由に追究するタイプの学習課題と，ワークシートのように課題が構造化され，それを順次解決して学習を進めていくタイプの学習課題とでは用いられる認知方略やモニタリングが異なり，モニタリングは前者で生起しやすいなどとする結果を報告している。これは，メタ認知や認知方略の発現が，受容型の学習か問題解決型の学習か，個別的な学習か協同学習かによる違いに加え，課題の質の違いに依存することを示唆している。そして，以上の知見は授業構成の工夫しだいで，学習者の自己調整的な認知過程の生起をうながすことができることを示唆している。

4. メタ認知的モニタリングの自己調整に向けて

　学習上の問題を抱えた学習者に対して個別的な相談と指導を通して，学習者が自らの学習観や学習方法を見直し，自立的な学習が進められるようになることを目標に，心理学の研究と学習指導をつなげようとする試みに認知カウンセリングがある（市川，1995）。そして，認知カウンセリングの基本技法の1つとして仮想的教示があげられている（市川，1993）。これは，ある概念や方法，問題解決の過程を，その内容について未習の他者に説明するつもりで自己内対話的に説明するというものである。すなわち，それは協同学習のように他者に伝達することが直接の目的ではなく，学習者に自らの理解の状態や思考過程をモニタリングさせることを目的としている。また，認知カウンセリングは，クライエントである学習者の学習の自立化を目指していることから，協同学習による学習が他者の存在を前提にするのに対して，仮想的教示はメタ認知的モニタリングを自律的，かつ自己完結的に行なわせようとする方法として位置づく。その際，認知カウンセラーは，仮想的教示を例示しながら教授していくことになる。学習者が専門的なメンターとともに学習することで，望ましいモニタリングのモデルが提供される。そのため，学習者のモニタリングは明確で的確なものに洗練されていくことが期待できる。

　学習者に仮想的教示を獲得させるための補助的ツールの1つとして，ここでは1枚ポートフォリオを提案したい。これは，ある単元の授業前の段階でその学習内容に関する課題を出す。そして，授業の一定のまとまりごとに学習した内容について記述させる。また，授業後に事前と同一の課題を課す。さらに，単元の終了時に授業の過程で書かれた記述内容も参照させながら，授業前に書かれた解答と授業後に書かれた解答の内容を対照させ，前後の異同を比較させるというものであり，これらを1枚のポートフォリオ・シートに記述するという形で行なわれる（堀，2006）。誤ルールの修正を図ろうとする場合を例にとると，事前の段階で誤ルールによる解決では誤答になるような問題を用いる。その問題への解答と解答理由をポートフォリオ・シートに記述させる。その後に授業を行ない，事前と同一内容の事後問題を課す。このような作業によって，学習者には授業前後のルールが外在化される。そして，両者を直接対照させることで，誤ルールから科学的ルールへの変容過程がより明確になる。仮想的教示のような学習方略が的確に行なえるようになるまでの初期段階では，学習者に内在する知識や認知過程を，記述により外在化させる1枚ポートフォリオのようなツールを媒介にして，認知カウンセラーが指導を行なっていく方法が有効だと考えられる。

ところで,認知カウンセリングが意図するように,仮想的教示のようなメタ認知的モニタリングを保障する学習方略の指導を続けていけば,学習者は認知カウンセラーの手を離れても,それを自発的,自律的に使えるようになるのであろうか。この問題にかかわる要因として,そうした方略が学習にとって有効であり,意味のあるものだという認識の形成が必要であろう。先の1枚ポートフォリオでは,学習者が事前と事後の記述内容から知識の変容を知ることができる。このような知識の変容についての明確な形でのフィードバックは,学習に対する自己効力感をもたらすものであり,それは事前の認知の状態を明らかにしておく意義を実感させることにもつながる。仮想的教示についても,そうした意義を認知カウンセラーが学習者に強調して教示することで,その使用についての自己調整化が図られるのではないかと考えられる。

なお,高垣ら（2007）は毎時間の実験・観察の予想,結果,考え方の変容の過程を1つの単元を通した履歴として記録したノートやグラフ,描画などの集積物である理論チャート（theory chart）を紹介している。理論チャートは,グループやクラス全体の場で学習者相互の議論の際に用いられ,学習者の考えを対象化し,相互の考えを比較するための参照点の機能をもつツールとして活用されるという。また,理論チャートのような他者への公開を前提にした資料（public documentation）には,学習者が知識を受動的に吸収するのではなく,知識を能動的に構成するのに役立つ機能があるという（Herrenkohl et al., 1999）。学習者自身の以前の考え方と学習後の考え方の違いや,学習過程のモニタリングを可能にさせようとする点は,1枚ポートフォリオと同様の発想に基づくものであり,加えてそれを協同学習の場において他者の考えを情報資源として学習を進められるという利点もあり,利用価値は高いと思われる。

第2節　理科の学習における学習方略と自己調整学習

1. 理科における領域固有的な認知方略

アナロジーやメタファーによって,科学史上のいくつかの重要な発見や発明がもたらされてきたことは周知の通りである。たとえば,周期表の完成はさまざまな化学者の研究の蓄積の結果であり,その過程で Newlands という19世紀の化学者が,元素を原子量ごとに並べると性質の似た元素が現われることを,音楽のオクターヴのメタファーとしてとらえたことが大きな役割を果たしたという――後に0族の希ガス類が単離されて,元素の出現周期は音階とは異なることが判明す

るが──（井山, 2002）。また，Luria はスロット・マシンの種類によって当たる確率が異なることのアナロジーから，ファージに対して抵抗力のあるバクテリアが突然変異で偶然に生じることを予想したという（Luria, 1984）。

　理科の学習においても，アナロジーは学習内容の理解にとって有効な教授方略となっている（Duit, 1991）。たとえば，小学 6 年生と中学 2 年生を対象に，線路上を循環する電車に見立てて電球をつなげた電気回路について教授したところ（電子→貨車，電子の動き→車両の移動，電流の強さ→車両の速さ，電気抵抗→障害物を通過するときの摩擦，乾電池→車両を押す人，乾電池の消費→車両を押す人の疲労，など），「電球を通り過ぎた帰りの導線を流れる電流は少ない」などの誤ルールが修正され，電気回路の理解を深めるのに成功したという研究がある（Joshua & Dupin, 1987）。メタファーについても，その使用が学習内容の理解を促進することを報告する研究がある。益田・森本（2000）は中学 2 年生の「化学変化と原子・分子」の単元で炭酸水素ナトリウムの分解実験を行なわせた。その後で，生徒は分解という現象を各自が意味づけた自由なモデルを用いて表現し，話し合いをする活動を行なった。話し合いの中では，分解のモデルとしてのさまざまなメタファーが発表された。それらを素材に活発な議論が展開される過程で，メタファーが分解にとってより洗練されたものになり，分解概念の理解が深まったという。

　このようにアナロジーやメタファーは，誤ルールの修正など，学習内容の理解に有効な教授方略，認知方略になっている。また，アナロジーやメタファーは他の教科でも用いられるが，特に理科で用いられることが多いことから，自己調整学習に関する質問紙などでしばしば取り上げられる「テキストを読むときに重要な部分に下線を引く」「自分のことばに言い替えて理解する」といった複数の教科に共通する認知方略ではなく，理科という教科に密着した領域固有の色彩が強いものといえよう。

　以下では，アナロジーやメタファーと同様に理科の学習と特に関連の深い学習方略である「知識操作」を取り上げ，その有効性とともに学習方略の自己調整化の問題を考えていく。

2. 学習方略としての知識操作

　運動方程式 $F = ma$（力 = 質量×加速度）は，数学的には $m = F/a$ や $a = F/m$ と同値である。しかし，こうした変数間の表現形態の異なる法則，公式のどれが因果関係を表現しているか，また理解しやすいのはどれかなどについて大学生を対象に質問した Mochon & Sloman（2004）の調査では，表現形態が認知構造に合

致するか否かの違いによって因果関係のとらえやすさ，すなわち当該の法則，公式の理解が異なることがあるとする結果を得ている。この結果は，一般化された形式で記述される理科の法則や数学の公式などのルールを変形し，ルールを理解しやすくしたり，問題解決に適用しやすくしたりするような知識表象を得る認知過程が学習にとって重要であることを示唆している。工藤（2005）は，このような内的にルールを変形する認知方略を「知識操作」とよぶ。

　知識操作が問題解決に有効に働くことを報告する研究として，次のものをあげることができる。先にも述べたように理科では，「pならば（は），qである」というルール命題形式で記述される法則（科学的ルール）が教授され，学習者が学習した法則をさまざまな問題状況に適用できるようになることが目指される。

　法則が因果関係を表わし，前件pが原因であり後件qが結果である場合，当該の法則が学習された場合でも，ある現象の原因を問われる問題解決ではその適用がむずかしいことがある。この場合，「qであるのはpであるからだ」というようにもとの記述形式の前件と後件を入れ替えた記述形式で法則を教授することで，法則の適用が促進されるという（進藤・麻柄，1999）。このことは，推理の方向と教授されたルールの記述の方向が一致しない場合に，自発的にルールを変形して用いることができるとは限らないこと，またルールを変形して，すなわち知識操作を行なってルールを用いることが問題解決を促進することを示している（前件と後件を入れ替えた場合，不正確なルールになることがある。この問題については，進藤・麻柄（1999）を参照されたい）。

　別のタイプの知識操作として，前件pに具体的な値を代入し，後件qの値を推理する代入・対応操作がある。麻柄・進藤（2011）は気象に関する誤ルールを取り上げ，代入・対応操作が学習に及ぼす効果を調べた。日本の年間降水量（降雪量を含む）のパターンは，冬に少なく，夏に多い凸型，冬に多く夏に少ない凹型，そして凸型であるが全体的に少ない少雨型に大別できる。日本のいくつかの都市の降水量がどの型に分類できるかについて，大学生に解答を求めたところ，実際は北海道の太平洋側の都市は少雨型に分類できるのにもかかわらず，日本海側と太平洋側の区別なく，冬に雪が多いという理由から凹型と答える者が多かった（進藤，1997）。これは「寒い地方ほど雪が降る」という単一のルールに基づく判断だと考えられる。しかし，このルールだけでは北陸地方や新潟地方の降雪量が多い理由が説明できない。降雪量は気温や山脈の存在などに加え，水蒸気を含んだ冬の季節風が，中国大陸から本州の北西側や北海道の日本海側の町へ通過してくるまでの日本海の距離が長ければ長いほど多くの水蒸気を含み，それに応じた降雪をもたらす。先の解答は降雪量を決める重要な要因である水蒸気量を考慮し

ていないという点で不十分な誤ルールによる問題解決といいうる。

　麻柄・進藤（2011）の実験では，上記の「中国大陸から本州の北西側や北海道の日本海側の都市までの日本海の幅は，その都市の降雪量と対応する」というルールを問題解決に適用できることを目指した（以下では，中国大陸から日本のある都市までの距離を「P」で表わし，その都市の降雪量を「Q」で表わすことにする）。このルールについて未習の大学生を3群に振り分けた。操作群に対しては当該のルールを説明するテキストを読み，Pの要因の順序尺度的な（あるいは2値的な）いくつかの値に基づいて，Qの要因の順序尺度的な（あるいは2値的な）値を推測することを求めた（たとえば，大陸とその都市までの距離が短かったら，降水量はどうなるかを推理させる）。これは「pならば（は），qである」というルール命題のpに具体的な値を代入し，その値に対応するqの値を予想させる課題であり，もとの一般的な形式で記述されたルールを具体化する変換という点で，知識操作に働きかける手続きといえる。再生群に対しては操作群と同じテキストを読み，文章中の空欄を完成することを求めた。また，統制群にはテキストの読解だけを求めた。福井市と秋田市といった日本海側の2都市間の降雪量の比較を課すなどした事後テストでは，操作群の成績が他の2群より高かった。

　現実の問題解決場面では着目すべき属性は必ず具体的な値をとって存在しており，問題解決に際してはその値に着目し，対応する他の属性の値を推測することが必要になる。麻柄・進藤（2011）は実験の結果について，代入・対応操作によって原因となる要因pとその値Pに着目しやすくなったこと，またそれと対応する結果である要因qやその値Qとの対応関係が導かれやすくなったことが操作群の好成績をもたらしたと考察している。

　知識操作の例をあげて，それが誤ルールをもつ学習者の科学的ルールの理解を促進したり，問題解決に際しての適用を促進したりすることがあることをみてきた。ただし，上記の例はいずれも教授介入という形で，外在的に知識操作をうながしたものであった。先にも述べた進藤・麻柄（1999）に加え，麻柄・進藤（2011）の実験結果も知識操作が有効であるにもかかわらず，学習者自身が自発的，自律的に知識操作を行なうことがないことを示唆している。自己調整学習の観点からは自発的，自律的に教授された知識操作を行なえるようになることが1つの目標となる。

3. 学習方略の自己調整学習化に向けて

　ここでは，学習者が知識操作のような有効な学習方略を自発的，自律的に行なえるようになるための教授介入の方法を考えていく。この問題を考えるのにヒン

トになる実験がある。図9-3のような「力の合成と分解の法則」に関する問題を，この法則を既習の大学生に出題しても，cのヘリコプターが最も大きな力が必要だと答える者は少なくない（正解はb）。これは荷物を持つ場合，1人よりも2人で持ったほうが少ない力ですむといった経験からつくり上げられた誤ルールに基づく解答だと考えられる。しかし，2機のヘリコプターで荷物を引き上げる場合には，荷物にかかる重力と同じ大きさの上向きの力が必要になる。そして，その力をそれぞれのヘリコプターが引き上げる方向に分解したときの1分力の大きさが，1機あたりのヘリコプターが必要な力の大きさになる。このとき，2機の引く方向がなす角度（分解角度）が大きくなればなるほど1機あたりが必要な力は大きくなり，120°を超えると1機だけで引き上げたときの力の大きさ（もとの上向きの力に相当）よりも大きくなってしまう（図9-4参照）。

進藤（2003）は，分解角度が極端に大きい場合に正答率が上がるという予備調査の結果に基づき，当該の誤ルールを確認した上で，3群の大学生にテキストの読解を求めた。テキストの内容は，2つのバネばかりで重りを吊り下げる状況

> ヘリコプターが1機または2機で重い荷物を運んでいる。a〜cのヘリコプターのうち，1機あたり最も大きな力が必要なヘリコプターはどれか。

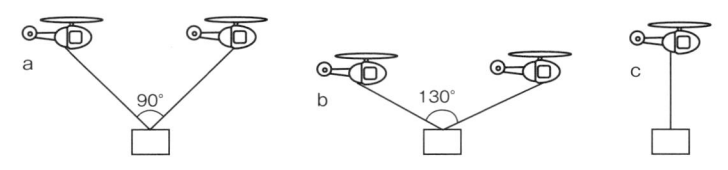

図9-3 「力の合成と分解の法則」にかかわる誤ルールを見いだす問題

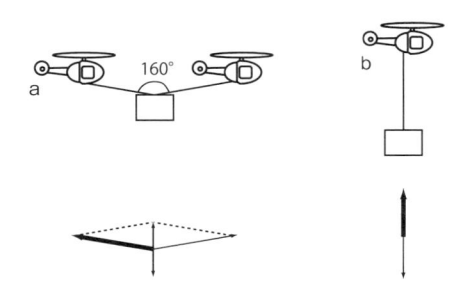

図9-4 「力の合成と分解の法則」の適用例

第9章 理科における自己調整学習——誤ルールの修正に焦点を当てて

に即して，①「力の合成と分解の法則」，②もとの力を2方向に分解した場合に，分解角度が大きくなれば，分力は大きくなること，③分解角度が120°を超えれば，1分力はもとの力よりも大きくなることを説明するというものであった。続いてテキストでは，③の説明に合致する事例があげられた。一般事例群では，ロープにつながれた荷物を1人で持つ場合と，2人で130°の分解角度で持つ場合を比較するという事例であり，外挿事例群と外挿操作群では，1人で持つ場合と2人で160°の分解角度で持つ場合（視覚的に2人で引き合っているようにみえる）を比較するという事例であった。加えて，外挿操作群のテキストでは「角度の違いのように，ある属性の違いが問題になるときには，その値を極端にして考えてみることが問題解決を促進する」という趣旨の文章が載っていた。テキストで用いられなかった状況に即して出題した3週間後の転移問題では（ヒモの中心部に絵画を吊り下げる状況が用いられた），外挿操作群＞外挿事例群＞一般事例群という結果が得られた。

　属性の値を想定外に置く認知方略は外挿法（extrapolation）などとよばれるが，2人で荷物を持つ場合に，通常は分解角度が極端に大きくなるように2人が離れることはないことから，外挿事例群と外挿操作群に与えられた事例の属性の値は，実験参加者にとって想定外のものであり，外挿化された事例であったと考えられる。分解角度を極端に大きくして外挿化された場合，2人で助け合うと1人あたりの力が少なくなるという「協力スキーマ」ではなく，綱の中心部に重い荷物をつけて綱を引き合うといった「引っぱり合いスキーマ」と合致すると考えられる。そのため，当該の法則が納得されやすく，外挿事例を教示された2群の転移テストの成績は，一般事例群よりも高くなったのではないかと考えられる。外挿法も「pならば（は），qである」というルール命題の前件pに具体的な値を代入して，後件qを推理する点で先の代入・対応操作の1つの類型だととらえられ，この実験結果も知識操作の有効性を確認するものとなっている。あわせて，転移問題での外挿操作群＞外挿事例群という結果は，テキストとは異なる状況に即した問題であったこと，テキストの内容を再生的に適用しにくい遅延事態で実施されたことに鑑みると，外挿法の説明が転移問題の解決の手がかりとして自発的に使われたことを示している。このことは，外挿法のような知識操作の方法とその有効性を直接的に教授することによって，学習者が自己調整的な学習方略としてそれを自発的，自律的に使用するようになる可能性を示唆している。

　Ghatala et al.（1985）は，学習方略の使用の自発化，自律化を図ろうとする際に参考になる興味深い実験を行なっている。小学2年生を対象とした実験では3群が設定され，課題はいずれもゲームとして導入された。学習方略の有効性を方

向づける群(以下,方略群)では,実験参加児にフリーハンドで円を描かせた後,クッキーの型抜きを使い描かせた。そして,それぞれの課題についてどちらがうまく描けたか,またそれはどうしてか,同じゲームをするとしたらどちらの方法を使うかなどの質問に答えさせた。次に,文字が書かれたリストを提示し,特定の教示なくそれらを覚えさせた後,再生を求めた。その後に同じリストの文字を使って単語を綴って覚えさせた後に再生を求めた。そして,円の描画課題と同様の質問が行なわれた。これらは同じ課題でも,用いる方法の違いによって遂行に違いがあることを意識させるためのものであった。

一方,学習方略の感情的側面に意識を向ける群(以下,感情群)では,方略群と同様に円の描画課題と記憶課題で,それぞれの課題の2つの方法ではどちらがおもしろいか,その理由と次に同じゲームをするとしたらどちらをやったらおもしろいかが尋ねられた。方略群と感情群は,遂行結果を振り返るモニタリングの機会が与えられたという点で統制が図られていた。統制群は2つの課題を行なうのみであった。

次に3群の実験参加児は,共通に単語対の載ったリスト1の記憶課題が課された。この時点で3群間の再生成績に大きな違いはなかった。続くリスト2の試行の際には,各群の半分は2つの単語で物語文をつくるように教示され(有効方略),残りの半分はそれぞれの単語の文字数を数えるように教示された(無効方略)。先行研究から対象年齢の子どもにとって,物語文の作成は対連合学習のための有効な学習方略であり,文字の計数課題は抑制する方略であることが確認されていた。

事後の再生テストでは,有効方略を教授された者では3群のいずれでもリスト1からリスト2にかけて成績が上昇する一方,無効方略を教示された者の成績は低下した。これは参加者たちが教示された通りに方略を使用した結果だといえる。さらにリスト3では,特定の教示が行なわれることなく記憶課題が課され,記銘時にどのような学習方略を使用したのか,どうしてその方略を使ったのかが問われた。その結果,方略群の有効方略を教示されていた者は,他の2群の有効方略を教示されていた者よりも有効方略を使う者が多く,また無効方略を教示されていた者では,他の2群よりも無効方略を使う者が少なかった。また,その理由として記憶方略の有効性に言及するものが多かった。

9週間後の記憶課題とその際の使用方略についての質問で,方略群の有効方略を教示された者は他の条件の者に比べて,再生成績が高く,物語文を作成する有効方略を使っていた。

以上の結果は,方略群の有効方略を教示された者が,方略の有効性を成績・ゴ

ール（何のためかという目的）と関連づけていたために，遅延事態でも当該の方略が保持され，課題の遂行時にその方略を選択，適用したことを示唆している。また，この実験結果は，学習方略の自己調整化に資する教授のあり方を考えるのに示唆に富む。すなわち，有効な学習方略と有効ではない学習方略を提示し，両者を同時に試させる。そして，望ましい遂行結果は有効な学習方略の使用によるものであることを意識させる。こうした課題構成の方法は，教授者が学習者の学習方略の自己調整化を図ろうとする際の教授原則の1つになるように思われる。

第3節　理科の自己調整学習にかかわる残された問題

1. 自己調整学習の要素間の力動性

　本章では誤ルールの修正に焦点を当て，認知の側面から理科に関する自己調整学習の問題を考えてきた。ここでは，これまで述べてきた内容にかかわり，いくつかの残された問題にふれておきたい。

　まず，目標との関係で学習方略の獲得が異なるというGhatala et al.（1985）の実験結果が示すように，本章で取り上げてきた自己調整学習の認知の面は，自己調整学習研究のもう1つの中心的対象である動機づけの面と深くかかわっているという点である。たとえば，どのような目標をもつのかにより，学習方略の使われ方が異なるという研究がある。Ames & Archer（1988）は中学生と高校生を対象に，「まちがってしまうことも学習の一部である」といった習得志向と，「まちがうことはとても嫌だ」といった課題の遂行結果に焦点を当てる遂行志向のそれぞれの程度と，「学習内容をすでに知っていることと関連づけようとする」などの有効な学習方略の使用との関連を調べた。その結果，習得志向と学習方略の間に関連が認められた。この結果は，動機づけの側面と認知的な側面が相互に関連しており，どのような動機のもとに学習が行なわれるかによって，学習方略の工夫，使用される学習方略の選択や適用が異なることを示すものであり，動機づけのあり方が学習方略の自己調整の問題にもかかわっていることをうかがわせる。

　さらに，遂行結果に対してどのような評価を下すかの判断が，次の目標の設定や方略の使用に影響を与えるようなことも想定できる。このような認知，動機づけ，評価の関係について，Zimmerman（1998, 2004）は自己調整の構成要素を自己教示などの自己制御やメタ認知的モニタリングなどの自己観察を含む遂行面，原因帰属の判断や遂行結果が十分か否かの認知などの評価面，計画面に分類している。そして，これら3つの面が循環的に機能するという力動的な関係の中で自

■ 第2部　自己調整学習と教育実践

己調整学習をとらえている。現実の教育実践の中では，これら3つの面が相互に関連し合って学習が行なわれていることは明らかである。これまでの自己調整研究では，3つの面のうち2つの面を取り上げた相関研究が多くみられた。今後，授業実践に直結する自己調整学習研究であるためには，現実に即して3つの面がそれぞれどのように影響し合っているのかを，具体的な教授方略の提案につながる介入実験を通して探っていく必要があるのではないかと思われる。

2. 自己調整の自動化の過程

　2番めにふれたいのは，自己調整は意識的な過程か，自動化された無意識的な過程かという問題である。第2節でアナロジーやメタファーが認知方略として科学史上の発見などに大きな役割を果たしてきたこと，教授方略として学習内容の理解の促進に効果をもつことを述べた。また，学習方略としての知識操作の有効性について述べた。そして，自己調整学習の観点から，そうした学習方略が自発的，自律的に使用できるようにするためにはどのようにすればよいのかについて考えた。しかし，アナロジーのような学習方略は特別な教授介入を経ることなく，幼児でも使うことが可能だとする研究がある（Goswami, 1996など）。そのような現象をどのようにとらえるべきなのか。教育実践の観点からは，次のように整理しておくことがよいように思われる。

　すなわち，認知方略はある条件のもとでは，特定の教育的な働きかけがなくても，使用可能であり，その使用は自動的，無意識的な場合がある。ただし，それは課題の特性や状況に依存する。一方，自己調整学習の推進を図ろうとする立場からは，教授介入によって学習者がさまざまな学習方略を獲得し，問題解決状況でそれらの学習方略を何らかの手がかりに基づいて選択的に，また手がかりがない場合でも試行錯誤的に意識して使用できるようにすることが望まれる。そうした経験が積み重なることで手がかりが増え，目的に適った特定の学習方略を選択的に使用できるようになる。さらに，使用頻度が高まることによって最初は意識的に使用していたものが，徐々に自動化され，無意識的に使用されるという筋道をたどるのではないかと考えられる。

　先の前件と後件を入れ替えてルールの変換をする知識操作で取り上げた進藤・麻柄（1999）の中で述べられている医師の診断の例が，そのようなプロセスに該当する。「糖尿病（p）になるとのどが渇く（q）」という「pならば（は），qである」形式で記述できるルールがあったとする。しかし，医師に求められるのは，このルールをそのまま使うことではない。それは，糖尿病と診断がついた患者に「のどが渇くはずです」と予想しても無意味だからである。医者に求められるの

は，のどの渇きから糖尿病の可能性を疑ってみることである。この場合，医師は「のどが渇く（q）のは糖尿病である（可能性がある）（p）」というもとのルールの前件（p）と後件（q）を入れ替えた方向から考えなくてはならない。実際に医師はそのような知識操作をおそらく自動的，無意識的に行なっているのであろう。そして，それは知識操作の経験を積むことによって可能になると考えられる。

　このようなプロセスを経た学習方略の使用は，先の幼児のアナロジーの使用のような条件依存的なものとは異なる。この点で両者は区別されうるものだと考えられる。

3. 領域固有な自己調整学習と一般的な自己調整学習の能力

　本章では，理科の学習との関連から領域固有性の強い個別の学習方略に主眼をおいて自己調整学習の問題を論じてきたが，個々の自己調整的な学習方略と一般的な自己調整学習の能力は，どのように関連するのであろうか。Eilam et al.（2009）は，5因子モデルの性格検査の1つである Costa & McCrae（1985）の NEO-PI-R（NEO revised personality inventory）のうちの誠実性（conscientiousness）に焦点を当てて，この因子と中学生の環境学習における自己調整学習との関連を調べた。その結果，誠実性因子は自己調整学習に関連する学習方略の測定のための質問紙 LASSI（learning and study strategies inventory）の結果と有意な相関をもつことが示された。そして，誠実性因子が自己調整学習と学業達成を媒介することを示唆する結果を得ている。NEO-PI-R の下位項目には自己調整学習に関連する項目が含まれている。このことから，LASSI との関連が見いだされるのは当然のことといえるかもしれない。しかし，この研究が性格として言及する課題や状況を超えた一般性をもつ自己調整的な行動傾向や態度といえるようなものがあるのであれば，それはどのようなプロセスを経て形成されるのかという問題について考えてみる。

　これまでに述べてきた先行研究の知見によれば，学習者が多様な学習方略を獲得するためには，①教授者が学習者に有効な学習方略を教示すること，②学習者に効果の違いのある複数の学習方略を実際に試行させ，学習方略の違いにより遂行結果に違いがあることを実感させること，③その方略の使用が有効であり，その習得が意味のあるものであるという認識を形成すること，④有効な学習方略の定着を図るために，教授者は当該の学習方略を使用する状況をつくり，学習者の使用頻度を高めること，⑤以上の過程を，さまざまな学習方略でくり返すこと，などが必要だと思われる。こうしたプロセスを経ることで，学習者は自発的，自律的に手持ちの学習方略のうちの最適なものを選択・適用したり，新たな学習方

略を工夫したりするようになることが想定できる。同時に，その使用によって望ましい結果が得られれば，植木（2002）の見いだした3つの学習観のうちの方略志向の学習観のようなものをもつようになり，性格として言及されるような学習全般にわたる自己調整を志向する行動傾向・態度が形成されるのではないかと考えられる。また，そのような行動傾向・態度と，それを具体的に裏づける学習状況に応じた学習方略の適用可能性が，少なくとも認知面での一般的な自己学習の能力となって形成されていくのではないかと思われる。

第10章

英語教育

岡田いずみ

　母語以外の言語を広義に第二言語というが，狭義には第二言語と外国語を区別する場合がある。その場合，第二言語は目標言語（学習対象となる言語）が使われる地域で学習される言語を指し，外国語は目標言語が使われていない地域で学習される言語を指す（村野井，2006）。本章は，日本人が日本にいながらにして英語を学ぶ状況を想定しているため，厳密には外国語学習となるが，第二言語学習研究の知見からも得るものは多く，これらを使い分けると煩雑になるため，広義の意味からとらえ，第二言語ということばに統一して述べることにする。

第1節　第二言語学習と自己調整学習の接点

　自己調整的な学習をするためには，動機を生起させ，それを維持し，自分自身の学習状態に応じて学習方略を適切に使用していく必要がある。本節では，第二言語学習における動機づけ研究と学習方略研究を概観し，その上で英語教育と自己調整学習の接点を探る。

1. 独自の流れをもつ動機づけ研究

　第二言語学習における動機づけの研究はその時代ごとに大きく3つに分けられる（Dörnyei, 2005）。Dörnyei（2001, 2005）を参考に，第二言語学習における動機づけ研究はどのような背景をもって始まったのか，そしてどのように発展してきたのか，その変遷を概観する。

(1) 社会心理学的アプローチの時代（the social psychological period：1959〜1990）

　第二言語学習における動機づけの研究は1960年ごろから，カナダを中心に始まった。カナダでは1969年に英語とフランス語を公用語とすることを示す公用

語法が制定された（矢頭，2008）。このような状況の下で動機づけの研究を始めた Gardner & Lambert（1972）は，第二言語を習得するためには，目標とする言語を用いている人々や文化に対して興味をもっていることが重要であることを指摘した。そして，Gardner らは，目標言語を話す文化に溶け込み，その集団の一員として見なされることを目的に言語を学ぶという動機づけを「統合的動機づけ（integrative motive）」とよんだ。その後，Gardner（1985）は，外国語に対する興味や学習環境への態度なども加えて統合的動機づけを複合的な概念として拡大させたが，その後も多くの動機づけ研究において，目標言語集団に対する好意的な態度や目標言語集団の一員になるという動機が研究の対象となった。心理学における動機づけ研究では，社会や文化などに対する感情が取り上げられることはなかったことを考えると，このころの第二言語学習における動機づけ研究は，言語を学ぶための独特の動機づけのとらえ方であったといえよう。

(2) 認知状況論の時代（the cognitive-situated period：1990 年代）

　社会心理学的アプローチの時代では，第二言語の動機づけ研究は他分野よりも社会心理学的な色が強く反映されていた。しかしその後，統合的動機づけは概念の広汎さゆえに用語の使われ方に混乱をきたすことになる（Dörnyei, 1994）。一方で，心理学等の他分野においても動機づけ研究が豊富になり，その結果，第二言語学習特有の動機づけ研究は，第二言語学習分野独自の考え方からの拡がりを見せることになるのである。自己決定理論や帰属理論，目標理論などを用いた説明がなされるようになったのもこのころからである（Dörnyei, 2003）。

(3) プロセス志向の時代（the process-oriented period：2000 年～）

　近年 Dörnyei らを中心に行なわれているのが，動機づけを動的なものととらえ，プロセスを重視した考え方である。Dörnyei（2001）は，第二言語学習のような長期にわたる学習活動を行なう場合の動機づけは変動するのが自然であり，その変動に着目すべきだとし，動機づけのプロセス・モデルを提案した。そこでは，動機づけは時間軸をとって大きく 3 つの段階に分けられた。3 つの段階とは，課題に取り組む前の「行動前段階」，課題に取り組んでいる最中の「行動段階」，課題に取り組んだ後の「行動後段階」である。Dörnyei は，これらの各段階に異なる動機づけの機能があり，それぞれの動機づけに影響を及ぼす要因も異なってくるとしている。段階ごとの動機づけをみてみると，第 1 の行動前段階での動機づけは「選択的動機づけ（choice motivation）」とされる。この段階では，動機づけの機能として，目標設定，意志の形成，行動の開始があげられている。つまり，課題に取り組む前段階として，取り組む課題の選択やその課題に対する目標を設定し，行動を開始するところまでが含まれる。そして，第 2 の行動段階の動機

づけは「実行動機づけ(executive motivation)」とよばれる。この段階での動機づけの機能は，下位課題の設定と実行，(自己のパフォーマンスの)同時進行的な評価，行動コントロールである。この段階では，学習者が課題を実行している間，前の段階で生み出された動機づけを，自己調整方略などを含む学習方略を用いて維持することが求められる。そして，最後の行動後段階は「動機づけに関する振り返り(motivational retrospection)」である。これは，学習の経過を振り返る段階であり，この段階を通じて次の学習へとつなげていくこととなる。動機づけの機能としては，原因帰属，基準や方略の精緻化，意志の終了およびさらなる計画とされている。すなわち，行動後段階とは学習を行なった後に，学習者自身が自らの行動を評価する段階であり，この段階でどのように自らの学習を振り返るかがその後の学習に対する動機づけを決定づけるといえる。このように，Dörnyeiのモデルでは，学習に対する動機づけを生み出し，維持し，次の学習につなげていくことが学習のプロセスとしてとらえられている。

さて，ここまで，第二言語学習における動機づけ研究について，社会心理学的アプローチの時代，認知状況論の時代，そしてプロセス志向の時代というように，その年代の特徴を追ってみてきた。目標とする言語や文化に統合するという，他教科とは違った形で始まった第二言語学習の動機づけ研究であるが，近年では，学習のプロセスに重点が置かれるようになってきていることがわかるだろう。そして，Dörnyeiらのモデルでは，学習中の自己調整の重要性が取り上げられている。英語教育研究と教育心理学研究において，学習者が自分自身で学習を進めていくことの重要性に対する認識は共通であると考えられよう。

2. 第二言語学習に関する学習方略研究

自己調整学習という枠組みから学習をとらえる際に，動機づけと同じように重要なものに学習方略がある。動機づけが情意要因として最も重要なものの1つであるなら，学習方略は認知要因を考える上で欠くことのできないものであるといえよう。ここでは，おもに第二言語学習研究として行なわれた学習方略研究を紹介し，自己調整学習との関連をみていくことにする。

第二言語学習における学習方略に関する初期の研究は，「good language learner study」とよばれ，よくできる学習者が使う，いわば「特別な方略」を探し出すことを目指した研究が多く(磯田, 2008)，調査や観察等を通じて学習方略のリストを作成することが中心であった(Rubin, 1975)。しかし，研究が進むにつれ，学習者が学習に成功するためには，何か特別な方略を用いることが重要なのではなく，場面に応じて適切な方略を柔軟に使い分けることが重要であることが

指摘されるようになった（たとえば Vann & Abraham, 1990）。すなわち学習方略を使い分けるためのメタ認知の重要性が注目されるようになったのである。また，Cohen（1990, 1998）は，学習方略を「学習者が意識的に選択する学習プロセス」であると定義しており，英語教育研究の分野でも，方略を適切に使用するためにメタ認知が大きな役割を果たすととらえられていることがわかる。このような流れをふまえて英語教育研究で取り上げられてきた学習方略をみてみたい。

　学習方略の分類を行なったものとして代表的なものが，Oxford（1990）と O'Malley & Chamot（1990）である。Oxford（1990）は，学習方略を，直接方略と間接方略に大きく2分した。その上で，直接方略に含まれるものとして，記憶方略，認知的方略，補償方略をあげた。一方，間接方略には，メタ認知方略，情意方略，社会的方略が含まれる。Oxford（1990）が作成し，第二言語学習方略尺度として広く用いられているものとして，SILL（strategy inventory for language learning）がある。SILLでは，上記6つの因子の内容についての質問がなされる。一方の，O'Malley & Chamot（1990）は，学習方略をメタ認知方略，認知方略，社会・情意方略の3つに大別している。メタ認知的方略には，計画，モニタリング，自己評価などが含まれ，認知的方略には，グループ分け，推測，ノート・テイキングなどの具体的な課題解決を目的とした方略が含まれる。また，社会・情意方略には，質問，協力，自己強化などがある。Oxford（1990）と O'Malley & Chamot（1990）による分類をみると，その分類の仕方は異なるものの，学習者の用いる学習方略には認知的，メタ認知的，情意的な方略が含まれており，自己調整的な学習者に必要な方略が扱われていることがわかる。

　わが国においても，英語の学習方略にはどのようなものがあるのか，そして学習者が実際に使用している方略は何なのかということについて研究が行なわれている。たとえば，堀野・市川（1997）は，英語学習に対する方略として収集した項目の中から，英単語学習に関するものだけを抽出した上で，それらが，体制化方略，イメージ化方略，反復方略の3つの下位カテゴリに分類されることを明らかにした。また，前田ら（2003）は学習者が語彙を学習する際に，どのような方略を使用しているのかについて調査した。高校生1177名のデータを使って分析を行なった結果，やはり体制化方略，反復方略，イメージ化方略の3つの因子を仮定するモデルが確認されたとしている。また，前田らはあわせて学習成果をも測定し，学習成果の上位群，中位群，下位群に分割して分析を行なっている。その結果，語彙学習方略の使用は上位・中位群ではあまり違いがないものの，それら2群と下位群では顕著にその傾向が異なっており，方略使用が少ないことが示された。このことから，前田らは，実際の指導を考える場合には学力層に応じた

指導が必要であり，語彙学習方略のレパートリーが少ないと思われる下位層には，レパートリーを増やしたり，使用をうながしたりすることが望まれると述べている。

さて，ここで，最近開発された学習方略尺度を紹介したい。英語学習の中でも語彙に関する学習方略のみを取り上げた尺度である。この尺度の特徴はその名称に自己調整が含まれていることである。尺度は，SRCvoc（self-regulating capacity in vocabulary learning scale）(Tseng et al., 2006) である。SRCvoc はその名称に自己調整が含まれていることからもわかるように，自らの学習をコントロールすることを測定するための項目が多く含まれている。この尺度は以下の5つの因子から構成されている。具体的な項目例を以下に示す。

①コミットメント・コントロール（commitment control）
　例：語彙学習の目標を達成することに関して生じるすべての困難を克服することができると思う
②メタ認知コントロール（metacognitive control）
　例：語彙を学習するとき，自分の集中力をコントロールする方法が効果的かどうか考える
③飽きのコントロール（satiation control）
　例：語彙学習の最中，飽きたり退屈な気持ちを取り除く方法が十分にある
④情動コントロール（emotion control）
　例：語彙学習に関して，ストレスを減らすやり方を知っている
⑤環境コントロール（environment control）
　例：語彙学習をするとき，環境をよりよく整えるすべを知っている

ここまでみてきたように，英語教育の研究分野においても学習方略研究は多く行なわれている。そして，その学習方略を指導する目的は「自律した学習者」の育成であることは多くの研究者の間で一致しているという（大学英語教育学会学習ストラテジー研究会, 2006）。Benson（2001）は，自律した学習者とは，目的や方法を決定したり，学習のペースをモニターするなどの「学習管理」や，内省，推測，分析などの「認知プロセス」，プレゼンテーション活動などを利用して課題を選択するなどの「学習内容」という3つのレベルにおいて自分の学習をコントロールできる学習者であるとしている。

これらをまとめると，英語教育の研究分野においても，動機づけをプロセスとしてとらえることの重要性が指摘され，適切な方略を指導し，そして自律的学習

を目指していることが示されたことになる。そして、これは、教育心理学分野の自己調整学習と軌を一にする考え方ということができよう。そこで、第2節以降は、これらのことをふまえた上で、教育心理学的研究を中心に記述し、英語教育にその知見をどのように活かしていくべきかということについて考えていくことにする。

第2節　学習者と教師の視点からみる動機づけ研究と学習方略研究

1. 動機づけと学習方略

　学習を自己調整するときに、動機づけは大切な要因となる。しかし、学習者の動機づけはつねに高いわけではない。英語学習に対する動機づけについて、小泉・甲斐 (1992) は中学1～3年生を対象に調査を行ない、英語学習における態度や動機は中学校3年間で低下することを示した。また、山森 (2004) は、中学1年生の英語学習に対する学習意欲がどの程度持続するのかについて縦断的な調査を行ない、検討している。その結果、4月の初回の授業では中学1年生の9割以上が英語の学習に対して高い学習意欲をもっていたが、3月の1年生最終授業の日までその高い学習意欲を持続させることができたのは6割にとどまったという。

　それでは、学習者が動機づけを維持して学習を進めていくためには、どうしたらよいか、自己調整学習の枠組みに照らして考えてみることにする。動機づけと同様に、学習者が学習を進めていく上で重要な役割を担うのが学習方略であることは前節でも述べた通りであるが、動機づけと学習方略はどのような関係にあるのだろうか。Pintrich & De Groot (1990) は動機づけ（自己効力感、内発的価値、テスト不安）と、学習方略（自己調整と認知方略）の関係を調査している。その結果、動機づけ（自己効力感）と学習方略（自己調整）が正の相関をもつことが示された。Zimmerman & Martinez-Pons (1990) の研究においても、自己効力感によって学習方略の使用が予測できるという結果が得られている。ほかにも、Pokay & Blumenfeld (1990) は、動機づけは、その学習内容を学ぶための能力に対する認知である「自己概念」、重要性や実用性、興味などの「価値」、どの程度うまくできるかという「期待」の要素からなっているとして、これらと4つの学習方略（メタ認知的方略、一般的認知方略、学習内容固有の方略、努力の調整方略）の関係を調べた。その結果、興味などの「価値」という動機づけとすべての学習方略との間に正の相関が示された。

ここで問題を指摘したい。これらの研究は，動機づけと学習方略の関係を相関関係からとらえている。当然，相関関係は因果関係を意味しないが，これらの結果を解釈する際に，動機づけが学習方略使用の予測因子として扱われることが一般的である。このような傾向があることを考えると，研究者にも教師にも「動機づけが高いから方略を使用する」という考え方が暗黙裡に働いてきたことは否めないであろう。もちろん，このような因果関係があることは当然考えられるし，想定されるのが自然だろう（このような因果関係を否定するわけではない）。しかし，このような因果関係だけを考えていたのでは，動機づけが高くない学習者は，有効な方略を使えないままなのかという問題も残る。それでは学習者は「やる気がでない→方略も使えない→できない→だからやっぱりやる気がでない」という負のスパイラルに陥ってしまう。

2. 動機づけを高めるためにはどうすればよいのか

(1) 動機づけを高めるために学習者自身は何をするのか

次に考えなければならないのが，どうすれば，学習者の動機づけを高めることができるのかという問いである。北尾（1988）は，意欲を原因としてではなく，それ自体を目標とすることの重要性を指摘している。また，最近になり，自己調整学習の枠組みから，動機づけを高めたり，維持したりするための方略が提案されている。たとえば，伊藤・神藤（2003）は，中学生を対象に「勉強のやる気が出ないとき，どのようなやる気の出る工夫をするか」ということについて，自己動機づけ方略尺度を作成し，「①整理方略（例：ノートをきれいに，わかりやすくとる）」「②想像方略（例：将来に自分自身のためになると考える）」「③ながら方略（例：音楽を聴きながら勉強する）」「④負担軽減方略（例：得意なところや好きなところを多く勉強する）」「⑤めりはり方略（例：「ここまではやるぞ」と量と時間を決めて勉強する）」「⑥内容方略（例：身近なことに関連づけて勉強する）」「⑦社会的方略（例：友達と一緒に勉強をする）」「⑧報酬方略（例：勉強が終わったり問題ができたら，お菓子を食べる）」の8つのタイプの自己動機づけ方略があることを示している。また，伊藤らはこれらの自己動機づけ方略と，学業ストレス対処方略（神藤，1998）の関連について検討し，「想像方略」「めりはり方略」「内容方略」「整理方略」「社会的方略」と，「問題解決の対処（例：原因を検討し，どのようにしていくべきか考える）」や「積極的情動中心対処（例：悪い面ばかりではなく，よい面を見つけていく）」との間に正の相関があることを示した。このような自己動機づけ方略は，学習者が自分自身で動機づけを高めるということから，自己調整学習の重要な要素であるといえよう。

(2) 学習者の動機づけを高めるために教師は何をするのか

　自己調整的な学習者になるために、伊藤・神藤（2003）が指摘したような「学習者」の視点からとらえた自らを動機づける方略が、適切に使用されることが望まれる。しかし、それだけでは学習者は学習内容に対する興味を喚起することがむずかしいのではないだろうか。学習者自身が自己調整することに加えて、「教育」という視点からの動機づけを高めるための方法についても考える必要があるだろう。なぜなら、教師などの他者から教授された内容によって、学習内容に対して興味をもつことが、結果として自己調整的な学習を促進すると考えられるからである。

　学習者の会話の中には、こんな内容がよく聞かれる。「やり方がわからないからやりたくない」――このような学習者の声に基づいて、学習方略を教授することにより、動機づけが高まることを示した研究を紹介したい。岡田（2007）は、英単語を取り上げて具体的な内容を題材にした介入を行なった。英単語の学習は、地道な努力を要するものであり、学習者が自ら意欲的に取り組むことは多くないことが考えられる。また英単語の学習の仕方を教わる場面は少ないであろう。そこで、高校生を対象に英単語の学習方法として接頭辞・接尾辞・語幹を使用する方略（体制化方略）の教授を4日間行なった（図10-1参照）。また、授業時には英語学習に特化した認知的な方略としての体制化方略だけでなく、「時々立ち止まってできているか自分でチェックする」などのより一般的な、メタ認知的な学習方略についても教示を行なった。授業を実施した結果、授業前には動機づけが高くなかった者を含む多くの学習者が、接頭辞・接尾辞・語幹を使って英単語を考えるプリントを自主的に毎日行なった。このプリントは、鹿毛・並木（1990）にならい、「自主提出プリント」と名づけられたもので、内発的動機づけを表わす指標と位置づけられるものである。すなわち、この研究は、内容に即して学習方略を教授することで、学習内容に対する興味や動機づけを喚起することができることを示唆しているといえよう。これまでの「動機づけが高いから学習方略を使う」という考えとは逆の因果関係を想定している点が特徴的である。

　それでは、岡田（2007）の研究で示されたように、学習方略の教授によって動機づけが喚起されると考えられる根拠を、過去の理論的枠組みに照らして考えてみたい。方略を教授されることにより、学習者は、これからどのように学習をしていくかについての手がかりを得ることができ、今後の見通しを立てることができるであろう。意欲の成立に「見通し」が関与していることは十分頷けることである。これまで、Atkinson（1957）の期待－価値モデルやBandura（1977）の効力期待など、動機づけ理論は「期待」という概念をその中核に据えてきた。期待

第 10 章　英語教育

3．語幹

　importable は「輸入可能な」という意味です。そしてこの単語は im + port + able に分けられます。つまり im（中へ）+ port（運ぶ）+ able（できる）となるわけです。いままで単語のはじめと終わりに注目してきましたが，この真ん中の部分にもちゃんと意味があります。ここは語幹と言い，単語の基本的な意味を決めるための大事な部分です。この語幹を知っておくと更に単語の意味を捉えやすくなります。語幹についていくつか例をだして見ていきましょう。

≪ port　運ぶ≫

　第 1 章の接頭辞のところで import と一緒に export という単語が出てきたことをおぼえていますか？どんな意味だったでしょうか？

　　im（中へ）+ port（運ぶ）→「輸入する」
　　ex（外へ）+ port（運ぶ）→「輸出する」

という意味だったのですが，この import と export という単語にはどちらにも port が含まれています。そして port 自体に「運ぶ」という意味があるのです。port を含む単語は他にもあります。例を示してみましょう。

> （1）I bought a new **portable** telephone.
> （2）I met a **porter** in the Narita Airport.

　port についている able も er も前に出てきたものです。知識をむすびつけられましたか？

　おまけ　かばんなどを作っているポーターというメーカーがありますが，その会社のマークは荷物を持った人が歩いている絵なんです。今度，売っていたら是非，見てみてください。

図 10-1　岡田（2007）の教材の一部分

とはこれからの学習に対する見通しが立つことにより生じるものであり，これらはすべて「見通し」の成立にかかわるものであるととらえることができよう。岡田の研究に即して具体的に述べると，学習者は英単語の学習方略を教授されたことによって，今後の英単語学習に対して，こうすればよい，あるいはこうすればよさそうだという見通しをもつことができるので，英単語学習への動機づけが高まったと考えることができる。また，この理論的枠組みは，「今まで長文読解のときなど長い単語の意味がわからず，やる気が出ませんでしたが，単語を分解すれば意味を推測できるのでこれからもこの方法を利用していきたいです」という学習者の感想からも裏づけられるといえよう。

　また，感想の中には「接頭辞や接尾辞などを習ってから，身のまわりの英単語

の意味を分解して考えるクセがつきました」「ふだん意識しなかった英字の会社名の意味がわかると1人で感動します」のようなものもみられた。学習者は授業により，学習の見通しが立てられるようになり，学習内容そのものに対する興味を喚起することができたと示唆される。

　岡田（2007）の研究は，学習者自身が学習プロセスのすべてを調整しているわけではないので，自己調整学習の研究とは異なる点がある。しかし，はじめは「授業だから」という理由で仕方なくやっていた勉強かもしれないが，少しやってみると案外おもしろくて，これならできそうだ，もっとやってみたいなと思うことがあるというのは十分に考えられることである。そして，そのような動機づけが，学習者自身が自分を自己調整的な学習者へと育てていくための素地をつくることにつながると考えられるのではないだろうか。

第3節　自己調整学習者を育てるために

1. 自己調整的な学習者として，適切な援助要請を行なうためのモニタリングの重要性

　前節でいくつかの学習方略を取り上げたが，学習方略にはほかにもさまざまなものがある。学習者が自分自身の力だけで解決することがむずかしい課題に直面したとき，先生や教師など他者の力を借りて学習を進めること，すなわち他者を学習のリソースとして適切に用いることも重要な学習方略の1つである。ここでは，他者をリソースとして用いるという観点から，学習者の自己調整に必要なモニタリングや，知識のあり方について考えてみたい。まず，学習者のようすをより具体的に考えるために，次のような場面を考えてみることにする。

　あるクラスで英語の宿題が出された。今日の課題は英文読解だ。英語が得意でないAくん，Bくん，Cくんは，困ってしまった。むずかしそうな部分もあり，自分の力だけでは解決できそうもない。このような状況で，彼らがどのように課題に対処するのか，1人ひとりの行動をみてみよう。

　　Aくん
　　　「できないヤツ」と思われると恥ずかしいので誰かに聞くのはイヤだと思って誰にも質問しなかった。
　　Bくん
　　　ちょっと見てみて，問題がむずかしそうだったので，すぐに仲のよい友達

に「これ教えて」と言った。
Cくん
自分の力で課題に取り組んだ後で,「ここまではわかったんだけど,ここがわからないから教えてくれる？」と友達に質問した。

このような行動のパターンをみてみると,同じ課題に対しても学習者によって課題解決の際にとる行動が異なることが考えられる。ここで注目したいのは,「質問する」という行動についてである。学習者が他者に質問をするなどして援助を要請することを「学業的援助要請（academic help seeking）」という。学業的援助要請とは,学習者が独力では解くことのできない問題に出会った際に,他者に助言を求めたり,質問することによって課題を解決することを目的として行なわれるものである。そしてこれは,自己調整学習にとって重要な要素の1つであるとされる（Schunk & Zimmerman, 1994）。(学業的援助要請について,ここでは本章に関係のある内容だけの説明に留めるため,詳しくは第5章を参照されたい。)

学業的援助要請はその内容によって3つのタイプに分類することができる（野﨑, 2003）。この3つのタイプを,先ほどの質問内容に照らしてみてみよう。まず,Aくんのように,質問をすることすらやめてしまうのは,「要請回避」といわれる。要請を回避するのにはさまざまな要因が考えられる（野﨑, 2003）が,ここであげられているAくんのように,自分ができないと思われることを避けようとする（能力感への脅威がある）場合に,学習者は援助要請自体を回避してしまうことがある。一方,BくんとCくんは2人とも他者に援助を要請している。しかし,その内容には大きな違いがある。Bくんは,自分の力では取り組もうとせず,はじめから他者に頼って答えを教えてもらおうとしている。このような援助要請は,「依存的援助要請」といわれ,好ましくないタイプの援助要請であるとされる。依存的援助要請では,問題解決の主体が学習者自身ではなく援助者に移ってしまっており,また援助についての必要性の吟味も行なわれていないため,依存的援助要請をくり返していても学力の向上にはつながらない。これに対して,Cくんは,まず自分で課題に取り組んだ後にわからない箇所について尋ねている。このように,学習者自らが十分に課題に取り組む時間をとった上で,他者への援助を求めることを「自律的（または適応的）援助要請」という。自律的援助要請では,学習者は自らの不十分な点を明確にしてその箇所に対する説明を求めているため,その後の学習にもつながりをもつであろう。

このように,3人の行動を比較すると,援助要請行動として好ましいのはCく

■ 第 2 部　自己調整学習と教育実践

んの態度であることは明らかである。それでは，Cくんのような学習者を育てるためにはどのようなことが必要だろうか。もう一度Cくんの質問をみると「ここまではわかったんだけど，ここがわからないから教えてくれる？」と聞いており，自分で課題に取り組むことによって，自らの理解状況について「ここまではわかっている」「ここはわからない」という認知をすることができていることがわかる。すなわち，Cくんは自らの理解状況についてモニタリングをすることができているといえよう。このように考えると，望ましい援助要請を行なうためには，自らの状態について適切なモニタリングを行なう必要があるといえる。しかし，実際には学習者の多くがモニタリング方略を使用していない傾向があることが指摘されている（O'Malley & Chamot, 1990）。

このような現状をふまえて，モニタリングを促進することを目的として行なわれた研究に，植木（2004）がある。植木は英文読解の際のモニタリングを取り上げた。そこでは，文章を読むときに自分がどのくらい理解できているか，どのあたりがわからないのかといった自問自答を意識的に行なうことをモニタリングということ（モニタリングについての知識）を教示し，自己モニタリングの様子を観察させた。その結果，介入直後での英文読解の成績が高くなり，学習者のモニタリングが促進されたことが示唆された（ただし，長期的な効果は得られなかった）。また，このようなモニタリングの知識だけでなく，文章を読むときには自分の記憶と関連づけながら読むとよいといった推論方略についてあわせて教示した群では，介入7か月後であっても英文読解の成績は高いまま維持され，学習者のモニタリングが定着したことが示唆された。

ほかにもモニタリングなどメタ認知的方略に対して介入やトレーニングを行なった結果，行なわなかった学習者と比べて成績が高かった，生徒がメタ認知的活動を積極的に取り入れるようになったなどの結果も多く得られている（たとえばAbdullah, 2010，伊藤・大和, 2005）。

2. モニタリングと「わかったつもり」の関係

ここまで，自己調整的な学習者として自律的な援助要請を行なうためには，モニタリングを行なって，自分自身の理解の程度を把握することが必要であることについて述べてきた。しかし，ここで1つの疑問が生じる。学習者はモニタリングという行為を行なえば，必ず自分が「わかっていない」ことに気づくことができるのだろうか。現実の学習場面では，学習者は，じつはまちがっている，あるいは表面的な理解にとどまっているにもかかわらず，自分は「できている」と認知してしまうことがある。つまり「わかったつもり」（西林, 1997）になってし

まうのである。このように「わかったつもり」になることは、学習者の深い理解を妨害する大きな要因の1つである。このような場合、学習者にとっては、さらに学習する必要は認識されない。また、本来であれば必要とされる学業的援助要請も行なわれることはないと考えられる。つまり、先のA、B、Cくんに加えて、次のような学習者の存在が考えられるのである。Dくんとしよう。

　Dくん
　　本当はまちがっているのに、それに気づかずに「できた」と思って課題を
　　終了してしまった（もちろん援助要請も行なわない）。

　このような学習者は、自らのまちがいに気づいていないため、そこで学習がストップしてしまう。つまり、さらにその内容について学ぶ必要性を認識していないので、自己調整的な学習には結びつかないと考えられる。それでは、学習者が「わかったつもり」に陥らないようにするためにはどのようにすればよいのだろうか。この点については、学習者の誤りについて行なわれた研究から示唆を得ることができる。学習者は誤りやすい箇所を知っておくことで、自らの導き出した答に対する注意を向けることができると考えられる。すなわち、「わかったつもり」からの脱却をうながす教授方法として効果をもつと考えられるのが、学習者に誤りやすい箇所を教えることだと考えられる。

　ここで、少し話がそれることになるが、英語教育研究においては学習者の誤りはどのようにとらえられてきたのかということについてふれておきたい。英語教育研究では、学習者はどのような誤りをするのかということと、その分類について、多くの研究が重ねられてきた。対照分析（contrastive analysis）、誤答分析（error analysis）などがそれにあたる。対照分析とは、学習者の母語と目標言語をさまざまなレベルで対照的に分析し、共通した部分と異なった部分を確認することを目的とするものである（山岡, 1997）。対照分析の考え方では、学習者の犯す誤りはすべて母語の影響であると予測されていた。しかし、学習者の誤答の中には、母語の影響とはいえないものが存在することが明らかにされた。たとえば、学習初期にgoedなど、不規則動詞に-edをつけてしまうという誤りはよくみられるが、これは母語として英語を習得する子どもにもよく起きることで、母語からの転移とはいえず、学習者が新たな言語体系を構築するが故の誤りである。このような観点から、学習者の誤りを言語習得に伴う学習者の創造性の表われとしてとらえなおしたのが誤答分析である。また、目標言語習得プロセスの途中段階にある学習者言語とは、目標言語とも母語とも異なる独自のものであり、学習者

■第2部　自己調整学習と教育実践

自身が独自に構築した言語であるととらえ，これを母語と目標言語の中間に位置する中間言語（interlanguage）としてとらえた研究も多く行なわれている。

　さて，話題をもとに戻すと，ここで着目していたのは，「わかったつもり」に陥らないための誤りの利用についてであった。最近は教育心理学の分野においても，英語の誤りについての研究が行なわれるようになってきた。学習者の誤りの中にはいろいろなものがある。たとえば，3人称単数現在のsをつけ忘れるなどの誤りは日本語を母語とする学習者誰もが経験する誤りで，教師はもちろん学習者自身も，この点をまちがえやすいことは知っている。一方，これから紹介する誤りは，学習者が気づいていないだけでなく，教師にとっても学習者がこのようなまちがいをするということは意識されていないことが多いであろう誤りである。そのため，学習者が「わかったつもり」に陥りやすい箇所である。そこで次に，これまで教育心理学の分野で行なわれた英語に関する学習者の誤りについての研究を紹介し，それらの誤りに注目することが自己調整学習にどのように位置づくのかを考えていきたい。

3. 教育心理学における「英語の誤り」についての研究

　はじめに，英語の誤りの中でも最も基本的な内容である語彙レベルのまちがいについてみていくことにする。今井（1993）は，語彙学習におけるまちがいを指摘した。語彙の中でも特に動詞はおもに抽象的な関係を表わすものであるため，それぞれの言語特性に大きく左右される。ネイティブ・スピーカーは，その語彙の意味がどのように構成されるかというメタ知識や，語彙のさまざまな派生的な意味が互いにどのように関連しているかという知識をもっているため，その語が表わす意味の範囲をも理解しているという。しかし，英語を母語としない学習者は学習の初期段階では語彙について辞書に載っている日本語の単語と対応させて覚えているのが一般的であろう。今井（1993）をもとに，具体的な語を取り上げて考えてみたい。ここで取り上げるのは「wear」という語である。多くの日本人の学習者は「wear」を「着る」と考えている。もちろん，「wear」には「着る」の意味があるのだが，英語の「wear」という語によってカバーされる意味範囲は「着る」よりもずっと広く，身につけている状態全般を指す。そのため「帽子」や「靴」や「指輪」を身につける場合にも英語では「wear」を用いる。しかし，日本人の学習者は「帽子」は「かぶる」ものであり，「靴」は「履く」ものであり，「指輪」は「はめる」ものであると考えている。つまり，日本人学習者にとってこれらは「着る」ものではないのである。今井は，日本人学習者に対して「制服」や「ドレス」などに加えて，「帽子」や「靴」や「指輪」について

「wear」を用いた文を示し，どの程度受容できるかを評定させている．その結果，制服やドレスなどの「着る」ものについては，「wear」を用いることを問題なく受容できたのに対し，帽子や靴や指輪などの「着る」とは考えられていないものについてはその受容度が低かったことが確認された．学習者が，英単語の意味する範囲と日本語の単語の意味する範囲を誤って同じであると考えていることがわかる研究である．

　今井（1993）の研究は，単語レベルで意味空間の範囲の違いに関するまちがいを指摘していた．一方で，日本語でも英語でも同じ対象を指し示すが表現が異なることに関するまちがいがある．岡田・麻柄（2007）は，会話文における人称代名詞の使われ方が英語と日本語では大きく異なることについて研究を行なっている．英語の学習者はそのごく初期に「私（は）＝ I」「あなた（は）＝ you」であることを学習する．教師も学習者も，この点についてむずかしいと感じることはほとんどないだろう．しかし，ふだんの生活の中で学習者は，必ずしも「私」「あなた」という言い方をするとは限らない．たとえば，先生に年齢を尋ねたいときに，「あなたは何歳ですか」という言い方はせず，地位名称を用いて「先生は何歳ですか」と尋ねるだろう．ほかにも，「お父さんは〜」というように親族名称を使う場合も多くみられる．つまり，話し手や話し相手のことを指すという意味では同じだが，英語では必ず I と you を用い，日本語では地位名称や親族名称を用いた言い方をするという違いがある．そこで，岡田らは中学2年生を対象に，たとえば「<u>先生</u>は何歳ですか？」「<u>お父さん</u>なんて嫌い」「僕は昨日，<u>お父さん</u>のカメラを壊しちゃいました」などの会話文を取り上げた問題を提示した．下線部は，日本語ではこのように表現するが，英語では I または you になる部分である．このような理解ができているかどうかをみるため，下線部についても日本語をそのまま英語に置き替えた文について正誤判断を求めた（図 10-2）．具体的には，「How old is <u>my teacher</u>?」「I don't like <u>my father</u>.」「I broke <u>my father</u>'s camera yesterday.」などである．その結果，学習者はこれらの文に対しても正しい文であると判断してしまうことが示された．日本語の文に「私」「あなた」と書かれていれば，正しく I や you を使える学習者も，その本質（一人称は I，二人称は you であること）を理解していない場合が多いことがわかる．学習者が深い理解に到達するのを阻んでいる1つの要因として考えられるのが，学習時に取り上げられている日本語の文であろう．岡田・麻柄（2007）が用いた日本文は，われわれがふだん用いている自然な日本語である．しかし，英語の授業では上記のような日本文を英語に直すというパターンはほとんど登場しない．その代わりに「わたしはあなたを嫌いです」「わたしは，昨日，あなたのカメラを壊しました」「あ

■第2部　自己調整学習と教育実践

> 花子，お前はなんてだらしがないんだ。お父さんはなさけないよ。

お父さん

> お父さんなんて嫌い。

花子

花子の発言を英語に訳します。
自然な英文には○を不自然な英文には×をつけてください（アイウすべて）。
ア．"I don't like me."（　　）
イ．"I don't like my father."（　　）
ウ．"I don't like you."（　　）

図 10-2　岡田・麻柄（2007）で使用された問題の例
注）会話の話し手，聞き手が明確になるように絵を載せた

なたはわたしを好きですか？」のような文が提示されることが多い。これらの文はいわば，教育的配慮が加えられたものである。しかし，このような文だけを提示していると，英語と日本語の違いにはなかなか気づきにくくなってしまうだろう。

さて，次に英語と日本語の違いの最も大きなものの1つとしてあげられる主語の使われ方についての研究を紹介したい。日本語では主語を省略することが多い。また，主語に付属する助詞として一般的に使われる「～は」という表現は，主語としてだけではなく，提題（～について言えば）としても用いられる。このような理由から，日本語を母語とする学習者が英語の文を産出する際に，誤った文をつくってしまうことが確認されている。水品・麻柄（2007）では，日本語を母語とする中学生と高校生に対して調査を行なっている。そこでは，たとえば①「昨日はバイトだった」という日本文を英作文する際，日本語の「昨日は」を主語にしてつくった「Yesterday was a part-time job.」という誤った文について，この文は正しいか否か正誤判断を求めた。正しい文は「I had a part-time job yesterday.」である。また，②「1月はわたしの誕生日です」の英作文として「January is my birthday.」の正誤判断を求めた。②の正しい文は「My birthday is in January.」であ

218

る。ほかにも，③「シャツはすべてクリーニング屋に出します」の英作文として「All my shirts bring to the laundry.」を提示して同様に正誤判断を求めた。③の正しい文は「I bring all my shirts to the laundry.」である。このような問題を計9問提示したところ，学習者のうち約40%〜60%の者がこのような誤った英文を「正しい」と判断してしまったという（ちなみに，ここで例示した問題についての中学生と高校生を合わせた平均正答者の割合は，①63%，②42%，③42%であった）。これは，日本語で「〜は」と書いてあるものが英語でも主語になると機械的に考えてしまうために生じる誤りである。

　このように英語の誤りについての研究が重ねられてきている中で，松沼は英語の誤りについて複数の研究を行なっている（松沼, 2007, 2008, 2009）。ここでは，これらの研究の中から，受動態についての誤りについて行なわれた研究を取り上げることとする。松沼（2009）は，大学生を対象に受動態の問題を出し，その理解が不十分であることを指摘した。たとえば，「わたしはトムにそのお皿を壊された」に対して「I was broken the dish by Tom.」でもよいと考えている学習者が多くいるという。ほかにも，「わたしはトムに野球のルールを説明された」に対して「I was explained the rules of baseball by Tom.」であったり，「わたしは赤ん坊に一晩中泣かれた」に対して「I was cried by the baby all night.」などの文を正しい文であると考えてしまうことが示された。そこで，松沼は高校1年生を対象にこれらの誤りを修正するための介入を行なっている。その際に用いられたのが「熟達者思考プロセス提示法」である。熟達者思考プロセス提示法とは，熟達者が先のような誤った文を誤りであると判断するプロセスを外化し（熟達者が誤った文に接した際に，頭の中で何をどう処理しているかをセリフの形式で表面化させ）学習者に提示する方法である。この方法によって提示される内容には，問題解決の過程における評価やエラー修正等が含まれる。つまり，「受動態の文の主語は能動態の文の目的語である」という「大事な知識」を使って，熟達者が誤りに気づくようすを言語化して与えたものである。介入授業前後のテスト（受動態に関するテスト）成績を比較したところ，熟達者思考プロセス提示法を用いた授業を受けた学習者のほうが，そうでない学習者に比べて直後の成績が高く，その効果は1か月後でも維持されていたという。松沼の研究では，熟達者のモニタリングを参考に学習者がまちがいに気づき，修正することを目的としているが，このような取り組みは，熟達者の思考プロセスを参考に学習者自身が自らの学習に対して適切なモニタリングを働かせることを促進する効果もあるのではないかと考えられる点でも興味深い。

　ここまでは日本語を英語にする際にまちがえやすいポイントをみてきたが，英

■ 第2部　自己調整学習と教育実践

語学習の際には，英文和訳を求められることも多い。英文和訳の際には，正しい英語が示されているため，学習者のまちがいは生じないのだろうか。このような観点から，英文和訳の誤りについて言及したものに岡田（2010）がある。岡田は，専門学校生を対象に英文を提示し，その和訳を求めた。用いられた英文には，たとえば，「Listen to him.」という文がある。この文は複雑な構造もなく，使われている単語もごく初歩的なものである。しかし，このような一見容易にみえる英文であっても学習者は答えられなかったり，意味を誤ってとらえてしまうことが明らかにされた。たとえば，学習者の誤りの中には，先の「Listen to him.」という英文に対しての和訳として「彼に聞いてください」という解答があった。正しくは，「彼の話（言っていること）を聞いてください」という意味を表わしている文であるので，これは明らかにまちがいである。なぜ学習者はこのようなまちがいを犯してしまうのだろうか。先のまちがいをよくみてみると，「Listen＝聞く（ここでは「聞いてください」）」「to＝に」「him＝彼（を）」という単語間の対応は完全に保持されていることがわかる。つまり，学習者の中には，学習目標とする言語と母語の間に完全な一対一対応の関係があり，その原則を最優先した結果，先のような誤りが生じてしまったと考えられる。

4. 自己調整学習研究における新たな研究分野の応用として
──誤概念と自己調整学習の関係

ここまで学習者の誤りについて研究を紹介してきた。これらの研究は直接の自己調整学習の研究ではない。しかし，これらの誤りに着目することがどのように自己調整学習に関係してくるのかということについて，改めて述べていきたい。

通常の英語の授業では，以下のような内容が教えられる。「be動詞の疑問文は主語の前にbe動詞をもってくる」とか「受動態はbe動詞＋過去分詞」とか，「現在完了はhave＋過去分詞」といった内容である。これらは学習内容に限定された，いわゆる個別知識である。このような「個別知識」を第1の層とよぶことにしよう。これらの個別知識を学習することはいうまでもなく重要なことである。個別知識の学習を重ねていくことで，学習者は知識を増やしていくことができる。しかし，自己調整的な学習者を育てるという視点からみたとき，個別知識だけを教えていたのでは，十分とはいえない可能性がある。

これに対して「一般的な知識」の層が考えられる。これを第3の層とよぶことにしよう。たとえば，援助要請やモニタリングをするといった学習方略に関する知識は，第3の層にあたる。第1の層と第3の層について，松沼（2009）で扱った問題を例にとって考えてみたい。「わたしはトムにそのお皿を壊された」とい

う文を英語で表現する際に,「I was broken the dish by Tom.」としてしまう学習者が多いことは先に示した通りである。そのような学習者は「受動態はbe動詞＋過去分詞」という知識（第1の層）はもっている。そして，その知識を用いて英作文をしているため，モニタリング（第3の層）を行なったとしても，自分の答えは「正しい」と判断してしまう可能性がある。このように，個別知識（第1の層）と一般的な学習方略の知識（第3の層）をもっていても，適切なモニタリングができないことがある。先のDくんがそれにあたる。

ここで筆者が必要だと考えるのは，上に述べた2つの間に入る層の知識である。たとえば，「受動態の英作文は要注意だ。日本語の「れる」「られる」につられてはいけないぞ」という知識が，この第2の層にあたる。第2の層の知識をもっていることにより，自分がつくった「I was broken the dish by Tom.」という文が正しいかどうかをモニタリングするときのポイントがわかってくる。第2の層とは，個別知識（第1の層）を使う際に注意すべきポイント，モニタリング（第3の層）をするときに正しいか否かの判断材料として使える知識ということもできるだろう。つまり，第2の層は個別知識や一般的知識を用いる際のキーポイントとなるような「鍵的知識」である。

先に紹介した研究を例に第2層の記述をしてみると,「英文の主語を何にするかは要注意だ。「〜は」と書いてあるからといって，それが英語の主語になるとは限らないんだ」とか，「一人称二人称は注意しよう。呼び名が書いてあってもそのまま書いてはいけないんだ」という知識がこれにあたる。松沼（2009）で「大事な知識」として取り上げられていた「受動態の文の主語は能動態の文の目的語である」という知識の重要性も,「日本語の「れる」「られる」につられてはいけない」という第2の層の知識があるからこそ認識されるのではないだろうか。そして，学習者はこれらの知識をもっていることで，わかったつもりに陥ることなく，さらには自分がどこでつまずいているのかということについて明確に把握することができると考えられる。

本節では，学習者が自己調整学習者として自律的な援助要請を行なうためには，モニタリングが必要であること，そして，そのモニタリングがより適切なものとして機能するためには，誤りについての知識（第2層）をもつことが必要となることを述べてきた。誤りについては，紹介したもの以外にもさまざまなものが考えられるが，これらの背景には，学習者は「日本語と英語は必ず対応させることができる」という信念をもっており，それに基づいた学習方略がとられていることがあると考えられる（岡田・麻柄，2007；岡田，2010）。自己調整的な学習者として学習を進めていくためには,「英語と日本語を対応させる」という学習方略

の不十分さを具体的な内容に即して示し，学習者の適切なモニタリングを促進することが目指されるべきと考えられよう。

第4節　最後に

　授業をつくるにはさまざまな方法がある。教師が授業をするとき，いろいろな知識を子どもたちに教える。西林（1994）は，「教師」と「学習者」と「知識」の関係を3つのモデルを用いて整理した。西林の解説をもとに，筆者なりに説明をすると，1つめのモデル（モデルaとする）は，教師が知識を呈示し，それを学習者が学習するというものである。誰もがイメージできる教師と学習者の関係であろう。そして，2つめのモデル（モデルbとする）は，学習者の自主性にすべてをまかせて教師の手助けはほとんどない関係である。学習者は自らの力だけで世界の事象を学んでいくことが必要とされる。モデルaのように学習者が受け身ではなく，能動的に学習に取り組むというと一見，よいスタイルのように思える。わが国でも「詰め込み教育」ということばが流布し，教師が教えるというスタイルが批判されたことに表われるように，学習者の自主性にまかせるべきだという考え方が極端な形となって蔓延した部分があるだろう。しかし，実際に教育場面にもち込もうとしたとき，子どもたちは自身の力だけでやりなさいといわれても，何をすればいいのかよくわからないということが起きたり，学習が到達目標に届かないことがある。

　このように，モデルaにも，モデルbにも問題があった。そこで第3のモデル（モデルcとする）を考える必要が出てくる。モデルcは，教師が教えた知識を使って学習者が「世界と交渉する」というものである。具体的には，「教師は自分が使ってみて，いいなと思った知識を学習者に提案する。学習者はその知識を使ってみてよければ採用し，その知識を通じて世界と交渉する」というスタイルがモデルcである。学習者はしばしば「何のためにそれを学習するのか」という問いをもつ。しかし西林は，知識とは世界との交渉の道具であり，「このことを学んだら，こんなことができるようになった」「こんなこともわかるようになった」「こんな風に世界が違って見え始めた」と学習者が思えるようであれば「何のために」ということについて教える必要もなくなると述べている。西林の「世界と交渉する」ということについて，麻柄（2010）は「世界をよりよく知る」ことや「世界をつくり替える」ことに当たると説明している。モデルcのように，学習者は知識を与えられるだけでもなく，すべて自分の力で学ぶでもなく，学んだ知識を使って主体的に世界と交渉することができれば，その後の学習を続けて

いくことができるのではないか。

　自己調整学習は，教師主導ではなく，「学習者中心」の学習ということを背景にもっている。そのため，これまで多くの研究において，学習者がどのようにして自分自身で学習を進めていくかということに注目がなされてきた。つまり，学習者が「いかに学ぶか」という視点から，研究が行なわれてきた部分が大きいだろう。しかし，本章は「英語教育」という章題にも表われているように，「自己調整的な学習者を育てるためにはどうしたらよいか」という視点から研究を紹介してきた。その中でも，知識の内容に着目し，その重要性を指摘してきた。知識の中には，モニタリングなど自己調整学習研究で重視されてきた方略に関する知識（第3層）はもちろん，学習内容に関する知識（第1層や第2層）が含まれる。このような学習の内容に着目することは，自己調整学習に直接結びつかないように思われるかもしれない。しかし，本章での内容を振り返ると，知識の内容に着目することによって次のようなことがいえるのではないだろうか。①学習に対して「できそうだ」という期待を高めることができ，学習に動機づけられる。②内容に対する興味をもつことで，学習を進めるための動機づけを維持することができる。③学習内容に関する知識があることで，適切なモニタリングが可能となる。

　自己調整学習研究はこれから，学校での実践場面に寄り添った形で発展していかなければならない。Schunk & Zimmerman（1998）は，今後の自己調整学習研究について次のように述べている。

　　「学校は，自己調整を正規の学習指導に統合する介入に対してより受容的になるであろう。特別追加のプログラムは，余分な時間がかかるので，わずかな学校だけしか用意できない。学習内容に自己調整を結びつけることは，自己調整スキルの応用を訓練場面を超えるところまで高めるはずである」（訳は塚野，2007，p.236 による）

　学習内容に着目することは，自己調整学習者を育てる上で遠まわりなようにみえるかもしれない。しかし，学習内容に自己調整を結びつける際に，内容に関する視点は不可欠である。これから「知識」をも考慮した自己調整学習研究が発展することを望んでやまない。なぜなら，それが未来の自己調整学習者を育てるための重要な役割の1つであると考えるからである。

第11章

日本語教育における自己調整学習

佐藤礼子

第1節 はじめに

1. 第二言語としての日本語教育

　第二言語としての日本語教育とは、主として日本語を母語としない学習者が、日本語を第二言語（外国語）として学ぶことを支援するものであり、日本語は国内のみならず、世界中で学ばれている。外国語を学ぶという点では、英語教育をはじめとする外国語教育と共通の枠組みで考えられる点も多く、英語教育と同様、学校教育の中での学習に加えて、ビジネス等の実用的な目的での学習、趣味や生涯学習としての側面がある。国内の日本語学習状況をみると、おもな学習者集団としては、アカデミックな日本語能力の習得を目指す留学生、ビジネスや就労において日本語を必要とする人々、生活に必要な日本語を学ぶ人々、親とともに来日して日本の学校で学ぶ児童・生徒、中国等からの帰国者や難民などがあり、学習目的、出身地域や国、母語、年齢などは多岐にわたり、学習者層が多様であることが特徴である。

　中でも、留学生には、教科書や論文を読みこなす高度な読解技能、レポート作成技能、プレゼンテーション技能等、アカデミック場面に即した技能が求められるが、第二言語を用いてこれらの技能を習得することは容易でない。本章では、留学という場面におけるアカデミックな外国語習得を対象とし、その中で重要な役割を果たす自己モニタリング技能に着目する。そして、主として日本国内の大学の日本語教育における実践的取り組みを取り上げ、自己調整学習の視点から得られる示唆とあわせて考察したい。

2. 日本語学習者の自己調整に影響する要因

　自己調整学習は，学習者自身が自らの学習を調整しながら学習目標に向かって能動的に学習することであり（Zimmerman, 1990），計画，遂行や意思制御，自己内省によるプロセスである。自己調整学習にかかわる要因はさまざまであるが，留学生を対象とする日本語教育が「第二言語学習」であることと，主として「成人学習者」を対象とすることに焦点を当てて考えたい。

　日本語を学習する際，母語において読解や作文の能力および一般的な学習方略はすでに身につけていると考えられ，他の外国語を学習した経験を有していることもある。母語と第二言語の読み書き能力の関係については，読みを例にあげると，母語での読解力と第二言語習熟度の両方が第二言語の読解力に影響を与え（Carrell, 1991；Lee & Schallert, 1997），第二言語の習熟度が高いほど母語と第二言語の読解力の相関関係が強い（Lee & Schallert, 1997）。つまり，第二言語の習熟度が低い場合，母語の読解力の転移を妨げてしまうと考えられる。Davis & Bistodeau（1993）によると，第二言語の読解力が高い学習者は，母語と第二言語のどちらの読解でも多様な方略を使うといい，方略使用の多様さにおいて，既有の読解力が第二言語において活かされることを示唆している。さらに，自己の読解過程をモニタリングしコントロールする能力は，第二言語の読解力によって質的な差があること（Casanave, 1988；Block, 1992；舘岡, 2001），読解方略の有効性への判断や読みへの自信が異なること（Carrell, 1989；Hirano, 1998），読みの目的の認知に違いがあること（Hopkins & Mackay, 1997）等が指摘されている。第二言語の読み書きにおいて，第二言語の習熟度が課題の遂行と大きくかかわっていることから，習熟度に対して相対的にむずかしい課題に取り組む際には認知的負荷が高くなり，有効な学習方略が利用されないことが考えられる。方略を学習する段階においては，方略が自動的に使えるようあらかじめ訓練しておいたり，適度な難度の課題を選択したりするなどの支援が必要である。

　それでは，教室場面において自己調整学習はどのように促進されるのであろうか。Schunk & Zimmerman（1996）は，自己調整は，社会的経験と自己的経験から生じると指摘しているが，経験を通じて得られた気づきをどのように「内化」するかが，指導の方法として問われる。メタ認知技能を獲得する手続きについて，Paris & Winograd（1990）は「自己実験（self-experimentation）」と表現し，自己実験が方略に関する意識的な振り返りをもたらす手法であると考えた。Bruer（1993）は，自分自身の問題解決に批判的になる能力をメタ認知技能と定義づけ，メタ認知技能はふつうは目に見えない潜在的なものであるため，メタ認知技能と

その使い方を教える方法として，教師がまずモデルを示し学習者へ批判的な役割を転移させようとする方法，また協同学習や問題解決について対話できるようなグループ学習を設定することを提案している。このような，学習に複数の視点を取り入れることについて，舘岡（2005）は，自分とは異なった他者が存在することによって，そこから自己に向けてフィードバックされ，自己の不足が補われることを指摘している。他者とかかわることは，自己調整における自己の内省や意識化にもつながる。

　教室場面での協同的な学習にかかわる要因として，学習（課題遂行）場面で使用する言語の問題があげられる。言語は思考そのものでもあるともいえるが，言語学習においては，十分に習得されていない目標言語（学習対象となる言語）を用いて学習活動を行なわなければならないこともある。国内の日本語教育では学習者が複数の国や地域から集まっていることが多く，学習者の母語がさまざまであったり，共通の媒介語がない場合も多い。このような場合，目標言語によって学習活動を行なわなければならず，思考や表現手段が限られることがある。

第2節　日本語運用力の熟達と自己調整学習

　本節では，具体的な日本語技能として，発音，読解，口頭発表を取り上げ，学習方略としてのモニタリング技能の習得や，自律した学習者の養成という文脈からの実践例を紹介する。発音では，舌や唇などの調音器官をコントロールして，目標言語の音声を発するわけであるが，その学習のプロセスにおいて，自分の発音と目標言語の音（モデル）との差異をモニタリングし，調音器官を調整して発音を試みる意識的な自己モニタリングが重要な役割を果たす。

　また，留学生が大学等で授業を受けたり研究活動を行なったりする際，日本語能力に加え，アカデミックな場面での高度な言語運用能力（読解，レポート作成，口頭発表等）が求められる。そこで，理解系の課題として読解を，産出系の課題として口頭発表を取り上げ紹介する。特に，口頭発表技能の養成については，留学生のみならず日本人大学生に対する指導の必要性も指摘されており，国内大学における初年時教育とも重なる点がある。このように，留学生は外国語習得に加えて，大学生としての学術的スキルや知識を習得する必要がある。

　本節で紹介する教育実践の多くは，クラス内での他の学習者との協同的な学習を通して自己モニタリング技能を促進しようとするものである。語学学習という文脈上，他の学習者とのコミュニケーションを取り入れた教授・学習スタイルをとりやすいという背景もあると考えられる。

■第 2 部　自己調整学習と教育実践

1. 発音に対する自己モニタリング・スキルの指導

　発音は，成人学習者が外国語を学ぶ際に，習得がむずかしいものの 1 つであり，個人差はあるものの上級レベルになっても身につけられない音もある。たとえば，日本語母語話者の英語学習では /l/ と /r/ の区別がむずかしいとされ，うまく発音できない人も多い。第二言語の習得においてその学習が可能な期間（臨界期）があり，その期間を過ぎて学習を始めた場合，母語話者のような発音にはいたらないという（Long, 1990）。一方で，学習開始年齢や日本に滞在を始めた年齢は発音の上達と関連があるものの，成人になってから日本に来て日本語を学習した学習者がネイティブ・レベルに達した例も報告されている（木下・戸田，2005）。

　母語の音韻にない音を学ぶ場合の問題点としては，どのように発音したらよいかがわからないだけでなく，音そのものの聞き取りもむずかしく，自分が正しく発音できたかどうかの判断も困難である。日本語学習においても，たとえば，「つ」が「ちゅ」に，「し」が「ち」になってしまう現象（例：「おいくちゅですか」）や，清濁の混同，長音や促音（「っ」）の脱落，アクセントやイントネーションの不自然さがみられる。日本語学習者の発音能力に影響を及ぼす要因について，小河原（1997a）は，発音指導場面を分析して検討した。その結果，音の聞き取りが正しくできても発音が正しくできるとは限らないこと，自分の発音の評価が正しくできる学習者ほど，発音能力が高い傾向にあることを指摘している。モデルのように発音するには，「学習者が妥当な発音基準を意識的にもって発音し，発音した自分自身の発音が基準どおりに発音できているかどうかを自分で聴覚的に判定すること（小河原，1997a）」が必要であり，発音能力を向上させる上で，自分の発音を自己モニタリングできることが重要であるといえる。

　小河原（1997b）は，発音学習における日本語学習者の自己モニタリング方略と発音学習への動機に焦点を当て，これらと発音能力との関係を検討した。その結果，学習期間が 1 年未満の初級日本語学習者の発音能力に影響する方略は，自分の発音を意識するなどの自己評価型の方略であり，教えてもらうなど他者に依存的な目標依存型の方略では発音習得に結びつかない可能性が示された。また，発音学習への動機との関係を検討したところ，自己評価型方略への意識が，発音向上への努力および将来発音がうまくなるという展望とかかわることが示された。

　このように，発音学習において，学習者の自己モニタリングへの意識をうながし，発音向上のために努力することが動機づけられた自己調整的な学習を進めることが重要である。発音に対する自己モニタリング技能を身につけるための教育実践場面を分析した報告として，小河原（2007, 2009）がある。小河原は，韓国

語を母語とする中級日本語学習者を対象とした4週間の短期日本語コースにおいて，毎日の20分間の発音学習を行なった。まず，クラス内の他者を意識せずに自己評価意識を形成するために，①クラスのメンバーではない学習者の発音をテープで聴いて評価し，続いて②自分の発音を自己評価する。さらに③クラスで発音の自己評価と他の学習者の評価を組み合わせた活動を行なう。これらの3つの段階を踏むことで，自分の発音を評価することへの抵抗感を低減することを目指している。実践場面を分析したところ，他の学習者の発話を注意して聞く，発音について母語で話し合う，話し合いをもとに自ら発音を試すなどの行動が観察された。クラスで学習する場合，個人教授による発音指導場面と比べて学習者1人ひとりが発話する機会は少なくなるが，「他者の発音や他者とのやり取りが，発音基準を試行錯誤する契機や手段になり，それらが結果的に発音の変化に結びついた（小河原, 2009）」と結論づけられている。

　房（2010）は，個人学習での自己モニタリング，ピア・モニタリング，内省を組み合わせた実践として，日本語中級レベルの韓国人学習者を対象として発音学習を目的とした週1回12週間のコースを実施した。実践では，①自分の聞き取り能力のチェック（授業），②個人学習（教室外），③ピア・モニタリング活動（次の週の授業），④活動についての個人での内省（教室外），⑤教師のフィードバック（その次の週の授業）の流れで計画し，これらの活動のサイクルは学習項目ごとにくり返し行なわれた。②の個人学習では，教科書とテープを用いて学習し，自分の発音を録音する課題と発音学習日記を書いた。日記は，「計画・モニタリング・評価」のプロセスを意識させるために，学習した日付，発音方法，気づいたこと，自己評価（5段階），評価の理由を記録させた。③のピア・モニタリング活動では，3～4人のグループで，個人学習で気づいた点をもとに発音方法について話し合った。個人学習で行なった自己モニタリング活動を，教室という場で仲間に話し，対話を積み重ねることによって，自らのつまずきの原因に気づき，さらなる自己モニタリングの遂行を容易にすることを目的としている。実践を通して，個人学習でつくり上げられた発音に関する知識が，教室でのピア・モニタリング活動を通して精緻化され，再構成されるプロセスが報告されている。また，対話を通して新たな発音方法に気づき，それを正しく発音できたという成功体験が，授業後の持続的な練習や自己モニタリングにつながったとされている。房の実践では，聞き取り能力のチェックによる「目標設定」，個人学習とピア・モニタリングを通した「自己モニタリング」，活動後の「内省」，という学習の自己調整が段階的に周到に用意されている。一方で，課題としては，話し合いや学習がうまく進まない場合に学習者が自分の知識や評価能力に限界を感じたことで

あり，教師の明示的な指導を求める学習者もいたことであった。これは学習者のそれまでの授業観（教師が情報を与える等）との不一致が生じたためとも考えられた。また，グループ内の関係づくりに困難さを感じる学習者もいたことがあげられた。

　発音の学習では，モデルとなる正しい発音が示されることが多く，到達目標は比較的明確であるといえる。しかし，自らの発音やアクセントの正しさを的確に自己評価することは容易ではない。房（2010）の実践では，あらかじめ自分の発音を評価し，個人日記によって発音方法について気づきを得た上で，グループでの話し合いを行なうことで，それぞれが考える発音方法を比較し，実際に有効かどうか試し，それぞれの知識を修正することができている。この一連の流れは，発音を習得するための方法として有効であり，学習者自らが自己調整学習スキルを身につけ，自己の発音のモニタリングと試行を続けていくことが重要であることがわかる。また，モデルのように発音するためには，舌の位置や口の開け方，音の高さなどを調整する必要があり，これまで意識したことのない部分を意識的に動かす必要がある。舌や口の動かし方の感じ方は個人で異なるため，1つの言い方では伝わらないことも多い。紹介した実践では，複数の学習者がさまざまな表現を用いて発音方法を明示化する中から，それを聞いている学習者が自身にとって理解可能な方法を選択するというプロセスが示されている。つまり，つまずいている部分を共有している学習者どうしによる説明は，学習者にとって理解しやすい表現で行なわれるため，気づきや修正が起こりやすいと考えられる。ただし，これらの実践では，同じ母語を話す学習者間での学習であったために，問題点が共有されており，また母語を用いることで話し合いが進めやすかったことが報告されている。異なる母語の学習者が混在する環境での発音学習については，さらなる検討が必要である。

2. 文章理解におけるモニタリングと協同学習

　第二言語学習者の読解過程が研究されるにつれ，すぐれた読み手は，文章を理解したかどうかを吟味・評価する能力や，文章理解に向けて適切な行動をとる能力，自己の読解過程を把握する能力にすぐれていることが指摘され（Casanave, 1988），自分自身の読解を制御する能力が注目されるようになった。

　読解一般について Hacker（1998）は，目的をもち，理解のモニタリングやコントロールが促進された自己調整型の読み（self-regulated reading）を提案している。そして，自己管理型の読みを促進する方法の1つとして「質問」をあげ，質問は，読み手がメタ・レベル（文章の命題の理解，既有知識，目標，筆者の意

図)と照らし合わせて自身の文章理解を評価することを助けると指摘した。また，Gourgey (1998) は，理解・理解のモニタリング・自己確認・自己コントロールにおいて質問が中心的役割を果たすとし，学習者自身が質問を考えることが活発な思考や学習を促進すると指摘した。これは，与えられた質問に答えるよりも読み手自身が質問や答えを考えるほうがメタ認知が高いレベルで働く (Gavelek & Raphael, 1985) ためと考えられ，文章理解は読み手がどのように自分で「理解のモニタリング」を行なうかに左右されるといえる。

　第二言語の読解過程を観察した Block (1992) や舘岡 (2001) によると，学習者は理解できたかどうかを自問自答しながら理解状態をモニターして読みを進めているが，未熟な読み手では理解の状態を適切に把握できていないという。つまり，読解技能を促進するには，学習者が自らの理解の状態をモニタリングすることが有益であるといえる (Block, 1992；Casanave, 1988)。読みの授業において学習者に理解状態のモニタリングを促進させるための方法として，文章の内容を問う質問が用いられることが多い。日本語の文章理解に及ぼす質問 (に解答すること) の効果については，日本語熟達度が低い学習者において (金城・池田, 1996)，また言語的に難度の高い文章を読む場合において (Ikeno, 1996)，より高いと指摘されている。つまり，単語の意味を解読するなどのボトム・アップ処理により困難がある状況において，質問が理解のモニタリングの不足を補う役割を果たしていると考えられる。舘岡 (2001) は質問に解答するプロセスを発話思考法で観察し，質問に解答することは，読み手に理解できていなかった部分を気づかせることであり，気づくことが理解を促進することを指摘している。質問は，理解状態をモニタリングさせ，理解に向けた行動をとるための足がかりとなっていると考えられる。一方，佐藤 (2005) は，学習者が自分で質問をつくることが文章理解に及ぼす効果について，質問に解答することと比較した。質問をつくることは再認理解よりも再生理解の質的側面 (要点部分の再生率および推論生成) に効果があり，一方の質問に解答することは再認理解 (正誤判断問題成績) に効果がみられた。この結果から，質問をつくることは，個別の文の理解記憶を促進するよりも，全体把握や因果関係のような文章間の関係づけを促進すると考えられた。この結果は，先に述べた，読み手自身が質問と答えをつくる自己質問のほうが他者の質問に答えるよりもメタ認知が高いレベルで働くという指摘を支持するものである。

　読解技能としてのモニタリングを促進する学習支援として，他の学習者との対話を通して協同で読解を行なう学習法が提案されている。モニタリング技能は通常は目に見えない潜在的なものであり，知識として教授することが困難であるた

めである。読みの熟達をうながす学習支援として，Palincsar & Brown（1984）の「相互教授法（reciprocal teaching）」があり，中学生を対象とした協同学習場面で，読解に適用されるメタ認知的方略の獲得が促進されることが示されている。メタ認知的方略として，「要約する」「質問する」「説明する」「予測する」の4つの方略をグループで練習した。活動において，読み手が交代で方略を使うこと，グループの読解活動をまとめるリーダー役を経験すること，教師は学生間の相互作用を支援する役割であることが特徴である。

　日本語学習者を対象とした研究として，舘岡（2000）がある。舘岡は上級日本語学習者ペアを対象に，学習者どうしが協同して文章を理解していくピア・リーディング活動を行なった。読解過程を仲間と共有したことにより，自問自答を外化する必然性が生まれたこと，理解や学習などの認知面での効果のみならず，達成感や楽しさが感じられたことが示された。また，成人学習者の場合，互いの専門性や知識が異なるため，仲間と読むことによって，互いの強みを活かすことができると指摘した。佐藤（2010）は，日本語中級学習者のペアと上級学習者のペアをつくり，学習者が協同して文章の重要な部分についての質問をつくる課題を行なった。発話を分析した結果，質問をつくるプロセスにおいて，文章の全体構造や互いの文章理解を確認するやりとりが観察され，内容理解の確認にとどまらず，文章の全体構成を把握するなどのより高次の理解を試みることが示された。また，学習者間の対話を通して，文章理解の変化や意見の変容がみられたこと，仲間のもつ有効な学習プロセスを共有したことが示された。

　舘岡（2003）では，授業におけるピア・リーディングの方法を検討するために，中級から上級の日本語学習者を対象に，小説を題材とした授業を行なった。文章を読んでおく予習を課した上で，授業では①確認シートの記入（理解を確認する質問，行間を推測する質問，テキストの続きの予測），②語句や内容の確認，③先に記入した質問についての話し合いを行なった。実践での話し合いを通して半数以上の学習者が自分の考えを変えたことから，話し合いには自己の読みをモニターする働きや多角的視点を与える働きがあることを指摘している。また，第二言語の読解授業では文章そのものの理解に時間が割かれがちであるという問題点を指摘し，学習者間の話し合いにより多くの時間を使い，読みの見直しや深まりに重点を置くことの重要性を指摘している。

　一方で，第二言語の文章理解において，単語や文法，表現等の言語知識の不足が大きな影響を及ぼすことも事実であり，第二言語の読解力が低い学習者は，文章に書かれた文字や単語の意味を解読するための方略（ボトム・アップ的な方略）をより多く使う必要がある（Davis & Bistodeau, 1993）。このため，ペアやグ

ループで学習する場合にも,メンバーの読解力のレベルが活動内容や自己効力感に影響を及ぼす。Hall(1996)は,日本語中級学習者を対象に,絵のある説明文を読ませ,協同で翻訳する活動を行なった。その際,読解力が高い学習者のペアは,絵など文章以外の情報をうまく使い,トピックに気づくことも早かった。また,読解力の高い学習者は,読解力に対する自己評価や課題の達成度の予測に関して肯定的な評価をしていたが,読解力の低い学習者は否定的な自己評価をする傾向があり,読解力に対する自信に欠けることが示された。Morimoto(1994)は,英語を母語とする日本語学習者を対象として,読解方略を指導した後,読解力の高い学習者と低い学習者をペアにして,説明文を交代で要約させた。その結果,読解力の低い学習者の理解度が向上し,楽しくて不安が減ったという感想が得られた。学習者間の読解力に差がある場合,読解力の高い学習者から知識や技術の転移があり,読解力の低い学習者にとって課題を遂行する上での足場づくり(scaffolding)となるが,読解力の高い学習者にとっては得るものが少なくなりがちである。特に,文章の意味理解(解読)を目的とする活動の場合,読解力の高い学習者は低い学習者が文章を理解するための手助けをする場面が多くなりがちである。日本語学習特有の問題として,漢字知識(語彙知識)の量が読みの理解度とかかわることがあげられる。母語が漢字を有する漢字系学習者は,そうでない非漢字系学習者と比べて,漢字知識の量やその処理速度において有利である。そのため,漢字語彙の割合が多くなる,特に中級レベル以降の読解において,理解や読解速度に差が生じがちである。学習者間の言語知識(語彙,表現,漢字知識等)の差を軽減するために,文章の言語的難度の調整や事前学習(予習,インターネット上での質問の共有,語彙や背景知識の指導等)を行なった上で,協同学習を行なうという流れが考えられる。

　本項で取り上げた質問や協同学習は,教師や学習者間の働きかけによって個人的な活動である文章理解のプロセスを顕在化させ,モニタリングを促進させようとした方法である。これまでの日本語教育における実践研究において,実践時の文章理解の促進や読み方の変化については検討されているものの,読解技能の転移や読解力の向上については,検証すること自体がむずかしいこともあり,十分確認されていないのが現状である。また,自己調整型の読みにおいて,学習者自身が読解や読解学習に目的や意味をもつことが重要である。しかし,授業に参加するにあたって,学習ニーズ,レディネス,到達目標を明確に意識化している学習者は少なく,学習を計画的,自律的に行なっている学習者は少ない(衣川,2006)。舘岡(2010)は,批判的な読み(クリティカル・リーディング)を取り上げた中級レベルの読解授業において,コースの目的と照らし合わせて,いい授

業とはどのようなものか，いいテキストとはどのようなものかについて学習者らと語り合い，学習者の興味や価値観を明確化させ，コミュニティとしてのクラスを意識化していった経緯を報告している。学習者を授業の主体的な参加者とする試みとして興味深い。Hacker（1998）が提案する，目的をもち，理解のモニターやコントロールが促進された自己調整型の読みに到達するための方法についてはさらなる研究が待たれる。

3. 発表に対する自己評価と相互フィードバック

　口頭発表は，読解や作文と並び，大学等で教育を受ける際に必要な日本語技能（アカデミック日本語）の1つである。しかし，母語において発表を行なった経験がある学習者は少なく，多くの場合初めての発表を第二言語である日本語を用いて行なうこととなる。よい発表を行なうには，日本語の正確さだけでなく，発表で用いられる日本語表現，発表の内容や構成，提示資料，話し方，態度等，多様な要素が要求される。また，聴衆（聞き手）の興味・関心や理解度を意識し，発表内容を調整することも必要である。さらに発表時には，発表者だけでなく，聞き手，司会者という役割が存在するため，役割に応じて質問・応答を行なうことも求められる。

　これらのことから，学習者の能力や個人の特性によって克服すべき技能は多様かつ複合的となる。このような発表技能を高めるには，学習者自身が自分の能力や発表の状況をモニタリングし，その上で課題遂行を制御する技能が重要となる。現在，発表技能を高めるための試みとして，発表を自己評価することを通して発表の自己モニタリング技能を高めようとする活動が注目されている。そこで，発表後の自己評価および学習者間の相互フィードバックについて，また，発表に対するモニタリングの質を向上させる試みについて紹介する。

　村田（2004）は，発表後に自身の発表を想起して行なう自己評価ではなく，発表の録画映像を見せて自己評価および学習者間の相互評価を行なわせ，自己評価と他者評価の観点の違いを比較した。日本語上級学習者を対象とし，「事前指導」「発表」「発表の録画映像の観察」を行なった。「発表の録画映像の観察」では，3～4名程度のグループで，発表の最初と途中の部分を数分ずつ観察した後，発表者が自分の発表について気づいたことを述べ，続いて他の学習者が発表者にフィードバックした（ピア・フィードバック）。学習者が評価した項目を分析したところ，自己評価と他者評価の双方で共通していたのは，説明方法や伝達方法の工夫についての項目で，両者とも全体の約30％を占めていた。一方，両者で傾向が異なった項目の中には，たとえば，日本語の正確さへのコメントがあり，自己

評価では約 20% を占めたが，他者評価では 10% 以下であった。発表者は自らの日本語の正確さに意識が向くが，聞き手ではそうではなく，両者の注意を向けるところは異なった。このことから，相互にフィードバックを行なうことで，評価の視点が広がる可能性が示された。しかし，相互評価であるがゆえに，発表者への配慮からプラス評価をする傾向があること，コメントは多く出されても深めることがむずかしいという課題が指摘された。

　発表を評価するとき，学習者は自らの「モニタリングの基準」を用いて評価していると考えられるが，評価の質を高めるには，適切なモニタリング基準がメタ認知知識として内在化され，その基準が意識化されることが必要である。衣川ら (2004) は，モニタリング基準を意識化する課題として，学習者が「発表」と「質問・応答」の評価基準を個別に作成し，その基準を用いて発表を自己評価する実践を行なった。評価基準作成のために，まず「いい口頭発表とは」「いい質疑応答とは」という問いに対して思いついたことを紙に書き出し（項目の内省），各自の書いた項目をグループで討論して（基準の共有），個別の評価基準を作成した。作成後，「自分の発表基準を紹介する」というテーマで発表を行ない，自分の発表を自己評価した。このようにして作成した評価基準を用いて，その後のテーマ発表を行ない，その都度自己評価および相互フィードバックを行なった。活動での気づきを分析した結果，学習者は発表の準備段階でも評価基準を意識しており，評価基準を参照した課題遂行が行なわれた。また，「質問・応答」の評価基準も作成したことで，聞き手を意識する視点が与えられたと指摘している。評価基準を意識化させるプロセスとして，内省，評価基準の他者への説明，評価基準を用いた自己評価という複数の活動を行なったことで，モニタリング基準の明確化と統合が生じたと考えられる。

　衣川 (2010) は，上述の実践の課題として，態度，表情のような非言語的な基準や話し方のメリハリのように意識されにくい基準が抽出されにくいこと，発表を重ねてもモニタリングの基準が構造化，精緻化されていかないことを指摘し，経験を内省して抽出した基準では，それまでの指導で得た典型的なものしか抽出されず，発表の多様な側面に目を向けにくいと考えた。また，学習者自身が作成した「評価基準」が不十分な場合，基準自体の評価や調整する活動が必要である。そこで，学習活動を「評価基準を作成して発表する」というプロセスから，「一度発表してから評価基準を作成し，その後の発表を通して基準を修正する」というプロセスへと修正した。実践では，評価基準の作成，整理，統合，修正のプロセスを協同で行なうことにより，学習者のつくった評価票の評価基準が整理され，より構造化したことが観察された。

先に，発音の学習において，自分の発音を評価できることが発音能力の向上に重要であると指摘したが，発表においても自らの行動を的確に自己モニタリングする能力が重要である。外国語で発表を行なうために，学習者は，発表の形式や発表資料，日本語表現の正確さに注意を向けがちである。その上で，発表内容，発表にふさわしい話し方や態度にまで注意を払うことは容易ではない。自己モニタリングは，発表の準備段階から発表，発表後のすべてのプロセスにかかわるが，紹介した実践研究より，モニタリング基準を明確化すること，自己評価の経験を積むこと，相互評価を行なうことという方法が示された。さらに，学習効果を高めるには，学習者の経験のみから得た基準で評価をさせるのではなく，学習者に習得させたい技能を気づかせることも必要である。衣川（2010）が，モニタリング基準は明確化されるだけでは十分ではなく，学習者自身によって，整理され構造化されることが必要であると指摘しているように，授業において学習者のモニタリングの質が高まるようなしくみづくりが必要である。

第3節　自己の学習スタイルへの気づき
——多文化間学習環境における実践

　日本語教育では，さまざまな地域や国からの学習者がともに学習することが多く，異なる文化や学習スタイルを有する学習者が混在した状態で授業が行なわれている。前節では発音，読解，口頭発表という特定の技能の習得を目的とした実践について取り上げたが，本節では学習場面の構成者である学習者の意識に着目し，新しい学習方法の体験を通した学習者の意識や学習観の変容について，またその背景にある文化的要因にもふれる。

　モニタリング技能の向上を目指した実践において，自己評価や相互評価が取り入れられているが，相互評価への態度について，学習者の文化的背景の問題が議論されている。英語教育（ESL）研究において，作文を学習者間でコメントしたり検討したりする活動への態度に文化的背景による違いがあることが指摘されている。Mangelsdorf（1992）は，仲間からアドバイスをもらうことについて学習者に意見を書かせたところ，東アジア系学習者の意見には肯定的な意見だけでなく，仲間からのコメントへの不信感，仲間を批判することへのためらいがみられ，教師主導の教育を受けて来た影響を指摘した。日本語教育においては，田中（2005）が中国人留学生を対象に，仲間の作文にコメントを書く実践を行ない，実践後にアンケートを行なった。仲間の作文を読むことや仲間に作文を読まれることに対しては肯定的な意見が多い一方，評価票にコメントを書くことや仲間の

コメントの効果については否定的な意見が多く，批判的なコメントを避けてしまう，教師が書いたほうがよい，コメントがうまく書けない，日本語では十分に表現できないなどの回答があった。

　Carson & Nelson（1996）は，英語の作文学習においてピア・レスポンス活動を行ない，中国人学習者とスペイン人学習者の相互評価への態度を分析した。中国人学習者に他の学習者の意見と異なるコメントや批判的コメントを控える行動がみられ，これはグループの調和を重視するためであり，コメントをする際には，批判を緩和しグループ内の関係の維持に注意を払ったという。一方で，スペイン人学習者は仲間の心情を考慮はするものの，教育的目的を第一に考えて批判的コメントを重視した。日本語教育における研究として，池田（2000）は，中国・韓国出身の東アジア系のみのグループと東アジア系・非アジア系が混ざったグループにおけるピア・レスポンスを比較した。しかし，インター・アクションにおいてグループ間での違いはなく，どのグループの参加者もほぼ同程度参加していた。このように，研究によって得られる結果は異なっており，単純に文化の違いによって活動の効果を予測することは困難である。市嶋（2009）は，作文に対して相互で評価コメントを書く，評価基準を構築する，相互で評価点をつける活動を実践した。学習者の出身は明示されていないが，当初，仲間に批判的なコメントをすることへのためらいや，仲間に評価点をつけることへの不安があったという。しかし，学習者間に関係性が構築されるにつれて，相互評価への意義づけの深まり（点数ではなく，自分が何を学んだかが重要）や評価への慣れにより，相互評価への態度も変化したことが示されている。

　相互評価への態度については，自身の評価能力への自信のなさ，他の学習者との関係性への配慮，授業における教師の役割をどう認識するかが関係しているようである。しかし，コメントや評価の方法によって，評価活動への意義づけによって，学習者間の関係性によって，また評価能力（評価項目の構築）によって，相互評価への意識は異なる。このことから，「ある国の学習者」「アジア系学習者」のように，文化的背景によってひとまとめに結論づけることはできない。また，市嶋（2009）は，モニタリングの基準である評価項目の構築について，最終的な評価ではなく段階的に評価し合える場を設定することで，評価の意義づけを行なう機会や教師の教育観と学習者の学習観の擦り合わせの機会になると指摘している。

　続いて，学習者のもつ学習観についての実践研究を紹介する。成人学習者の場合，それまでに受けてきた教育や学習経験によって，学習観や教師観が形成されているが，このような学習者が新しい学習方法にであうことは，それまでもって

いた学習観を振り返ることにもつながる。大学院生のもつ学習観・研究観の変容を試みた実践に，砂川・朱（2008）がある。砂川らは中国の外国語専攻の大学院生について，教師の教えや論文の内容を鵜呑みにしがちで批判的な思考力に欠けること，問題解決能力が身についていないこと，他の学生の研究に興味をもったり討論を通じて思考を深めたりする協同的な研究態度が培われていないことをあげ，その要因として，語学力重視の学部教育を受けてきたため，模倣と暗記に頼った「受け身型」の学習スタイルおよび1人でコツコツ努力する「独習型」の学習スタイルに慣れてしまっていることを指摘している。そこで，日本語学や日本語教育専攻の大学院生を対象に，「受け身型」「独習型」の学習スタイルを克服する目的で，仲間との協同による論文読解，課題発見と解決のための討論と発表を行なった。実践（ジグソー学習法）では，4人で構成されるグループを4つつくり，グループごとに1つの論文の読解を担当した。まず①メンバー各自が論文を読み，グループ内で論文の内容について話し合った後，各グループの代表者がクラス全体の前で，論文の内容を紹介し質問を受けつけた。その後，②各グループから1人ずつ取り出した混成グループを結成し，各自が担当した論文についての説明と質疑応答を行ない，新しい研究の可能性について話し合った。討論後は，その内容をクラス全体で報告した。ここまでを1サイクルとして，3サイクル実施した。授業後のアンケートの分析から，グループで読むことについて肯定的な評価をした学生は，討論に触発されて多角的な観点から考えられたりアイデアを得ることができたりしたと回答した。一方，少数であったが，グループでの読みに馴染めない学生や討論にうまく参加できなかった学生がいた。また，授業に対する感想では，討論の有用性を感じるようになったこと，研究への認識が変わったこと，研究における他者とのかかわりの必要性を感じるようになったというコメントが得られ，それまでの学習観や研究観を再認識し，新しい学習法を通して「自主的・協同的な研究態度」の必要性を認識したことがみられた。一方で，教師の専門的知識による説明や個人的意見を聞きたいという教師の参加を求める意見が得られたことから，学習者に教師から正しい知識を得たいという思いがあるのではないかと分析している。さらにこの実践を学習者インタビューから分析した朱・砂川（2010）では，上記の自主的・協同的な研究態度の必要性を自覚させる意識変容が生じた理由として，学習者間の情報ギャップが学生の参加動機を強めたこと，連続して行なわれた活動間の有機的連携が活動目的を明確にし，自主的なかかわりの必要性を自覚させたことをあげている。

　自己調整的学習者とそうでない学習者との違いは，行動，動機づけ，メタ認知の側面にあるとされ，中でも内発的に動機づけられていることが重要である。

「自主性」や「協同的な態度」を養成することによって，学習の統制感や内発的動機づけを高められる可能性が考えられる。

第4節　まとめ

　本章では，日本語教育における教室場面を中心として，自己モニタリングを高めることで自己調整学習の促進につながる実践研究を取り上げた。このような学習を支援する方法として，複数の学習者間で協同して行なう学習や自己評価・相互評価が行なわれている。これらの実践研究から，自己モニタリングにおいて，モニタリング基準の明確化や質の向上が重要であり，学習者のモニタリングの質が高まるようなしくみづくりが必要であることが示されている。これは，自己評価や相互評価において，評価基準の明確化や構造化が重要であることと同様である。モニタリングの質を高めていくには，内省と気づきの場を設けつつ，自己調整学習のサイクルをくり返し行なう必要があるだろう。

　自己調整学習方略を実行する機会を増やすには，適切な動機をもっていることが重要であるが，そのためには「自主性」が鍵となる。学期のはじめや半ばにおいて学習者が自らの学習状況や学習ニーズ，到達目標を明確化し，学習計画を考える機会が必要である。

　なお，モニタリングを促進するための活動として他の学習者と協同して学習することは，コミュニケーション能力の養成を目的とする語学教育において実際的かつ自然な活動である。ただし，課題遂行においてペアやグループのメンバーとの第二言語習熟度の差が影響することや，他の学習者に対する評価を伴う活動においては学習者間の関係性や信頼関係が十分でない場合に心理的な負担となる可能性が示されている。この場合，学習者が活動の意義や有効性に気づき，評価するための基準を学習者間で共有し，クラスがコミュニティとして機能することによって，負担感の軽減は可能であると思われる。

　今後の研究においては，授業で経験した自己モニタリング方略が継続して利用されているかを注意深く検証することが必要であり，これらによって得られる知見は，自己調整学習に関する指導に役立つと考えられる。また，特定の課題における自己調整学習者の育成を超えて，自らの学習を主体的に統制する自己調整学習者を支援する方法を検討することが必要である。

第12章

自己調整学習を育てる大学教育

伊藤秀子

第1節　自己調整学習からみた大学教育の特徴

1. 初等・中等教育との比較

　自己調整学習の観点から大学教育の特徴を考えると，初等・中等教育と比較して次のような点があげられる。

(1) 大学生の認知発達の特徴

　認知発達の差異がその一つにあげられる。大学生は年少の生徒に比べて高いメタ認知や自己調整能力をもっているため，メタ認知の教授や議論は容易と考えられている。一方，大学生間にも個人差があり，方略を教授した効果が異なることも指摘されている（Hofer et al., 1998）。

　自己調整能力の発達について，社会的認知モデルでは，社会的起源（観察や模倣）によるものから自己を起源（自己制御や自己調整）とするものへ変化すると考える。しかし，これは段階モデルではなく，学習者のおかれた社会的環境やスキルのレベルなどによって様相が異なるという（Schunk, 2001）。

　これらのことから，大学教育における自己調整学習についても，大学生の認知発達の特徴を固定的に考えるのでなく，諸要因の影響をとらえていく必要があるだろう。この点については，第2節，第4節で述べる。

(2) 大学での学習と教授の状況

　まず，授業形態の多様性があげられる。大学の授業には，講義，演習，実習，実験などさまざまな形態があり，学生に自律的な学習が要求されることも多い。Deci et al.（1982）は，自律性をサポートする方法として次のような指導行動をあげている。学生の意見を聞く，発言をうながす，個別活動の時間をとる，話し合いを促進する，説明の際に理由づけする，学習成果にプラスのフィードバック

を与える,励ましやヒントを与える,学生の見方に応答したり,共感するなどである。これらは,特に講義形態の授業において参考になるだろう。

次に,研究と実践の一体化があげられる。大学教師にとって,大学は自らの授業を対象として自己調整学習の研究や実践を行なえる格好のフィールドである。

Schunk & Zimmerman (1998) は,自己調整学習を教育実践の場で発展させる一方法として,学校の教育実践者の協同パートナーとなることをあげている。しかし,自己調整学習研究者の多くは大学教育にもかかわっていると考えられるので,パートナーを得ることなく実践できるのである。

つまり,大学教育は,学生にとっても教師にとっても「自己調整学習の宝庫」といえる。

2. 大学教育に関する研究と実践の動向

(1) 学習者の主体性重視

今日の教育研究と実践の動向の一つとして,教師中心から学習者中心への変化があげられる。この点は,大学教育も初等・中等教育と基本的に変わらない。

教授学習理論では,教師中心の伝統的な理論に対し,学習者中心の理論が提唱されている。能動的な学習観に立つ構成主義,社会・文化の中での相互コミュニケーションによる知識構成や創造を対象とする社会的構成主義である(菅井,1993)。また,学習科学でも,学習者の主体性を重視している(Sawyer, 2006)。

Cranton (1992) は,学校教育から成人教育までを含む教育者の役割として12の機能をあげている。専門家,計画者(コース概要の準備,プログラムの展開の考案など),教授者,ファシリテータ,情報提供者,学習管理者,モデル,メンター,共同学習者,改革者(社会的不正の是正,個性,価値観,意識の発達への関心),省察的実践者(reflective practitioner),研究者である。これらの多面的な教師の機能は,他者決定型学習(たとえば,教師中心型),自己決定型学習,相互決定型学習に対応して位置づけられている。また,Schunk & Zimmerman (1998) の"Self-regulated learning"の副題は"From teaching to self-reflective practice"となっている。全体として,「教える教師」から「学びを支える教師」への役割の変化といえる。

(2) 日本の大学教育改革

1991年の大学審議会の答申と大学設置基準の改訂をきっかけとして,大学教育の内容・方法の改善への関心が高まった。全国の大学で教育・研究制度や組織の改革が進められた。

一方,大学教育の日々の営みである授業については,体系的研究や組織的研

修活動は十分行なわれていなかった。メディア教育開発センターでは1993年に「大学授業改善の研究」プロジェクトを立ち上げ，「教師と学生の主体的参加による授業改善」に関する研究と実践を行なってきた（伊藤・大塚，1999）。詳細は第3節，第4節で述べる。

今日では，心理学分野でも，大学教育改革に関する著書の刊行（溝上・藤田，2005；心理学教育研究会，印刷中ほか），学会でのシンポジウムやワークショップなどが行なわれている。

大学授業改善と関連して，一般には学生による授業評価が行なわれている。これに対し，ティーチング・ポートフォリオやラーニング・ポートフォリオの授業改善への可能性も検討されている（土持，2007；2009）。前者は，教員が自分の教育活動について作成するもので，授業シラバス，学生や同僚による授業評価等を含む包括的記録である。後者は，学生が，学習過程や成果に関する資料を収集したものである。両者に共通の課題として，省察的実践と哲学があげられる。教師はティーチング・ポートフォリオを省察し，授業改善に役立てる。学生が自己のポートフォリオを省みることは能動的学習につながる。いずれも，授業哲学，学習哲学を反映したものでなければならないという。これらは，人間の主体性を重視する自己調整学習に密接な関連をもっている。

さらに，ファカルティ・ディベロップメント（FD）の義務化が，2007年度から大学院，2008年度から学部で実施されている。自己調整学習の観点からどう取り組むかも，大学教育に関する課題となるだろう。この点については，第4節で述べる。

第2節　大学教育における自己調整学習の概要と関連要因

1. 概要

Pintrich（1995）は，大学教育における自己調整学習の特徴，意義，促進原理について次のように解説している。

(1) 特徴

自己調整学習には，学業に関する行動，動機づけと感情，認知の3次元が含まれ，次の特徴をもつ。第1は，コントロールである。学生は，自己の行動，動機づけと感情，認知をモニターし，状況の要求に合うように調整する。第2は，目標である。学生の達成目標は，自己の遂行をモニターし，判定し，適切に調整する基準となる。第3は，個人の主体性である。他者からの要請がなくても，行動，

動機づけと感情，認知を積極的に目標に向かってセルフ・コントロールすることが必要である。

(2) 意義
①学習可能性

　自己調整学習は，経験と自己省察によって学ぶことができる。それは，知能のように固定的なものではない。すべての学生が自己調整学習者になる方法を学ぶことができる。また，教師は学生がこの目的を達成するのを支援することができる。

②コントロール可能性

　自己調整学習は，個人の統制が不可能なパーソナリティ・スタイルや特性とは異なる。学生は，行動，動機づけと感情，認知をコントロールして学習と遂行を改善することができる。教師は，彼らのコントロール法の学習を支援できる。

③大学の文脈への適合性

　自己調整学習の研究は，伝統的な心理学研究と異なり，生態学的妥当性のある教室での学習について行なわれてきた。したがって，教室に適用しやすい。

④教授可能性

　教師は学生が自己調整学習者になるのを支援する。このための教授方略は，どのようなタイプの教室の文脈でも教授できる。

(3) 促進原理
①行動，動機づけ，認知に関する自己知識

　学生が自己の長所・短所に気づくようになるには，学習へのフィードバックが必要である。それによって，学生は，自分の学習を変えようとするのである。

②肯定的動機づけ信念

　学生は，習得目標志向と肯定的自己効力をもつよう期待される。前者は，教材の学習や理解に焦点化した目標設定である。後者の自己効力は課題や領域に特有のものであり，一般的で全体的な自尊心と混同してはならない。学生は，コースの内容を学習し習得できるという正確で肯定的な信念をもつべきである。

③モデルとしての教師

　学生は初心者である。したがって，教師は，モデリングによって，自分の専門分野の知識，学習方略，思考や推論の方法などを示す必要がある。こうした支援によって，学生はコースに何が必要かに気づき，自己調整学習ができるようになるのである。

④自己調整学習方略の練習

　自己調整学習は，短期間に習得できるものではない。学生は，コース期間中継

続して方略を練習し，使用する必要がある。これらの機会と時間は，学生自身の努力と教師の準備した課題や状況によって得られる。さらに，教師の授業中の修正フィードバックにより，学生が誤りに気づき，軌道修正のヒントが得られる。
⑤学生の選択とコントロール

学生には，自己調整学習の機会となる課題を与えるべきである。それには，カリキュラムの内容を維持しつつ，学生にある程度の決定とコントロールをまかせる必要がある。たとえば，試験やレポートの問題やトピックを用意されたリストから選択させるのである。

2. 関連要因の整理

関連要因と具体例について，授業の主要な構成要素である学習，教授，評価に焦点を当てて整理する。

（1）学習要因
①目標設定

習得あるいは学習目標（mastery goal or learning goal）と遂行あるいは外発的目標（performance or extrinsic goal）という達成目標の影響が議論されている。前者は，課題の学習と習得，自己改善への志向性である。後者は，他者からの承認や報酬の追求，他者との競争に勝つために高い成績を得ることへの志向性である。

Hagen & Weinstein（1995）は，学生の遂行目標志向を減らして習得目標志向を増加させる教授方略を示唆している。たとえば，努力は能力に勝ることを強調する，学生自身の改善に注目させる，適切な目標設定の方法を示す，学習内容と自分の将来の目標を関連づけさせる，学習方略のモデルを示すなどである。
②自己効力

ミシガン大学心理学部の「学び方の学習（learning to learn）」コース（Hofer et al., 1998）の指導では，学生の動機づけと自己効力の信念を促進するために次の方法が提案されている。一つは，自己効力信念は変えられること，能力は固定的でなく可変的である（Dweck & Leggett, 1988）ことを伝えることである。もう一つは，適切な自己効力信念をもつことである。学習や成績を低下させる極端に低い効力感や，楽観的で非現実的な高すぎる効力感でなく，正確にコンピテンスを認知することの重要性を強調する（Pintrich & Schunk, 1996）。このように，知的能力は増大するという信念と結びついた正確な自己認知が重要とされている。

また，テスト不安と自己疑念・心配の問題もあげられている。テスト状況で自分や自分の成績に否定的な考えをもつことは，自己効力信念と関連する。こうした思考のコントロールや，否定的思考を避けるテスト方略（簡単な問題から取り

組むなど）（Hill & Wigfield, 1984）を提案することは，否定的な情緒や感情のコントロールにも役立つとされている。

③自己モニタリング

自己モニタリングは，自らの行動に意図的に注意を向けることである。これによって目標に向かって進んでいるという感覚が得られれば，さらに向上しようとする動機づけが高まる（Schunk & Zimmerman, 1997）。

Lan（1998）は，統計学の入門コースで，自己モニタリングスキルの指導を行なっている。自己モニタリング活動は，講義を聴く，テキストを読む，課題をやる，討論に参加する，個別指導を受ける，であった。学生は，統計の基本概念（講義の目標）に関連したこれらの学習活動の時間と回数，目標達成に関する自己効力をプロトコルに記入した。自己モニタリング条件の対照群として，教授活動をモニターする教授者モニタリング群とモニタリングを行なわない統制群が設けられた。

結果は次の通りだった。第1に，試験の成績の3群間比較では，自己モニタリング群が他の2群よりも優れていた。第2に，Zimmerman & Martinez-Pons（1986）の自己調整学習方略のうち，自己評価，環境構成，リハーサルと記憶，テストに備えての過去のテストや課題の見直しの4方略について，自己モニタリング群の使用頻度が高かった。第3に，プロトコルに関する意見として，「学習内容の理解を自己評価するよい手段だ。自分が明確にしたい分野を特定するのにも役立つ」，「自分が理解しなかった内容と，それをより効果的に習得するための勉強法が明確になる」などがみられた。

④方略

「学び方の学習」コースの指導では，認知と動機づけの方略を重視している。

コースの目的は，認知と動機づけ心理学の概念を教えること，これらの概念を大学での学習に適用させることだった。後者のほうが重要な目的である。つまり，学生がこれらの概念を適用して自己調整的，自己内省的な学習者になることを期待しているのである。

学生のメタ認知的思考や自己調整を促進し，自己内省的学習者としての実践を高めるのを支援するために，記録帳が用意された。学生は毎週，コースでの活動を振り返り，記入を行なった。

「認知方略」としては，情報のリハーサル（学習項目の暗誦，朗読，テキストの一部の強調など），精緻化（学習材料の要約，ノート作成法，教材のアイデアについての質疑応答など），組織化（テキストや教材の概括，アイデアを選択・組織化するための諸技法の使用など）があげられている（Weinstein & Mayer,

第12章 自己調整学習を育てる大学教育

1986)。

「メタ認知と自己調整方略」については，学生のメタ認知知識（認知に関する知識）と認知の自己調整（メタ認知方略の使用）は，達成の程度に影響を与えることが指摘されている。自己調整方略には，プランニング（学習への目標設定，読解前のテキストの拾い読みや質問生成，問題に関する課題分析など），モニタリング（注意集中，理解のモニタリング，テスト遂行方略の使用など），調整（理解のモニタリングに基づくテキストの再読，テキストの困難度に応じた読み速度の調節など），リソース管理（時間，学習環境，援助要請など）がある。

また，コースでは，「動機づけ方略」として適応的帰属パターンと，セルフ・ハンディキャッピング方略を回避することの重要性を学生に教える。セルフ・ハンディキャッピングとは，自尊心を維持できるように意図的に障害をつくることである（わざと努力しない，成功には間に合わなくなるまで遅らせるなど）(Covington, 1992)。帰属理論や帰属原理を取り上げ，失敗を能力の低さよりも努力不足や方略欠如に帰属することはより適応的であり，将来の課題ではこれらの帰属に変えるべきことなどを議論する。また，学生に学習の動機づけ方略質問紙（motivated strategies for learning questionnaire: MSLQ（Pintrich et al., 1993））に回答させ，彼らの方略使用についてフィードバックしている。

一連の研究の結果，学生の動機づけ的信念（習得目標，効力感，興味と価値）は，認知的，自己調整的方略の使用と正の関連をもつことが示された。このことから，自己調整学習には認知と動機づけ要因を含む介入が有効とされている。

なお，学習方略のカテゴリーについては，第2章第2節に詳しい。

(2) 教授要因
①モデリング

モデリングは，他者を観察することによって価値，態度，思考，行動などを習得することである（Bandura, 1986）。自己調整学習では，社会的モデルがスキルや方略を伝える重要な要素とされ，教師や仲間（ピア・モデリング）の役割が研究されている。

モデリングには，次のような形態がある。

モデルの数により，単一モデリングと多様なモデリング（multiple modeling）がある。後者は，学習者が自分との類似性が認識できるモデルが複数存在している点で有利とされている（Schunk, 1998）。

多様なモデリングには，創造モデリングの効果もある。観察者はさまざまなモデルの諸側面を組み合わせて，独自の新しい行動レパートリーを形成することができる（Bandura et al., 1963）。このことから，同質文化のもとでは行動様式はほ

とんど変化しない，新しい行動は多様なモデリングの土壌の上に培われるとしている（Bandura, 1986）。これは，大学教育における創造性の育成や個人差への対応に貴重な示唆を与えてくれる。

自己モデリング（self-modeling）は，自分自身の行動を観察することによる行動変容である（Dowrick, 1983, 1991）。モデルと観察者の類似度が最も高い形態である。Schunk & Zimmerman（1998）は，テクノロジーを利用して自己観察の質を高めることを提案している。今日では，メディア技術の発達により自己を客体化することができるので，自己モデリングという形態は有効であろう。つまり，「人の振り見てわが振り直せ」（モデリング）から「自己の振り見てわが振り直せ」への発展である。

モデリング技法として，マスタリー・モデルとコーピング・モデルの効果も比較されている。前者は，はじめから熟達したモデルである。後者は，はじめは学習に困難や不安を示すが，しだいに自信を得て遂行を高めていくモデルである。学習に問題がある生徒には，後者のほうがより自分自身に近いものと感じられ，望ましいと考えられている。実際，自己効力と成績の向上に効果のあることが明らかにされている（Schunk, 1998）。

大学教育におけるモデリングについては，第3節，第4節で述べる。

②スキャフォルディング

スキャフォルディング（足場かけ：scaffolding）とは，学習者が独力ではできないことを達成させるための支援である（③も参照）。

Butler（1998）は，短大と大学の学習障害者の個人指導として，「内容の方略的学習（strategic content learning: SCL）」を提案している。それは，学生にあらかじめ計画された学習方略を教えるものではない。学生と教師が相互の対話によって協同で問題解決する方法である。自己調整のサポートは，学生の個人的要求に応じて増減する。

サポートでは，学生が認知過程（課題分析，目標設定，方略の選択，適合，形成，進歩のモニター，課題要求に応じた学習方法の修正）を柔軟にたどれるようにした。これらの過程で，インストラクターは提案や構想を示したが，最終決定は学生にまかせた。また，指導は個々の学生の力量，弱点，課題の困難度に対応できるように行なわれた。

一連の研究の結果，次のことが明らかにされた。

第1に，知識と信念については，学生の課題と方略に関するメタ認知理解の向上，学生の固有の課題達成に関する自己効力の上昇，成功した遂行を努力と方略使用に帰属することがみられた。

第2に，課題遂行と方略使用について，学生の遂行（論文，要約，ワークシートなど）の質を，インストラクターの援助によるものと独力で完成したものに分けて分析した。その結果，学生が，課題要求に対して自分で方略を形成し，文脈に方略を適用し，課題を超えて使用する方略を調整していることがわかった。また，方略形成のパターンには個人差がみられた。たとえば，ある学生には学習を内省しメタ認知知識を発達させるサポートが必要だが，他の学生はもともと非常に内省的だった。
③モデリングと独力による形成
　Schunk & Zimmerman（1998）は，モデリングと自分でつくり上げた自己調整学習方略の効果を比較検討する必要があると述べている。
　この問題は，教授学習過程の中で連続的にとらえる必要があるだろう。
　認知的徒弟制の理論では，4段階を設けている。徒弟が親方の作業を見て学ぶモデリング，親方が手取り足取り教えるコーチング，徒弟にできることを確認して自立させるスキャフォルディング，親方が手を出さなくなるフェーディングである（Collins et al., 1989）。
　社会的認知理論では，誘導による熟達（guided mastery）を提唱している。モデリングによる社会的サポートを徐々に緩め，最終的には独力で学習できるようにする方法である（Bandura, 1986）。
　日本の伝統芸能や技能の習得における「守・破・離」もこれらの学習過程と共通点をもっている。創造モデリングは「破」の一部と「離」に相当すると考えてよいだろう。「わざ」習得の認知過程については，生田（2007）に詳しい。
　自己調整学習の研究と実践では，認知的領域が中心となっているが，スポーツについては Kitsantas & Kavussanu（2011），音楽については McPherson & Renwick（2011）が参考になるだろう。

(3) 評価要因
①自己調整学習における評価要因の位置づけ
　Bandura（1986）は，自己調整の下位過程として自己観察，自己判断，自己反応をあげている。自己評価は，自己判断と自己反応に関連する。
　Zimmerman & Moylan（2009）の自己調整学習の循環モデルでは，自己判断と自己反応は，自己内省段階の下位過程に位置づけられている。自己評価は自己判断の第1形態にあげられている（p.14, 図1-2参照）。このモデルは，個人，行動，環境の三者間相互作用（Bandura, 1986）を基盤としており，各作用の構成要素が整理されている（Zimmerman, 1989）。そこでは，自己判断と自己反応は，行動的作用に位置づけられている。学習環境の作用は，物理的文脈と身体的・社会的リ

ソースに分けられ，社会的リソースとして，モデリング，説得，援助などがあげられている。また，Schunk & Zimmerman（1998）による自己調整介入の共通の構成要素の中では，教師や仲間による社会的サポート，方略効果の他者からのフィードバックがあげられている。

これらを総合すると，自己調整学習の評価には，自己評価以外に，他者評価や相互評価も含まれるといえる。

なお，相互作用モデル，循環モデルについては第1章第2節，第3節に詳しい。

②自己調整学習者を育てる評価の機能

藤田（1995）は，評価の機能に測定論的アプローチと行動論的アプローチをあげ，次のように述べている。従来の評価には学習成果をとらえる測定論的アプローチが強かった。しかし，人は評価されることによって行動を変えていく。したがって，評価による行動変容も同時にとらえる必要がある。教育にとって望ましい評価は，両者のループが効果的に機能している場合である。

Jourden（1991）は，他者からの社会的評価が課題達成の自己効力に与える影響を調べている。達成基準が同じ課題について，すでにできた部分に注目させる場合（達成フィードバック）と，まだできていない部分に注目させる場合（欠如フィードバック）とを比較した。その結果，達成フィードバック群の参加者は，欠如フィードバック群の参加者に比べて，高い自己効力感を維持し，満足感が高く，しだいにむずかしい目標に挑戦するようになり，高い生産性を上げることが明らかになった。

このほか，「人を育てる評価」の関連研究としては，大塚（2005），大山（2003）などがある。また，伊藤（2007）は，これらの評価を大学授業に組み込んだ実践を行なっている。

③「人を育てる評価」から「自己を育てる評価」へ

以上の例は，評価の主体としては他者評価（「人を育てる評価」）を想定している。しかし，こうした視点は，「自己を育てる評価」にも応用できる。すなわち，自己調整学習においても，教師は，これらの方法を教室での評価に取り入れて学生の学習向上を支援することができる。学生は，モデリングによって評価の視点を学び，自分自身の自己評価にも応用できる。たとえば，自己の学習の長所に達成フィードバックを与え，自己効力を高め，高い目標に挑戦し，学習を改善できる。このような過程は，測定論的アプローチと行動論的アプローチのループの中で強化され，自己調整学習が向上するだろう。

自己調整学習の循環モデルには，効果測定結果のフィードバックが次にどのような影響を与えるかという視点が内在している。したがって，「自己調整学習を

育てる評価の機能」として明示されてもよいだろう。

第3節　自己調整学習を育てる大学授業の事例

　筆者が行なってきた自己調整学習に関連する二つの事例を紹介する。〈事例1〉は教授方法，〈事例2〉は教授内容に関するものである。

1.〈事例1〉自己モデリング，自己効力，評価による大学授業改善

(1) 研究の背景

　この研究は，メディア教育開発センターで行なわれた「大学授業改善の研究」の一環である。研究は3期に分けられる。

　準備期（1991～1992年度）は，研究の発想を得た時期である。筆者は，スタンフォード大学客員研究者としてBandura教授のもとで学んだ際，セミナー受講に関する学習活動の自己効力を測定し，自己の学習過程を分析した。また，試験の準備過程を再現するビデオを制作し，自己モデリングの手段としてのメディア利用の可能性を確かめた（伊藤，1994）。その際，Zimmerman & Martinez-Pons (1986) の自己調整学習方略のうち，体制化と変換，目標設定と計画，情報収集，環境構成，リハーサルと記憶，社会的援助要請の方略を試験準備に使用していたことも明らかになった（Itoh, 2011）。

　第Ⅰ期（1993～2000年度）では，研究プロジェクトの教官と全国の大学教員が，各自の授業を研究対象として授業改善を行なった。研究の特徴は，第1に，ボトムアップ・アプローチである。学習者と教授者の主体的参加の方法として，ビデオ記録による自己モデリング，自己効力と評価に関する調査回答による意識化を用いた。第2は，フィールド・スタディで，「聖域」といわれた日本の大学の教授学習過程を直接対象とした。第3は，教員の自己学習，協同学習，相互教授である。ここでは，個人の実践結果を公開授業，研究会，研修で情報交換した。

　第Ⅱ期（1998～2008年度）では，第Ⅰ期の成果を筆者の担当した大学院のコースに応用した。以下に研究の一端を紹介する。

　なお，本節では，次のような用語の区別をしている。「学生（受講生）」，「教師」は，属性を表わす。「学習者」，「教授者」は，役割を表わす。なぜなら，下記の研究では，「学生」も「教授者」となり，「教師」も「学習者」となるからである。また，教授者役の学生は，「教授法を学ぶ学習者」といえる。Cranton (1992) の省察的実践者に相当する。

(2) 目的

大学授業における学習者と教授者の自己モデリング，自己効力，評価，目標設定，方略使用を量的・質的に分析し，自己調整学習を促進する方法としての有効性を明らかにする。

(3) 方法

参加者と授業設計は表 12-1 に示す通りである。教授活動の分析の調査項目と手続き（Itoh, 2009）は表 12-2，学習活動の分析の調査項目と手続き（Itoh, 2011）は表 12-3 に示されている。

(4) 結果と考察

①～④は教授活動の分析，⑤～⑦は学習活動の分析の抜粋である。

①自己モデリング

教授者の要改善点に関する判断について，項目ごとに「改善」，「部分改善」，「非改善」の判断者数（カッコ内）を集計した結果，改善判断者数（68）が部分改善（16）や非改善（22）よりも有意に多かった。このことから，教授者は，「自己の振り見てわが振り直せ」を実践したことがわかる。すなわち，ビデオ記録を実際に自己モデリングの手段として役立てているといえる。また，記述内容から帰納的に抽出された 12 のカテゴリーについて記述者数を分析した。その結果，改善判断の内容については，「メディア利用」と「動作・表情（学習者への視線を含む）」が有意に多かった（記述者数，各 15）。

ビデオの自己視聴の有益度評定は，授業 1，2 とも高かった（各 3.86，3.79；4 段階（1-4）評定）。評定理由では，「自己を客観視できる」(42)，「教授法の長所・短所がわかる」(32) が期待値よりも有意に多かった（カッコ内は記述者数）。

表 12-1　参加者，授業設計（Itoh, 2009, 2011）

1. 参加者
   筆者が 1998 ～ 2008 年度に担当した 3 大学院 15 コースの受講生 105 名。

2. 授業設計
   (1) 学習目標：主体的に学習することを目標の一つに設定した。
   (2) 学生の授業：各コースの約半数の回では，学生が教授者として研究テーマについて授業を行なった。他の学生と教師が学習者となった。
   (3) 自己調整学習のサイクル：図 12-1 に示すとおりである。

   なお，学生の授業は，1998 ～ 2004 年度前期のコースでは 1 回だった。教授活動の分析では，学生の授業を 2 回行なった 2004 年度後期～ 2008 年度の受講生 30 名のデータを対象とした。

表 12-2　教授活動の分析の調査項目と手続き（Itoh, 2009）

1. 教授者調査（授業 1，授業 2）
   (1) 本時の学習目標，授業の工夫点の記述。
   (2) 教授活動自己効力（授業前）の評定。項目は次のとおり。
      1. 授業の目標，課題を明確に示す。
      2. 内容を精選する。
      3. 学習者の興味をひく内容を提示する。
      4. メディアを効果的に利用する。
      5. 学習者の方に視線を向けて話す。
      6. 学習者自身に考えさせる工夫をする。
      7. 学習者が参加する適度な課題を含める。
      8. 学習者の協同作業を積極的にすすめる。
      9. 学習者の発表や討論を積極的にすすめる。
      10. 学習者の質問や意見によく対応する。
      ・項目 1 ～ 5 は全教授者共通。項目 6 ～ 10 は，教授者作成項目で代替可能。
      ・2008 年度は，項目 8 を削除し，項目 9，10 が項目 8，9 に繰り上がった。項目 10 には，"学習者に達成フィードバックを与える" を加えた。
        これらの項目は，自律性をサポートする指導行動（Deci et al., 1982）と次のような関連がある。
      ・項目 6 と個別活動の時間を取る。
      ・項目 9 と話し合いの促進。
      ・項目 10 と学生の見方に応答したり，共感する。
      ・達成フィードバックと学習成果へのプラスのフィードバック。
   (3) 授業実施・ビデオ記録。
   (4) 教授活動自己評価：総合的満足度の評定。
   (5) ビデオ記録の自己視聴（自己モデリング）：よかった点，要改善点を箇条書きし，教授活動自己効力の各項目と照合。授業 2 では，授業 1 の要改善点が実際に改善されたかどうかを判定。
   (6) 教授学習活動の教授への有益度評定と理由記述：教授経験，ビデオ記録の自己視聴，調査への回答（教授活動自己評価，自己効力），学習者の教授活動評価の 4 項目について，教授活動にどのくらい役立ったかを評定。理由を記述。
   (7) 授業 2 の改善準備。
   (8) 教授活動自己効力（今後の授業）の評定。

2. 学習者調査（授業 1，授業 2）
   (1) 学習者の教授活動評価：総合的満足度の評定と自由記述。
   (2) 教授者のビデオ記録の自己視聴後，教授者にフィードバック。
      自己効力尺度は 11 段階（0-10）評定。評価，有益度は 4 段階（1-4）評定。

表 12-3　学習活動の分析の調査項目と手続き（Itoh, 2011）

1. 事前調査
   (1) 学習活動自己効力（コース前）の評定（10 項目，表 12-5 参照）。
   (2) 2006 年度後期以降は，10 項目中 5 項目を各自の向上目標として選択。

2. 総括調査
   (1) 学生と教師による教授活動評価。
   (2) 学習活動自己評価（10 項目，表 12-5 の各項目を過去形にして使用）。
   (3) 教授学習活動の学習への有益度評定と理由記述（6 項目，図 12-2 参照）。
   (4) 学習活動自己効力（今後のコース）の評定。
   (5) 向上目標の自己効力のコース前後の比較と向上努力の記述。
   (6) 自由記述。
   自己効力尺度は 11 段階（0-10）評定。評価，有益度は 4 段階（1-4）評定。

②自己モデリングと自己効力の関連

　①の判断のうち，教授活動自己効力の関連項目の判断者数の合計は，改善（54），部分改善（12），非改善（15）だった。また，自己効力得点の授業前と今後の授業の変化を「上昇」，「不変」，「下降」に分類した。自己モデリングと自己効力の 2 要因をクロス集計した結果，改善判断については，上昇した自己効力の項目数（40）が期待値よりも有意に多く，下降した項目数（5）は有意に少なかった。このことから，自己モデリングによる改善は自己効力の上昇と関連があることがわかる。

　さらに，自己効力の上昇と下降の理由を分析したところ，いずれも，「活動の熟達経験」が有意に多かった（各 69.5%，94.1%）。すなわち，活動ができるようになれば次にも成功するという確信が高まり，熟達できなければ確信度が低くなるといえる。これらの結果は，Bandura（1986, 1997）と一致している。

　自己モデリングのより効果的な方法として，ビデオを編集してよかった点だけを見せることで遂行が改善されることが示されている（Dowrick, 1983, 1991）。このことは，達成フィードバックの研究（Jourden, 1991）からも示唆される。本研究の結果もあわせると，成功した遂行の自己モデリングは，教授法の改善と自己効力の上昇に効果があるといえよう。

③教授活動自己効力，自己評価，学習者の教授活動評価の関連

　表 12-4 の相関係数から次のことが示唆される。第 1 に，授業前自己効力が高いほど，授業 1 と 2 の教授活動自己評価が高く，今後の授業の自己効力も高い。第 2 に，授業 1 の自己評価が高いほど，授業 2 の自己評価が高く，授業 1 と 2 の学習者の教授活動評価も高い。第 3 に，授業 1 の学習者の教授活動評価が高いほ

第 12 章 自己調整学習を育てる大学教育

表 12-4 教授活動自己効力,自己評価,学習者の教授活動評価の相関(Itoh, 2009)

変数	1	2	3	4	5	6
1. 教授活動自己効力(授業前)	—					
2. 教授活動自己効力(今後の授業)	.72**	—				
3. 教授活動自己評価(授業 1)	.54**	-.35	—			
4. 教授活動自己評価(授業 2)	.44*	.26	.48*	—		
5. 学習者の教授活動評価(授業 1)	.21	.09	.47*	.16	—	
6. 学習者の教授活動評価(授業 2)	.09	.28	.44*	.31	.71**	—

注)下線つきの数値は偏相関を示す。
 $*p < .05; **p < .01$

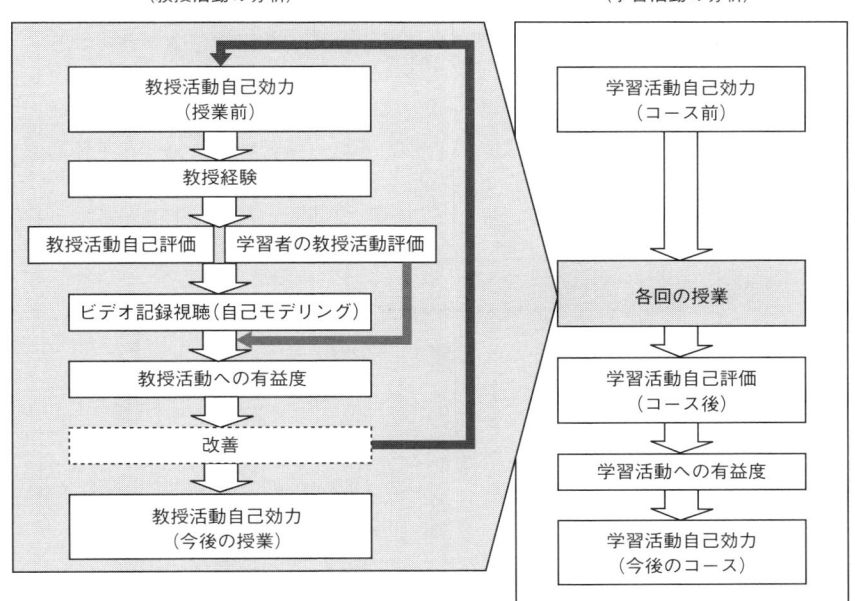

図 12-1 自己調整学習のサイクル(Itoh, 2009, 2011 より作成)

ど，授業 2 の評価も高い。

④循環モデルとの関連

結果と考察①〜③を総合し，図 12-1 と Zimmerman & Moylan（2009）の循環モデルとの関連を考えると，次のようになるだろう（カッコ内はモデルの段階）。教授者は授業 1 に備えて授業設計を行ない，自己効力を測定する（予見段階）。それらの教授活動への影響はビデオ記録される（遂行段階）。そして，自己評価，自己モデリング，学習者の教授活動評価によって確認される（自己内省段階）。授業 1 の後，改善のための努力をする。これらの過程は授業 2 の中でくり返され，今後の授業への自己効力に影響を与えるだろう。

なお，次の点は，Zimmerman のモデルと異なっている。第 1 点は，自己評価についてである。モデルでは自己評価は自己判断，自己満足／感情は自己反応にあげられている。本研究では，自己評価を総合的満足度で測定しているので，モデルでは自己反応にも関連すると考えられる。第 2 点は，社会的サポートについてである。本研究では，教授者が他者の視点に影響されずにビデオの自己視聴ができるように，学習者の教授活動評価は自己モデリングの後で教授者にフィードバックされた。このため，遂行段階ではなく自己内省段階で確認されている。

⑤学習への有益度

図 12-2 は，教授学習活動の学習への有益度である。「学生の授業」が，他の活動よりも有意に高いことがわかる。このことから，学習目標に掲げた主体的学習

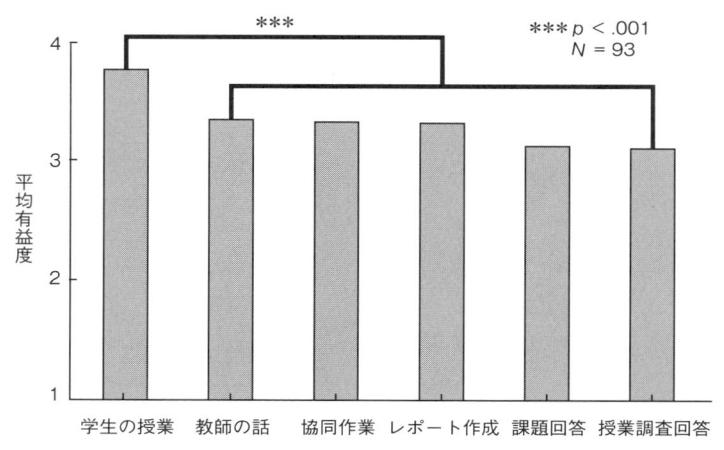

図 12-2 教授学習活動の学習への有益度（Itoh, 2011）

が達成されたといえる。

　理由の上位には,「多様な研究分野にふれることができた」(71.2%),「教授法を学ぶことができた」(40.8%) があげられていた。

　この結果は,モデリング効果の研究 (Bandura, 1986; Bandura et al., 1963; Schunk, 1998) から次のように説明できる。学生は,学生の授業でさまざまなモデルから学習内容と教授方法を学び (多様なモデリング),これらの諸側面を組み合わせて,独自の新しい授業設計を創造できる (創造モデリング)。特に,教授者が学生であることから自分と似ているモデルにふれる機会も多いという利点がある (ピア・モデリング)。このことは,「教師の話」よりも「学生の授業」の有益度が高いことからもうかがえる。

⑥コース受講前後の学習活動自己効力の変化

　コース前と今後のコースについての自己効力得点を比較したところ,全項目と

表 12-5　自己効力項目の向上目標としての選択者数,努力の方法と記述者数,自己調整学習方略との関連 (Itoh, 2011)

項目	選択者数	主な努力の方法	記述者数
5. 学習を深め,広げるための知識を得る。	10	関連文献を参照する。[4] 他の事柄に応用する。	6 2
6. 自分で問題意識をもち,考える。	10	自分なりに考え,理解する。 質問する。[9-10]	7 2
9. 発表や討論に積極的に参加する。	8	質問する。[9] 内容に集中する。	3 2
10. 疑問点について質問する。	7	質問する。[9-10]	4
1. 授業に注意を集中する。	6	内容に興味をもつ。 授業に真剣に取り組む。	2 2
2. 内容をよく理解する。	6	質問する。[9-10] 配布資料を参照する。[4]	2 2
3. 重要なポイントをとらえる。	5	キーワードの定義を調べ,覚える。[8] 話し手の反復,強調点に集中する。[8]	2 2
8. 協同作業に積極的に参加する。	4	自分のできることを活かす。	2
7. 課題に一生懸命取り組む。	3	課題が多かったので,必然的にそうなった。	1
4. 内容をよく覚える。	1	課題に回答する。	1

注) 自己調整学習方略 (Zimmerman & Martinez-Pons, 1986; カッコ内は方略番号):
[4] 情報収集;[8] リハーサルと記憶;[9-10] 援助要請;仲間から [9],教師から [10]。
$N = 12$。

も，後者のほうが有意に高かった。コースを受講することにより，学習活動に関する自己効力が高まったと考えられる。
⑦向上のための努力と自己調整方略

表12-5は，自己効力項目の向上目標としての選択者数，努力の方法と記述者数，自己調整学習方略（Zimmerman & Martinez-Pons, 1986）との関連を示している。学習者は，目標に即した適切な努力をしていたことがわかる。自己調整学習方略としては，情報収集，リハーサルと記憶，援助要請が使用されている。その他の努力の方法もすべて，学習者の積極的参加を示している。「自分なりに考え，理解する」（項目6），「他の事柄に応用する」（項目5），「自分のできることを活かす」（項目8）など，より積極的な方法もみられる。

以上の総括として，モデリング（自己モデリング，多様なモデリング，創造モデリング，ピア・モデリング），自己効力，評価（自己評価，他者評価），目標設定，方略使用は，大学授業における自己調整学習の育成に効果的方法といえる。

2. 〈事例2〉「オープン・フィールド・アプローチによるカリキュラム開発」研究成果の大学授業への活用

(1) 研究の背景

「オープン・フィールド・アプローチによるカリキュラム開発」（1974〜1977）研究プロジェクトは，岐阜大学カリキュラム開発センターで行なわれた。

研究の目的は，自然の沼地における児童の自発的な学習活動を追跡することによって，よりよいカリキュラムを開発することであった。オープン・フィールドとは，「柵のない畑」という意味で，学校教育の枠組みを一度取り払い，子どもの学習の本来の姿をとらえることから出発したのである。

活動には男女3名ずつの児童が小学校2年の終わりから5年まで，3年間継続参加した。これに数名の教師や研究者が参加観察者として同行し，60回にわたる沼地での探索活動を展開した。毎年夏休みには1泊2日の合宿活動を行なった。筆者は，1976年2月から参加した。研究プロジェクト終了後は，研究資料の分析に携わった。

本研究の基本である「学習過程の中からのカリキュラム開発」の視点は，最近の教授学習理論における構成主義，社会的構成主義，学習科学などと密接な関連がある。長期間にわたって膨大な資料と格闘しながらの，まさに「泥沼の研究」であったが，期せずして今日の教育研究の大きな潮流につながっていることがわかったのである。

本研究は，自己調整学習研究が北米，ヨーロッパに登場した1980年代半ばよ

り約10年さかのぼる1974年に着手されたものである。しかし，自己調整学習理論や実践との関連を考察することは意義があると思い，本節で取り上げることにした。

(2) 目的

児童の自発的学習に関する縦断研究「オープン・フィールド・アプローチによるカリキュラム開発」の成果を大学院の授業で紹介し，自己調整学習の教材・学習材としての効果を明らかにする。

(3) 方法

参加者，講義内容の構成，印刷学習材は表12-6に示す通りである。

(4) 結果と考察（抜粋）

①本講義と自己調整学習の関連（カッコ内の番号は表12-6の講義内容の構成に

表12-6 「オープン・フィールド・アプローチによるカリキュラム開発」を活用した授業の研究方法（伊藤, 1998, 2000, 2002, 2004, 2006, 2008）

1. 参加者
   筆者が1998～2008年度（隔年）に担当した大学院のコース「学習・教授・評価法」の受講生57名。

2. 講義内容の構成（2008年度）
   (1) 目的
   (2) 方法
   (3) ＜研究例＞自然的・社会的・個人的要因の相互作用
      1. マコモの名称の習得と伝達過程
      2. 学習促進要因
      3. 3要因の相互作用図
   (4) 方法論の特徴
   (5) オープン・フィールド・アプローチと最近の教授学習理論
   (6) オープン・フィールド・アプローチと教育実践
   (7) 筆者にとっての研究プロジェクトの意義
      基本構成は各年度共通。活動のようすはスライドで提示。

3. 印刷学習材（2006, 2008年度）
   (1) 学習者は，講義に関連のある論文（伊藤, 1982b, 1982c）について
      自宅学習を行なった。
   (2) 調査項目
      1. 印象評価
      2. 内容要約
      3. 応用

4. 学習者の教授活動評価
   4段階（1-4）評定で行ない，理由を記述。

表 12-7　マコモの名称の習得と伝達過程における学習促進要因と相互決定論モデルとの関連
(Itoh, 1982)

学習促進要因	相互決定論モデル
1. 名前を教えられる前に，トランポリンという遊びを通して感覚運動的・視覚的経験を重ねていた。	自然的環境と行動の相互作用
2. それによってその生物に興味・関心をもっていた。	行動と個人，個人と自然的環境の相互作用
3. 教師のモデリングにより名称が教えられるとすぐに言語習得された。	社会的環境から個人へ
4. その後，友達や教師との伝達過程で社会的に強化された。	個人と社会的環境の相互作用

対応)

　要因の相互作用 (3)：表 12-7 は，マコモの名称の習得と伝達過程における学習促進要因と相互決定論モデル (Bandura, 1986) との関連を示している。児童の学習については，さらに，夏休みに別の沼に行ったときに沼との比較が行なわれ，既存知識の般化がみられた。また，3 年目の終わりに書いた感想文には，マコモの成長やトランポリンとの関係が記述され，確かな知識として定着していたことがわかる。

　相互決定論モデルを参照すると，自然的・社会的・個人的要因の相互作用を通して速やかで着実な学習が成立したといえる。本研究では，同一個人の，同じ環境における行動を 3 年間追跡しているので，これらの要因の相互影響過程をとらえる具体的な事例を提供することができたのである。Zimmerman の循環モデルとの関連については，第 4 節で述べる。

　方法論 (4)：特徴として自然観察法，個性記述的方法，縦断的研究法をあげ，実験的方法，群比較法，横断的方法と対比させている。

　Pintrich (1995) は，自己調整学習の研究は，実験室での研究と異なり，教室に適用しやすいと述べている。その意味では，本研究もフィールドでの自然観察から有効なカリキュラム開発を行なっている。また，「学習過程の中からのカリキュラム開発」の視点と方法は，メディア教育にも応用されている（伊藤，2001)。教室と野外の違いよりは，この点に共通点を見いだすことができる。

　さらに重要なことは，これらの方法論を対立的にとらえるのでなく，研究と実践にいかに有効に利用していくかである。本研究 (Itoh, 1982) を Bandura 参加

第12章　自己調整学習を育てる大学教育

の岐阜セミナーで発表した際には，次のような高評を得た（藤田，1985より要約）。
「Banduraは，長期間の縦断的研究，膨大な活動記録の自然的・社会的・個人的相互作用の分析による学習実態の解明に深い関心と賛意を寄せた。単純で非現実的な実験室での実験研究と，複雑で現実の状況におけるフィールド研究を対比し，両者の関連を深めていく必要を強調した。」

　個性記述的方法と縦断的研究法については，第4節で述べる。

　教師の役割（6）：オープン・フィールド・アプローチと教育実践の中で解説している。児童の活動の観察・記録，助言，児童の興味に応じた環境セッティング，前回の活動の映像によるフィードバックなどがあげられている。第1節2.で述べた「学びを支える教師」の役割は，本研究プロジェクトの中ですでに実践されていたことがわかる。さらに，学校現場に戻ってからも継続された。

　参加児童からみた教師の役割については，大学生になった児童が当時の思い出を書いた感想文からうかがうことができる。「……好奇心というか，ちょっとした事実に興味をもつ気持ち，そこから始まって先生方の知識を借りながら，自分なりに工夫して，いろいろなことに取り組み，それなりの結論を導いていく，その結論に気づいたときの感動。そのようなことを何度もくり返してきたように思います……」ここには，スキャフォルディング（Butler, 1998）や誘導による熟達（Bandura, 1986）における学習過程の一端をみることができる。

　自己調整学習は，教室での学習をフィールドにしたものが多い。しかし，そうした「柵」を越えた環境で展開される学習からも，自己調整学習の研究と実践に

表12-8　「オープン・フィールド・アプローチによるカリキュラム開発」に関する授業評価（肯定的理由）（伊藤，1998, 2000, 2002, 2004, 2006, 2008）

カテゴリー	記述者数	例
児童の学習	9	自ら学び，体験を生かしている点に共感 野外活動を通じての問題設定と解決過程を理解 記憶の定着過程を理解
研究プロジェクトの意義	11	時代を先取りした研究に感銘 現在必要な教育と痛感 自然を通しての学習は重要 総合的学習に多大な示唆
学生にとっての意義	14	自分の研究に関連 興味喚起
本講義の教授法	19	スライド，具体例により理解促進 語句の整理・定義により理解深化

② 学習者の教授活動評価

評定値の平均は3.28（4段階（1-4）評定）であり，肯定的評価を得ている。理由の総記述者数（61）のうち53（86.9%）が肯定的理由だった。表12-8は，「オープン・フィールド・アプローチによるカリキュラム開発」に関する授業評価における肯定的理由のカテゴリー，記述者数，例を示している。児童の学習や研究プロジェクトの意義がよく理解され，学生自身と関連づけられていること，メディア利用により理解が促進されていることがわかる。

否定的理由（8）：「資料が古い，専門外」は2006，2008年度の講義ではみられなかった。これは，教師自身が自己モデリングや学習者の教授活動評価の結果を参照して授業改善に努めたことが一因と考えられる。

第4節　展望——今後の課題

1. 循環モデルの検討

自己調整学習の理論では，循環モデルの重要性が指摘されている（Nenniger, 2011；Zimmerman, 1989；Zimmerman & Moylan, 2009）。また，実践においても，教師が学生に自己調整サイクルを伝え，学生が自己成就サイクルを形成できるようにすることが必要とされている（Zimmerman, 1998）。

しかし，研究的観点からは，循環モデルにはさらに検討すべき課題がある。

基盤となるBandura（1986）の相互決定論は，本来，因果関係のモデルである。相互影響（reciprocal）とは，因果要因間の相互作用であるとされている。

この点，第3節で紹介した著者の研究でも，事例1は相関分析，事例2は，発話の質的分析に基づいており，因果関係を追跡するにはいたっていない。

因果関係を検証する方法の一つとして，パス解析が用いられている。たとえば，Schunk（1981）は，自己効力が子どもの算数の成績と学習の持続に直接的な効果をもつとしている。Zimmerman & Bandura（1994）は，自己効力はライティング・コースの成績に直接的な影響をもち，それを通して間接的に目標に影響することを明らかにしている。

これらは，自己調整学習の過程で自己効力が中心的役割をもっていることを示すものである。今後，循環過程における諸要因の因果関係を検証する研究が増えていくことが望まれる。

2. 個人差への対応
(1) 課題
　障害者が普通教育に参加するインクルージョンにおいて，個人差に合わせた指導が必要とされている（Schunk & Zimmerman, 1998）。また，学生の先行知識の個人差（Alexander et al., 2011），自己調整学習における感情・情緒の個人差や調整（Boekaerts, 2011）に関する研究の必要性も指摘されている。
　Hofer et al.（1998）は，学生のもつ信念や目標と方略介入との交互作用を明らかにする適性処遇交互作用（ATI）の研究が必要だと述べている。しかし，Zimmerman（2001）は，適性処遇交互作用の研究成果について否定的である。
　この見解の相違への対処法の一つとして，一般にATIの問題点とされる安定性と再現性に注目する必要がある。並木（1997）は，想定される要因を順次加えて交互作用を分析することにより，ATI効果の一般性を高められるとしている。この方法をHofer et al.の問題提起に適用すると次のようになるだろう。自己調整学習は，知能やパーソナリティのように固定的でなく，学習や統制が可能と考えられている（Pintrich, 1995）。このことから，適性の「変化」に注目し，学習者の変容や発達をとらえつつ順次処遇を考えていく方法が示唆される。いずれにしても，教育現場での状況に合わせて研究を行ない，その成果を現場で検証するといった方法が必要であろう。

(2) 研究法
　個人差への対応は，基礎となる研究の方法論からも検討する必要がある。
　Butler（1998）の実践では，個別指導は，量的・質的データの詳細な個別的分析に基づいている。さらに，Butler（2011）は，ケース・スタディ・デザインを自己調整学習の研究に適用することを提案している。これには次のような利点があるという。第1に，個人と社会の動的で循環的な相互影響過程を知る。第2に，理論の構築と検証ができる。従来の自己調整学習研究が一般化を中心としたのに対し，個人と文脈の相互作用で生じる特殊な変数や条件を解明できる。第3に，動的因果関係を詳細に研究し，より望ましい結果がいかにして，なぜ，起こるかを知る。第4に，研究と実践の乖離を埋めることができる。第3の利点は第4節1.，第4は第4節4.とも関連する。
　Itoh（2009）のデータの個別的分析では，教授者がモデリング，自己効力，評価を独自の方法で役立てていることが明らかにされている。
　オープン・フィールド・アプローチでは，方法論として，個性記述的方法と群比較法を統合する方法を用いている。これにより，個人の数値はグループの比率

■ 第2部　自己調整学習と教育実践

や平均の中で相殺されることなく，個別に位置づけられ，グループの差もこれをもたらす特定の個人においてとらえることができた。また，縦断的データの個別的分析によって，個人の発達や学習がとらえられた（藤田，1982；Fujita & Itoh, 1983）。

伊藤（1988）は，個人に関する研究について，法則定立的，個性記述的という科学的方法から考察し，教育研究と実践には両者の立場が必要であると指摘している。たとえば，上記のオープン・フィールド・アプローチの方法は，発達や学習に関する一般法則を導くのに役立つし，教育実践の場での具体的な問題解決にも有効な資料となるだろう。一方，同じ研究から得られた参加者個人の記述や履歴に関する質的データは，個性記述的方法の重要な資料である。1サンプルとしての個ではなく，かけがえのない特定個人の理解に役立つものである。

3. ファカルティ・ディベロップメントへの応用

自己調整学習の成果をファカルティ・ディベロップメント（FD）に応用する際に次のような課題が考えられる。まず，教師自身が教授法を学ぶ自己調整学習者となることである。たとえば，省察的実践（Cranton, 1992；土持，2007），自分の授業を研究対象とした授業改善（Itoh, 2009；伊藤・大塚，1999）などが参考になるだろう。次に，「学びを支える教師」の育成があげられる。このためには，教師が学生の学びを知る必要がある。たとえば，モデルとしての教師（Pintrich, 1995），学生の用いる独創的な学習方略を指導に役立てる（Lan, 1998），学生の授業に教師が学習者として参加する（Itoh, 2009），学習過程の中からのカリキュラム開発（伊藤，1982a, 1982b；Fujita & Itoh, 1983）などが考えられる。

こうした視点をより組織的に実施するためのプログラム開発も必要である。Karabenick & Collins-Eaglin（1995）は，さまざまな学問分野の教師が自分のクラスで自己調整学習の研究を行なうFDプログラムを開発している。それは，教師に学生の動機づけと自己調整学習を含む包括的理論と実践を教えるとともに，学部や大学全体に役立つ結果をもたらしている。

日本の大学では，このようなプログラム開発や教師のサポートに携わる組織や専門家の整備は十分とはいえない。しかし，FDが義務化されていることから，今後，自己調整学習の研究成果が応用されることが期待される。

4. 教育研究と教育実践の「実りある交流」

従来の教育研究では，基礎研究と応用研究，理論と実践の間に乖離があった。しかし，大学教育研究と実践は相互フィードバックの中で進めていくべきである。

この点，Schunk & Zimmerman（1998），Pintrich（1995）では，実践の理論的背景が解説されており，両者の相互関連がとらえやすい。
　第3節の〈事例1〉では，研究と実践の相互交流は次のように行なわれた。
(1) 実践から研究へ
　伊藤・大塚（1999）では，分野も授業形態も多岐にわたるケースから，帰納的に改善の原理を抽出している。しかし，それらは，学習者の主体性重視など，今日の教育研究と実践の動向と軌を一にするものであった。一方，ケースの多様性を活かす視点も重視した。「あなたのレシピであなたならではの料理を」これが基本的な考え方である。教授者がさまざまな授業の事例から自己の授業改善に役立ちそうな方法（レシピ）を主体的に学びとり，独自の授業（料理）を創出していくことを問題提起している。画一的な教育方法を提案するのとは正反対の立場である。理論的背景は，多様なモデリングと創造モデリング（Bandura, 1986；Bandura et al., 1963）である。これは，理論の応用を目的としたものではなく，実践から提案できる改善原理がこの理論で説明できることに気づいたといったほうがよい。
(2) 研究から実践へ
　自己モデリング，自己効力，評価による授業改善では，社会的認知理論（Bandura, 1986, 1997）を応用し，その有効性を検証している（Itoh, 2009, 2011ほか）。
　自己調整学習の研究と実践においても，相互交流によって，ますます実りある成果が得られることを期待したい。

第13章

自己調整学習と家庭学習

篠ヶ谷圭太

第1節　はじめに

　2000年前後にわき起こった学力低下問題をきっかけに，わが国では学力向上に向け，さまざまな取り組みがなされてきた。ここで目指されている学力とは，基礎基本的な知識の習得だけでなく，主体的に学習に取り組み，自らの学習を自ら深めていける力であり（たとえば文部科学省, 2008），自己調整学習研究で中心的なテーマとされてきた力である。

　学校のさまざまな教科の学習を行なう際には，精緻化方略，体制化方略，リハーサル方略などの認知的な方略や，学習の計画を立てるといったプランニング方略，学習の進み具合や自らの理解状態を把握するといったモニタリング方略，自身の行動や動機づけを調整するコントロール方略などのメタ認知的な方略が使用される（詳しくは第2章を参照されたい）。これまでの学習方略研究では，教科内容の知識を習得する「習得型の学習」を行なう際に精緻化方略や体制化方略といった方略が有効であるといわれている。また，自身の学習を効果的に展開していくためには，プランニング方略やモニタリング方略，コントロール方略といったメタ認知的な方略を使用することが重要であることが示されている。したがって，自己調整的な学習者とは，学習に有効とされる学習方略を使用しながら，自身の学習を効果的に運営できる学習者であるといえよう。

　このような学習スキルは，学校で授業を受けるだけで身につけられるものではない。そこで，重要な役割を担うと考えられるのが家庭学習である。Schunk & Zimmerman（1997）をはじめ，これまでの研究では，自己調整学習の発達過程には，①教師や保護者，友人など優れた学習者の手本を見る段階（観察），②そうしたモデルのまねをする段階（模倣），③他者から教わったスキルを自分で使えるようになる段階，そして，④環境に合わせて学習スキルを応用できる段階が存

在することが指摘されている。このような自己調整学習の発達プロセスを想定した場合，教師や保護者から教わった学習スキルが学習者に内化され，学習者がさまざまな領域で自己調整できる段階へと移行していくためには，通常の学習環境である学校以外の場で，学習者が1人で学習することが必要となる。教わった知識やスキルが他の文脈でも使えるようになることは「転移」とよばれる。自己調整学習研究では，他者から教えられた学習スキルの「転移」が生じるための「トレーニングの場」として，家庭学習が重要な役割を果たすと考えられているのである（たとえばStoeger & Ziegler, 2011）。

ただし，自己調整学習の発達過程の初期の段階に，観察や模倣の段階があることからもわかるように，学習方略に関する知識やスキルを最初から1人で身につけることは不可能である。したがって，家庭で学習を行なわせて自己調整的な学習者を育成する際には，まず，教師や保護者が適切な方法で指導や援助を行なっていく必要がある。そこで，本章の前半では，まず家庭学習に対する教師や保護者の指導および支援の影響について扱った研究知見を概観する。

また，学校の教科の学習において，効果的な家庭学習のあり方を考える場合には，学校での学習と家庭学習を関連づける視点が不可欠となる。そこで，本章の後半では，学校での学習と家庭学習の関連づけの視点から先行研究の分類を行なうとともに，今後の学習研究に必要な枠組みについて論じていくこととする。

なお，本章では，学習の内容を理解し，知識を習得する「習得型の学習」を行なう際に使用される方略に焦点を当てる。学習には，習得型の学習と探究型の学習の2つの側面があるが，市川（2008）では，獲得させたい知識やスキルが明確な習得型の学習において，特に，予習－授業－復習といったように，学校での学習と，家庭での学習を関連づける必要があるとの指摘がなされている。そのため，習得型の学習を対象に，効果的な家庭学習のあり方を考えていくことには，大きな意義があるといえるだろう。

第2節　家庭学習の指導・支援

家庭学習を通じて自己調整的な学習者を育成していくためには，児童や生徒に対してどのような指導や支援を行なえばよいのであろうか。本節では，家庭学習に関するさまざまな働きかけとその効果について，これまでの研究知見を概観する。

1. 教師による家庭学習の指導と支援

　家庭学習をうながすために宿題を出したとしても，児童や生徒は，はじめから家庭で自分の学習行動を管理できるわけではなく，ついテレビを見たり，友達と遊んだりしてしまう。したがって，家庭での学習を習慣づけていくためには，教師は単に宿題を課すだけではなく，その遂行を自分でコントロールできるように支援していかねばならない。

　自分の学習をコントロールするためには，自分がどのような行動をとるべきか（目標行動）を認識した上で，「その行動をとれたかどうか」「自分はどのような行動をとったか」といったことをチェックする作業が必要である。この点に着目し，Belfiore & Hornyak（2007）は，自身の行動をチェックする「モニタリング・シート」を用いた取り組みを行なっている。この取り組みで用いられたモニタリング・シートとは，「宿題をやったか」「どのくらい時間をかけたか」などの項目に関して，チェック欄に自分でチェックを入れていくというものである。取り組みの結果，宿題を行なわせる際にこのようなモニタリング・シートを伴わせることによって，自身の学習行動を管理するスキルが身についていくことが報告されている。

　また，わが国においては，田中ら（2009）が教師の家庭学習指導と，生徒の家庭学習力の関係について検討している。この調査では，学校教員に対し，家庭学習指導に関する項目について回答を求めており，「家庭学習の基本的指導」「プロジェクト的活動の導入」「家庭学習のガイダンス」「家庭学習の習慣化」「家庭学習の点検・評価と指導」「家庭学習課題の整備・充実」の6つの因子が抽出されている（表13-1, 13-2）。田中ら（2009）では，家庭学習の計画の立て方や管理の仕方を指導したり，家庭学習の時間をうまく確保する工夫を身につけさせたりするなど，教師の「家庭学習の習慣化」得点が高いほど，生徒の家庭学習力が高いことが報告されている。なお，ここで測定されている生徒の家庭学習力とは，家庭において，計画や目標を立てながら学習に取り組む力である。このような結果もまた，Belfiore & Hornyak（2007）と同様，家庭での学習行動を生徒が自らコントロールできるようになるためには，教師による指導が重要な役割を果たすことを示すものであるといえる。

　また，瀬尾ら（2007）は，小学校における算数，中学校における数学を対象として，学習方略に関する教師の認識および指導方法を測定し，生徒の方略使用との関係について検討している。この研究では，小学校と中学校の教師計93名に対し，算数，数学のさまざまな学習方略について，「どのくらい有効であると感

表13-1 教師の家庭学習指導力に関する項目 (田中ら, 2009)

抽出された因子	項目内容
家庭学習の基本的指導	・量や頻度にムラがないように，宿題を出すようにしている。 ・宿題をやってこない子どもや家庭学習が十分でない子どもに対しては，始業前や休み時間，放課後等にやらせるようにしている。 ・教師が指定図書のリストを作ったり，子ども自身に目標冊数を決めさせたりして，家庭での読書を習慣づけるようにしている。 ・長期休業中には，ふだんやりにくい課題や十分に習熟できていない課題等を優先的に出すようにしている。
プロジェクト的課題の導入	・授業で学んだことをふだんの生活や自分に結び付けて，身の回りの問題や課題の解決にあたらせるような宿題を出すようにしている。 ・あるテーマについて調べたり，その結果や考えを表現させたりする活動を出すようにしている。 ・本や文章，資料を読み，自分の考えや意見，批評等を書かせて読解力を高めるような課題を宿題として出すようにしている。
家庭学習のガイダンス	・家庭学習教材として適切な教材や方法を保護者や子どもの要望に応じて紹介している。 ・保護者に対して，家庭学習の充実に向けての協力や応援が得られるよう，具体的な事例と共に説明している。 ・家庭学習の意義や役割から，計画の立て方，具体的学習方法，評価規準等をまとめた「家庭学習の手引き」等を作成し，随時活用させたりしている。 ・子どもたちの家庭学習上の悩みや相談に個別に応じたり，具体的な方法やコツを指導したりしている。
家庭学習の習慣化	・毎日の家庭学習の計画の立て方や管理の仕方を指導したり，家庭学習の時間をうまく確保する工夫等を身につけさせたりしている。 ・授業で使うワークシートの使い方やノートのとり方を工夫し，家庭での予習復習やテスト勉強等に活用するように指導している。 ・教科の特性や子どもの年齢に応じて，自主的・主体的な家庭学習へと移行していけるように指導している。 ・毎日かならず今日の授業の振り返りや次の授業への準備をすること等を習慣づけるように指導している。

表13-2　教師の家庭学習指導力に関する項目（続き）

抽出された因子	項目内容
家庭学習の点検・評価と指導	・探求的課題など中長期的な宿題を出した後は，引っ掛かっている点の確認や指導，念押し等をして必ず提出させるように指導している。 ・授業で用いたプリントやテスト，作品等と一緒に，宿題や家庭学習の成果もポートフォリオとして管理させ，成長や課題を振り返らせている。 ・家庭学習の結果に対する評価規準や判断基準を明確に示すとともに，成績にしっかりと反映させている。
家庭学習課題の整備・充実	・市販の教材やドリル等のみに頼らず，自作のプリントや課題等も宿題として出すようにしている。 ・宿題の内容や量，方法等を教員間で協議したり，効果の高い教材を共同で開発して使用したりしている。 ・校内や教育センターの教材データベースやインターネットサイト等からドリルや教材を入手し，宿題や家庭学習教材として活用している。

じているか（有効性の認知）」「どのくらい指導しているか（方略指導）」「生徒はどのくらい使用しているか（生徒の方略使用）」の3つの観点から回答を求めている。これらの変数間の相関を分析した結果，多くの方略について，教師は有効であると思っているほど生徒に指導しており，生徒もその方略を用いて学習するようになることが示されている。ただし，この研究では，生徒の方略使用の状況についても教師が回答をしているため，生徒が本当にその方略を用いて学習しているかについては正確な測定ができていない。こうした問題点は指摘できるものの，教師の認識が学習方略の指導に影響を及ぼし，それが学習者の方略使用へつながるといった一連の影響プロセスを示唆している点で，この知見には意義があるといえる。

2. 保護者による家庭学習の指導と支援

　ここではまず，児童期における読解スキルの育成に向けた家庭のかかわり方について検討したMcElvany & Artelt（2009）の知見を紹介する。読解スキルは，中学校以降の複雑な教科内容を習得していくための基礎となる重要なスキルであるため，小学校の段階でしっかりと身につけておく必要がある。
　読解スキルを育成していく上で，家庭が果たす役割は非常に大きい。なぜなら，

家庭で保護者とコミュニケーションを行なうことを通じて、テキストをスムーズに読み進めるためのボキャブラリーや、自身の理解を深めていくために必要な方略が獲得されていくと考えられているからである（たとえば Weinberger, 1996; Wood, 2002）。McElvany & Artelt（2009）は、665名の小学4年生とその保護者を対象に、家庭での介入プログラムを実施している。このプログラムでは、保護者と子どもが家庭でさまざまな小説や説明文を読む際、声を出して読んだ上で、「自分自身の生活に引きつけて考える」「文章に出てきた人物の視点から感情や行動を表現する」といった課題に一緒に取り組んでいく。また、相互作用の中で、保護者は「読んだところまででわからないところはなかった？」「新しく出てきた単語はあった？」など、文章の内容の理解やボキャブラリーについて子どもにモニタリングをうながす（表13-3）。このプログラムは、課題や質問をもとに活発にコミュニケーションを行なう中で、「自身の知識と結びつけながら読む」「内容について推論しながら読む」などの精緻化方略や、「自身の理解状態を把握しながら読む」というモニタリング方略が子どもに内化されていくことを目指しているのである。

McElvany & Artelt（2009）では、家庭に対してこのような介入を半年間行なった結果、その家庭の児童の単語の知識量や、テキスト読解に必要な方略に関する知識が増加したことが報告されている。先に述べたように、テキストの内容をしっかりと理解していくスキルは、その後の学習を効果的に行なうための基礎となる力である。そのため、この研究から得られた知見は、小学校低学年から中学年の児童をもつ家庭に対して非常に有用なものであるといえよう。

次に、小学校高学年から中学校の生徒を対象に、家庭での学習に介入を行なった研究を紹介する。Callahan et al.（1998）は、宿題を用いた学習支援プログラムの中で、子どもと保護者に介入を行ない、その効果を検討している。このプログラムでは毎日数学の宿題が出され、先述の Belfiore & Hornyak（2007）と同様、子どもは「宿題にかかった時間」「宿題をやった場所」「宿題の出来（正答率）」などを自らチェックするよう求められた。さらにこのプログラムでは、保護者も子どもの宿題の遂行について、同じ項目でチェックした。そして、子どもは記入し終わったモニタリング・シートを保護者に渡し、保護者は自分の評定と子どもの評定が一致していれば、それに応じて子どもにポイントを与える。このようなプログラムを1か月行なった結果、プログラム開始前に比べ、子どもの宿題の遂行状況が改善され、学習成績が有意に上昇することが示された。むろん、このプログラムのように、外的な報酬を用いて保護者が学習を管理し続けていては、自立した学習者は育たない。Callahan et al.（1998）では、子どもに自己管理スキル

表13-3　プログラムで用いられた質問や課題のカテゴリー (McElvany & Artelt, 2009)

	テキスト		
	物語	説明文	計
人物の感情や行動について，登場人物の視点から述べる	29	4	33
文章の内容を自分の生活に置き換える	18	18	36
登場人物の行動や考えの理由を理解する	28	0	28
文章の特徴，動き，登場人物などを見つける	20	3	23
文章の内容に対する仮説をチェックする	2	8	10
哲学的・抽象的な質問	3	0	3
可能ならば，一連の結果から行動や解決を判断する	19	0	19
登場人物の他の行動の選択肢を考え，評価する	16	4	20
文章を評価する	19	8	27
著者の意図を考える	19	2	21
文章の改善点を考えてみる	3	6	9
自分の持っている知識を活性化する	13	30	43
文章で述べられている事象について具体例を考えてみる	6	9	15
文章の内容を描写してみる	2	6	8
著者に対する質問を考えてみる	2	16	18
文章の次の部分を予想してみる	12	0	12
話の続きを考える	14	0	14

を身につけさせることの重要性を保護者がしっかりと認識し，徐々に子どもが自分で自分の行動を管理できるようにうながしていくことが大切であると述べられている。このような知見も，家庭学習における保護者の支援の重要性を示すものといえる。

　また，わが国における調査では，先述の田中ら（2009）によって，家庭での保護者の支援と，子どもの家庭学習力の関係について検討が行なわれている。その結果，保護者の支援の種類として，早寝早起きをさせる，適切な食事をとらせるといった，規則的な生活をさせる「生活習慣確立支援」，予習や復習，テスト準備をしっかりやらせるなどの「学習習慣確立支援」，宿題を期日までにやり終えるようにさせ，教科書やノートを前日の夜に準備させるなどの「学校社会適応支

援」をはじめ，全部で6つの因子を抽出している。こうした保護者の支援の影響について検討した結果，田中ら（2009）では，保護者の家庭学習支援力を構成するすべての因子が，子どもの家庭学習力（家庭において計画や目標を立てながら学習する力）と関連をもつことが報告されている。

第3節　学校での学習と家庭学習の関連づけ

　ここまではおもに，いかにして家庭でも学習するように働きかけるかに関する介入とその成果について概観してきたが，本節からは，学校での学習と家庭学習を関連づけるという視点から，家庭学習のあり方について考えていきたい。一連の学力低下問題から家庭学習の重要性が再認識され，近年の教育現場では積極的に宿題を出すなどして，家庭学習をうながすようになっている。こうした取り組みの結果，家庭での学習時間は増加傾向にあることが報告されているが（耳塚，2007），わが国の児童や生徒の学力にはいまだ問題が残っていることが指摘されている（国立教育政策研究所，2009）。このような状況から，1人でも家庭で学習できるように働きかけるだけでは不十分であることが示唆される。そこで重要になるのが，学校での学習と家庭学習の関連づけである。先ほど紹介した田中ら（2009）においても，たとえ介入により家庭学習をうながしたとしても，学習成績を向上させることはむずかしいとの指摘がなされており，学校での学習と家庭学習を関連づけることの重要性が述べられている。

　学校での学習内容と関連づけるのであれば，家庭学習の内容は学校の授業に対する予習や復習ということになるだろう。図13-1に示すように，学校教育にお

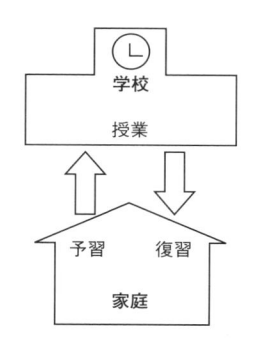

図13-1　学校での授業と家庭学習のリンク

けるさまざまな教科の学習は，学校での学習と家庭学習の連続体として構成されている。教科学習の内容をしっかりと理解し，確かな学力を身につけていくためには，学校で授業を受けるだけでなく，家庭でも予習や復習を行ないながら，自らの理解を深めていくことが求められる。このような予習－授業－復習の一連のプロセスを，市川（2008）は学習の「習得サイクル」とよんでおり，学校教育で扱われる知識を習得していくためには，この一連のサイクルを確立させることが重要であると述べている。

　何かを学ぶ際に，事前や事後にも学習を行ないながら理解を深めていく力は，何も学校教育期の学習だけに必要なものではない。われわれは，人の説明を一度聞くだけ，テキストを一度読むだけでその内容を理解できるわけではなく，事前や事後にも学習を行ないながら，自らの理解を深め，知識の定着を図っている。たとえば，会社の講習会や著名人の講演会などを聞く場合には，事前に関連する資料を読んでおく，講演者の著書を読んでおく，そこで疑問に思った点をまとめておくなどの準備を行なうであろうし，事後には講習や講演の内容を簡潔にまとめ直すなどの活動を行なうであろう。

　このように，事前や事後にもさまざまな方略を用いながら学習を進めていくプロセスを，本稿では「フェイズ関連づけモデル」とよぶこととする（図 13-2）。この枠組みは，学校の授業のように，おもに学習を行なうフェイズを「本学習フェイズ」と位置づけ，予習や復習のように，本学習フェイズと同じ内容や，もしくは関連する内容について学習するフェイズを，それぞれ事前学習フェイズ，事後学習フェイズと位置づけている。図中の矢印は，1つの学習フェイズでの方略が，次のフェイズでの方略使用に影響を与えていることを示している。つまり，このモデルは，ある学習フェイズで使用される方略が，次のフェイズでの学習方略の使用に影響しながら，理解が深まり，知識の習得がなされていく過程を示したものである。

　学習をこのようにしてとらえた場合，自己調整的な学習者とは，単に「効果的な方略を用いて学習できる学習者」ではなく，「それぞれの学習フェイズにおい

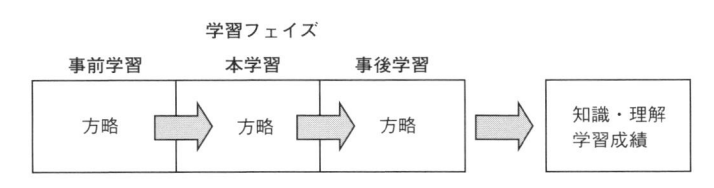

図 13-2　学習のフェイズ関連づけモデル（篠ヶ谷, 印刷中）

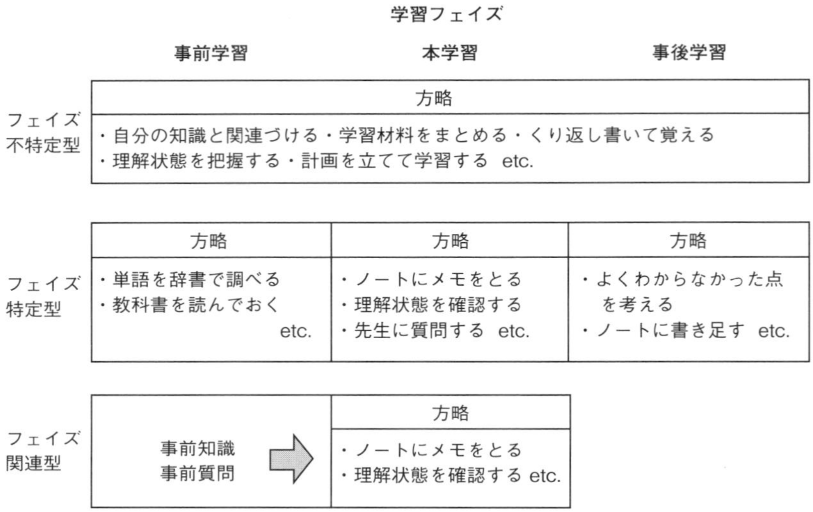

	学習フェイズ		
	事前学習	本学習	事後学習
フェイズ 不特定型	方略 ・自分の知識と関連づける ・学習材料をまとめる ・くり返し書いて覚える ・理解状態を把握する ・計画を立てて学習する etc.		
フェイズ 特定型	方略 ・単語を辞書で調べる ・教科書を読んでおく etc.	方略 ・ノートにメモをとる ・理解状態を確認する ・先生に質問する etc.	方略 ・よくわからなかった点を考える ・ノートに書き足す etc.
フェイズ 関連型	事前知識 事前質問 ⇒	方略 ・ノートにメモをとる ・理解状態を確認する etc.	

図 13-3　フェイズ関連づけモデルに基づく方略研究の分類（篠ヶ谷，印刷中を改変）

て適切な方略を用いながら，自らの理解を深めていける学習者」と定義づけることができる。本節では，自己調整的な学習者をこのようにとらえ直した上で，図13-2 の「学習のフェイズ関連づけモデル」に基づいて，これまで行なわれてきた学習方略研究の分類を行なう。その上で，今後，効果的な家庭学習のあり方を検討していくために必要な研究の枠組みについて述べていく（詳しくは篠ヶ谷，印刷中を参照されたい）。

フェイズ関連づけモデルの視点から分類を行なった場合，学習方略に関する先行研究は，①フェイズ不特定型，②フェイズ特定型，③フェイズ関連型の3つに分けることができる（図13-3）。フェイズ不特定型の研究とは，事前学習，本学習，事後学習といった学習フェイズにかかわらず，ふだんの学習で使用している方略を測定した研究である。一方，フェイズ特定型の研究とは，「事前学習での方略」「事後学習での方略」といったように，学習のどのフェイズでの方略かを特定することが可能な研究である。また，フェイズ関連型の研究とは，複数の学習フェイズに焦点を当て，それらの関連について検討を行なった研究である。

1. フェイズ不特定型の研究

フェイズ不特定型の研究では，事前学習，本学習，事後学習のフェイズを特に

指定せず,「あなたは数学の勉強をするときにどのような方略を用いていますか」といった教示によって,学習者の使用している方略が測定されている。このタイプの研究では,どのような方略が学習成績と関連するか,また,どのような要因が学習者の方略使用に影響しているかについて多くの検討がなされてきた。学習成績と関連をもつ有効な学習方略については先に述べたため,ここでは簡単に,学習方略の使用に影響する要因を扱った知見を紹介する。

　まず,方略使用に関連する要因としては,方略に対する学習者の「認知」があげられる。方略に対する認知としては,「この方略は勉強するときに役に立つ」といった認知(有効性の認知)や,「この方略は実行するのがたいへんだ」といった認知(コストの認知)があげられる。この点について,佐藤(1998)は,質問紙を用いて,有効性の認知やコストの認知と,数学の勉強で使用している学習方略の関連について検討している。その結果,学習者は有効性を感じている方略ほど使用し,コストを感じている方略ほど使用しないことが示されている。

　また,多くの研究で扱われてきた要因が,学習者の動機づけである。動機づけ理論の1つである達成目標理論では,学習における目標は,「以前の自分よりもできるようになろう」といった,自己を比較基準とした目標(習得目標)と,「あの人よりできるようになろう」「あの人よりもできなくなることを避けよう」といった,他者を比較基準とした目標(遂行目標)の2つに大きく分類されている。この達成目標理論に焦点を当てた先行研究では,習得目標を強く志向する学習者ほど,ふだんの勉強において,精緻化方略や体制化方略などの効果的な方略を多く使用することが示されている(たとえば Elliot et al., 1999;Kolic-Vehovec et al., 2008;Pintrich & De Groot, 1990)。また,学習を行なう理由(学習動機)に着目した堀野・市川(1997)では,「内容がおもしろいから」「自分の能力を高めることができるから」など,学習内容そのものに価値を見いだしている動機(内容関与動機)が高い学習者ほど,ふだん,英語を勉強する際に,「似ている単語をまとめて覚える」といった体制化方略などを使用していることが示された。また,「先生や親にほめられたいから」など,学習内容ではなく外的な報酬に対して学習する価値を見いだしている動機(内容分離動機)は,学習方略との関連がみられないことが報告されている。

2. フェイズ特定型の研究

(1) 本学習フェイズに着目した研究

　事前学習フェイズや事後学習フェイズを設けずに,テキストを読んだり,ビデオ教材を視聴したりして学習を行なわせ,その際に学習者が使用している方略を

検討した研究は，本学習フェイズに特定した研究に分類することができる。このタイプの研究では，学習内容に関する知識が学習者の使用する方略と関連することが示されている。たとえば，テキストを読んで学習を行なわせた研究では，扱われているトピックに関する知識が豊富な学習者ほど，「自分のことばで言い替えてみる」「内容を要約してみる」などの精緻化方略を多く使用することが報告されている（たとえば Alexander et al., 1997）。また，視聴覚教材を用いた Moos & Azevedo（2008b）でも，学習内容に関する知識が豊富な学習者ほど，学習中に「自分の知識と比較しながら推論する」などの精緻化方略を使用していることが示されている。

また，本学習フェイズに特定した方略研究でも，学習者の動機づけと方略使用の関係が示されている。たとえば，Vansteenkiste et al.（2004）では，教師が権威的に課題を行なわせるのではなく，学習者に課題選択の権利を与えるなどして，自律性（autonomy）を支援する働きかけを行なうことによって，学習者の内発的動機づけが高まり，その結果として「既有知識と関連づけながら読む」といった精緻化方略の使用が促進されるだけでなく，「わからないところはとばしながら読む」などの浅い処理の方略使用が抑制されることが示されている。

また，興味深い研究としては，学習者の使用するノートの影響を示した Kiewra らの一連の研究があげられる。Kiewra et al.（1991）や Kiewra et al.（1995）は，アウトライン形式や図表形式のノートを学習者に使用させることで，教師の解説講義を聞く際に，ノートへの書き込み量が増え，内容の理解が促進されることが示されている。辰野（1997）によれば，ノートへのメモとは，自分の知識と関連づけながら授業の情報を再構成する処理であり，精緻化方略に分類される方略である。Kiewra らの研究結果からは，アウトラインや図表がノートに記載されていることで，学習する内容のトピックやサブトピックが見えやすくなるため，教師の講義を聞きながら，それらの概念を関連づけるメモを多くとれるようになることが示唆される。

(2) 事前学習・事後学習フェイズに着目した研究

河野（1997）は英語の予習，復習を行なうときの方略と学習成績の関係を検討している。授業を本学習フェイズとして位置づけるならば，予習は事前学習フェイズ，復習は事後学習フェイズとして位置づけられるため，河野（1997）は事前学習フェイズと事後学習フェイズに焦点を当てた，フェイズ特定型研究といえる。この研究では，学校成績上位群の学習者は成績下位群の学習者に比べ，予習時に「単語の意味を辞書で調べる」「新出単語をチェックする」などの方略を多く使用しており，また，復習時には「説明のよくわからなかったところを考える」「ノ

ートのよくとれていないところを書き足す」などの方略を多く使用していることが報告されている。河野（1997）は方略使用の要因を検討しているわけではないが，事前学習フェイズや事後学習フェイズでの方略を測定した数少ない研究の1つといえる。

　事後学習フェイズにおける方略使用について検討したものとしては村山（2003）をあげることができる。この研究では，中学生の歴史学習を題材とし，授業を受けた後で，テストに向けて復習を行なうときの学習方略を測定している。この研究において，方略使用に影響を与える要因とされているのが，空所補充式テストや記述式テストといった「テスト形式」である。村山（2003）では，空所補充式のテストを予期すると，学習者は記述式テストを予期した場合に比べ，「意味を考えずに暗記する」といった方略を使用し，「歴史のつながりを理解する」といった方略は使用しなくなってしまうことが示されている。

3. フェイズ関連型の研究

　フェイズ関連型の研究とは，複数の学習フェイズに焦点を当て，その関連について検討した研究である。事前学習が本学習に与える影響，本学習が事後学習に与える影響を検討した研究はこのタイプに分類される。このような研究としては先行オーガナイザー研究をあげることができる。先行オーガナイザーとは，学習を行なう前に提示される，学習内容を抽象化した短い文章である（たとえばAusubel, 1960）。Titsworth & Kiewra（2004）では，学習の前に，内容に関する手がかり情報を与えておくと，「情報どうしの関連に関するメモをとる」など，精緻化方略の使用が促進されることが示されている。

　また，歴史の解説授業を受ける際の，予習の効果を検討した篠ヶ谷（2008）においても，事前に教科書を読んで予習を行ない，「歴史でどのような出来事が起こったのか」を把握しておくことによって，授業中には「なぜその出来事が起こったのか」に関するメモを多くとれるようになり，授業内容の理解が深まることが示されている。ただし，篠ヶ谷（2008）では，そのような予習の効果は，歴史学習において知識のつながりの理解を重視する姿勢である「意味理解志向」が高い学習者ほど大きく，そのような姿勢の弱い学習者にはみられないことが報告されている（図13-4）。こうした結果は，家庭学習を習慣づけるために，単に「教科書を読んで予習してきなさい」と指示を出したとしても，学習者のもつ信念によって，予習の効果が変わってしまうことを示唆する重要なものといえる。

　また，学習内容に関する質問が事前に与えられることで，本学習フェイズにお

■第2部　自己調整学習と教育実践

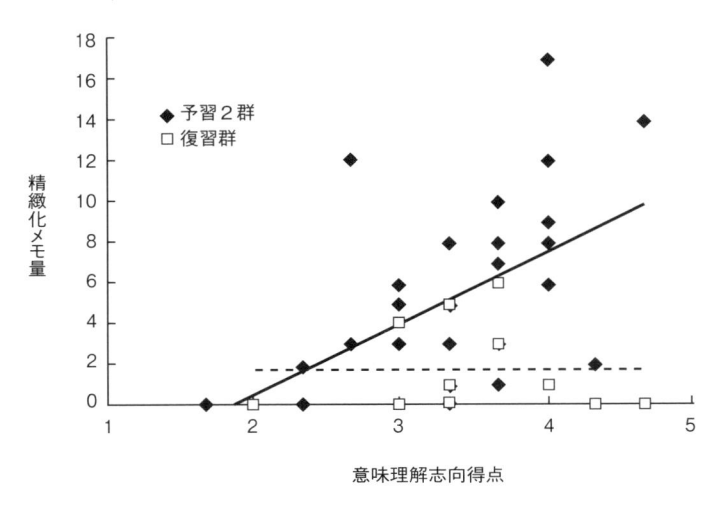

図13-4　予習が授業中の精緻化メモに与える影響と個人差（篠ヶ谷, 2008）

ける方略使用がどのように変容するかを検討した研究も，これから学習する内容に関連する情報が事前に与えられることの影響を検討している点で，フェイズ関連型の研究に分類することができる。このような研究としては，Rickards & McCormick（1988）があげられる。この研究では，学習内容に関する質問を学習者に事前に与えることで，本学習フェイズでは，質問に関連する内容についてメモをとるなどの方略使用が促進されることが示されている。また，本学習中に考えていることを声に出させ，どのような方略を使用しているかを測定したAzevedo et al.（2004）やMoos & Azevedo（2008a）でも，事前に質問が与えられることで，本学習フェイズでは「自分の理解状態を確認する」などのモニタリング方略の使用がうながされることが報告されている。

第4節　今後の研究に必要な枠組み

1. 先行研究からの示唆とその限界

　第3節では，学習のフェイズ関連づけモデルに基づいて学習方略に関する先行研究を分類し，その中のいくつかを紹介してきた。これらの知見は，効果的な家庭学習のあり方を考える上で有用である。たとえば，先行研究の知見からは，ど

のような要因に介入すれば，学習の改善が望めるのかについて示唆を得ることができる。たとえば，方略に対する認知を変容させたり，動機づけを高めたりすることで，学習者は，精緻化方略や体制化方略などの効果的な学習方略を使用するようになることが予想される。

しかし，学校での学習と家庭での学習を結びつけながら理解を深める力の育成を目指す場合には，これまでの研究知見からは十分な示唆を得ることはできない。なぜなら，「フェイズ不特定型」の研究の場合，フェイズが特定されていないため，どの学習フェイズでどのような方略を用いるとよいのかが明らかにされていないからである。また，河野（1997）や村山（2003）のような「フェイズ特定型」の研究では，学習フェイズごとにどのような方略が有効であるかについては示唆が得られるものの，事前学習，本学習，事後学習の関連については考慮されていない。

この点において，Titsworth & Kiewra（2004）や Rickards & McCormick（1988）などの「フェイズ関連型」の研究では，事前学習フェイズが，本学習フェイズに与える影響について検討されているが，これらの研究で扱われている方略とは，本学習フェイズで使用される方略のみとなっている。つまり，この「フェイズ関連型」の先行研究では，事前学習フェイズで使用される方略については言及されていないのである。

2. 今後の研究に残された検討課題

先にも述べたように，フェイズ関連づけモデルの視点から学習をとらえた場合，自己調整的な学習者とは，事前学習，本学習，事後学習のそれぞれのフェイズにおいて適切な方略を使用しながら，自身の理解を深められる学習者であると定義づけることができる。学校での学習と家庭での学習を効果的に結びつけ，理解を深めていける学習者を育てていくためには，今後の研究において，各フェイズでの方略間の関係プロセスが明らかにされる必要がある。これらの関係が明らかにされないままでは，いくら学校の授業と家庭学習に関連をもたせようと予習や復習をうながしても，どのような方法で予習すればよいのか，どのような方法で復習すればよいのかについてはわからないため，単に「教科書を読んで予習してきなさい」「授業でやり残した部分を復習してきなさい」といった声かけに終始してしまう可能性があるからである。しかし，篠ヶ谷（2008）において，教科書を読んで予習した場合，学習者の信念によって予習の効果に個人差が生じてしまうことが示されているように，授業での学習を促進するためには，単に教科書を読ませて予習させるだけでは不十分であるといえる。したがって，今後の研究では，

■第2部　自己調整学習と教育実践

「予習中にどのような方略を用いることで，授業中にどのような方略が使用されるようになるのか」といったように，それぞれのフェイズで使用される方略の関係を明らかにし，効果的な家庭学習の在り方について考えていく必要があるといえる。

このような視点から学習方略をとらえた研究としては，篠ヶ谷（2010）があげられる。この研究では，高校英語における予習時の方略と授業時の方略の関係について検討を行なっている。その結果，「わからない単語の意味を調べる」といった予習時の方略と，「先生の説明のうち大切だと思うところをメモする」といった授業中の方略の間に正の関連がみられることが示されている。この研究において重要な点とは，学習動機という動機づけ変数の影響を統制した場合にも，予習方略と授業内方略の間に有意な関係がみられたことである（図13-5）。むろん，各フェイズにおける方略使用に影響する要因はほかにもあると考えられるが，このような研究結果は，予習時の方略と，授業時の方略の間に，少なくとも学習者の動機づけだけでは説明できない関係が存在することを示唆するものであるといえる。

(1) 各フェイズの方略の関係プロセスとは

では，それぞれの学習フェイズでの方略間の関係プロセスとはどのようなものなのであろうか。先行研究で指摘されてきた要因を考慮すると，各フェイズでの方略間の関係は，学習者の内的な要因の変化と，学習者以外の外的な要因の変化

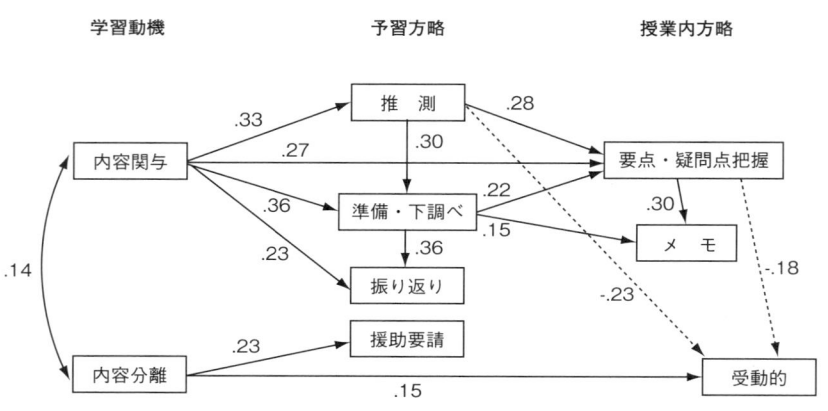

図13-5　高校英語での予習方略と授業内方略の関係（篠ヶ谷, 2010）
　　　　注）実線の矢印は正の関連，点線の矢印は負の関連を示す。

282

の両方を媒介して生じるものと予想される．内的な要因の変化とは，学習者の知識状態の変化や動機づけ状態の変化，外的な要因の変化とは，ノートや教材などの外的リソースの変化を指す．

たとえば，事前学習フェイズで「自身の知識と関連づける」などの精緻化方略を用いることで，より既有知識が活性化した状態で本学習フェイズに臨むこととなり，本学習フェイズでは「新しい情報と既有知識との違いを吟味する」といった方略の使用が促進される可能性が考えられる．これが，学習者の内的な変化を媒介した方略間の関係プロセスである．

一方，事前学習フェイズで，「ノートに情報を整理してまとめておく」などの体制化方略を使用すると，学習内容の情報が構造化されたノートを用いて本学習フェイズに臨むことになるため，本学習中には，知識どうしを関連づける精緻化方略やメモ方略の使用が促進される可能性が考えられる．これはノートという外的リソースの変化を媒介した方略間の関係プロセスである．今後の研究において，それぞれのフェイズで使用される方略が，どのようなプロセスを経て次のフェイズでの方略使用に影響を及ぼすのかを明らかにしていくことで，学校での学習と結びついた効果的な家庭学習のあり方について具体的な示唆が得られるようになるであろう．

(2) 考慮すべき要因——教師の行なう授業やテストの影響

フェイズ間の方略使用の関係を検討していく場合には，それらの関係を左右する変数として，教師がどのような授業を行なっているのか，教師がどのようなテストを実施しているのかを考慮する必要があるだろう．このことに関連する研究としては，Mannes（1994）があげられる．この研究では，本学習の内容のアウトラインを事前に読んでおくことで，本学習フェイズにおいて，「アウトラインには示されていなかった情報について推論を行なう（精緻化方略）」といった方略の使用がうながされることが示されている．ただし，そのような事前学習の影響は，本学習フェイズで読む文章の難易度によって異なっていた．すなわち，本文の内容がむずかしい場合には，事前学習によって本学習フェイズでの精緻化方略の使用が促進されたのに対し，本文がやさしい場合にはたとえ事前にアウトラインを読んでもその後の精緻化方略の使用が促進されなかったのである．このような知見から，事前学習フェイズと本学習フェイズの間の方略の関係を検討する際には，本学習フェイズで与えられる情報の難易度を考慮する必要があることが示唆される．予習と授業の関係で考えるなら，効果的な予習のあり方は，教師の行なう授業の組み立て方や難易度を考慮する必要があるということである．たとえば，篠ヶ谷（2010）では，「英単語や英文の意味を調べておく」といった予習

方略と，授業中のノート・テイキング方略の関係がみられることが報告されているが，授業で扱われる情報が予習よりも詳しくなければ，このような方略間の関係はみられなくなる可能性が考えられる。

同様に，テスト形式の影響を示した村山 (2003) の知見からは，本学習フェイズの方略と事後学習フェイズの方略の関係を検討する際には，テストの内容や形式を考慮する必要があることが示唆される。授業と復習の関係について考えた場合，授業中に精緻化方略を使用し，重要な情報のメモを多くとれていれば，多くの情報が残されたノートを利用することができるようになる。そのため，テストに向けて復習を行なう際には，それらの情報をまとめ直すなど精緻化方略や体制化方略が使用されやすくなるものと考えられる。しかし，空所補充型のテストのように，暗記方略が有効なテストを教師が実施している場合，たとえ授業の中で精緻化方略を使用し，重要な情報をノートに残していたとしても，復習ではその情報をさらに精緻化したり，体制化する方略は選択されないのではないだろうか。すなわち，授業での精緻化方略が，復習での精緻化方略や体制化方略に結びつかなくなる可能性が考えられる。一方，教師が記述式テストなど，深い理解を必要とするテストを実施している場合，授業で重要なメモをとっている学習者ほど，復習では情報の精緻化や体制化を行なうことが可能となり，各フェイズの方略間の結びつきは強くなるものと考えられる。

以上の議論をまとめ，家庭学習と学校での学習の関係を示したものが図13-6

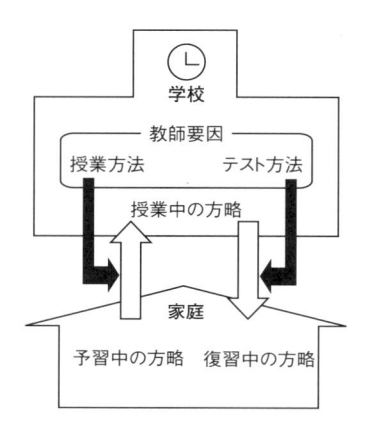

図 13-6　想定される家庭学習と学校での学習の関係
　　　注）図中の黒い矢印は，方略間の関係（白い矢印）を調整する影響を表す

である。効果的な家庭学習のあり方について議論するためには，家庭での学習方略と授業での学習方略の関係プロセスが明らかにされる必要がある。また，そのような関係を検討していく際には，内的な要因の変化，外的な要因の変化を媒介としたプロセスだけでなく，教師がどのような授業を行なっているか，どのようなテストを実施しているかといった要因も視野に入れた包括的な検討が求められるといえる。

第5節　終わりに

　本章の前半では，教師や保護者が家庭学習に対してどのような指導や支援を行なうと，学習者の学習スキルや学習成績が向上するのかについて，さまざまな研究知見を紹介した。また，本章の後半では，学校での学習と家庭学習が結びついた，より効果的な学習の実現を目指し，各フェイズにおける方略間の関係プロセスを明らかにする必要性や，そのための研究の枠組みについて論じた。

　特に，本稿の後半で紹介したような，「方略間の関係を検討する」というアプローチは，教育実践への示唆という点で，大きな意義があるといえる。これまでの研究では，効果的な学習方略の使用に影響する要因として，おもに学習者の認知や動機づけが扱われてきた。こうした知見をもとに，学習者の日々の学習を改善する手立てを考えた場合，「認知を変容させる」「動機づけを高める」といったアプローチがとられることとなる。しかし，学習者の認知や動機づけは，それを変容させること自体がむずかしい。そのため，こうした変数から生徒の学習を改善していくためには，長期的な介入プログラムが必要になるものと考えられる。

　それに対して，方略と方略の関係が明らかにされた場合には，教師はその方略を用いて学習を行なうよう指導すればよく，認知や動機づけに比べて介入が容易である。たとえば，特定の方略を用いて家庭学習を行なうように指導することで，それが授業中の学習にポジティブな影響を及ぼし，それが復習の質の向上につながるといったように，市川（2008）の習得サイクルがうまくまわり出す可能性が考えられる。本稿が示した枠組みに基づき，各学習フェイズでの方略の関係が明らかにされることで，効果的な学習を実現するための重要な示唆が得られるのではないだろうか。

　本稿が示した枠組みのもう1つの意義とは，生徒の学習方略に関する研究と，教師の教授方略に関する研究に新たな接点をもたらす点にある。これまで，授業の方法については，教授方略研究という大きな研究体系のもとで膨大な量の研究知見が蓄積されてきているが（たとえば Donnelly, 2008；Johnston et al., 2001；

Kang, 2008；Maggioni & Parkinson, 2008），「学習者がどのような方法で家庭学習を行なうか」という問題と，「教師がどのような方法で授業を行なうか」という問題はほぼ独立に扱われており，それらの関係については十分な検討がなされてこなかった。学習のフェイズ関連づけモデルの視点から，効果的な学習のあり方について考えることで，「学習者がどのような方法で予習を行ない，教師がどのような授業を行なった場合に，授業で最も効果的な学習が成立するか」「学習者がどのような方法で授業を受け，教師がどのようなテストを実施する際に，最も効果的な復習が行なわれるようになるか」といった問いが生まれ，教授法研究と学習法研究に新たな接点をつくり出すことが可能となる。

　冒頭にも述べたように，これまでの自己調整学習研究では，家庭学習が非常に重要な役割を担っていることが指摘されてきた（たとえばStoeger & Ziegler, 2011）。その理由は，教師から教わった学習スキルを，学校とは異なる文脈で1人でも使えるようにする「トレーニングの場」として家庭学習が機能するためであった。しかし，家庭学習が重要な理由はそれだけではない。学校での学習と家庭での学習を関連づけ，その中で自らの理解を深めていくプロセスこそ，生涯にわたって効果的に学び続けていくために必要な自己調整学習のプロセスなのである。そして，この視点に立って家庭学習のあり方について検討していくことは，学習方略研究と教授方略研究を包含した，より大きな研究体系を導く可能性をも秘めている。この点において，今後，家庭学習は自己調整学習研究の中で重要な領域となるのではないだろうか。

引用文献

■ 第1章

Bandura, A. (2001). Social cognitive theory: An agentic perspective. *Annual Review of Psychology*, **52**, 1-26.
伊藤崇達 (2007a). 自ら学ぶ方略を育てる　中谷素之（編著）　学ぶ意欲を育てる人間関係づくり　金子書房　pp.13-31.
伊藤崇達 (2007b). 自ら学ぶ力と動機づけ　伊藤崇達（編著）やる気を育む心理学　北樹出版　pp.62-71.
伊藤崇達 (2009). 自己調整学習研究の問題点　自己調整学習の成立過程――学習方略と動機づけの役割――　北大路書房　pp.3-15.
伊藤崇達 (2010). 自ら学ぶ力を支えるもの　森　敏昭・青木多寿子・渕上克義（編）よくわかる学校教育心理学　ミネルヴァ書房　pp.116-117.
伊藤崇達・塚野州一・中谷素之 (2007). わが国における自己調整学習研究の最前線　日本教育心理学会第49回総会発表論文集．S88-S89.
Lave, J., & Wenger, E. (1991). *Situated learning: Legitimate peripheral participation*. Cambridge University Press. 佐伯　胖（訳）（1993). 状況に埋め込まれた学習――正統的周辺参加――　産業図書
Meece, J. L., & Painter, J. (2008). Gender, self-regulation, and motivation. In D. H. Schunk & J. B. Zimmerman (Eds.), *Motivation and self-regulated learning*. New Jersey: Lawrence Erlbaum Associates. 秋場大輔（訳）(2009). ジェンダー，自己調整と動機づけ　塚野州一（編訳）自己調整学習と動機づけ　北大路書房　p.285.
Paris, S. G., Byrnes, J. P., & Paris, A. H. (2001). Constructing theories, identities, and actions of self-regulated learners. In B. J. Zimmerman & D. H. Schunk (Eds.), *Self-regulated learning and academic achievement: Theoretical perspectives.* 2nd ed. New Jersey: Lawrence Erlbaum Associates. 犬塚美輪（訳）（2006). 自己調整的な学習者はどのような理論・アイデンティティ・行動を構築するか　塚野州一（編訳）自己調整学習の理論　北大路書房　pp.251-286.
Reeve, J., Ryan, R. M., Deci, E. L., & Jang, H.(2008). Understanding and promoting autonomous self-regulation: A self-determination theory perspective. In D. H. Schunk & B. J. Zimmerman(Eds.), *Motivation and Self-Regulated Learning*. New Jersey: Lawrence Erlbaum Associates. 瀬尾美紀子（訳）（2009). 自律的自己調整の理解と促進――自己決定理論の観点から――　塚野州一（編訳）自己調整学習と動機づけ　北大路書房　pp.183-199.
Schmitz, B., Schmid, M., Landmann, M., & Spiel, C. (2007). New developments in the field of self-regulated learning. *Journal of Psychology*, **215**(3), 153-156.
Schunk, D. H. (2001). Social cognitive theory and self-regulated learning. In B. J. Zimmerman & D. H. Schunk(Eds.), *Self-regulated learning and academic achievement: Theoretical perspectives.* 2nd ed. New Jersey: Lawrence Erlbaum Associates. 伊藤崇達（訳）（2006). 社会的認知理論と自己調整学習　塚野州一（編訳）自己調整学習の理論　北大路書房　pp.119-120.
Schunk, D. H., & Zimmerman, B. J. (2007). Influencing children's self-efficacy and self-regulation of reading and writing through modeling, *Reading & Writing Quarterly*, **23**, 7-14.
上淵　寿 (2004). 自己制御学習　上渕　寿（編著）動機づけ研究の最前線　北大路書房　pp.108-125.
上淵　寿 (2007). 自己制御学習とメタ認知　心理学評論，**50**(3), 227-242.
Vandenbos, G. R. (Ed.). (2007). *APA Dictionary of psychology*. Washington, DC: American Psychological Association. p.446.

引用文献

Vygotsky, L. (1986). *Thought and language* (A. Kozulin, Ed.). Cambridge, MA: MIT Press. p.10.
Zimmerman, B. J. (1989). A social cognitive view of self-regulated academic learning. *Journal of Educational Psychology*, **81**(3), 336-339.
Zimmerman, B. J. (1998). Developing self-fulfilling cycles of academic regulation: An analysis of exemplary instructional models. In D. H. Schunk & B. J. Zimmerman, *Self-regulated learning: From teaching to self-reflective practice*. New York: The Guilford Press.　塚野州一（訳）（2007）.学習調整の自己成就サイクルを形成すること――典型的指導モデルの分析――　塚野州一（編訳）自己調整学習の実践　北大路書房　pp.8-11.
Zimmerman, B. J. (2001). Reflection on theories of self-regulated learning and academic achievement. In B. J. Zimmerman & D. H. Schunk(Eds.), *Self-regulated learning and academic achievement: Theoretical perspectives*. 2nd ed. New Jersey: Lawrence Erlbaum Associates.　塚野州一（訳）（2006）.自己調整学習と学力の理論についての考察　塚野州一（編訳）自己調整学習の理論　北大路書房　pp.300-304.
Zimmerman, B. J., Bonner, S., & Kovach, R. (1996). Goal 1, Understanding the principles of self-regulated learning. In B. J. Zimmerman, S. Bonner & R. Kovach (Eds.), *Developing self-regulated learners: Beyond achievement to self-efficacy*. American Psychological Association.　塚野州一（訳）（2008）.自己調整学習の原則を理解すること　塚野州一・牧野美知子（共訳）自己調整学習の指導　北大路書房 pp.9-10, 126.
Zimmerman, B. J., & Kitsantas, A. (2005). The hidden dimension of personal competence, self-regulated learning and practice. In A. J. Elliot & C. S. Dweck (Eds.), *Handbook of competence and motivation*. New York: The Guilford Press. pp.519-520.
Zimmerman, B. J., & Moylan, A. R. (2009). Self-regulation: Where metacognition and motivation intersect. In D. J. Hacker, J. Dunlosky & A. C. Graesser (Eds.), *Handbook of metacognition in education*. New York: Routledge. pp.300-305.
Zimmerman, B. J., & Schunk, D. H. (2011). Self-regulated learning and performance: An introduction and an overview. In B. J. Zimmerman & D. H. Schunk (Eds.), *Handbook of self-regulation of learning and performance*. New York: Routledge. pp.2-4.

■第2章

Bandura, A. (1977). *Social learning theory*. New Jersey: Prentice Hall.
Borkowski, J. G., Chan, L. K. S., & Muthukrishna, N. (2000). A process-oriented model of metacognition: Links between motivation and executive functioning. In G. Schraw & J. C. Impara(Eds.), *Issues in the measurement of metacognition*. Lincoln: Buros Institute of Mental Measurements, University of Nebraska-Lincoln. pp.1-41.
Dunlosky, J., & Metcalfe, J. (2009). *Metacognition*. California: Sage Publications.
Efklides, A. (2011). Interactions of metacognition with motivation and affect in self-regulated learning: The MASRL model. *Educational Psychologist*, **46**, 6-25.
Efklides, A., & Misailidi, P.(Eds.). (2010). *Trends and prospects in metacognition research*. New York: Springer.
Flavell, J. H. (1979). Metacognition and cognitive monitoring: A new area of cognitive-developmental inquiry. *American Psychologist*, **34**, 906-911.
Hacker, D. J., Dunlosky, J., & Graesser, A. C.(Eds.). (2009). *Handbook of metacognition in education*. New York: Routledge.
速水敏彦(1998). 自己形成の心理――自律的動機づけ――　金子書房
Hofer, B. K. (2004). Epistemological understanding as a metacognitive process: Thinking aloud during online searching. *Educational Psychologist*, **39**, 43-55.
堀野　緑・市川伸一 (1997). 高校生の英語学習における学習動機と学習方略　教育心理学研究, **45**, 140-147.

市原　学・新井邦二郎 (2005). 中学生用数学・国語の学習方略尺度の作成　筑波大学心理学研究, **29**, 99-107.
市原　学・新井邦二郎 (2006). 数学学習場面における動機づけモデルの検討――メタ認知の調整効果――　教育心理学研究, **54**, 199-210.
犬塚美輪 (2002). 説明文における読解方略の構造　教育心理学研究, **50**, 152-162.
伊藤崇達 (1996). 学業達成場面における自己効力感，原因帰属，学習方略の関係　教育心理学研究, **44**, 340-349.
伊藤崇達 (2009). 自己調整学習の成立過程――学習方略と動機づけの役割――　北大路書房
伊藤崇達・神藤貴昭 (2003). 中学生用自己動機づけ方略尺度の作成　心理学研究, **74**, 209-217.
鹿毛雅治 (2004).「動機づけ研究」へのいざない　上淵　寿（編）動機づけ研究の最前線　北大路書房 pp.1-28.
北澤　武・加藤　浩・赤堀侃司 (2006). 小学校理科　eラーニングサイトの評価と自己制御学習傾向との関係に関する調査　科学教育研究, **30**, 78-87.
丸野俊一（編）(2008).【内なる目】としてのメタ認知――自分を自分で振り返る――　現代のエスプリ　第497号　至文堂
Muis, K. R. (2007). The role of epistemic beliefs in self-regulated learning. *Educational Psychologist*, **42**, 173-190.
村山　航 (2003a). 学習方略の使用と短期的・長期的な有効性の認知との関係　教育心理学研究, **51**, 130-140.
村山　航 (2003b). テスト形式が学習方略に与える影響　教育心理学研究, **51**, 1-12.
中山　晃 (2005). 日本人大学生の英語学習における目標志向性と学習観および学習方略の関係のモデル化とその検討　教育心理学研究, **53**, 320-330.
Nelson, T. O., & Narens, L. (1994). Why investigate metacognition? In J. Metcalfe & A. P. Shimamura (Eds.), *Metacognition: Knowing about knowing*. Cambridge: MIT Press. pp.1-25.
Nolen, S. B. (1988). Reasons for studying: Motivational orientations and study strategies. *Cognition and Instruction*, **5**, 269-287.
Nolen, S. B., & Haladyna, T. M. (1990). Personal and environmental influences on students' beliefs about effective study strategies. *Contemporary Educational Psychology*, **15**, 116-130.
岡田いずみ (2007). 学習方略の教授と学習意欲――高校生を対象にした英単語学習において――　教育心理学研究, **55**, 287-299.
Oxford, R. L. (1990). *Language learning strategies: What every teacher should know*. New York: Newbury House.　宍戸通庸・伴　紀子（訳）(1994). 言語学習ストラテジー――外国語教師が知っておかなければならないこと――　凡人社
Pintrich, P. R. (1989). The dynamic interplay of student motivation and cognition in the college classroom. In M. Maehr & C. Ames(Eds.), *Advances in motivation and achievement, Vol. 6: Motivation enhancing environments*. Greenwich: JAI Press. pp.117-160.
Pintrich, P. R. (1999). The role of motivation in promoting and sustaining self-regulated learning. *International Journal of Educational Research*, **31**, 459-470.
Pintrich, P. R. (2000). The role of goal orientation in self-regulated learning. In M. Boekaerts, P. R. Pintrich & M. Zeidner(Eds.), *Handbook of self-regulation*. San Diego: Academic Press. pp.451-502.
Pintrich, P. R., & De Groot, E. V. (1990). Motivational and self-regulated learning components of classroom academic performance. *Journal of Educational Psychology*, **82**, 33-40.
Pintrich, P. R., Roeser, R., & De Groot, E. (1994). Classroom and individual differences in early adolescents' motivation and self-regulated learning. *Journal of Early Adolescence*, **14**, 139-161.
Pintrich, P. R., Smith, D., Garcia, T., & McKeachie, W. J. (1993). Reliability and predictive validity of the motivated strategies for learning questionnaire (MSLQ). *Educational and Psychological Measurement*, **53**, 801-813.
Pokay, P., & Blumenfeld, P. C. (1990). Predicting achievement early and late in the semester: The role of

motivation and use of learning strategies. *Journal of Educational Psychology*, **82**, 41-50.
三宮真智子（編）(2008). メタ認知――学習力を支える高次認知機能―― 北大路書房
佐藤 純 (1998). 学習方略の有効性の認知・コストの認知・好みが学習方略の使用に及ぼす影響 教育心理学研究, **46**, 367-376.
Schommer, M. (1990). Effects of beliefs about the nature of knowledge on comprehension. *Journal of Educational Psychology*, **82**, 498-504.
Schunk, D. H., & Zimmerman, B. J.(Eds.). (2008). *Motivation and self-regulated learning: Theory, research, and applications*. New York: Lawrence Erlbaum Associates. 塚野州一（編訳）(2009). 自己調整学習と動機づけ 北大路書房
塩見邦雄・駒井良樹 (1995). 理科学習におよぼす自己効力感と理科不安について 学校教育学研究, **7**, 95-107.
辰野千壽 (1997). 学習方略の心理学――賢い学習者の育て方―― 図書文化社
植木理恵 (2004). 自己モニタリング方略の定着にはどのような指導が必要か――学習観と方略知識に着目して―― 教育心理学研究, **52**, 277-286.
植阪友理 (2010). 学習方略は教科間でいかに転移するか――「教訓帰納」の自発的な利用を促す事例研究から―― 教育心理学研究, **58**, 80-94.
Weinstein, C. E., Goetz, E. T., & Alexander, P. A. (1988). *Learning and study strategies: Issues in assessment, instruction, and evaluation*. San Diego: Academic Press.
Weinstein, C. E., & Palmer, D. R. (2002). *Learning and Study Strategies Inventory*. 2nd ed. Clearwater: H & H Publishing.
Winne, P. H. (2001). Self-regulated learning viewed from models of information processing. In B. J. Zimmerman & D. H. Schunk(Eds.), *Self-regulated learning and academic achievement: Theoretical perspectives*. New Jersey: Lawrence Erlbaum Associates. pp.153-189. 中谷素之（訳）(2006). 情報処理モデルから見た自己調整学習 塚野州一（編訳）自己調整学習の理論 北大路書房 pp.149-188.
Wolters, C. A. (1998). Self-regulated learning and college students' regulation of motivation. *Journal of Educational Psychology*, **90**, 224-235.
Zimmerman, B. J. (1986). Becoming a self-regulated learner: Which are the key subprocesses? *Contemporary Educational Psychology*, **11**, 307-313.
Zimmerman, B. J. (1989). A social cognitive view of self-regulated academic learning. *Journal of Educational Psychology*, **81**, 329-339.
Zimmerman, B. J., & Martinez-Pons, M. (1986). Development of a structured interview for assessing student use of self-regulated learning strategies. *American Educational Research Journal*, **23**, 614-628.
Zimmerman, B. J., & Martinez-Pons, M. (1988). Construct validation of a strategy model of student self-regulated learning. *Journal of Educational Psychology*, **80**, 284-290.
Zimmerman, B. J., & Martinez-Pons, M. (1990). Student differences in self-regulated learning: Relating grade, sex, and giftedness to self-efficacy and strategy use. *Journal of Educational Psychology*, **82**, 51-59.
Zimmerman, B. J., & Moylan, A. R. (2009). Self-regulation: Where metacognition and motivation intersect. In D. J. Hacker, J. Dunlosky & A. C. Graesser(Eds.), *Handbook of metacognition in education*. New York: Routledge. pp.299-315.
Zimmerman, B. J., & Schunk, D. H.(Eds.). (2001). *Self-regulated learning and academic achievement: Theoretical perspectives*. New Jersey: Lawrence Erlbaum Associates. 塚野州一（編訳）(2006). 自己調整学習の理論 北大路書房

■ 第3章

Alexander, P. A., Dinsmore, D. L., Parkinson, M. M., & Winters, F. I. (2011). Self-regulated learning in academic domains. In B. J. Zimmerman & D. H. Schunk(Eds.), *Handbook of self-regulated learning and performance*. NY: Routledge. pp.393-407.

Bandura, A. (1997). *Self-efficacy: The exercise of control*. NY: Freeman.

Bandura, A., & Schunk, D. H. (1981). Cultivating competence, self-efficacy, and intrinsic interest through proximal self-motivation. *Journal of Personality and Social Psychology*, **41**, 586-598.

Blackwell, L. S., Trzesniewski, K., & Dweck, C. S. (2007). Implicit theory of intelligence predict achievement across an adolescent transition: A longitudinal study and an intervention. *Child Development*, **78**, 246-263.

Boekaerts, M. (2011). Emotions, emotion regulation, and self-regulation of learning. In B. J. Zimmerman & D. H. Schunk(Eds.), *Handbook of self-regulated learning and performance*. NY: Routledge. pp.408-425.

Boekaerts, M., & Niemivirta, M. (2000). Self-regulated learning: Finding a balance between learning goals and ego-protective goals. In M. Boekaerts, P. R. Pintrich & M. Zeidner(Eds.), *Handbook of self-regulation*. CA: Academic Press. pp.417-450.

Cleary, T. J., & Zimmerman, B. J. (2004). Self-regulation empowerment program: A School based program to enhance self-regulated and self-motivated cycles of student learning. *Psychology in the Schools*, **41**, 537-550.

Dignath, C. (2011). Assessing students' acquisition of self-regulated learning skills using meta-analysis. In B. J. Zimmerman & D. H. Schunk(Eds.), *Handbook of self-regulated learning and performance*. NY: Routledge. pp.313-328.

Dignath, C. & Büttner, G. (2008). Components of fostering self-regulated learning among students: A meta-analysis on intervention studies at primary and secondary school level. *Metacognition and Learning*, **3**, 231-264.

Dweck, C. S., & Master, A. (2008). Self-theories motivate self-regulated learning. In D. H. Schunk & B. J. Zimmerman(Eds.), *Motivation and self-regulated learning: Theory, research, and applications*. NY: Routledge. pp.31-50.

Elliot, A. J. (2006). The hierarchical model of approach-avoidance motivation. *Motivation and Emotion*, **30**, 111-116.

Elliot, A. J., & Church, M. A. (1997). A hierarchical model of approach and avoidance achievement motivation. *Journal of Personality and Social Psychology*, **72**, 218-232.

Elliot, A. J., & McGregor, H. A. (2001). A 2 × 2 achievement goal framework. *Journal of Personality and Social Psychology*, **80**, 501-519.

Fryer, J. W., & Elliot, A. J. (2008). Self-regulation of achievement goal pursuit. In D. H. Schunk & B. J. Zimmerman(Eds.), *Motivation and self-regulated learning: Theory, research, and applications*. NY: Routledge. pp.53-75.

Harackiewicz, J., Durik, A., Barron, K., Linnenbrink-Garcia, L., & Tauer, J. (2008). The role of achievement goals in the development of interest: Reciprocal relations between achievement goals, interest, and performance. *Journal of Educational Psychology*, **100**, 105-122.

Hattie, J. A. (2009). *Visible learning: A synthesis of over 800 meta-analyses relating to achievement*. NY: Routledge.

Hidi, S. (2001). Interest reading and learning: Theoretical and practical considerations. *Educational Psychology Review*, **13**, 191-210.

Hidi, S., & Renninger, K. A. (2006). The four-phase model of interest development. *Educational Psychologist*, **41**, 111-127.

Jacobs, J. E., Lanza, S., Osgood, W., Eccles, J. S., & Wigfield, A. (2002). Changes in children's self-competence and values: Gender and domain differences across grades 1 through 12. *Child Development*, **73**, 509-527.

Kaplan, A., & Maehr, M. (1999). Achievement goals and student well-being. *Contemporary Educational Psychology*, **24**, 330-358.

Locke, E. A., & Latham, G. P. (2002). Building a practically useful theory of goal setting and task motivation: A 35-year odyssey. *American Psychology*, **57**, 705-717.

Meece, J. L., Anderman, E. M., & Anderman, L. H. (2006). Classroom goal structure, student motivation, and academic achievement. *Annual Review of Psychology*, **57**, 487-503.

Pajares, F., & Valiante, G. (2002). Students' self-efficacy in their self-regulated learning strategies: A developmental perspective. *Psychologia*, **45**, 211-221.

Pintrich, P. R. (2000). The role of goal orientation in self regulated learning. In M. Boekaerts, P. Pintrich & M. Zeidner(Eds.), *Handbook of self-regulation*. CA: Academic Press. pp.451-502.

Pintrich, P. R., & Zusho, A. (2002). The development of academic self-regulation: The role of cognitive and motivational factors. In A. Wigfield & J. S. Eccles(Eds.), *Development of achievement motivation*. NY: Academic Press. pp.249-284.

Renninger, K. A., & Hidi, S. (2002). Student interest and achievement: Developmental issues raised by a case study. In A. Wigfield & J. S. Eccles(Eds.), *Development of achievement motivation*. NY: Academic Press. pp.173-195.

Schunk, D. H. (1989). Self-efficacy and cognitive skill learning. In C. Ames & R. Ames(Eds.), *Research on motivation in education, Vol. 3: Goals and cognitions*. CA: Academic Press. pp.13-44.

Schunk, D. H. (1996). Goal and self-evaluative influences during children's cognitive skill learning. *American Educational Research Journal*, **33**, 359-382.

Schunk, D. H. (2001). Social cognitive theory and self-regulated learning. In B. J. Zimmerman & D. H. Schunk(Eds.), *Self-regulated learning and academic achievement: Theoretical perspectives*. 2nd ed. NJ: Erlbaum. pp.125-151.

Schunk, D. H. (2008). Attributions as motivators of self-regulated learning. In D. H. Schunk & B. J. Zimmerman(Eds.), *Motivation and self-regulated learning: Theory, research, and applications*. NY: Routledge. pp.77-109.

Schunk, D. H., & Ertmer, P. A. (2000). Self-efficacy and academic learning: Self-efficacy enhancing interventions. In M. Boekaerts, P. R. Pintrich, & M. Zeinder(Eds.), *Handbook of self-regulation*. CA: Academic Press. pp.631-650.

Winne, P. H. (2001). Self-regulated learning viewed from models of information processing. In B. J. Zimmerman & D. H. Schunk(Eds.), *Self-regulated learning and academic achievement: Theoretical perspectives*. 2nd ed. NJ: Erlbaum. pp.153-189.

Winne, P. H., & Hadwin, A. F. (2008). The wave of motivation and self-regulated learning. In D. H. Schunk & B. J. Zimmerman(Eds.), *Motivation and self-regulated learning: Theory, research, and applications*. NY: Routledge. pp.297-314.

Zimmerman, B. J. (2000). Attainment of self-regulation: A social cognitive perspective. In M. Boekaerts, P. R. Pintrich & M. Zeinder(Eds.), *Self-regulation: Theory, research, and application*s. FL: Academic Press. pp.13-39.

Zimmerman, B. J. (2002). Achieving self-regulation: The trial and triumph of adolescence. In F. Pajares & T. Urdan(Eds.), *Academic motivation of adolescents*. CT: Information Age. pp.1-27.

Zimmerman, B. J. (2008). Goal setting: A key proactive source of academic self-regulation. In D. H. Schunk & B. J. Zimmerman(Eds.), *Motivation and self-regulated learning: Theory, research, and applications*. NY: Routledge. pp.267-295.

Zimmerman, B. J. (2011). Motivational sources and outcomes of self-regulated learning and performance. In B. J. Zimmerman & D. H. Schunk(Eds.), *Handbook of self-regulated learning and performance*. NY: Routledge. pp.49-64.

Zimmerman, B. J., & Cleary, T. J. (2005). Adolescents' development of personal agency: The role of self-efficacy beliefs and self-regulatory skill. In F. Pajares & T. Urdan(Eds.), *Adolescence and education. Vol. 5: Self-efficacy beliefs of adolescents*. CT: Information Age. pp.339-367.

Zimmerman, B. J., & Cleary, T. J. (2009). Motives to self-regulated learning: A social cognitive account. In K. R. Wentzel & A. Wigfield(Eds.), *Handbook of motivation at school*. NY: Routledge. pp.247-264.

Zimmerman, B. J., & Moylan, A. R. (2009). Self-regulation: Where metacognition and motivation intersect. In D. J. Hacker, J. Dunlosky & A. C. Graesser (Eds.), *Handbook of metacognition in education*. NY:

Routledge. pp.300-305.

■第4章

Ames, C. (1992). Classrooms: Goals, structures, and student motivation. *Journal of Educational Psychology*, **84**, 261-271.

Asher, S. R., & McDonald, K. L. (2009). The behavioral basis of acceptance, rejection, and perceived popularity. In K. H. Rubin, W. M. Bukowski & B. Laursen(Eds.), *Handbook of peer interpersonal relationships, and groups*. NY: Guilford Press. pp.232-248.

Bandura, A. (1986). *Social foundations of thought and action: A social cognitive theory*. New Jersey: Prentice Hall.

Braaksma, M., A., H., Rijlaarsdam, G., & van den Bergh, H. (2002). Observational learning and the effects of model-observer similarity. *Journal of Educational Psychology*, **94**, 405-415.

Cellar, D. F., & Wade, K. (1988). Effect of behavioral modeling on intrinsic motivation and script-related recognition. *Journal of Applied Psychology*, **73**, 181-192.

Crick, N. R., & Dodge, K. A. (1994). A review and reformulation of social information-processing mechanisms in children's social adjustment. *Psychological Bulletin*, **115**, 74-101.

deCharms, R. (1968). *Personal causation: The internal affective determinants of behavior*. New York: Academic Press.

Deci, E. L., & Ryan, R. M. (1985). *Intrinsic motivation and self-determination*. New York: Plenum Press.

Deci, E. L., & Ryan, R. M. (1987). The support of autonomy and the control of behavior. *Journal of Personality and Social Psychology*, **53**, 1024-1037.

Deci, E. L., & Ryan, R. M. (2000). The "what" and "why" of goal pursuits: Human needs and the self-determination of behavior. *Psychological Inquiry*, **11**, 227-268.

Garcia, T., & Pintrich, P. R. (1994). Regulating motivation and cognition in the classroom: The role of self-schemas and self-regulatory strategies. In D. H. Schunk & B. J. Zimmerman(Eds.), *Self-regulation of learning and performance: Issues and educational applications*. Hilsdale, NJ: Laurence Erlbaum. pp.127-153.

Ito, T., Nakaya, M., Okada, R., & Ohtani, K. (2009). Peer modeling of motivation and children's achievement behaviors. Paper presented at the 117th Annual Convention of the American Psychological Association.

伊藤崇達・神藤貴昭 (2003). 中学生用自己動機づけ方略尺度の作成　心理学研究, **74**, 209-217.

Johnson, D. W., Johnson, R. T., & Holubec, E. J. (1993). *Circles of learning: Cooperation in classroom*. Minnesota: Interaction Book Company.　杉江修治・石田裕久・伊藤康児・伊藤　篤(訳) (1998). 学習の輪——アメリカの協同学習入門——　二瓶社

Jones, M. H., Estell, D. B., & Alexander, J. M. (2008). Friends, classrooms, and self-regulated learning: Discussions with peers inside and outside the classroom. *Metacognition and Learning*, **3**, 1-15.

鹿毛雅治・上淵　寿・大家まゆみ (1997). 教育方法に関する教師の自律性支援の志向性が授業過程と児童の態度に及ぼす影響　教育心理学研究, **45**, 192-202.

Karabenick, S. A., & Newman, R. S.(Eds.). (2006). *Help seeking in academic settings: Goals, groups, and contexts*. Mahwah, NJ: Lawrence Erlbaum.

Marchand, G., & Skinner, E. A. (2007). Motivational dynamics of children's academic help-seeking and concealment. *Journal of Educational Psychology*, **99**, 65-82.

Okada, R. (2007). Motivational analysis of academic help-seeking: Self-determination in adolescents' friendship. *Psychological Reports*, **100**, 1000-1012.

岡田　涼 (2008a). 教師の自律性支援が授業に対する興味に及ぼす影響——学業的効力感と社会的効力感を介するプロセス——　日本発達心理学会第19回大会発表論文集, 316.

岡田　涼 (2008b). 友人との学習活動における自律的な動機づけの役割に関する研究　教育心理学研

引用文献

究, **56**, 14-22.

岡田 涼・中谷素之・伊藤崇達・大谷和大 (2010). ピア・モデリングの個人差を捉える試み　日本教育心理学会第52回総会発表論文集, 307.

Orange, C. (1999). Using peer modeling to teach self-regulation. *The Journal of Experimental Education*, **68**, 21-39.

Patrick, H. (1997). Social self-regulation: Exploring the relations between children's social relationships, academic self-regulation, and school performance. *Educational Psychologist*, **32**, 209-220.

Patrick, H., Hicks, L., & Ryan, A. M. (1997). Relations of perceived social efficacy and social goal pursuit to self-efficacy for academic work. *Journal of Early Adolescence*, **17**, 109-128.

Patrick, H., Ryan, A. M., & Kaplan, A. (2007). Early adolescents' perceptions of the classroom social environment, motivational beliefs, and engagement. *Journal of Educational Psychology*, **99**, 83-98.

Pintrich, P. R., & De Groot, E. V. (1990). Motivational and self-regulated learning components of classroom academic performance. *Journal of Educational Psychology*, **82**, 33-40.

Reeve, J. (2006). Teacher as facilitators: What autonomy supportive teachers do and why their students benefit. *The Elementary School Journal*, **106**, 225-236.

Reeve, J., Ryan, R., & Deci, E. L. (2008). Understanding and promoting autonomous self-regulation: A self-determination theory perspective. In D. H. Schunk & B. J. Zimmerman(Eds.), *Motivation and self-regulated learning: Theory, research, and applications*. Mahwah, NJ: Lawrence Erlbaum. pp.223-244.

Rohrbeck, C. A., Ginsburg-Block, M. D., Fantuzzo, J. W., & Miller, T. R. (2003). Peer-assisted learning interventions with elementary school students: A meta-analytic review. *Journal of Educational Psychology*, **95**, 240-257.

Ryan, A. M. (2000). Peer groups as a context for the socialization of adolescents' motivation, engagement, and achievement in school. *Educational Psychologist*, **35**, 101-111.

Ryan, R. M., & Deci, E. L. (2009). Promoting self-determined school engagement: Motivation, learning, and well-being. In K. R. Wentzel & A. Wigfield(Eds.), *Handbook of motivation at school*. NY: Routledge. pp.171-195.

Ryan, R. M., & Powelson, C. L. (1991). Autonomy and relatedness as fundamental to motivation and education. *Journal of Experimental Education*, **60**, 49-66.

Schunk, D. H. (2001). Social cognitive theory and self-regulated learning. In B. J. Zimmerman & D. H. Schunk(Eds.), *Self-regulated learning and academic achievement: Theoretical perspectives*. New Jersey: Lawrence Erlbaum Associates. pp.125-151.

Schunk, D. H., & Hanson, A. R. (1985). Peer models: Influence on children's self-efficacy and achievement. *Journal of Educational Psychology*, **77**, 313-322.

Schunk, D. H., & Hanson, A. R. (1989a). Influence of peer-model attributes on children's beliefs and learning. *Journal of Educational Psychology*, **81**, 431-434.

Schunk, D. H., & Hanson, A. R. (1989b). Self-modeling and children's cognitive skill learning. *Journal of Educational Psychology*, **81**, 155-163.

Schunk, D. H., Hanson, A. R., & Cox, P. D. (1987). Peer-model attributes and children's achievement behaviors. *Journal of Educational Psychology*, **79**, 54-61.

Shih, S. S. (2009). An examination of factors related to Taiwanese adolescents' reports of avoidance strategies. *The Journal of Educational Research*, **102**, 377-388.

Sierens, E., Vansteenkiste, M., Goossens, L., Soenens, B., & Dochy, F. (2009). The synergistic relationship of perceived autonomy support and structure in the prediction of self-regulated learning. *British Journal of Educational Psychology*, **79**, 57-68.

Summers, J. J., Bergin, D. A., & Cole, J. S. (2009). Examining the relationships among collaborative learning, autonomy support, and student incivility in undergraduate classrooms. *Learning and Individual Differences*, **19**, 293-298.

Tsai, Y. M., Kunter, M., Lüdtke, O., Trautwein, U., & Ryan, R. M. (2008). What makes lessons interesting? The role of situational and individual factors in three school subjects. *Journal of Educational Psychology*, **100**, 460-472.

Turner, J. C., Meyer, D. K., Midgley, C., & Patrick, H. (2003). Teacher discourse and sixth graders' reported affect and achievement behaviors in two high-mastery/high-performance mathematics classrooms. *The Elementary School Journal*, **103**, 357-382.

Vansteenkiste, M., Sierens, E., Soenens, B., Luyckx, K., & Lens, W. (2009). Motivational profiles from a self-determination perspective: The quality of motivation matters. *Journal of Educational Psychology*, **101**, 671-688.

White, R. W. (1959). Motivation reconsidered: The concept of competence. *Psychological Review*, **66**, 297-333.

Young, M. R. (2005). The motivational effects of the classroom environment in facilitating self-regulated learning. *Journal of Marketing Education*, **27**, 25-40.

Zimmerman, B. J. (2000). Attainment of self-regulation: A social cognitive perspective. In M. Boekaerts, P. Pintrich & M. Zeidner(Eds.), *Handbook of self-regulation*. Orlando, FL: Academic Press. pp.13-39.

Zimmerman, B. J., & Martinez-Pons, M. (1986). Development of a structured interview for assessing student use of self-regulated learning strategies. *American Educational Research Journal*, **23**, 614-628.

Zimmerman, B. J., & Martinez-Pons, M. (1990). Construct validation of a strategy model of student self-regulated learning. *Journal of Educational Psychology*, **80**, 284-290.

■第5章

Butler, R. (1998). Determinants of help seeking: Relations between perceived reasons for classroom help-avoidance and help-seeking behaviors in an experimental context. *Journal of Educational Psychology*, **90**, 630-643.

Butler, R. & Neuman, O. (1995). Effects of task and ego achievement goals on help-seeking behaviors and attitudes. *Journal of Educational Psychology*, **87**, 261-271.

Dillon, J. T. (1998). Theory and practice of student questioning. In S. A. Karabenick (Ed.), *Strategic help seeking: Implications for learning and teaching*. NJ: Lawrence Erlbaum Associates. pp.171-193.

堀野　緑・市川伸一 (1997).　高校生の英語学習における学習動機と学習方略　教育心理学研究, **45**, 140-147.

市川伸一（編著）(1993). 学習を支える認知カウンセリング――心理学と教育の新たな接点――　ブレーン出版

市川伸一 (1995). 学習と教育の心理学　岩波書店

市川伸一（編著）(1998). 認知カウンセリングから見た学習方法の相談と指導　ブレーン出版

市川伸一・堀野　緑・久保信子 (1998). 学習方法を支える学習観と学習動機　市川伸一（編著）認知カウンセリングから見た学習方法の相談と指導　ブレーン出版　pp.186-203.

市川伸一・清河幸子・村山　航・瀬尾美紀子・植阪友理 (2007). 数学の学力・学習力アセスメントテストCOMPASSの開発　東京大学大学院教育学研究科基礎学力研究開発センター，ワーキングペーパー Vol. 26.

石田勢津子・伊藤　篤・梶田正巳 (1986). 小・中学校教師の指導行動の分析――算数・数学における教師の「個人レベルの指導論」――　教育心理学研究, **34**, 230-238.

鹿毛雅治・上淵　寿・大家まゆみ (1997). 教育方法に関する教師の自律性支援の志向性が授業過程と児童の態度に及ぼす影響　教育心理学研究, **45**, 192-202.

Karabenick, S. A. (1994). Relation of perceived teacher support of student questioning to students' beliefs about teacher attribution for questioning and perceived classroom learning environment. *Learning and Individual Differences*, **6**, 187-204.

Karabenick, S. A. (1998). *Strategic help seeking: Implications for learning and teaching*. NJ: Lawrence Erlbaum Associates.

引用文献

Karabenick, S. A., & Newman, R. S. (2006). *Help seeking in academic settings: Goals, groups, and contexts.* Mahwah, NJ: Erlbaum.
Karabenick, S. A., & Sharma, R. (1994). Perceived teacher support of student questioning in the college classroom: Its relation to student characteristics and role in the classroom questioning process. *Journal of Educational Psychology*, **86**, 90-103.
Meece, J. L., Blumenfeld, P. C., & Hoyle, R.H. (1988). Students' goal orientations and cognitive engagement in classroom activities. *Journal of Educational Psychology*, **80**, 514-523.
三隅二不二 (1984). リーダーシップ行動の科学　有斐閣
Nadler, A. (1998). Relationship, esteem, and achievement perspectives on autonomous and dependent help seeking. In S. A. Karabenick (Ed.), *Strategic help seeking: Implications for learning and teaching*. NJ: Lawrence Erlbaum Associates. pp.61-93.
中谷素之 (1998). 教室における児童の社会的責任目標と学習行動．学業達成の関連　教育心理学研究，**46**, 291-299.
Nelson-Le Gall, S. (1985). Help-seeking behavior in learning. *Review of Research in Education*, **12**, 55-90.
Nelson-Le Gall, S., & Glor-Scheib, S. (1985). Help seeking in elementary classrooms: An observational study. *Contemporary Educational Psychology*, **10**, 58-71.
Nelson-Le Gall, S., Gumerman, R. A., & Scott-Jones, D. (1983). Instrumental help-seeking and everyday problem-solving: A developmental perspective. In B. DePaulo., A. Nadler & J. Fisher(Eds.), *New directions in helping: Vol. 2. Help-seeking*. New York: Academic Press. pp.265-283.
Newman, R. S. (1990). Children's help-seeking in the classroom: The role of the motivational factors and attitudes. *Journal of Educational Psychology*, **82**, 71-80.
Newman, R. S. (1991). Goals and self-regulated learning: What motivates children to seek academic help? *Advances in Motivation and Achievement*, **7**, 151-183.
Newman, R. S. (1994). Adaptive help seeking: A strategy self-regulated learning. In D.H. Schunk & B.J. Zimmerman(Eds.), *Self-regulation of learning and performance: Issues and educational applications*. Hillsdale, NJ: Lawrence Erlbaum Associates. pp.283-301.
Newman, R. S. (1998). Students' help seeking during problem solving: Influences of personal and contextual achievement goals. *Journal of Educational Psychology*, **90**, 644-658.
Newman, R.S. (2002). What do I need to do to succeed…when I don't understand what I'm doing!?: Developmental influences on students' adaptive help seeking. In A. Wigfield & J. Eccles(Eds.), *Development of achievement motivation*. San Diego, CA: Academic Press. pp.285-306.
Newman, R.S. (2006). Students' adaptive and nonadaptive help seeking in the classroom: Implications for the context of peer harassment. In S.A. Karabenick & R.S. Newman's (Eds.), *Help seeking in academic setting: Goals, groups, and contexts*. Mahwah, NJ: Lawrence Erlbaum Associates. pp. 225-258.
Newman, R. S., & Goldin, L. (1990). Children's reluctance to seek help with schoolwork. *Journal of Educational Psychology*, **82**, 92-100.
Newman, R. S., & Schwager, M. T. (1993). Student perceptions of the teacher and classmates in relation to reported help seeking in math class. *Elementary School Journal*, **94**, 3-17.
Newman, R. S., & Schwager, M. T. (1995). Students' help seeking during problem solving: Effects of grade, goal, and prior achievement. *American Educational Research Journal*, **32**, 352-376.
野﨑秀正 (2003). 生徒の達成目標志向性とコンピテンスの認知が学業的援助要請に及ぼす影響　教育心理学研究，**51**, 141-153.
Raudenbush, S., & Bryk, A. (2002). *Hierarchical linear models: Applications and data analysis methods*. 2nd ed. Newbury Park, CA: Sage.
Ryan, A. M., Gheen, M. H., & Midgley, C. (1998). Why do some students avoid asking for help? An examination of the interplay among students' academic efficacy, teachers social-emotional role, and the classroom goal structure. *Journal of Educational Psychology*, **90**, 528-535.
Ryan, A. M., Patrick, H., & Shim, Sung-Ok. (2005). Differential profiles of students identified by their teacher

as having avoidant, appropriate, or dependent help-seeking tendencies in the classroom. *Journal of Educational Psychology*, **97**, 275-285.

Ryan, A. M., & Pintrich, P. R. (1997). "Should I ask for help?": The role of motivation and attitudes in adolescents' help seeking in math class. *Journal of Educational Psychology*, **89**, 329-341.

Ryan, A. M., & Pintich, P. R. (1998). Achievement and social motivational influences on help seeking in the classroom. In S. A. Karabenick (Ed.), *Strategic help seeking: Implications for learning and teaching*. NJ: Lawrence Erlbaum Associates. pp.117-139.

佐藤　純・新井邦二郎 (1998). 学習方略の使用と達成目標及び原因帰属との関係　筑波大学心理学研究, **20**, 115-124.

Schoenfeld, A. H. (1985). *Mathematical problem solving*. New Jersey: Lawrence Erlbaum Associates.

Schoenfeld, A. H. (1992). Learning to think mathematically: Problem solving, metacognition, and sense-making in mathematics. In D. Grouws (Ed.), *Handbook of Research on Mathematics Teaching and Learning*. New York: Macmillan. pp.334-370.

Schunk, D. H., & Zimmerman, B. J.(Eds.). (1994). *Self-regulation of learning and performance: Issues and educational applications*. Hillsdale, NJ: Lawrence Erlbaum Associates.

Schunk, D.H., & Zimmerman, B.J.(Eds.). (2007). *Motivation and Self-Regulated Learning: Theory, Research, and Applications*. New York: Routledge.

瀬尾美紀子 (2005). 数学の問題解決における質問生成と援助要請の促進——つまずき明確化方略の教授効果——　教育心理学研究, **53**, 441-455.

瀬尾美紀子 (2007). 自律的・依存的援助要請における学習観とつまずき明確化方略の役割——多母集団同時分析による中学・高校生の発達差の検討——　教育心理学研究, **55**, 170-183.

瀬尾美紀子 (2008a). 学習上の援助要請における教師の役割——指導スタイルとサポート的態度に着目した検討——　教育心理学研究, **57**, 243-255.

瀬尾美紀子 (2008b). 認知心理学的知見を活用した学習法改善プログラム　心理学に基づく学習援助の実際，研究委員会企画シンポジウム，日本教育心理学会第49回総会概要　教育心理学年報, **47**, 44-45.

瀬尾美紀子 (2009). 学習上の援助要請の生起・回避および依存的援助要請に対する影響要因——学習方略としての側面と援助者の指導スタイルに着目した検討——　博士学位論文(未公刊)

瀬尾美紀子 (2010). 適切に質問できる力を育てるには——学業的援助要請研究からの示唆——　子ども教育研究, **2**, 51-61.

瀬尾美紀子・植阪友理・市川伸一 (2008). 学習方略とメタ認知　三宮真智子(編) メタ認知——学習力を支える高次認知機能——　北大路書房　pp.55-73.

Tanaka, A., Murakami, Y., Okuno, T., & Yamauchi, H. (2002). Achievement goals, attitudes toward help seeking, and help-seeking behavior in the classroom. *Learning and Individual Differences*, **13**, 23-35.

上淵　寿・杏澤　糸・無藤　隆 (2004). 達成目標が援助要請と情報探索に及ぼす影響の発達——多母集団の同時分析を用いて——　発達心理学研究, **15**, 324-334.

van der Meij, H. (1988). Constraints on questioning asking in classrooms. *Journal of Educational Psychology*, **80**, 401-405.

Vermunt, J. D., & Verloop, N. (1999). Congruence and friction between learning and teaching. *Learning and Instruction*, **9**, 257-280.

■ 第6章

Ablard, K. E., & Lipschultz, R. E. (1998). Self-regulated learning in high-achieving students: Relations to advanced reasoning, achievement goals, and gender. *Journal of Educational Psychology*, **90**, 94-101.

Akiba, D. (2007). Ethnic retention as a predictor of academic success: Lessons from the children of immigrant families and Black children. *Clearing House: A Journal of Educational Strategies, Issues and Ideas*, **80**(5),

223-225.
Akiba, D., & García Coll, C.T. (2004). Effective intervention with children of color and their families: A contextual developmental approach. In T. B. Smith (Ed.), Practicing multiculturalism: Affirming diversity in counseling and psychology. Boston: Allyn & Bacon. pp. 123-144.
Akiba, D., Szalacha, L., & Garcia Coll, C. T. (2004). Multiplicity of identities during the middle childhood: Conceptual and methodological considerations. *New Directions for Child and Adolescent Development,* **104,** 45-60.
Brislin, R. (1980). Translation and content analysis of oral and written material. In H. C. Triandis & J. W. Berry (Eds.), *Handbook of cross-cultural psychology,* Vol.2. Boston: Allyn & Bacon. pp.389-444.
Bronfenbrenner, Y. (1979). *The Ecology of human development: Experiments by nature and design.* Cambridge, MA: Harvard University Press.
Chao, R. (2001). Extending research on the consequences of parenting style for Chinese Americans and European Americans. *Child Development,* **72,** 1832-1843.
Chen, X., Cen, G., Li, D., & He, Y. (2005). Social functioning and adjustment in Chinese children: The imprint of historical time. *Child Development,* **76,** 182-195.
Chylinski, M. (2010). Cash for comment: Participation money as a mechanism for measurement, reward, and formative feedback in active class participation. *Journal of Marketing Education,* **32**(1), 25-38.
Cole, M. & Wertsch, J.V. (1996). Beyond the individual-social antimony in discussions of Piaget and Vygotsky. *Human Development,* **39**(2), 250-256.
Corno, L. (1987). Teaching and self-regulated learning. In D. Berliner & B. Rosenshine (Eds.), *Talks to teachers.* New York: Random House. pp. 249-266.
de Silva, P. (2000). Buddhism and psychotherapy: The role of self-control strategies. *Hsi Lai Journal of Humanistic Buddhism,* **1,** 169-182.
Dyslin, C. W. (2008). The power of powerlessness: The role of spiritual surrender and interpersonal confession in addiction treatment. *Journal of Psychology and Christianity,* **27**(1), 41-55.
Eaton, M. J., & Dembo, M. H. (1997). Differences in the motivation beliefs of Asian American and non-Asian students. *Journal of Educational Psychology,* **89,** 443-440.
Essau, C. A., & Trommsdorff, G. (1996). Coping with university-related problems: A cross-cultural comparison. *Journal of Cross-cultural Psychology,* **27,** 315-328.
García Coll, C. T., Lamberty, G., Jenkins, R., McAdoo, H. P., Crnic, K., Wasik, B. H., & Vazquez García, H. (1996). An integrative model for the study of developmental competencies in minority children. *Child Development,* **67**(5), 1891-1914.
Gorrell, J., Hwang, Y. S., & Chung, K. S. (1996, April). A comparison of self-regulated problem-solving awareness of American and Korean children. Paper presented at the meeting of The American Educational Research Association, New York.
Gutiérrez, K., & Rogoff, B. (2003). Cultural ways of learning: Individual traits or repertoires of practice. *Educational Researcher,* **32**(5), 19-25.
Headland, T. H., Pike, K. L., & Harris, M. (1990). *Emics and etics: The insider/outsider debate.* CA: Sage Publications.
Herskovitz, M. (1948). *Man and his works: The science of cultural anthropology.* New York: Knopf.
Ho, Y. F. D., Peng, S. Q., & Chan, S. F. F. (2001). Authority and learning in Confucian-heritage education: A relational methodological analysis. In C. Y. Chiu, F. Salili, & Y. Y. Hong (Eds.), *Multiple competencies and self-regulated learning: Implications for multicultural education.* Greenwich, CT: Information Age Publishing.
Hofstede, G. (1980). *Culture's consequences: International differences in work-related values.* Newbury Park, CA: Sage Publishing.
Izumi-Taylor, S. (2009). Hansei: Japanese preschoolers learn introspection with teachers' help. *Young Children,* **64**(4), 86-90.

引用文献

Kitayama S., Duffy S., Kawamura T., & Larsen J. T. (2003). Perceiving an object and its context in different cultures: A cultural look at new look. *Psychological Science*, **14**, 201-206.

Klassen, R. M. (2004). A cross-cultural investigation of the efficacy beliefs of south Asian immigrant and anglo Canadian nonimmigrant early adolescents. *Journal of Educational Psychology*, **96**(4), 731-742.

Kurman, J. (2001). Self-enhancement: Is it restricted to individualistic cultures? *Personality and Social Psychology Bulletin*, **27**, 1705-1716.

Lam, A. G., & Zane, N. W. (2004). Ethnic differences in coping with interpersonal stressors: A test of self-construals as cultural mediators. *Journal of Cross-Cultural Psychology*, **35**, 446-459.

Lewis, C. C. (1995). *Educating hearts and minds.* New York: Cambridge University Press.

Li, J. (2002). A cultural model of learning: Chinese "heart and mind for wanting to learn". *Journal of Cross-Cultural Psychology*, **33**(3), 248-269.

McElwee, R. O. (2009). Facilitating students' preparation for class: Discussion of and evidence for effective participation preparation assignments. *Journal on Excellence in College Teaching*, **20**(4), 105-120.

McInerney, D. M. (2007). The motivational roles of cultural differences and cultural identity in self-regulated learning. In D. H. Schunk & B. J. Zimmerman (Eds.), *Motivation and self-regulated learning: Theory, research, and applications.* New York: Lawrence Erlbaum. pp.369-400.

Mejía Arauz, R., Rogoff, B., & Paradise, R. (2005). Cultural variation in children's observation during a demonstration. *International Journal of Behavioral Development*, **29**(4), 282-291.

Min, P. G. (2005). *Asian Americans: Contemporary trends and issues.* Thousand Oaks, CA: Sage Publications.

Morling, B., & Evered, S. (2006). Secondary control reviewed and defined. *Psychological Bulletin*, **132**, 269-296.

Morling, B., & Fiske, S. T. (1999). Defining and measuring harmony control. *Journal of Research in Personality*, **33**, 379-414.

Neber, H., & Schommer-Aikins, M. (2002). Self-regulated learning with highly gifted students: The role of cognitive, motivational, epistemological, and environmental variables. *High Abilities Studies*, **13**, 59-74.

Nisbett, R. E. (2003). *The geography of thought how Asians and westerners think differently—and why.* New York: The Free Press.

Nisbett, R. E., Peng, K., Choi, I., & Norenzayan, A. (2001). Culture and systems of thought: Holistic versus analytic cognition. *Psychological Review*, **108**, 291-310.

Olaussen, B. S. & Bråten, I. (1999). Students' use of strategies for self-regulated learning: Cross-cultural perspectives. *Scandinavian Journal of Educational Research*, **43**(4), 409-432.

Pokay, P., & Blumenfeld, P. C. (1990). Predicting achievement early and late in the semester: The role of motivation and use of learning strategies. *Journal of Educational Psychology*, **82**, 41-50.

Purdie, N., & Hattie, J. (1996). Cultural differences in the use of strategies for self-regulated learning. *American Educational Research Journal*, **33**(4), 845-871.

Rogoff, B. (2003). *The cultural nature of human development.* New York: Oxford University Press.

Rogoff, B., Paradise, R., Mejía Arauz, R., Correa-Chávez, M., & Angelillo, C. (2003). Firsthand learning through intent participation. *Annual Review of Psychology*, **54**, 175-203.

Rose, M. (1985). *Reworking the work ethic: Economic values and socio-cultural politics.* London: Schocken.

Rothbaum, F., Weisz, J. R., & Snyder, S. S. (1982). Changing the world and changing the self: A two process model of perceived control. *Journal of Personality and Social Psychology*, **42**, 5-37.

Rudolph, K., Denning, M. D., & Weisz, J. R. (1995). Determinants and consequences of children's coping in the medical setting: Conceptualization, review, and critique. *Psychological Bulletin*, **118**(3), 328-357.

Salili, F., Fu, H., Tong, Y., & Tabatabai, D. (2001). Motivation and self-regulation: A cross-cultural comparison of the effect of culture and context of learning on student motivation and self-regulation. In C. Y. Chiu, F. Salili & Y. Y. Hong (Eds.), *Multiple competencies and self-regulated learning: Implications for multicultural education.* Greenwich, CT: Information Age Publishing. pp.123-140.

Schunk, D. H. (2001). Social cognitive theory and self-regulated learning. In B. J. Zimmerman & D. H. Schunk

(Eds.), *Self-regulated learning and academic achievement: Theoretical perspectives.* 2nd ed. Mahwah, NJ: Erlbaum. pp.125-152.
Skinner, E. A., Edge, K., Altman, J., & Sherwood, H. (2003). Searching for the structure of coping: A review and critique of category systems for classifying ways of coping. *Psychological Bulletin,* **129**, 216-269.
Snyder, M. (1974). Self-monitoring of expressive behavior. *Journal of Personality and Social Psychology,* **30**, 526–537.
Tani, M. (2008). Raising the in-Class Participation of Asian Students through a Writing Tool. *Higher Education Research and Development,* **27**(4), 345-356.
Taylor, C. (1987). Interpretation and the sciences of man. In P. Rabinow & W. M. Sullivan (Eds.), *Interpretive social sciences: A second look.* Berkeley, CA: University of California Press. pp.33-81.
Triandis, H., & Suh, E. (2002). Cultural influences on personality. *Annual Review of Psychology,* **53**, 133-160.
Vygotsky, L. S. (1978). *Mind in society: The development of higher psychological processes.* Cambridge, MA: Harvard University Press.
Weisz, J. R., Rothbaum, F. M., & Blackburn, T. C. (1984). Swapping recipes for control. *American Psychologist,* **39**(9), 974-975.
Yamauchi, L. A., & Greene, W. L. (1997, March). Culture, gender and the development of perceived academic self-efficacy among Hawaiian adolescents. Paper presented at the annual meeting of the American Educational Research Association. Chicago.
Yolton, J. (1970). *John Locke and the compass of human understanding.* Cambridge, Great Britain: Cambridge University Press.
Zimmerman, B. J. (1990). Self-regulated learning and academic achievement: An overview. *Educational Psychologist,* **25**, 3-17.
Zimmerman, B. J. (2004). Sociocultural influence and students' development of academic self-regulation: A social-cognitive perspective. In D. M. McInerney & S. van Etten (Eds.), *Research on sociocultural influences on motivation and learning: Big theories revisited.* Col. 4. Greenwich, CT: Information Age. pp.139-164.
Zimmerman, B. J. & Martinez-Pons, M. (1990). Student differences in self-regulated learning: Relating, grade, sex, and giftedness to self-efficacy and strategy use. *Journal of Educational Psychology,* **82**(1), 51-59.
Zimmerman, B. J., & Risemberg, R. (1997). Research for the future: Becoming a self-regulated writer: A social cognitive perspective. *Contemporary Educational Psychology,* **22**, 1, 73-101.
Zimmerman, B. J., & Schunk, D. H. (Eds.). (2001). *Self-regulated learning and academic achievement: Theoretical perspectives.* 2nd ed. Mahwah, NJ: Erlbaum.

■ 第7章

秋田喜代美 (1988). 質問作りが説明文の理解に及ぼす効果　教育心理学研究, **36**, 307-315.
Bandura, A. (1986). *Social foundations of thought and action: A social-cognitive theory.* Englewood Cliffs, NJ: Prentice-Hall.
Bereiter, C., & Scardamaria, M. (1987). *The psychology of written composition.* Hillsdale, NJ: Erlbaum.
Boscolo, P., & Carotti, L. (2003). Does writing contribute to improving high school students' approach to literature? *L1-Educational Studies in Language and Literature,* **3**, 197-224.
Boscolo, P., & Cisotto, L. (1997). *Making writing interesting in elementary school.* Paper presented at the seventh biannual meeting of the European Association for Research on Learning and Instruction, Athens, Greece.
Boscolo, P., & Mason, L. (2000). *Free recall writing: The role of prior knowledge and interest.* Paper presented at the Writing Conference 2000, Verona, Italy.
Brown, A. L., Day, J. D., & Jones, R. S. (1983). The development of plans for summarizing texts. *Child*

引用文献

Development, **54**, 968-979.
Butterfield, E. C., Hacker, D. J., & Plumb, C. (1994). Topic knowledge and revision skill as determinants of text revision. In J. S. Carlson (Series Ed.) & E. C. Butterfield (Vol. Ed.), *Advances in cognition and educational practice: Vol.2. Children's writing: Toward a process theory of the development of skilled writing.* Greenwich, CT: JAI Press. pp.83-141.
Cain, K., Oakhill, J., & Bryant, P. (2004). Children's reading comprehension ability: Concurrent prediction by working memory, verbal ability, and component skills. *Journal of Educational Psychology*, **96**, 31-42.
Chanquoy, L. (2001). How to make it easier for children to revise their writing: A study of textrevision from 3rd to 5th grades. *British Journal of Educational Psychology*, **71**, 15-41.
Daiute, C., & Dalton, B. (1993). Collaboration between children learning to write: Can novices be masters? *Cognition and Instruction*, **10**, 281-333.
De La Paz, S., & Graham, S. (2002). Explicitly teaching strategies, skills, and knowledge: Writing instruction in middle school classrooms. *Journal of Educational Psychology*, **94**, 687-698.
Gaultney, J. F. (1998). Differences in benefit from strategy use: What's good for me may not be so good for thee. *Journal for the Education of Gifted*, **21**, 160-178.
Graesser, A. C., Gernsbacher, M. A., & Goldman, S. A. (1997). Cognition. In T. A. van Dijk (Ed.), *Discourse as structure and process. Discourse studies: A multi-disciplinary introduction*. vol. 1. London: Sage. pp.292-319.
Graesser, A. C., Singer, M., & Trabasso, T. (1994). Constructing inference during narrative text comprehension. *Psychological Review*, **101**, 371-395.
Graham, S., Harris, K. R., & Troia, G. A. (2000). Self-regulated strategy development revisited: Teaching writing strategies to struggling writers. *Topics in Language Disorder*, **20**, 1-14.
Graham, S., & Perin, D. (2007). A meta-analysis of writing instruction for adolescent students. *Journal of Educational Psychology*, **99**, 445-476.
Harris, K. R., & Graham, S. (1999). Programmatic intervention research: Illustrations from the evolution of self-regulated strategy development. *Learning Disabilities Quarterly*, **22**, 251-262.
Harris, K. R., Graham, S., Mason, L. H., & Saddler, B. (2002). Developing self-regulated writers. In C.M. Levy & S. Ransdell(Eds.), *The science of writing*. Mahwah, NJ: Erlbaum. pp.1-27.
Hayes, J. R. (1996). A new framework for understanding cognition and affect in writing. In M. C. Levy & S. Ransdell(Eds.), *The science of writing*. Mahwah, NJ: Erlbaum. pp.1-27.
Hayes, J. R. (2004). What triggers revision? In L. Allal, L. Chanquoy & P. Largy(Eds.), *Studies in writing: Vol.13. Revision: Cognitive and instructional process*. Norwell, MA: Kluwer. pp.9-20.
Hayes, J. R., & Flower, L. S. (1980). Identifying the organization of writing processes. In L. Gregg & E. Sternberg(Eds.), *Cognitive processes in writing: An interdisciplinary approach*. Hillsdale, NJ: Erlbaum. pp.3-10.
Hidi, S. (1990). Interest and its contribution as a mental resource for learning. *Review of Educational Research*, **60**, 549-571.
Hidi, S. & Boscolo, P. (2006). Motivation and Writing. In C. A. MacArthur, S. Graham & J. Fitzgerald(Eds.), *Handbook of writing research*. NY: Guilford Press. p.154.
Hidi, S., & McLaren, J. (1991). Motivational factors in writing: The role of topic interestingness. *European Journal of Psychology of Education*, **6**, 187-197.
井上尚美 (1998). 思考力育成への方略——メタ認知・自己学習・言語理論—— 明治図書
犬塚美輪 (2002). 説明文読解方略の構造 教育心理学研究, **50**, 152-162.
犬塚美輪 (2007). 生徒たちはどのように説明文読解方略を学ぶか 日本教育心理学会第49回総会発表論文集. 264.
犬塚美輪 (2009). メタ認知と教育 清水寛之(編著) メタ記憶——記憶のモニタリングとコントロール—— 北大路書房 pp.153-172.
犬塚美輪 (2010). 相互説明を用いた学術論文読解の指導 読書科学, **53**, 83-94.

引用文献

岩男卓実 (2001). 文章生成における階層的概念地図作成の効果　教育心理学研究, **49**, 11-20.

Kellog, R. T. (1990). Effectiveness of prewriting strategies as a function of task demands. *American Journal of Psychology*, **103**, 327-342.

Kendou, P., van den Broek, P., White, M. J., & Lynch, J. (2007). Comprehension in preschool and early elementary children: Skill development and strategy interventions. In McNamara, D. S. (Ed.), *Reading comprehension strategy: Theories, interventions and technologies*. NY: Lawrence Erlbaum Associates. pp.27-46.

Kintsch, W. (1998). Comprehension: A paradigm for cognition. NY: Cambridge University Press.

Kintsch, W., & van Dijk, T. A. (1978). Toward a model of text comprehension and production. *Psychological Review*, **85**, 363-394.

清河幸子・犬塚美輪 (2003). 相互説明による読解の個別指導——対象レベル－メタレベルの分業による協同の指導場面への適用——　教育心理学研究, **51**, 218-229.

Mason, L., & Boscolo, P. (2000). Writing and conceptual change: What changes? *Instructional Science*, **28**, 199-226.

McCutchen, D. (1988). "Functional automaticity" in children's writing: A problem of metacognitive control. *Written Communication*, **5**, 306-324.

McCutchen, D. (2006). Cognitive factors in the development of children's writing. In C. A. MacArthur, S. Graham & J. Fitzgerald(Eds.), *Handbook of writing research*. NY: The Guilford Press. pp.115-130.

Meyer, B. J. F., Talbot, A., Stubblefield, R. A., & Poon, L. W. (1998). Interests and strategies of young and old readers differentially interact with characteristics of text. *Educational Gerontology*, **24**, 747-771.

文部科学省 (2007). 言語力の育成方策について（報告書案）【修正案・反映版】　2007年8月19日〈http://www.mext.go.jp/b_menu/shingi/chousa/shotou/036/shiryo/07081717/004.htm〉（2011年12月18日）

中村光伴・岸　学 (1996). 児童における手続き的内容の説明文算出技能の様相　東京学芸大学紀要, 第1部門, **47**, 39-46.

Nelson, N., & Calfee, R. C. (1998). The reading-writing connection viewed historically. In N. Nelson & R. C. Calfee(Eds.), *The reading-writing connection: The ninety-seventh yearbook of the national society for the study of education, part 2*. Chicago: University of Chicago Press. pp.1-51.

Nelson, T. O., & Narens, L. (1994). Why investigate metacognition? In J. Metcalfe & A. P. Shimamura(Eds.), *Metacognition*. MIT Press. pp.1-25.

沖林洋平 (2004). ガイダンスとグループ・ディスカッションが学術論文の批判的な読みに及ぼす影響　教育心理学研究, **52**, 241-254.

Palincsar, A. S., & Brown, A. L. (1984). Reciprocal teaching of comprehension -monitoring activities. *Cognition and Instruction*, **1**, 117- 175.

Pressley, M. (2000). What should comprehension instruction be the instruction of ? In M. L. Kamil, P.B. Mosenthal, P. D. Pearson & R. Barr(Eds.), *Handbook of reading research: Vol. 3*. Mahwah, NJ: Lawrence Erlbaum Associates. pp.545-561.

Pressley, M., & Afflerbach, P. (1995). *Verbal protocols of reading: The nature of constructively responsive reading*. Hillsdale, NJ: Lawrence Erlbaum Associates.

Pressley, M., Wharton-McDonald, R., Mistretta-Hampston, J. M., & Echevarria, M. (1998). The nature of literacy instruction in ten Grade 4/5 classrooms in upstate New York. *Scientific Studies of Reading*, **2**, 159-194.

RAND Reading Study Group (2002). *Reading for understanding: Toward an R&D program in reading comprehension*. Santa Monica, CA: RAND Education.

Renninger, K. A., Ewen, L., & Lasher, A. K. (2002). Individual interest as context in expository text and mathematical word problems. *Learning and Instruction*, **12**, 467-491.

三宮真智子 (1996). 思考におけるメタ認知と注意　市川伸一（編著）認知心理学4　思考　東京大学出版会　pp.157-180.

佐藤公治 (1996). 認知心理学から見た読みの世界——対話と共同的な学習を目指して——　北大路書房

p.42.
Schiefele, U. (1991). Interest, learning and motivation. *Educational Psychologist*, **26**, 299-323.
Schiefele, U. (1992). Topic interest and levels of text comprehension. In Reninger, K. A., Hidi, S. & Krapp, A.(Eds.), *The role of interest in learning and development*. Hillsdale, NJ: Erlbaum. pp.151-182
Shiefele, U., & Krapp, A.(1996)Topic interest and free recall of expository text. *Learning and Individual Differences*, **8**, 141-160.
Stanovich, K. E. (1999). *Progress in understanding reading*. New York: The Guilford Press.
Sweet, A. P., Guthrie, J. T., & Ng, M. M. (1998). Teacher perception and student reading motivation. *Journal of Educational Psychology*, **90**, 210-223.
Wallace, D. L., & Hayes, J. R. (1991). Redefining revision for freshmen. *Research in the teaching of English*, **25**, 54-66.
Wallace, D. L., Hayes, J. R., Hatch, J. A., Miller, W., Moser, G., & Silk, C. M. (1996). Better revision in 8 minutes? Promoting first-year college writers to revise more globally. *Journal of Educational Psychology*, **88**, 682-688.
Weinstein, C. E., & Mayer, R. E. (1986). The teaching of learning strategies. In M. C. Wittrock (Ed.), *Handbook of research on teaching*. 3rd ed. New York: Macmillan. pp.315-327.
Zimmerman, B. J., Bonner, S., & Kovach, R. (1996) *Developing self regulated learners: Beyond achievement to self-efficacy*. American Psychological Association.
Zimmerman, B. J., & Kitsantas, A. (2002). Acquiring writing revision proficiency through observation and emulation. *Journal of Educational Psychology*, **94**, 660-668.
Zimmerman, B. J., & Schunk, D. H. (2001). *Self regulated learning and academic achievement*. Hillsdale, NJ: Lawrence Erlbaum Associates. 塚野州一（編訳）（2006）.自己調整学習の理論　北大路書房　p.iii, p.11.

■ 第8章

Ausubel, D. P. (1960). The use of advance organizers in the learning and retention of meaningful verbal material. *Journal of Educational Psychology*, **51**, 267-272.
Bransford, J., & Stein, B. S. (1984). *The ideal problem solver: A guide for improving thinking, learning, and creativity*. New York: W. H. Freeman.
Brown, A. L., Bransford, J. D., Ferrara, R., & Campione, J. (1983). A tetrahedral framework for exploring problems of learning. In J. H. Flavell, & E. M. Markman (Eds.), *Handbook of child psychology: Vol.3. Cognitive development*. 4th ed. New York: Wiley. pp. 85-106.
Camahalan, F. M. G. (2006). Effects of self-regulated learning on mathematics achievement of selected Southeast Asian Children. *Journal of Instructional Psychology*, 194-205.
Cleary, T. J., & Zimmerman, B. J. (2004). Self-regulation empowerment program: A school-based program to enhance self-regulated and self-motivated cycles of student learning. *Psychology in the Schools*, **41**, 537-550.
Dignath, C., Buettner, G., & Langfeldt, H. P (2008). How can primary school students learn self-regulated learning strategies most effectively? A meta-analysis on self-regulation training programzmes. *Educational Research Review*, **3**, 101-129.
Dweck, C. S., & Master, A. (2008). Self-theories motivate self-regulated learning. In D. H. Schunk & B. J. Zimmerman (Eds.), *Motivation and self-regulated learning theory, research, and application*. pp.31-51.
Hayes, J. R., & Simon, H. A. (1974). Understanding written problem instructions. In L. W. Gregg (Ed.), *Knowledge and cognition*. Hillsdale, NJ: Erlbaum. pp. 169-200.
Hembree, R. (1992). Experiments and relational studies in problem solving: A meta-analysis. *Journal for Research in Mathematics Education*, **23**, 242-273.

引用文献

市川伸一（編著）(1993). 学習を支える認知カウンセリング——心理学と教育の新たな接点—— ブレーン出版
市川伸一（編著）(1998). 認知カウンセリングから見た学習方法の相談と指導 ブレーン出版
市川伸一 (2000). 概念，図式，手続きの言語的記述を促す学習指導——認知カウセリングの事例を通しての提案と考察—— 教育心理学研究, **48**, 361-371.
市川伸一 (2004). 学ぶ意欲とスキルを育てる——いま求められる学力向上策—— 小学館
市川伸一・南風原朝和・杉澤武俊・瀬尾美紀子・清河幸子・犬塚美輪・村山 航・植阪友理・小林寛子・篠ヶ谷圭太 (2009). 数学の学力・学習診断力テストCOMPASSの開発 認知科学, **16**, 333-347.
市川伸一・鈴木雅之・田中瑛津子・篠ヶ谷圭太・植阪友理 (2009). 数学力コンポーネントを育成する学習法講座の試み——その1 用語理解と工夫速算—— 日本教育心理学会第51回総会発表論文集, 656.
Ichikawa, S., Seo, M., Kiyokawa, S., & Uesaka, Y. (2007). Development and application of COMPASS: Comprehensive assessment for basic competence and learning and activities in mathematics. *Proceedings of 2007 International Conference of Competences Based Education Reform*, 379-430.
伊藤崇達 (2002). 学習経験による学習方略の獲得過程の違い——4年制大学生と短期大学生を対象に—— 日本教育心理学会第44回総会発表論文集, 51.
清河幸子・犬塚美輪 (2003). 相互説明による読解の個別学習指導——対象レベル－メタレベルの分業による協同の指導場面への適用—— 教育心理学研究, **51**, 218-229.
Lens, W., & Vansteenkiste, M. (2008). Promoting self-regulated learning : A motivational analysis. In D. H. Schunk & B. J. Zimmerman (Eds.), *Motivation and self-regulated learning: Theory, Research, and Applicaion*. New York: Erlbaum. pp.141-168.
Mayer, R. E. (1992). *Thinking, problem solving, cognition.* 2nd ed. New York: W. H. Freeman and Company.
村山 航 (2003). テスト形式が学習方略に与える影響 教育心理学研究, **51**, 1-12.
長崎栄三（編著）(2005). PISA2003年調査・TIMSS2003年調査：算数・数学に関する評価・分析レポート 国立教育政策研究所
中村亜希 (1998). 漢字の苦手な小学生への学習指導——構造的な理解と記憶を中心に—— 市川伸一（編著）認知カウンセリングから見た学習相談の方法と指導 ブレーン出版 pp.28-49.
Polya, G. (1945). *How to solve it: A new aspect of mathematical method*. Princeton, NJ: Princeton University Press.
Ramdass, D., & Zimmerman, B. J. (2008). Effects of self-correction strategy training on middle school students' self-efficacy, self-evaluation, and mathematics division learning. *Journal of Advanced Academics*, **20**, 18-41.
Roth, W. M., & Bowen, G. M. (1994). Mathematization of experience in a grade-8 open inquiry environment: An introduction to the representational practices of science. *Journal of Research in Science Teaching*, **31**, 293-318.
Schoenfeld, A. H. (1985). *Mathematical problem solving*. San Diego: Academic Press.
Schunk, D. H., & Zimmerman, B. J. (1998). Teaching elementary students to self-regulate practice of mathematical skills with modeling. In D. H. Schunk & B. J. Zimmerman (Eds.), *Self-regulated learning: From teaching to self-reflective practice*. New York: Guilford. pp.137-159. 塚野州一（編訳）(2007). 自己調整学習の実践 北大路書房
瀬尾美紀子 (2007). 学習法の改善を促す教育方法の開発——認知心理学的知見の教育実践的活用——準備委員会シンポジウム」心理学に基づく学習援助の実際（話題提供） 日本教育心理学会第49回総会発表論文集, S6-7.
鈴木雅之 (2011). テスト観とテスト接近－回避傾向が学習方略に及ぼす影響——有能感を調整変数として——日本テスト学会誌, **7**, 51-65.
The Cognitive & Technology Group at Vanderbilt (CTGV) (1997). *The Jasper project: Lesson in curriculum, instruction, assessment, and professional development*. Mahwah, NJ.: Lawrence Erlbaum Associates.
床 勝信 (2012). 指導と評価を連動させる定期テストの改善 市川伸一（編） 新学習指導要領対応

教えて考えさせる授業　中学校　図書文化　pp.119-128.
植木理恵 (2000). 学習障害児に対する動機づけ介入と計算スキルの教授――相互モデリングによる個別学習指導を通して――　教育心理学研究, **48,** 491-500.
植木理恵 (2002). 高校生の学習観の構造　教育心理学研究, **50**, 301-310.
植阪友理 (2010a). 学習方略は教科間でいかに転移するか――「教訓帰納」の自発的な利用を促す事例研究から――　教育心理学研究. **58**. 80-94.
植阪友理 (2010b). "REAL（Researching by Extracting, Analyzing, and Linking）アプローチ"による学習スキルの支援とその展開――数学的問題解決における図表の自発的な利用に着目して――　東京大学博士学位論文(未公刊)
植阪友理 (2011). 効果的な勉強方法のあり方と先進校での指導　シンポジウム「『学び方指導』の有効な実践に向けて」における話題提供　第4回東京大学教育研究交流会予稿集, 7.
植阪友理・清河幸子・市川伸一 (2010). 構成要素型テストCOMPASSで見る日本の数学的基礎学力の実態――「基礎基本は十分，活用は不十分」は本当か――　日本心理学会第74回大会発表論文集, 775.
Uesaka, Y., & Manalo, E. (2006). Active comparison as a means of promoting the development of abstract conditional knowledge and appropriate choice of diagrams in math word problem solving. *Lecture Notes in Artificial Intelligence.* Vol. 4045. Berlin: Springer-Verlag. pp.181-195.
Uesaka, Y., & Manalo, E. (2007). Peer instruction as a way of promoting spontaneous use of diagrams when solving math word problems. In D. S. McNamara & J. G. Trafton (Eds.), *Proceedings of the 29th Annual Cognitive Science Society.* Austin, TX: Cognitive Science Society. pp.677-682.
Uesaka, Y., & Manalo, E. (2008). Does the use of diagrams as communication tools result in their internalization as personal tools for problem solving? In B. C. Love, K. McRae, & V. M. Sloutsky (Eds.), *Proceedings of the 30th Annual Conference of the Cognitive Science Society.* Austin, TX: Cognitive Science Society. pp.1711-1716.
Uesaka, Y., & Manalo, E. (2011). The effects of peer communication with diagrams on students' math word problem solving processes and outcomes. In L. Carlson, C. Hoelscher & T. F. Shipley (Eds.), *Proceedings of the 33rd Annual Conference of the Cognitive Science Society.* Austin, TX: Cognitive Science Society. pp. 312-317.
Uesaka, Y., Manalo, E., & Ichikawa, S. (2007). What kinds of perceptions and daily learning behaviors promote students' use of diagrams in mathematics problem solving? *Learning and Instruction,* **17**, 322-335.
Uesaka, Y., Manalo, E., & Ichikawa, S. (2010). The effects of perception of efficacy and diagram construction skills on students' spontaneous use of diagrams when solving math word problems. In A. K. Goel, M. Jamnik & N. H. Narayanan(Eds.), *Diagrammatic Representation and Inference. Lecture Notes in Artificial Intelligence(LNAI).* Vol.6170. Berlin: Springer-Verlag. pp. 197-211.
植阪友理・瀬尾美紀子・市川伸一 (2006). 認知主義的・非認知主義的学習観尺度の作成　日本心理学会第70回大会発表論文集, 890.
植阪友理・篠ヶ谷圭太・田中瑛津子・鈴木雅之・市川伸一 (2009). 数学力コンポーネントを育成する学習法講座の試み――その2　図表利用と論理判断――　日本教育心理学会第51回大会発表論文集，657.
植阪友理・鈴木雅之・清河幸子・瀬尾美紀子・市川伸一 (投稿中). 構成要素型テストCOMPASSに見る数学的基礎学力の実態――「基礎基本は良好，活用に課題」は本当か？――
Vygotsky, L. S. (1978). *Mind in society: The development higher psychological processes.* Cambridge, MA: Harvard University Press.
Zimmerman, B. J., & Campillo, M. (2003). Motivating self-regulated problem solvers. In J. E. Davidson & R. J. Sternberg (Eds.), *The nature of problem solving.* Figure 8.1. New York: Cambridge University Press. P.239.

引用文献

■第9章

Ames, C., & Archer, J. (1988). Achievement goals in the classroom: Students' learning strategies and motivation processes. *Journal of Educational Psychology*, **80**, 260-267.

Clement, J. (1982). Students' preconceptions in introductory mechanics. *American Journal of Physics*, **50**, 66-71.

Costa, P. T., Jr., & McCrae, R. R. (1985). *The NEO personality inventory manual*. Odessa, FL: Psychological Assessment Resources.

diSessa, A. A. (1993). Toward an epistemology of physics. *Cognition and Instruction*, **10**, 105-225.

Duit, R. (1991). On the role of analogies and metaphors in learning science. *Science Education*, **75**, 649-672.

Eilam, B., Zeidner, M., & Aharon, I. (2009). Student conscientiousness, self-regulated learning, and science achievement: An explorative field study. *Psychology in the Schools*, **46**, 420-432.

Furio Mas, C. J., Perez, J. H., & Harris, H. H. (1987). Parallels between adolescents' conception of gases and the history of chemistry. *Journal of Chemical Education*, **64**, 616-618.

Ghatala, E. S., Levin, J. R., Pressley, M., & Lodico, M. G. (1985). Training cognitive strategy-monitoring in children. *American Educational Research Journal*, **22**, 199-215.

Goswami, U. (1996). Analogical reasoning and cognitive development. *Advances in Child Development and Behavior*, **26**, 91-138.

Greene, J. A., & Azevedo, R. (2009). A macro-level analysis of SRL processes and their relations to the acquisition of a sophisticated mental model of a complex system. *Contemporary Educational Psychology*, **34**, 18-29.

Hashweh, M. Z. (1986). Toward an explanation of conceptual change. *European Journal of Science Education*, **8**, 229-249.

Herrenkohl, L. R., Palincsar, A. S., DeWater, L. S., & Kawasaki, K. (1999). Developing scientific communities in classrooms: A sociocognitive approach. *The Journal of the Learning Sciences*, **8**, 451-493.

Hofer, B. K., Yu, S. L., & Pintrich, P. R. (1998). Teaching college students to be self-regulated learners. In D. H. Schunk & B. J. Zimmerman (Eds.), *Self-regulated learning: From teaching to self-regulative practice*. NY: The Guilford Press. pp.57-85. 塚野州一（編訳）（2007）．自己調整学習の実践　北大路書房

堀　哲夫 (2006)．一枚ポートフォリオ評価の理論　堀　哲夫（編著）一枚ポートフォリオ評価――中学校編――　日本標準　pp.8-19.

市川伸一 (1993)．認知カウンセリングとは何か　市川伸一（編著）学習を支える認知カウンセリング――心理学と教育の新たな接点――　ブレーン出版　pp.9-33.

市川伸一 (1995)．現代心理学入門3　学習と教育の心理学　岩波書店

板倉聖宣 (1997)．仮説実験授業のABC――楽しい授業への招待――第4版　仮説社

井山弘幸 (2002)．メタファーと科学的発見　言語, **81**, 38-39.

Johsua, S., & Dupin, J. J. (1987). Taking into account student conceptions in instructional strategy: An example in physics. *Cognition and instruction*, **4**, 117-135.

Kargbo, D. B., Hobbs, E. D., & Erickson, G. L. (1980). Childrens' belief about inherited characteristics. *Journal of Biological Education*, **14**, 137-146.

小林寛子 (2003)．理科教育における実験・観察活動の指導――「思考の方向づけと話し合いを取り入れた授業」の効果――　学校臨床研究, **2**, 109-113.

工藤与志文 (2005)．概念的知識の適用可能性に及ぼす知識操作水準の影響――平行四辺形求積公式の場合――　教育心理学研究, **53**, 405-413.

Lodewyk, K. R., Winne, P. H., & Jamieson-Noel, D. L. (2009). Implications of task structure on self-regulated learning and achievement. *Educational Psychology*, **29**, 1-25.

Luria, S. E. (1984). *A slot machine, a broken test tube: An autobiography*. NY: Harper and Row. 石館康平・石館三枝子（訳）（1991）．分子生物学への道　晶文社

麻柄啓一・進藤聡彦 (2011)．ルール命題の操作による問題解決の促進　教育心理学研究, **59**, 1-12.

益田裕充・森本信也 (2000). 子どものコミュニケーション活動に見るメタファーとしての科学的概念の深まり――中学生の分解概念理解を事例として―― 理科教育学研究, **41**, 21-29.
McCloskey, M., Washburn, A., & Felch. L. (1983). Intuitive physics: The straight-down belief and its origin. *Journal of Experimental Psychology: Learning, Memory, and Cognition*, **9**, 636-649.
Mochon, D., & Sloman, S. A. (2004). Causal models frame interpretation of mathematical equation. *Psychonomic Bulletin & Review*, **11**, 1099-1104.
小野寺淑行 (1994). 子どもの素朴概念に対する反証実験の有効性 千葉大学教育学部研究紀要, **42**, 299-310.
Pintrich, P. R., & De Groot, E. V. (1990). Motivational and self-regulated learning components of classroom academic performance. *Journal of Educational Psychology*, **82**, 33-40.
Schraw, G., Crippen, K. J., & Hartley, K. (2006). Promoting self-regulation in science education: Metacognition as part of a broader perspective on learning. *Research in Science Education*, **36**, 111-139.
進藤聡彦 (1995). 誤概念を明確化する先行課題が法則の修正に及ぼす効果 教育心理学研究, **43**, 266-276.
進藤聡彦 (1997). 問題解決における使用ルールの優先性 山梨大学教育学部研究報告, **47**, 156-164.
進藤聡彦 (1999). ru・ru̅間の接続・照合過程の抑制要因としてのru̅に関する不明確な認識 山梨大学教育人間科学部研究報告, **49**, 229-236.
進藤聡彦 (2002). 素朴理論の修正ストラテジー 風間書房
進藤聡彦 (2003). 自己制御的な認知方略が問題解決に及ぼす影響 日本心理学会第67回大会発表論文集, 890.
進藤聡彦・麻柄啓一 (1999). ルール適用の促進要因としてのルールの方向性と適用練習――経済学の「競争と価格のルール」の教授法に関する探索的研究―― 教育心理学研究, **47**, 462-470.
Stavy, R., & Tirosh, D. (2000). *How students (mis-)understand science and mathematics: Intuitive rules*. NY: Teachers College Press at Columbia University.
高垣マユミ・田爪宏二・松瀬 渡 (2007). 相互教授と概念変容教授を関連づけた学習環境の設定による概念変化の促進――溶解時の質量保存の事例的検討―― 教育心理学研究, **55**, 426-437.
植木理恵 (2002). 高校生の学習観の構造 教育心理学研究, **50**, 301-310.
Vosniadou, S., & Brewer, W. F. (1992). Mental models of the earth: A study of conceptual change in childhood. *Cognitive Psychology*, **24**, 535-585.
Zimmerman, B. J. (1998). Developing self-fulfilling cycles of academic regulation: An analysis of exemplary instructional models. In D. H. Schunk & B. J. Zimmerman(Eds.), *Self-regulated learning: From teaching to self-reflective practice*. NY: Guilford Press. pp.1-19. 塚野州一（編訳）(2007). 自己調整学習の実践 北大路書房
Zimmerman, B. J. (2001). Theories of self-regulated learning and academic achievement: An overview and analysis. In B. J. Zimmerman & D. H. Schunk(Eds.), *Self-regulated learning and academic achievement: Theoretical perspectives*. 2nd ed. NY: Routledge. pp.1-37. 塚野州一（編訳）(2006). 自己調整学習の理論 北大路書房
Zimmerman, B. J. (2004). Sociocultural influence and students' development of academic self-regulation: A socio-cultural perspective. In D. M. McInerney & S. Van Etten(Eds.), *Big theories revisited*. Greenwich: Information Age Publishing. pp.139-164.

■第10章

Abdullah, C. (2010). The effect of metacognitive strategy training on the listening performance of beginner students. *Online Submission, Novitas-ROYAL (Research on Youth and Language)*, **4**, 35-50.
Atkinson, J. W. (1957). Motivational determinants of risk-taking behavior. *Psychological Review*, **64**, 359-372.
Bandura, A. (1977). Self-efficacy: Toward a unifying theory of behavioral change. *Psychological Review*, **84**,

引用文献

191-215.
Benson, P. (2001).*Teaching and researching autonomy in language learning*. Harlow, England: Longman.
Cohen, A. D. (1990). *Language learning: Insights for learners, teachers, and researchers*. Boston: Heinle & Heinle.
Cohen, A. D. (1998). *Strategies in learning and using a second language*. London: Longman.
大学英語教育学会(JACET)学習ストラテジー研究会(編著) (2006). 英語教師のための「学習ストラテジー」ハンドブック 大修館書店
Dörnyei, Z. (1994). Understanding L2 motivation: On with the challenge! *The Modern Language Journal*, **78**, 515-523.
Dörnyei, Z. (2001). *Motivational strategies in the language classroom*. Cambridge, England: Cambridge University Press. 米山朝二・関 昭典(訳) (2005). 動機づけを高める英語指導ストラテジー 35 大修館書店
Dörnyei, Z. (2003). Attitudes, orientations, and motivations in language learning: Advances in theory, research, and applications. *Language Learning*, **53** supplement, 3-32.
Dörnyei, Z. (2005). *The psychology of the language learner: Individual differences in second language acquisition*. Mahwah, NJ: Lawrence Erlbaum Associates.
Gardner, R. (1985). *Social psychology and second-language learning: The role of attitudes and motivation*. London: Edward Arnold.
Gardner, R., & Lambert, W. (1972). *Attitudes and motivation in second language learning*. Rowley, MA: Newbury House.
堀野 緑・市川伸一 (1997). 高校生の英語学習における学習動機と学習方略 教育心理学研究, **45**, 140-147.
今井むつみ (1993). 外国語学習者の語彙学習における問題点――言葉の意味表象の見地から―― 教育心理学研究, **41**, 243-253.
磯田貴道 (2008). 授業への反応を通して捉える英語学習者の動機づけ 渓水社
伊藤崇達・神藤貴昭 (2003). 中学生用自己動機づけ方略尺度の作成 心理学研究, **74**, 209-217.
伊藤 崇・大和隆介 (2005). コミュニケーション活動と文法指導が融合したメタ認知的活動を伴う授業の実践とその効果に関する研究 岐阜大学教育学部研究報告教育実践研究, **7**, 181-197.
鹿毛雅治・並木 博 (1990). 児童の内発的動機づけと学習に及ぼす評価構造の効果 教育心理学研究, **38**, 36-45.
北尾倫彦 (1988). 学習意欲から自己教育力へ 児童心理, **42**, 14-21.
小泉令三・甲斐照章 (1992). 中学3年間の英語学習における学習態度・動機および能力自己評定の変化 福岡教育大学紀要, **41**, 297-307.
前田啓朗・田頭憲二・三浦宏昭 (2003). 高校生英語学習者の語彙学習方略使用と学習成果 教育心理学研究, **51**, 273-280.
麻柄啓一 (2010). 世界とよりよく交渉するための方法論 理科教室, **53**, 20-25.
松沼光泰 (2007). 学習内容の体系化と図作成方略が現在完了形の学習に及ぼす効果 教育心理学研究, **55**, 414-425.
松沼光泰 (2008). 学習者の不十分な知識を修正する教授方法に関する研究――等位接続詞andの学習をめぐって―― 教育心理学研究, **56**, 548-559.
松沼光泰 (2009). 受動態の学習における学習者の不十分な知識とその修正 教育心理学研究, **57**, 454-465.
水品江里子・麻柄啓一 (2007). 英文の主語把握の誤りとその修正――日本語「～は」による干渉―― 教育心理学研究, **55**, 573-583.
村野井仁 (2006). 第二言語習得研究から見た効果的な英語学習法・指導法 大修館書店
西林克彦 (1994). 間違いだらけの学習論――なぜ勉強が身につかないか―― 新曜社
西林克彦 (1997).「わかる」のしくみ――「わかったつもり」からの脱出―― 新曜社
野﨑秀正 (2003). 生徒の達成目標志向性とコンピテンスの認知が学業的援助要請に及ぼす影響――抑

制態度を媒介としたプロセスの検証―― 教育心理学研究, **51**, 141-153.
岡田いずみ (2007). 学習方略の教授と学習意欲――高校生を対象にした英単語学習において―― 教育心理学研究, **55**, 287-299.
岡田いずみ (2010). 英文和訳における学習者のつまずきとその修正――Listen to him.を訳せるか―― 教授学習心理学研究, **6**, 75-87.
岡田いずみ・麻柄啓一 (2007). 英語における一人称・二人称の不十分な理解とその修正　読書科学, **50**, 83-93.
O'Malley, J. M., & Chamot, A. U. (1990). *Learning strategies in second language acquisition*. Cambridge: Cambridge University Press.
Oxford, R. L. (1990). *Language learning strategies: What every teacher should know*. Boston: Heinle & Heinle.
Pintrich, P. R., & De Groot, E. V. (1990). Motivational and self-regulated learning components of classroom academic performance. *Journal of Educational Psychology*, **82**, 33-40.
Pokay, P., & Blumenfeld, P. C. (1990). Predicting achievement early and late in the semester: The role of motivation and use of learning strategies. *Journal of Educational Psychology*, **82**, 41-50.
Rubin, J. (1975). What the "good language learner" can teach us. *TESOL Quarterly*, **9**, 41-51.
Schunk, D. H., & Zimmerman, B. J.(Eds.). (1994). *Self-regulation of learning and performance*. Hillsdale, NJ: Lawrence Erlbaum Associates.
Schunk, D. H., & Zimmerman, B. J.(Eds.). (1998). *Self-regulated learning: From teaching to self-reflective practice*. NY: The Guilford Press.　塚野州一（編訳）(2007). 自己調整学習の実践　北大路書房
神藤貴昭 (1998). 中学生の学業ストレッサーと対処方略がストレス反応および自己成長感・学習意欲に与える影響　教育心理学研究, **46**, 442-451.
Tseng, W. T., Dörnyei, Z., & Schmitt, N. (2006). A new approach to assessing strategic learning: The case of self-regulation in vocabulary acquisition. *Applied Linguistics*, **27**, 78-102.
植木理恵 (2004). 自己モニタリング方略の定着にはどのような指導が必要か――学習観と方略知識に着目して　教育心理学研究, **52**, 277-286.
Vann, R. J., & Abraham, R. G. (1990). Strategies of unsuccessful language learners. *TESOL Quartery*, **24**, 177-198.
山森光陽 (2004). 中学1年生の4月における英語学習に対する意欲はどこまで持続するのか　教育心理学研究, **52**, 71-82.
山岡俊比古 (1997). 第2言語習得研究　桐原書店
矢頭典枝 (2008). カナダの公用語政策――バイリンガル連邦公務員の言語選択を中心として―― リーベル出版
Zimmerman, B. J., & Martinez-Pons, M. (1990). Student differences in self-regulated learning: Relating grade, sex, and giftedness to self-efficacy and strategy use. *Journal of Educational Psychology*, **82**, 51-59.

■ 第11章

Block, E. (1992). See how they read: Comprehension monitoring of L1 and L2 readers. *TESOL Quarterly*, **26**, 319-343.
房　賢嬉 (2010). 日本語教育韓国人中級日本語学習者を対象とした発音協働学習の試み――発音ピア・モニタリング活動の可能性と課題――　日本語教育, **144**, 157-168.
Bruer, J. T. (1993). *Schools for thought: A science of learning in the classroom*. Cambridge, MA: MIT Press.
Carrell, P. L. (1989). Metacognitive awareness and second language reading. *Modern Language Journal*, **73**, 121-134.
Carrell, P. L. (1991). Second language reading: Reading ability or language proficiency. *Applied Linguistics*, **12**, 159-179.
Carson, G. J., & Nelson, L.G. (1996). Chinese students' perception of ESL peer response group interaction.

引用文献

Journal of Second Language Writing, **5**, 1-20.
Casanave, C. P. (1988). Comprehension monitoring in ESL reading: A neglected essential. *TESOL Quarterly*, **22**, 283-302.
Davis, J. N., & Bistodeau, L. (1993). How do L1 and L2 reading differ?: Evidence from think aloud protocols. *Modern Language Journal*, **77**, 459-472.
Gavelek, J. R., & Raphael, T. E. (1985). Metacognition, instruction, and the role of questioning activities. In D. L. Forrest, G. E. MacKinnon & T. G. Waller(Eds.), *Metacognition, cognition, and human performance*. Vol. 2 (Instructional practices). NY: Academic Press. pp.103-136.
Gourgey, A. F. (1998). Metacognition in basic skills instruction. *Instructional Science*, **26**, 81-96.
Hacker, D. J. (1998). Self-regulated comprehension during normal reading. In D. J. Hacker, J. Dunlosky & A. C. Graesser(Eds.), *Metacognition in educational theory and practice*. Mahwah, NJ: Lawrence Erlbaum Associates. pp.165-191.
Hall, M. (1996). Some aspects of students' behavior when reading in Japanese. *Japanese-Language Education around the Globe*, **6**, 159-167.
Hirano, K. (1998). Japanese students' metacognitive awareness and EFL reading (recall): Comparisons among high school, undergraduate, and graduate students. *JACET Bulletin*, **29**, 33-50.
Hopkins, N. M., & Mackay, R. (1997). Good and bad readers: A look at the high and low achievers in an ESP Canadian studies reading and writing course. *Canadian Modern Language Review*, **53**, 473-490.
市嶋典子 (2009). 相互自己評価活動に対する学習者の認識と学びのプロセス　日本語教育, **142**, 134-144.
池田玲子 (2000). アジア系学習者に対するピア・レスポンスについての考察　拓殖大学日本語紀要, **10**, 47-55.
Ikeno, O. (1996). The effects of text-structure-guiding questions on comprehension of texts with varying linguistic difficulties. *JACET Bulletin*, **27**, 51-68.
金城尚美・池田伸子 (1996). 物語文理解における挿入質問の効果に関する実験的研究——ハイパーメディア教材開発のための基礎研究——　世界の日本語教育, **6**, 1-12.
木下直子・戸田貴子 (2005). 発音が上手になる学習者の特徴——学習開始年齢と到着年齢を中心に——　早稲田大学日本語教育研究, **7**, 153-163.
衣川隆夫 (2006). 口頭発表技能の到達目標と学習計画の意識化を目的としたアカデミック日本語クラス　日本語教育方法研究会誌, **13**, 44-45.
衣川隆夫 (2010). モニタリングの基準の意識化を促進させるための協働学習のあり方　日本語教育方法研究会誌, **17**, 36-37.
衣川隆夫・黄　美慶・金原奈穂 (2004). 評価基準の内在化を目標とした口頭発表技能養成の授業　日本語教育方法研究会誌, **11**, 10-11.
Lee, J., & Schallert, D. L. (1997). The relative contribution of L2 language proficiency and L1 reading ability to L2 reading performance: A test of the threshold hypothesis in an EFL context. *TESOL Quarterly*, **31**, 713-739.
Long, M. H. (1990). Maturational constraints on language development. *Studies in Second Language Acquisition*, **12**, 251-285.
Mangelsdorf, K. (1992). Peer reviews in the ESL composition classroom. *ELT Journal*, **46**, 274-284.
Morimoto, T. (1994). The effects of reading strategy and reciprocal peer tutoring on intermediate Japanese reading comprehension. *Japanese-Language Education around the Globe*, **4**, 75-44.
村田晶子 (2004). 発表訓練における上級学習者の内省とピアフィードバックの分析——学習者同士のビデオ観察を通じて——　日本語教育, **120**, 63-72.
小河原義朗 (1997a). 発音矯正場面における学習者の発音と聴き取りの関係について　日本語教育, **92**, 83-94.
小河原義朗 (1997b). 外国人日本語学習者の発音学習における自己評価　教育心理学研究, **45**, 438-448.
小河原義朗 (2007). 発音指導場面における教師の役割——自己モニターの促進を目指した音声教育実

践を事例として―― 大学における日本語教育の構築と展開 大坪一夫教授古希記念論文集 ひつじ書房 pp.311-326.
小河原義朗 (2009). 音声教育のための授業研究――発音指導場面における教室談話の分析―― 日本語教育, **142**, 36-46.
Palincsar, A. S., & Brown, A. L. (1984). Reciprocal teaching of comprehension monitoring activities. *Cognition and Instruction*, **1**, 117-175.
Paris, S. D., & Winograd, P. (1990). How metacognition can promote academic learning and instruction. In B.F. Jones & L. Idol (Eds.), *Dimensions of thinking and cognitive instruction*. Hillsdale, NJ: Lawrence Erlbaum Associates. pp.15-51.
佐藤礼子 (2005). 日本語学習者の説明文理解に及ぼす質問作成・質問解答の効果 読書科学, **49**, 12-21.
佐藤礼子 (2010). 日本語学習者の協同的読解活動としての問題作りにおける発話事例の分析 留学生教育, **15**, 55-64.
Schunk, D. H., & Zimmerman, B. J. (1996). Modeling and self-efficacy influence on children's development of self-regulation. In K. Wentzel & J. Kuvonen (Eds.), *Social motivation: Understanding children's school adjustment*. New York: Cambridge University Press. pp.154-180.
砂川有里子・朱 桂栄 (2008). 学術的コミュニケーション能力の向上を目指すジグソー学習法の試み――中国の日本語専攻出身の大学院生を対象に―― 日本語教育, **138**, 92-101.
田中信之 (2005). 中国人学習者を対象としたピア・レスポンス――ビリーフ調査をもとに―― 日本語教育, **126**, 144-153.
舘岡洋子 (2000). 読解過程における学習者間の相互作用――ピア・リーディングの可能性をめぐって―― アメリカ・カナダ大学連合日本研究センター紀要, **23**, 25-50.
舘岡洋子 (2001). 読解過程における自問自答と問題解決方略 日本語教育, **111**, 66-75.
舘岡洋子 (2003). 読解授業における協働的学習 東海大学紀要留学生教育センター, **23**, 67-81.
舘岡洋子 (2005). ひとりで読むことからピア・リーディングへ――日本語学習者の読解過程と対話的協働学習―― 東海大学出版会
舘岡洋子 (2010). 多様な価値づけのせめぎあいの場としての教室――授業のあり方を語り合う授業と教師の実践研究―― 早稲田日本語教育学, **7**, 1-24.
朱 桂栄・砂川有里子 (2010). ジグソー学習法を活用した大学院授業における学生の意識変容について――活動間の有機的連携という観点から―― 日本語教育, **145**, 25-36,
Zimmerman, B. J. (1990). Self-regulated learning and academic achievement: An overview. *Educational Psychologist*, **25**, 3-17.

■ 第12章

Alexander, P. A., Dinsmore, D. L., Parkinson, M. M., & Winters, F. I. (2011). Self-regulated learning in academic domains. In B. J. Zimmerman & D. H. Schunk (Eds.), *Handbook of self-regulation of learning and performance*. New York: Routledge. pp.393-407.
Bandura, A. (1986). *Social foundations of thought and action: A social cognitive theory*. Englewood Cliffs, NJ: Prentice-Hall.
Bandura, A. (1997). *Self-efficacy: The exercise of control*. New York: Freeman.
Bandura, A., Ross, D., & Ross, S. A. (1963). A comparative test of the status envy, social power, and secondary reinforcement theory of identificatory learning. *Journal of Abnormal and Social Psychology*, **67**, 527-534.
Boekaerts, M. (2011). Emotions, emotion regulation, and self-regulation of learning. In B. J. Zimmerman & D. H. Schunk (Eds.), *Handbook of self-regulation of learning and performance*. New York: Routledge. pp.408-425.
Butler, D. L. (1998). A strategic content learning approach to promoting self-regulated learning by students with learning disabilities. In D. H. Schunk & B. J. Zimmerman (Eds.), *Self-regulated learning: From teaching*

引用文献

 to self-reflective practice. New York: The Guilford Press. pp.160-183. 塚野州一（訳）(2007). 学習障害をもつ学生の自己調整学習を促進する「内容の方略的学習」法 塚野州一（編訳） 自己調整学習の実践 北大路書房 pp.161-182.
- Butler, D. L. (2011). Investigating self-regulated learning using in-depth case studies. In B. J. Zimmerman & D. H. Schunk (Eds.), *Handbook of self-regulation of learning and performance.* New York: Routledge. pp.346-360.
- Collins, A., Brown, J. S., & Newman, S. E. (1989). Cognitive apprenticeship: Teaching the crafts of reading, writing, and mathematics. In L. B. Resnick (Ed.), *Knowing , learning, and instruction: Essays in honor of Robert Glaser.* Hillsdale, NJ: Lawrence Erlbaum Associates. pp.453-494.
- Covington, M. V. (1992). *Making the grade: A self-worth perspective on motivation and school reform.* New York: Cambridge University Press.
- Cranton, P. A. (1992). *Working with adult learners.* Toronto: Wall & Emerson. クラントン, P. A. 入江直子・豊田千代子・三輪健二（訳）(1999). おとなの学びを拓く——自己決定と意識変容をめざして——鳳書房
- Deci, E. L., Spiegel, N. H., Ryan, R. M., Koestner, R., & Kauffman, M. (1982). Effects of performance standards in teaching styles: Behavior of controlling teachers. *Journal of Educational Psychology,* 74, 852-859.
- Dowrick, P. W. (1983). Self-modelling. In P. W. Dowric & J. Biggs (Eds.), *Using video: Psychological and social applications.* London: Wiley. pp.105-124.
- Dowrick, P. W. (1991). *Practical guide to using video in the behavioral sciences.* New York: Wiley.
- Dweck, C. S., & Leggett, E. L. (1988). A social-cognitive approach to motivation and personality. *Psychological Review,* 95, 256-273.
- 藤田恵璽 (1982). オープン・フィールド・アプローチによる教育研究と実践（I）——プロジェクト研究の計画と展開—— 日本科学教育学会第6回年会論文集, 405-406.
- 藤田恵璽 (1985). 社会的学習と教育 祐宗省三・原野広太郎・柏木惠子・春木 豊（編） 社会的学習理論の新展開 金子書房 pp.187-198.
- 藤田恵璽 (1995). 藤田恵璽著作集1 学習評価と教育実践 金子書房
- Fujita, K., & Itoh, H. (1983). An open field approach to curriculum development: A three year longitudinal study of spontaneous learning activities of children at a marsh. *Research Bulletin, Curriculum Research & Development Center, Faculty of Education, Gifu University,* 3, 51-71.
- Hagen, A. S., & Weinstein, C. E. (1995). Achievement goals, self-regulated learning, and the role of classroom context. In P. R. Pintrich (Ed.), *Understanding self-regulated learning.* San Francisco: Jossey-Bass. pp.43-55.
- Hill, K., & Wigfield, A. (1984). Test anxiety: A major educational problem and what can be done about it. *Elementary school Journal,* 85, 105-126.
- Hofer, B. K., Yu, S. L., & Pintrich, P. R. (1998). Teaching college students to be self-regulated learning. In D. H. Schunk & B. J. Zimmerman (Eds.), *Self-regulated learning: From teaching to self-reflective practice.* New York: The Guilford Press. pp.57-85. 中谷素之（訳）(2007). 大学生が自己調整学習者になるための教授 塚野州一（編訳） 自己調整学習の実践 北大路書房 pp.59-87.
- 生田久美子 (2007).「わざ」から知る 戸田正直・東 洋・波多野誼余夫・長尾 真・佐伯 胖・大津由起雄・辻井潤一（編） コレクション認知科学6 東京大学出版会
- Itoh, H. (1982). Reciprocal interactions between natural, social and personal determinants in children's spontaneous learning activities at a marsh: A three year longitudinal study. Paper presented at Professor Bandura's Seminar on "Social learning theory", Gifu, Japan.
- 伊藤秀子 (1982a). 授業をとらえる新しい視点（一） 児童心理, 36, 1647-1671.
- 伊藤秀子 (1982b). 授業をとらえる新しい視点（二） 児童心理, 36, 1837-1859.
- 伊藤秀子 (1988). 個人情報をとらえる視点と方法 宇都宮敏男・坂元 昂（監修） 教育情報科学3 第一法規 pp.67-95.

引用文献

伊藤秀子 (1994). 学ぶことを測る——学習心理学—— 浅井邦二（編著） 心の測定法 実務教育出版 pp.109-129.

伊藤秀子 (1998, 2000, 2002, 2004, 2006, 2008).「学習・教授・評価法」ティーチング・ポートフォリオ（Ⅰ）－（Ⅵ）（未公刊）

伊藤秀子 (2001).「受け手」及び「送り手と受け手の相互作用」の分析 坂元 昂（監修） 文部科学省メディア教育開発センター（編） 教育メディア科学——メディア教育を科学する—— オーム社 pp. 91-103.

伊藤秀子 (2007). 人を育てる評価——理論と実践—— 第13回大学教育研究フォーラム発表論文集, 44-45.

Itoh, H. (2009). Self-modeling, self-efficacy, and evaluation in improving university education. *Book of Abstracts and Extended summaries, the 13th Biennial Conference of the European Association for Research on Learning and Instruction.* Amsterdam, the Netherlands.

Itoh, H. (2011). Promoting self-regulated learning in university education. *Book of Abstracts and Extended Summaries, the 14th Biennial Conference of the European Association for Research on Learning and Instruction.* Exeter, England, 880-881.

伊藤秀子・大塚雄作（編）(1999). ガイドブック大学授業の改善 有斐閣

Jourden, F. J. (1991). *The influence of feedback framing on the self-regulatory mechanisms governing complex decision-making* (Doctoral dissertation). Retrieved from Dissertation Abstracts International. (Order Number 9206798)

Karabenick, S. A., & Collins-Eaglin, J. (1995). College faculty as educational researchers: Discipline-focused studies of student motivation and self-regulated learning. In P. R. Pintrich (Ed.), *Understanding self-regulated learning.* San Francisco: Jossey-Bass. pp.71-85.

Kitsantas, A., & Kavussanu, M. (2011). Acquisition of sport knowledge and skill: The role of self-regulatory processes. In B. J. Zimmerman & D. H. Schunk (Eds.), *Handbook of self-regulation of learning and performance.* New York: Routledge. pp. 217-233.

Lan, W. Y. (1998). Teaching self-monitoring skills in statistics. In D. H. Schunk & B. J. Zimmerman (Eds.), *Self-regulated learning: From teaching to self-reflective practice.* New York: The Guilford Press. pp.86-105.
伊藤崇達（訳）(2007). 統計学における自己モニタリング・スキルの指導 塚野州一（編訳） 自己調整学習の実践 北大路書房 pp.89-107.

McPherson, G. E., & Renwick, J. M. (2011). Self-regulation and mastery of music skills. In B. J. Zimmerman & D. H. Schunk (Eds.), *Handbook of self-regulation of learning and performance.* New York: Routledge. pp.234-248.

溝上慎一・藤田哲也（編）(2005). 心理学者，大学教育への挑戦 ナカニシヤ出版

並木 博 (1997). 個性と教育環境の交互作用——教育心理学の課題—— 培風館

Nenniger, P. (2011). Autonomy in learning and instruction: Roots, frames, and concepts of a basic issue. In P. R. Martin, F. M. Cheung, M. C. Knowles, M. Kyrios, L. Littlefield, J. B. Overmier & J. M. Prieto (Eds.), *IAAP handbook of applied psychology.* West Sussex: Wiley-Blackwell. pp.162-184.

大塚雄作 (2005). 学習コミュニティ形成に向けての授業評価の課題 溝上慎一・藤田哲也（編） 心理学者，大学教育への挑戦 ナカニシヤ出版 pp.2-37.

大山泰宏 (2003). 大学教育評価論 京都大学高等教育研究開発推進センター（編） 大学教育学 培風館 pp.39-62.

Pintrich, P. R. (1995). Understanding self-regulated learning. In P. R. Pintrich (Ed.), *Understanding self-regulated learning.* San Francisco: Jossey-Bass. pp.3-12.

Pintrich, P. R., & Schunk, D. H. (1996). *Motivation in education: Theory, research and applications.* Englewood Cliffs, NJ: Merrill Prentice-Hall.

Pintrich, P. R., Smith, D. A. F., Garcia, T., & McKeachie, W. J. (1993). Predictive validity and reliability of the motivated strategies for learning questionnaire (MSLQ). *Educational and psychological measurement,* **53**, 801-813.

引用文献

Sawyer, R. K. (Ed.). (2006). *The Cambridge handbook of the learning sciences*. New York: Cambridge University Press. ソーヤー，R. K.（編）森　敏昭・秋田喜代美（監訳）(2009). 学習科学ハンドブック　培風館

Schunk, D. H. (1981). Modeling and attributional effects on children's achievement: A self-efficacy analysis. *Journal of Educational Psychology,* **73**, 93-105.

Schunk, D. H. (1998). Teaching elementary students to self-regulate practice of mathematical skills with modeling. In D. H. Schunk & B. J. Zimmerman (Eds.), *Self-regulated learning: From teaching to self-reflective practice*. New York: The Guilford Press. pp.137-159. 伊藤崇達（訳）(2007). 小学生を対象にしたモデリングによる数学スキルについての自己調整の指導　塚野州一（編訳）　自己調整学習の実践　北大路書房　pp.137-160.

Schunk, D. H. (2001). Social cognitive theory and self-regulated learning. In B. J. Zimmerman & D. H. Schunk (Eds.), *Self-regulated learning and achievement: Theoretical perspectives*. 2nd ed. Mahwah, NJ: Erlbaum. pp.119-144. 伊藤崇達（訳）(2006). 社会的認知理論と自己調整学習　塚野州一（編訳）　自己調整学習の理論　北大路書房　pp.119-147.

Schunk, D. H., & Zimmerman, B. J. (1997). Social origins of self-regulatory competence. *Educational Psychologist,* **32**, 195-208.

Schunk, D. H., & Zimmerman, B. J. (1998a). Conclusions and future directions for academic interventions. In D. H. Schunk & B. J. Zimmerman (Eds.), *Self-regulated learning: From teaching to self-reflective practice*. New York: The Guilford Press. pp.225-235. 塚野州一（訳）(2007). 結論と展望：学習への介入はどの方向をめざすべきか　塚野州一（編訳）　自己調整学習の実践　北大路書房　pp.227-237.

Schunk, D. H., & Zimmerman, B. J. (Eds.). (1998b). *Self-regulated learning: From teaching to self-reflective practice*. New York: Guilford Press. 塚野州一（編訳）　自己調整学習の実践　北大路書房

心理学教育研究会（編）（印刷中）．心理学教育の視点とスキル　ナカニシヤ出版

菅井勝雄 (1993). 教育工学――構成主義の「学習論」に出会う――　教育学研究, **60**, 237-247.

土持ゲーリー法一 (2007). ティーチング・ポートフォリオ――授業改善の秘訣――　東信堂

土持ゲーリー法一 (2009). ラーニング・ポートフォリオ――授業改善の秘訣――　東信堂

Weinstein, C. E., & Mayer, R. E. (1986). The teaching of learning strategies. In M. Wittrock (Ed.), *Handbook of research on teaching*. 3rd ed. New York: Macmillan. pp.315-327.

Zimmerman, B. J. (1989). A social cognitive view of self-regulated academic learning. *Journal of Educational Psychology,* **81**, 329-339.

Zimmerman, B. J. (1998). Developing self-fulfilling cycle of academic regulation: An analysis of exemplary instructional models In D. H. Schunk & B. J. Zimmerman (Eds.), *Self-regulated learning: From teaching to self-reflective practice*. New York: The Guilford Press. pp.1-19. 塚野州一（訳）(2007). 学習調整の自己成就サイクルを形成すること：典型的指導モデルの分析　塚野州一（編訳）　自己調整学習の実践　北大路書房　pp.1-19.

Zimmerman, B. J. (2001). Theories of self-regulated learning and academic achievement: An overview and analysis. In B. J. Zimmerman & D. H. Schunk (Eds.), *Self-regulated learning and academic achievement: Theoretical perspectives*. 2nd ed. Mahwah, NJ: Erlbaum. pp.1-36. 塚野州一（訳）(2006). 自己調整学習と学力の諸理論：概観と分析　塚野州一（編訳）　自己調整学習の理論　北大路書房　pp.1-36.

Zimmerman, B. J., & Bandura, A. (1994). Impact of self-regulatory influences on writing course achievement. *American Educational Research Journal,* **31**, 845-862.

Zimmerman, B. J., & Martinez-Pons, M. (1986). Development of a structured interview for assessing student use of self-regulated learning strategies. *American Educational Research Journal,* **23**, 614-628.

Zimmerman, B. J., & Moylan, A. R. (2009). Self-regulation: Where metacognition and motivation intersect. In D. J. Hacker, J. Dunlosky & A. C. Graesser (Eds.), *Handbook of metacognition in education*. New York: Routledge. pp. 299-314.

■ 第 13 章

Alexander, P. A., Murphy, P. K., Woods, B. S., Duhon, K. E., & Parker, D. (1997). College instruction and concomitant changes in students' knowledge, interest, and strategy use: A study of domain learning. *Contemporary Educational Psychology*, **22**, 125-146.

Ausubel, D. P. (1960). The use of advance organizers in the learning and retention of meaningful verbal material. *Journal of Educational Psychology*, **51**, 267-272.

Azevedo, R., Cromley, J. G., & Seibert, D. (2004). Does adaptive scaffolding facilitate students' ability to regulate their learning with hypermedia? *Contemporary Educational Psychology*, **29**, 344-370.

Belfiore, P. J., & Hornyak, R. S. (2007). Operant theory and application to monitoring. In D. H. Schunk & B. J. Zimmerman (Eds.), *Self-regulated learning: From teaching to self-reflective practice*. pp.184-203.

Callahan, K., Rademacher, J. A., & Hildreth, B. L. (1998). The effect of parent participation in strategies to improve the homework preference of students who are at risk. *Remedial and Special Education*, **19**, 131-141.

Donnelly, R. (2008). Lecturers' self-perception of change in their teaching approaches: Reflections on a qualitative study. *Educational Research*, **50**, 207-222.

Elliot, A. J., McGregor, H. A., & Gable, S. (1999). Achievement goals, study strategies, and exam performance: A mediational analysis. *Journal of Educational Psychology*, **91**, 549-563.

堀野　緑・市川伸一 (1997). 高校生の英語学習における学習動機と学習方略　教育心理学研究, **45**, 140-147.

市川伸一 (2008).「教えて考えさせる授業」を創る——基礎基本の定着・深化・活用を促す「習得型」授業設計——　図書文化

Johnston, P., Woodside-Jiron, H., & Day, J. (2001). Teaching and learning literate epistemologies. *Journal of Educational Psychology*, **93**, 223-233.

Kang, N. H. (2008). Learning to teach science: Personal epistemologies, teaching goals, and practices of teaching. *Teaching and Teacher Education*, **24**, 478-498.

Kiewra, K. A., Benton, S. L., Kim, S., Risch, N., & Christensen, M. (1995). Effects of note-taking format and study technique on recall and relational performance. *Contemporary Educational Psychology*, **20**, 172-187.

Kiewra, K. A., DuBois, N. F., Christian, D., McShane, A., Meyerhoffer, M., & Roskelley, D. (1991). Note-taking functions and techniques. *Journal of Educational Psychology*, **83**, 240-245.

国立教育政策研究所 (2009). 平成21年度全国学力・学習状況調査結果のポイント 2009年12月〈http://www.nier.go.jp/09chousakekkahoukoku/〉（2011年12月19日）

Kolic-Vehovec, S., Roncevic, B., & Bajsanski, I. (2008). Motivational components of self-regulated learning and reading strategy use in university students: The role of goal orientation patterns. *Learning and Individual Differences*, **18**, 108-113.

河野義章 (1997).中学生の英語の予習復習の学習スキル　東京学芸大学紀要　第1部門, **48**, 173-182.

Maggioni, L., & Parkinson, M. M. (2008). The role of teacher epistemic cognition, epistemic beliefs, and calibration in instruction. *Educational Psychology Review*, **20**, 445-461.

Mannes, S. (1994). Strategic processing of text. *Journal of Educational Psychology*, **86**, 577-588.

McElvany, N., & Artelt, C. (2009). Systematic reading training in the family: Development, implementation, and initial evaluation of the Berlin Parent-Child Reading Program. *Learning and Instruction*, **19**, 79-95.

耳塚寛明 (2007). 学習時間の回復——豊かな学びにどうつなげるか——　ベネッセコーポレーション, VIEW21, Vol.3, 1月号, 6-9.

文部科学省 (2008). 中学校学習指導要領解説　総則編　文部科学省

Moos, D. C., & Azevedo, R. (2008a). Monitoring, planning, and self-efficacy during learning with hypermedia: The impact of conceptual scaffolds. *Computers in Human Behavior*, **24**, 1686-1706.

Moos, D. C., & Azevedo, R. (2008b). Self-regulated learning with hypermedia: The role of prior domain knowledge. *Contemporary Educational Psychology*, **33**, 270-298.

引用文献

村山　航 (2003). テスト形式が学習方略に与える影響　教育心理学研究, **51**, 1-12.

Pintrich, P. R., & De Groot, E. V. (1990). Motivational and self-regulated learning components of classroom academic performance. *Journal of Educational Psychology*, **82**, 33-40.

Rickards, J. P., & McCormick, C. B. (1988). Effect of interspersed conceptual prequestions on note-taking in listening comprehension. *Journal of Educational Psychology*, **80**, 592-594.

佐藤　純 (1998). 学習方略の有効性の認知・コストの認知・好みが学習方略の使用に与える影響　教育心理学研究, **46**, 367-376.

Schunk, D. H., & Zimmerman, B. J. (1997). Social origins of self-regulatory competence. *Educational Psychologist*, **32**, 195-208.

瀬尾美紀子・篠ヶ谷圭太・鈴木淳也・市川伸一 (2007). 小・中学校教師の算数・数学学習方略に対する認知――方略の有効性，指導状況，生徒の方略使用の関係――　日本心理学会第71回大会発表論文集, 878.

篠ヶ谷圭太 (2008). 予習が授業理解に与える影響とそのプロセスの検討――学習観の個人差に注目して――　教育心理学研究, **56**, 256-267.

篠ヶ谷圭太 (2010). 高校英語における予習方略と授業内方略の関係――パス解析によるモデルの構築――　教育心理学研究, **58**, 452-463.

篠ヶ谷圭太 (印刷中). 学習方略研究の展開と展望――学習フェイズの関連づけの視点から――　教育心理学研究, **60**.

Stoeger, H., & Ziegler, A. (2011). Self-regulatory training through elementary-school students' homework completion. In B. J. Zimmerman & D. Schunk (Eds.), *Handbook of self-regulation of learning and performance*. New York: Routledge. pp.87-101.

田中博之・木原俊行・大野裕己 (2009). 授業と家庭学習のリンクが子どもの学力を伸ばす――家庭学習充実に向けての学校・教師・保護者の連携を目指して――　Benesse 教育研究開発センター

辰野千壽 (1997). 学習方略の心理学――賢い学習者の育て方――　図書文化

Titsworth, B. S., & Kiewra, K. A. (2004). Spoken organizational lecture cues and student notetaking as facilitators of student learning. *Contemporary Educational Psychology*, **29**, 447-461.

Vansteenkiste, M., Simons, J., Lens, W., Sheldon, K. M., & Deci, E. L. (2004). Motivating learning, performance, and persistence: The synergistic effects of intrinsic goal contents and autonomy-supportive contexts. *Journal of Personality and Social Psychology*, **87**, 246-260.

Weinberger, J. (1996). A longitudinal study of children's early literacy experiences at home and later literacy development at home and school. *Journal of Research in Reading*, **19**, 14-24.

Wood, C. (2002). Parent-child pre-school activities can affect the development of literacy skills. *Journal of Research in Reading*, **25**, 241-258.

事項索引

◆ あ

REALアプローチ　181
アイデンティティ　23, 24, 29
飽きのコントロール　207
アジア文化　129
足場づくり（scaffolding）　233
新しい構成主義　24, 29
アナロジー　192
アメリカ文化　121
暗記・反復方略　49
暗記方略　51

◆ い

イーミック　127, 131
イーミック研究　128
異国文化　117, 121
依存的援助要請　95, 109, 111, 213
1次的コントロール　125
一族の恥　119
1枚ポートフォリオ　191
一般事例群　197
一般的な自己調整学習　201
一般的な知識　220
一般的な認知（理解・想起）方略　49, 50, 183
一般方略　16
意味明確化　139
意味理解志向　168, 279
意味理解方略　49, 50
イメージ化　16, 19
イメージ化方略　48, 206
印象　132

◆ う

受け身型　238
運動再生　74

◆ え

英語の誤り　216
エティック　127, 131
エティック研究　128
援助提供　79
援助要請　16, 45, 79, 212

援助要請に対する脅威の認知　99
援助要請の回避　99, 100
援助要請の生起　100

◆ お

オープン・フィールド・アプローチ　258
憶測方略　49
「驚き」型　186
怯え　119

◆ か

階級文化　117
外国語学習　203
外挿事例群　197
階層線型モデル　106
外挿操作群　197
外挿法　197
外的調整　76, 90
概念説明課題　162
概念地図　145
概念判断課題　162
外発的調整方略　46
外発的動機づけ　76
科学的ルール　194
鍵的知識　221
学業的援助要請　79, 86, 91, 93, 95, 114, 213
学業的援助要請プロセス・モデル　108
書くことを通して学ぶ　148
拡散学習方略　51
学習科学　242
学習観　102, 111, 168, 169, 202, 236
学習管理　207
学習機会　79
学習習慣　150
学習習慣確立支援　273
学習スキル　117
学習スタイル　236
学習ストラテジー　32
学習性無力感　76
学習内容　207
学習法講座　176
学習方略　32, 43, 160, 206, 208

317

事項索引

学習方略の転移　181
学力　60
仮説実験授業　190
仮想的教示　113, 191
課題×個人レベル　41
課題興味　15
課題構造　87
課題特有方略　50
課題の条件　37
課題の定義　37
課題の定義づけ　39
課題の表象　41, 43
課題分析　14
課題方略　16
価値　15, 208
学校社会適応支援　273
学校での学習　274
家庭学習　167, 268, 269, 274
家庭学習の基本的指導　269
家庭学習力　269, 274
感覚　34
環境構成　16, 43, 45
環境コントロール　207
環境重視志向　169
関係性への欲求　77
関係づけ方略　49
観察的レベル　75
関心の喚起　16
間接的支援　79
間接方略　47, 206

◆き

記憶　139
記憶方略　47
基準　38, 57
期待　208
気づき　33
客体としての自己　23
既有知識　138
既有知識活用　139
教科横断的な方略　52
教訓帰納　113
教示した上でのトレーニング　174
教師主導型指導　106, 112
教師のサポート態度　107

教師の指導スタイル　105, 107, 112
教師の自律性支援　83
教師への援助要請　98
協同学習　230, 233
共分散構造方程式モデル　102
興味　65, 143
興味研究　65
記録の見直し　43
記録をとること　43

◆く

クリティカル・リーディング　154
クローズド・キャプション　133

◆け

計画　34, 85
ケース・スタディ・デザイン　263
結果期待　60
結果重視志向　168
結果の自己調整　16
結果予期　11, 15
権威構造　87
原因帰属　17, 56
言語運用能力　227
現象学的原理　184

◆こ

構成主義　21, 242
構造化　85
構造注目　139
行動　31, 34
行動過程　4
高等教育　154
行動後段階　204
行動コントロール　5, 28
行動前段階　204
行動段階　204
効力期待　60
コーピング・スキル　127
コーピング・モデル　146, 248
誤概念　220
国語科に関する学習方略　49
黒人文化　121
個人　116, 122
個人主義　115, 119

個人的興味　　65
個人的利益　　25
個人と環境の融合　　123
個人の主体性　　243
個人レベル　　41
コスト感　　104
コストの認知　　277
個性記述的方法　　260
固定的知能観　　68, 69
固定理論　　11
誤答分析　　215
個別知識　　220
コマ　　78
コミットメント・コントロール　　207
誤ルール　　185, 188, 194
コントロール　　34, 35, 139, 243

◆さ
再生理解　　231
再認理解　　231
作文の認知過程　　144, 152
指し手　　78
産物　　38, 39, 57

◆し
ジェンダー差　　120
ジェンダー文化　　117
時間管理　　16, 45
ジグソー学習法　　238
思考過程重視志向　　168
自己概念　　208
事後学習フェイズ　　278, 284
自己観察　　4, 16, 43, 74
自己管理スキル　　272
自己記録　　16
自己決定理論　　76, 77, 78
自己効力　　10, 15, 28, 244, 245, 254, 262
自己効力感　　31, 32, 56, 60, 61, 118, 119, 121
自己効力信念　　4, 9
自己実験　　226
自己指導　　16, 19, 21
自己診断　　113
自己制御　　12
自己調整　　12, 28, 31, 43, 45
自己調整学習　　6, 31, 32, 85

自己調整学習の4段階モデル　　36
自己調整学習の構成要素　　32
自己調整学習の総合モデル　　38
自己調整学習のメタ認知・感情モデル　　41
自己調整学習のモデル　　34
自己調整学習方略　　12, 28, 32, 43, 80, 120, 251, 258
自己調整学習方略のカテゴリー　　43, 44
自己調整学習理論の哲学的基礎　　26
自己調整学習理論への批判　　21
自己調整型の読み　　230
自己調整過程　　18
自己調整ができる学習者　　161, 167
自己調整啓発プログラム　　157
自己調整されたレベル　　75
自己調整促進プログラム　　67
自己調整(の)方略　　124, 247
自己訂正方略　　174
自己動機づけ　　15
自己動機づけ方略　　46, 82, 209
自己内省　　76
自己内省段階　　13, 17, 20, 28, 55, 56, 256
自己判断　　4, 17, 74
自己反応　　4, 17, 74
自己評価　　17, 43, 78, 234, 249, 256
自己満足　　17
自己モデリング　　248, 252, 254
自己モニタリング　　229, 246
自己モニタリング技能　　225
自己モニタリング・スキル　　228, 246
自己モニタリング方略　　48, 228
自己を育てる評価　　250
自主提出プリント　　210
自主的・協同的な研究態度　　238
事前学習フェイズ　　278, 283
自然観察法　　260
実効的援助要請　　95
実行動機づけ　　205
失敗活用志向　　169
質問　　94, 230
質問行動　　93, 94
質問生成　　139
字幕テロップ　　133
社会・情意方略　　206
社会的構成主義　　149, 174, 242

社会的効力感　91
社会的サポート　256
社会的支援の要請　43, 79
社会的自己調整　89
社会的スキル　89
社会的認知モデル　28, 74, 241
社会的認知理論　12, 29, 60, 265
社会的方略　46, 48, 49, 83, 209
宗教文化　117, 121
修正　34
修正スキーマ　146
集団主義　115, 119
縦断的研究法　260
集団の利益　25
習得サイクル　275
習得志向　199
習得目標　15, 68, 100, 101, 277
習得目標志向　18, 244, 245
授業学習方略　50
熟達目標　62
熟達者思考プロセス提示法　219
熟達接近目標　62
熟達モデル　80
主体としての自己　23
循環的対話モデル　27, 29
循環的段階　13
循環的段階モデル　13, 28
循環モデル　256, 262
情意方略　48
状況的興味　65
条件　38, 57
上達した学習者　18
情動コントロール　207
情動論　65
情報収集　43
情報処理モデル　57
情報のリハーサル　246
初等教育（前期・後期）　150, 151
初歩の学習者　18
自律した学習者　207
自律性支援　83, 85, 86
自律性への欲求　77
自律的援助要請　95, 110, 111, 213
自律的学習者　67
自律的動機づけ　8

知るものとしての自己　23
人種文化　117
診断的質問　113

◆す
遂行　43
遂行志向　199
遂行段階　13, 16, 28, 55, 56, 75, 256
遂行目標　15, 62, 68, 99, 101, 277
遂行目標志向　18, 245
推論方略　49
スキャフォルディング（足場かけ：scaffolding）
　　248, 261
図式的説明　113
ステレオタイプ　25, 120
図表の自発的な作成・利用　165, 170

◆せ
生活習慣確立支援　273
制止／脱制止　75
精神的降伏　132
精神物理的二元論　26
精緻化　45, 85, 246
精緻化方略　49, 281, 283
整理方略　46, 83, 209
世代文化　117
積極的情動中心対処　209
セルフ・コントロールされたレベル　75
セルフ・ハンディキャッピング　19
セルフ・ハンディキャッピング方略　247
セルフ・モニタリング　16, 20, 126
前概念　184
先行オーガナイザー　167, 279
選択的動機づけ　204

◆そ
相互学習　79
相互教授法　153, 232
相互決定論モデル　260
相互作用　9, 28, 79
相互作用論　74
相互説明　153
相互対話型指導　106
相互評価　234
相互フィードバック　234

操作　38, 57
想像方略　46, 83, 209
創造モデリング　247, 257, 265
増大的知能観　68, 69
増大理論　11
組織化　246

◆た
大学教育における自己調整学習　243
大学生の認知発達　241
対教師援助要請　97
対象としての自己　23
対照分析　215
対処モデル　80
対人指導　21
体制化　45, 85
体制化と変換　43
体制化方略　48, 49, 206, 210, 281, 284
第二言語　203, 225
第二言語学習　226
第二言語習熟度　226
第二言語の読解力　226
代入・対応操作　194
対友人援助要請　97
他者の学習行動　75
他者の役割　75
達成成果　62
達成フィードバック　250
達成目標　62, 68
達成目標研究　62
達成目標への介入研究　68
多文化間学習環境　236
多様なモデリング　247, 257, 265
単一モデリング　247
短期間目標　14
短期的目標　63
単独認知　24

◆ち
地域・地区文化　117
知識語り　145
知識構成　145
知識操作　193, 194, 200
知能観　168
注意　74

注意集中方略　49
中間言語　216
中等教育　153
長期間目標　14
長期的目標　64
調整　45
直接方略　47, 206
直落下信念　184
直感ルール　184

◆つ
つまずき明確化方略　100, 109, 110

◆て
ティーチング・ポートフォリオ　243
提題　218
適応的援助要請　95
適応的学習モデル　58
適応的決定　17
適性　36
適性処遇交互作用　263
デザイン原則　175
テスト学習方略　50
テスト観　168
テスト形式　279
テスト方略　245
転移　268

◆と
同一化的調整　77, 91
動機づけ　5, 28, 31, 55, 56, 75, 208
動機づけ介入研究　67
動機づけ的側面の自己調整学習方略　45
動機づけと感情　34
動機づけに関する振り返り　205
動機づけの機能　57
動機づけの発達　61
動機づけの般化　52
動機づけのプロセス・モデル　204
動機づけ方略　247
道具的援助要請　95
統合的調整　77
統合的動機づけ　204
統制　83
独習型　238

事項索引

特別な方略　205
読解　140
読解過程　138, 230
読解観　143, 151
読解・作文観　150
読解スキル　271
読解についての信念　143
読解方略　138, 226
トップ・ダウン　138
トップダウンの自己調整　41
取り入れ的調整　77, 91
努力管理　183
努力調整　45
努力調整方略　45, 50

◆な
内化　226
内在化　77
内省　229
内発的調整方略　46
内発的動機づけ　76, 91, 100, 210
内発的評価　44
内面化　12
内容関与動機　277
内容分離動機　277
内容方略　46, 83, 209
内容理解因子　139
仲間学習　79
仲間を介した自己調整学習　78
ながら方略　83, 209

◆に
2×2の達成目標モデル　62
二元論　27, 28, 29
二元論モデル　27
2次的コントロール　125
日本語教育　225
日本文化　130, 131
認識論的信念　38
認知　4, 5, 28, 34
認知カウンセリング　113, 157, 166, 169, 191
認知行動過程　4
認知行動的理論　5
認知主義的学習観　169
認知状況論　204

認知的条件　37
認知的処理　41, 43
認知的方略　45, 85, 183
認知的方略使用　45
認知プロセス　207
認知方略　4, 47, 206, 246
認知論　60, 61

◆は
発達過程　5, 28
反省　131
反復方略　48, 206

◆ひ
ピア・フィードバック　234
ピア・モデリング（モデル）　80, 247, 257
ピア・モニタリング　229
ピア・ラーニング　45
ピア・リーディング　232
ピア・レスポンス活動　237
必要性の吟味　97
非適応的援助要請　95
非動機づけ　76
人を育てる評価　250
非認知主義的学習観　169
批判的思考　45
批判的読解　139
批判的な読み　233
ヒューリスティック　160
比喩の説明　113
評価　34, 38, 57
評価構造　87
表面レベル（浅い処理）方略　49

◆ふ
ファカルティ・ディベロップメント　243, 264
フェイズ関連型　276, 279
フェイズ関連づけモデル　275, 276, 286
フェイズ特定型　276, 277
フェイズ不特定型　276
深い処理方略　49
復習　278
復習・まとめ方略　49
負担軽減方略　46, 83, 209

プランニング　45, 145, 152
プロセス志向　204
文化アイデンティティの複雑性　120
文化心理学　116
文化人類学的心理学　116
文化的コンテクスト　115, 124, 127, 128
文章産出の方略　154
文章理解　230
文脈　34

◆ ほ
防衛的決定　17
方策　36
方策と方略の実行　37
報酬方略　46, 83, 209
方略　36, 138
方略カテゴリー　139
方略計画　14
方略志向　168, 202
方略・失敗活用志向　102, 112
方略指導　271
方略の転移　52
方略の般化　35
母語　203, 226
母語での読解力　226
母語の読解力　226
保持　74
補償方略　47
ボトム・アップ　138, 231, 232
ボトムアップの自己調整　41
ホムンクルスの誤謬問題　22
本学習フェイズ　278, 283

◆ ま
マイクロアナリティック・アプローチ　52, 53
マクロ・サイクル　171
マクロな次元の自己調整プロセス　53
マクロ・プロセス　176
マクロ理解方略　51
マクロ・レベルの学習サイクル　158, 166
マスタリー・モデル　248
学び方の学習　246
丸暗記・結果重視志向　102, 112
丸暗記志向　168

満足の遅延　5

◆ み
ミクロ・サイクル　171
ミクロ・プロセス　176
ミクロ理解方略　51
ミクロ・レベルの学習サイクル　158

◆ め
メタ認知　4, 5, 28, 31, 32, 140, 142, 183, 206, 231, 247
メタ認知コントロール　207
メタ認知的活動　33, 110, 142
メタ認知的経験　33, 43
メタ認知的コントロール　34
メタ認知的スキル　100, 102, 109
メタ認知的知識　33, 142
メタ認知的方略　45, 50, 85
メタ認知的モニタリング　16, 33, 185, 190, 191
メタ認知の適応　37
メタ認知のプロセス志向モデル　35
メタ認知プロセス　34
メタ認知方略　47, 49, 206
メタファー　192
メタ分析　70
めりはり方略　46, 83, 209

◆ も
目標　37, 39, 61, 243
目標言語　203, 227
目標志向　15
目標設定　14, 15, 34, 62, 78, 229, 245
目標設定とプランニング　37
目標の「具体性」　63
目標の「接近性」　63
目標への関与　32
目標理論　35
モデリング　8, 11, 28, 244, 247
モデリング志向性　82
モデリング志向性尺度　82
モニタリング　34, 43, 45, 85, 153, 188, 214, 219
モニタリングの基準　235
モニタリング方略　48, 272, 280

事項索引

模倣的レベル　75
問題解決型の協同学習　190
問題解決行動　96
問題解決的対処　209
問題解決方略　160
問題スキーマ　160, 163

◆ゆ
有効性の認知　177, 271, 277
友人関係に対する動機づけ　90
友人への援助要請　98
誘導による熟達　249, 261
有能さへの欲求　77

◆よ
要請回避　213
要請内容　97
要点把握　139
要点把握方略　50
予見　34
予見段階　13, 18, 28, 55, 56, 256
予見の段階　75
予習　167, 278
予習の効果　279
予測　34
読み上げ　151

◆ら
ラーニング・ポートフォリオ　243

◆り
理解深化因子　139
理解のモニタリング　231
理解補償因子　139
リソース管理方略　45
リハーサル　45
リハーサルと記憶　43
リハーサル方略　49
リフレクション　132
領域固有的な認知方略　192
領域固有な自己調整学習　201
領域固有の認知方略　183
理論チャート　192
理論の理論　23
臨界期　228

◆れ
「冷静」型　186
練習量志向　168

◆わ
word caller　143
わかったつもり　214, 216

◆アルファベット
COMPASS　112, 161, 162, 169, 171, 176
COPES（Conditions, Operations, Products, Evaluations, Stadards）　38, 57
CTGV　175
eラーニングサイト　51
event　52
how理論　7
ICT　51
IDEAL　173
LASSI（learning and study strategies inventory）　47, 201
MASRLモデル　41
Metacognition and Learnig　33
MSLQ（motivated strategies for learning questionnaire）　44, 50, 51, 58, 79, 183, 247
PsycINFO　58
SILL（strategy inventory for language learning）　206
SRCvoc（self-regulating capacity in vocabulary learning scale）　207
SREP　67
SRSD　146, 147
The Jasper project　175
what理論　7
why理論　7

人名索引

◆ A
Afflerbach, P. 138, 140
Akiba, D. 120
秋田喜代美 149
Alexander, P. A. 58, 263, 278
Ames, C. 88, 199
新井邦二郎 49
Archer, J. 199
Artelt, C. 271, 272
Asher, S. R. 89
Atkinson, J. W. 210
Ausubel, D. P. 167, 279
Azevedo, R. 183, 278

◆ B
Bandura, A. 4, 9, 31, 57, 63, 74, 210, 247, 248, 249, 251, 254, 257, 260-262, 265
Belfiore, P. J. 8, 269
Benson, P. 207
Bereiter, C. 145, 151
Bistodeau, L. 226, 232
Block, E. 231
Blumenfeld, P. C. 50, 120, 208
Boekaerts, M. 7, 57, 58, 343
Borkowski, J. G. 7, 35
Boscolo, P. 148
房 賢嬉 229, 230
Braaksma, M., A. 81
Bransford, J. 173, 175
Bråten, I. 127
Bronfenbrenner, Y. 115
Brown, A. L. 4, 151, 153, 155, 174, 232
Bruer, J. T. 226
Butler, D. L. 248, 261, 263
Butler, R. 97, 101
Büttner, G. 70

◆ C
Callahan, K. 272
Campillo, M. 171
Carson, G. J. 237
Cellar, D. F. 81

Chamot, A. U. 206, 214
Chylinski, M. 130
Cleary, T. J. 60, 67, 157
Clement, J. 184
Collins, A. 249
Corno, L. 7, 124
Cranton, P. A. 242
Crick, N. R. 89

◆ D
Davis, J. N. 226, 232
De Groot, E. V. 44, 50, 79, 183, 208, 277
De La Paz, S. 153
de Silva, P. 120
deCharms, R. 78
Deci, E. L. 15, 76, 83, 85, 241
Dembo, M. H. 119
Dignath, C. 70
Dodge, K. A. 89
Donnelly, R. 285
Dörnyei, Z. 203, 204
Dowrick, P. W. 248, 254
Dweck, C. S. 11, 15, 68, 69, 168, 245

◆ E
Eaton, M. J. 119
Efklides, A. 41, 53
Elliot, A. J. 62, 68, 277
Evered, S. 125, 126

◆ F
Flavell, J. H. 33
Flower, L. S. 144
Freud, S. 115
Fryer, J. W. 68
藤田恵璽 250, 261, 264

◆ G
García Coll, C. T. 121
Garcia, T. 89
Gardner, R. 204
Goldin, L. 97, 99

Gorrell, J.　119
Goswami, U.　200
Graesser, A. C.　138
Graham, S.　146, 149, 153
Greene, J. A.　183

◆H
Hacker, D. J.　230
Hadwin, A. F.　57
Hagen, A. S.　245
Hanson, A. R.　81
Harackiewicz, J.　62
Harris, K. R.　146, 149
Harter, S.　23
Hashweh, M. Z.　186
Hattie, J.　118
Hattie, J. A.　70
速水敏彦　52
Hayes, J. R.　144, 159
Hickey, D. T.　8
Hidi, S.　15, 65, 143
Hill, K.　246
Ho, Y. F. D.　117
Hofer, B. K.　38, 183, 241, 245, 263
堀野　緑　48, 102, 206, 277
Hornyak, R. S.　269
Hutchinson, J. M.　8

◆I
市原　学　49
市川伸一（Ichikawa, S.）　48, 102, 106, 112, 113, 162, 170, 206, 268, 275, 277, 285
市嶋典子　237
池田玲子　237
今井むつみ　216
井上尚美　140
犬塚美輪　49, 138, 152-154, 175
板倉聖宣　190
伊藤秀子（Itoh, H.）　243, 250, 251, 259, 260, 263-265
伊藤崇達　3, 46, 49, 82, 173, 209
岩男卓実　145

◆J
Johnson, D. W.　74

Johnston, P.　285
Jones, M. H.　79
Jourden, F. J.　250, 254

◆K
鹿毛雅治　52, 87, 106, 210
Kang, N. H.　286
Kaplan, A.　62
Karabenick, S. A.　79, 93, 95, 99, 264
Kendou, P.　149
Kiewra, K. A.　278
Kintsch, W.　138
衣川隆夫　235
北尾倫彦　209
Kitsantas, A.　8, 146
清河幸子　153, 175
Klassen, R. M.　121, 122
小林寛子　189, 190
河野義章　278
工藤与志文　194
Kurman, J.　118, 121

◆L
Lambert, W.　204
Lan, W. Y.　264
Lave, J.　25
Leggett, E. L.　15, 245
Lewis, C. C.　130
Li, J.　117
Locke, E. A.　62
Lodewyk, K. R.　190

◆M
Mace, F. C.　8
前田啓朗　206
麻柄啓一　194, 195, 200, 217, 218, 221
Maggioni, L.　286
Manalo, E.　166
Mangelsdorf, K.　236
Mannes, S.　283
Marchand, G.　86
Martinez-Pons, M.　43, 79, 120, 208, 246, 251
丸野俊一　33
Mason, L.　148
Master, A.　168

松沼光泰　219
Mayer, R. E.　138, 159, 246
McCaslin, M.　8
McCloskey, M.　184, 188
McCombs, B. L.　7
McCormick, C. B.　280
McDonald, K. L.　89
McElvany, N.　271, 272
McInerney, D. M.　117, 124, 131
Meece, J. L.　7, 62, 95
Meyer, B. J. F.　143
耳塚寛明　274
Mischel, W.　5
三隅二不二　108
溝上慎一　243
水品江里子　218
Moos, D. C.　278
Morling, B.　125, 126
Moylan, A. R.　52, 249, 256, 262
Muis, K. R.　39
村田晶子　234
村山　航　50, 177

◆ N
Nadler, A.　95, 96, 99, 101
中村亜希　170
中谷素之　3
中山　晃　49
並木　博　210, 263
Narens, L.　33, 142
Nelson, L. G.　237
Nelson, N.　149
Nelson, T. O.　33, 142
Nelson-Le Gall, S.　95, 96, 99, 102, 108
Newman, R. S.　79, 93, 95, 97, 99-101, 108
Nisbett, R. E.　129
西林克彦　214, 222
Nolen, S. B.　49
野﨑秀正　100, 213

◆ O
O'Malley, J. M.　206, 214
小河原義朗　228
岡田いずみ　48, 210, 212, 217, 220, 221
岡田　涼 (Okada, R.)　79, 82, 90

沖林洋平　155
Olaussen, B. S.　127
小野寺淑行　186
大塚雄作　243, 250, 264, 265
Orange, C.　80
Oxford, R. L.　47, 206

◆ P
Pajares, F.　61
Palincsar, A. S.　153, 155, 232
Palmer, D. R.　47
Paris, S. D.　226
Paris, S. G.　3, 7, 21, 22, 24, 29
Parkinson, M. M.　286
Patrick, H.　79, 89
Perin, D.　146
Piaget, J.　115
Pintrich, P. R.　7, 34, 39, 44, 50, 58, 65, 79, 89, 99, 100, 108, 183, 208, 243, 245, 247, 260, 265, 277
Pokay, P.　50, 120, 208
Polya, G.　159
Powelson, C. L.　78
Pressley, M.　138, 140, 152
Purdie, N.　118

◆ R
Ramdass, D.　174
Reeve, J.　7, 76, 83, 87
Renninger, K. A.　15, 65, 148
Rickards, J. P.　280
Rogoff, B.　128
Rohrbeck, C. A.　74
Rothbaum, F.　125
Ryan, A. M.　15, 89, 99, 100, 105, 107, 108
Ryan, R. M.　76, 78, 83, 85

◆ S
Salili, F.　117
三宮真智子　33, 142
佐藤礼子　231, 232
Sawyer, R. K.　242
Scardamaria, M.　145, 151
Schiefele, U.　143
Schoenfeld, A. H.　100

人名索引

Schommer, M.　38
Schraw, G.　189
Schunk, D. H.　3, 6, 8, 12, 31, 57, 60, 63, 74, 80, 81, 93, 95, 131, 137, 149, 213, 223, 226, 241, 245, 247, 248, 257, 263, 265, 267
瀬尾美紀子　95, 96, 98, 100, 102, 104, 105, 110, 112, 172, 269
Shih, S. S.　86
篠ヶ谷圭太　275, 279, 282, 283
Simon, H. A.　159
神藤貴昭　46, 82, 209
進藤聡彦　187, 188, 194-196, 200
Skinner, E. A.　86, 127
Stein, B. S.　173
Stoeger, H.　268
Summers, J. J.　86
砂川有里子　238
鈴木雅之　168
朱　桂栄　238

◆ T
高垣マユミ　192
田中博之　269
田中信之　236
舘岡洋子　227, 231-233
辰野千壽　32, 278
床　勝信　178
Tsai, Y. M.　85
塚野州一　3, 223
Turner, J. C.　88

◆ U
上淵　寿　3, 100
植木理恵　48, 202, 214
植阪友理（Uesaka, Y.）　51, 162, 165-168, 172

◆ V
Valiante, G.　61
Vansteenkiste, M.　278
Verloop, N.　113
Vermunt, J. D.　113
Vygotsky, L.　5, 7, 12, 22, 29, 174

◆ W
Wade, K.　81

Wallace, D.　146
Weinstein, C. E.　32, 47, 138, 245, 246
Wenger, E.　25
White, R. W.　78
Wigfield, A.　246
Winne, P. H.　7, 36-39, 57
Winograd, P.　226
Wolters, C. A.　46

◆ Y
山森光陽　208
Yamauchi, L. A.　118

◆ Z
Ziegler, A.　268
Zimmerman, B. J.　3, 7, 12, 13, 18, 21, 26, 31, 43, 52, 55, 56, 58, 59, 63, 67, 74, 75, 79, 93, 95, 120, 124, 131, 137, 141, 146, 149, 157, 171, 174, 183, 199, 208, 213, 223, 226, 242, 246, 248, 249, 251, 256, 262, 263, 265, 267
Zusho, A.　65

あとがき

　現在，世界の教育心理学研究の大きな潮流である自己調整学習研究を私たち自己調整学習研究会において組織的に概観した「自己調整学習―理論と実践の新たな展開へ」をお届けする。

　自己調整学習研究は膨大な数にのぼり多岐の領域に及んでいる。今日では研究の全容の把握は個人の力量の範囲を大きく超える。私たちがこの難題に組織的に取り組んだ試みが本書である。「まえがき」で具体的な内容や分担は述べられているので，ここでは，編集委員会の13編の原稿の推敲のやり方について振り返っておきたい。こうした共同執筆の取り組みを考えるときの参考になると感じているからである。

　2011年夏，私たちは，第1段階として，執筆者の個々の原稿を2，3人で担当して読み，そのコメントを執筆者に送る作業を始めた。執筆者はそれに十分に配慮しつつ修正稿を作成した。予定ではこの修正稿がそのまま完成稿になるはずであった。次の第2段階では，この仕上げられた原稿を2人の査読者が読み修正案を執筆者に送った。この案を参照して執筆者によって最終稿が作成された。この段階は当初予備的なもので置かなくてもすむステップと考えられていた。しかし，実際は，この第2段階が結構長期にわたることになり，むずかしい作業となった。もちろん数編の原稿は第1段階ですでに完成稿となっていた。しかし，他の原稿はこの段階でブラッシュ・アップが求められ完成稿となり得たのである。

　なぜこのようなことが生じたか。第1段階の原稿に対するコメントが率直な意見や提言となっていなかったことが主因だったと思う。この段階での原稿は推敲が不足していたためコメンテーターはモニタリングが正確にできずとまどいがあったためかもしれない。踏み込んでいえば，コメンテーターが正しくモニタリングをしていても，執筆者の心情への配慮からコメントを伝えるときに遠慮が働いたことによるのではないだろうか。これはおそらく本書の執筆・編集に限ったことではあるまい。他者の手による原稿をモニタリングをし，そのコメントを伝える姿勢と表現のありようは，研究の批判，相互批判と受け止めの問題として根強く存在しているものと推測される。研究を組織的に進める際の古くて新しい課題といえるのではないのだろうか。

　20世紀の発達心理学をリードしたPiagetと並び称せられたフランスのWallon

あとがき

がとった研究姿勢が示唆的である。Zazzo は次のような Wallon の共同研究の見方を紹介している。「Wallon は共同研究には慎重であった。彼は決して研究の班（研究グループ：筆者注）を作らなかった。彼は，研究者個々人の独創性を極度に尊重した。班で行なう仕事がこうした独創性を窒息させること，班の設置によって上下の階級ができて弱いものがつぶれることがあること，科学的創造に必要な個人の自由が制限されることを恐れたのである」。だが Zazzo は，Wallon の研究を引き継いだとき，結局研究グループを作った。グループなしでは Wallon の質の高い膨大な研究の継続はできなかったのである。つまり Wallon の流儀に忠実でなかったことが，かえって Wallon に忠実であるための最良の道だったのである。

先ほどの話に戻る。問題はもう1つ，第1，第2段階でのコメントや修正によって執筆者の独創的な考え方の芽を摘みはしなかったかの思いが残ることである。

2011年3月，Zimmerman と Schunk 編の "*Handbook of self-regulation of learning and performance*" が Routledge 社から刊行された。5領域，28章からなり500ページに近い大著で自己調整学習研究の最新の概観である。筆者は2年前に Zimmerman からその企画を知らされており，予定通りの仕事の進行に脱帽せざるをえなかった。

同書によって，自己調整学習研究が今なお欧米において隆盛をきわめていることがうかがい知れる。さまざまな学習教科の問題をはじめ，スポーツや芸術領域まで論文は及んでおり，理論の射程は認知領域からメタ認知，情動，さらに発達，社会，文化の側面までに及んでいる。自己調整学習の核心に迫るための方法論にも進展がみられ，伝統的な研究法である調査法，観察法，事例研究法，日誌法をはじめとして，最近の，発話思考法，ICT によるログの解析，マイクロ分析，メタ分析といった斬新なアプローチも試みられている。より学習の文脈に根ざした測度の開発によって自己調整学習のプロセスとサイクルの実相にさらに迫ろうとしていることがはっきりと伝わってくるのである。とりわけ本書でも企図したように，実践への深い示唆を目指す方向が明確であり，今後の研究における実践性への追及の重要性を確信できるのである。

同書の発刊が，私たちの本書の執筆，刊行をおおいに鼓舞してくれたのでもあった。

こうした経緯を経て，全13章が完成し本書の発行の運びとなった。それぞれの執筆者は自己調整学習研究の各分野で研究に携わってきた実績をもつ。分野ごとの概観に濃淡があったとしても，あくまでもその分野の研究の進展度を示すもので執筆者の力量によるものではないことをお断りしておきたい。アンカー役を務めた立場から，苦い諫言を受け止め見事に原稿を完成させた執筆者の方々に心

から御礼申し上げる。
　世界的な動向と響き合って日本でも活発化しつつある自己調整学習研究の発展に本書が何がしかの寄与ができれば，執筆者一同の喜びこれに優るものはない。

　　　　　　　　　　　　　「自己調整学習」編集委員（塚野州一・伊藤崇達）

【執筆者紹介】

塚野　州一（つかの・しゅういち）　第1章
1970年　東北大学大学院教育学研究科教育心理学専攻博士課程中退
現　在　聖徳大学講師・富山大学名誉教授　博士（心理学）
主　著　『みるよむ生涯発達心理学』（編著）北大路書房　2000年
　　　　『新しい学習心理学』（共訳）北大路書房　2005年
　　　　『自己調整学習の理論』（編訳）北大路書房　2006年
　　　　『自己調整学習の実践』（編訳）北大路書房　2007年
　　　　『自己調整学習の指導』（共訳）北大路書房　2008年
　　　　『自己調整学習と動機づけ』（編訳）北大路書房　2009年

伊藤　崇達（いとう・たかみち）　第2章
1972年　大阪府に生まれる
1998年　名古屋大学大学院教育学研究科教育心理学専攻博士後期課程中退
現　在　九州大学大学院人間環境学研究院教授　博士（心理学）
主　著　An Examination of the Causal Model for the Relationships among Self-Efficacy, Anxiety, Self-Regulated Learning Strategies, and Persistence in Learning: Focused on Cognitive and Motivational Aspects of Self-Regulated Learning Strategies.（共著）*Educational Technology Research*, 28, 23-31. 2005年
　　　　『子どもの発達と心理』（分担執筆）八千代出版　2007年
　　　　『学ぶ意欲を育てる人間関係づくり』（分担執筆）金子書房　2007年
　　　　『自己調整学習の成立過程』北大路書房　2009年
　　　　『［改訂版］やる気を育む心理学』（編著）北樹出版　2010年
　　　　『発達・学習の心理学』（分担執筆）北樹出版　2010年

中谷　素之（なかや・もとゆき）　第3章
1967年　静岡県に生まれる
1998年　名古屋大学大学院教育学研究科教育心理学専攻博士後期課程中退
現　在　名古屋大学大学院教育発達科学研究科教授　博士（心理学）
主　著　『社会的責任目標と学業達成過程』風間書房　2006年
　　　　『学ぶ意欲を育む人間関係づくり　動機づけの教育心理学』（編著）金子書房　2007年
　　　　学校教育における社会心理学的視点：動機づけ・対人関係・適応　教育心理学年報，第46集，社会部門，81-91. 2007年
　　　　『やる気をひきだす教師　学習動機づけの心理学』（監訳）金子書房　2011年
　　　　『コンピテンス』（共編著）ナカニシヤ出版　2012年

執筆者紹介

岡田　涼（おかだ・りょう）　第4章
1981年　三重県に生まれる
2008年　名古屋大学大学院教育発達科学研究科博士課程後期課程修了
現　在　香川大学教育学部准教授　博士（心理学）
主　著　『学ぶ意欲を育てる人間関係づくり』（分担執筆）金子書房　2007年
　　　　『[改訂版]やる気を育む心理学』（分担執筆）北樹出版　2010年
　　　　The relationship between vulnerable narcissism and aggression in Japanese undergraduate students. *Personality and Individual Differences*, 49, 113-118. 2010年
　　　　『自己愛の心理学—概念・測定・パーソナリティ・対人関係』（分担執筆）金子書房　2011年
　　　　小学生から大学生における学習動機づけの構造的変化—動機づけ概念間の関連性についてのメタ分析—　教育心理学研究, 58, 414-425. 2011年

瀬尾　美紀子（せお・みきこ）　第5章
1970年　鹿児島県に生まれる
1995年　広島大学大学院理学研究科数学専攻博士課程前期修了
2006年　東京大学大学院教育学研究科教育心理学コース博士課程単位取得退学
現　在　日本女子大学人間社会学部教授　博士（教育学）
主　著　自律的・依存的援助要請における学習観とつまずき明確化方略の役割—多母集団同時分析による中学・高校生の発達差の検討—　教育心理学研究, 55, 170-183. 2007年
　　　　学習上の援助要請における教師の役割—指導スタイルとサポート的態度に着目した検討—　教育心理学研究, 56, 243-255. 2008年
　　　　『メタ認知』（分担執筆）北大路書房　2008年
　　　　『現代の認知心理学5　発達と学習』（分担執筆）北大路書房　2010年

秋場　大輔（あきば・だいすけ）　第6章
1967年　北海道に生まれる
2000年　ブラウン大学大学院博士課程修了(Ph.D., 発達心理学)　同大学人間発達学センターのポストドクターおよびVisiting Assistant Professorに就任
現　在　ニューヨーク市立大学クィーンズカレッジ教育学部長および同大学大学院センター教育心理学部教授（兼任）
主　著　Ethnic retention as a predictor of academic success: Lessons from the children of immigrant families and Black children, *Journal of Educational Strategies, Issues and Ideas,* 80(5), 223-225. 2007年
　　　　Cambodian Americans and education: Understanding the intersections between cultural tradition and U.S. schooling. *The Educational Forum*, 74(4), 328-333. 2010年
　　　　Educating your child while you drive: Assessing the efficacy of early childhood audiovisual materials. *Childhood Education,* 86(2), 113-117. 2010年
　　　　Learning: The relationship between a seemingly mundane concept and classroom practices. Journal of Educational Strategies, *Issues and Ideas,* 83(2), 62-67. 2010年

執筆者紹介

犬塚　美輪（いぬづか・みわ）　第7章
2004年　東京大学大学院教育学研究科博士課程単位満了退学
現　在　東京学芸大学教育学部准教授　博士（教育学）
主　著　『メタ記憶：記憶のモニタリングとコントロール』（分担執筆）北大路書房　2009年
　　　　相互説明を用いた学術論文読解の指導　読書科学，53，83-94．2010年
　　　　『現代の認知心理学5　発達と学習』（分担執筆）北大路書房　2010年

植阪　友理（うえさか・ゆり）　第8章
1978年　和歌山県に生まれる
2010年　東京大学博士課程修了　博士（教育）
現　在　東京大学高大接続研究開発センター准教授
主　著　『数学的問題解決における図表活用の支援─理論と実践を結ぶ「REAL アプローチ」の展開─』（単著）風間書房　2014年
　　　　『現代の認知心理学5　発達と学習』（分担執筆）北大路書房　2010年
　　　　『エピソードでつかむ児童心理学』（分担執筆）ミネルヴァ書房　2011年
　　　　『学力と学習支援の心理学』（分担執筆）放送大学教育振興会　2014年
　　　　What kinds of perceptions and daily learning behaviors promote students' use of diagrams in mathematics problem solving?（共著）*Learning and Instruction*, 17, 322-335. 2007年
　　　　Task-related factors that influence the spontaneous use of diagrams in math word problems.（共著）*Applied Cognitive Psychology*, 26, 251-260. 2012年
　　　　学習方略は教科間でいかに転移するか─「教訓帰納」の自発的な利用を促す事例研究から─　教育心理学研究，58，80-94．2010年

進藤　聡彦（しんどう・としひこ）　第9章
1957年　山梨県に生まれる
1987年　東北大学大学院教育学研究科教育心理学専攻博士課程後期単位取得満期退学
現　在　放送大学教養学部教授　博士（教育学）
主　著　『認知心理学者 教育評価を語る』（分担執筆）北大路書房　1996年
　　　　『いじめられた知識からのメッセージ』（共著）北大路書房　1999年
　　　　『素朴理論の修正ストラテジー』風間書房　2002年
　　　　『私たちを知る心理学の視点』（共編著）勁草書房　2004年
　　　　『ゲームで身につく学習スキル─小学校編─』（共編著）図書文化　2005年
　　　　『学習者の誤った知識をどう修正するか』（共著）東北大学出版会　2006年
　　　　『一枚ポートフォリオ評価─中学校編─』（共著）日本標準　2006年
　　　　『社会科領域における学習者の不十分な認識とその修正』（共著）東北大学出版会　2008年

執筆者紹介

岡田　いずみ（おかだ・いずみ）　第10章 
1980年　千葉県に生まれる
2011年　早稲田大学大学院教育学研究科博士課程単位取得退学
現　在　早稲田大学教育学部非常勤講師
主　著　「レンズと像」に関するルールの適用はなぜ難しいのか（共著）　教授学習心理学研究, 2, 12-22. 2006年
　　　　英語における一人称・二人称の不十分な理解とその修正（共著）　読書科学, 50, 83-92. 2007年
　　　　学習方略の教授と学習意欲―高校生を対象にした英単語学習において―　教育心理学研究, 55, 287-299. 2007年
　　　　割合文章題解決における介入授業の効果―分数表示方略の提案―　教授学習心理学研究, 5, 32-41. 2009年
　　　　関係操作の水準を高める介入により問題解決は促進されるか（共著）　教授学習心理学研究, 6, 1-12. 2009年
　　　　英文和訳における学習者のつまずきとその修正―Listen to him.を訳せるか―　教授学習心理学研究, 6, 75-87. 2010年

佐藤　礼子（さとう・れいこ）　第11章 
2005年　広島大学大学院 教育学研究科文化教育開発専攻日本語教育学分野博士課程後期修了　博士（教育学）
2006年　滋賀大学国際センター講師
現　在　東京工業大学リベラルアーツ研究教育院准教授
主　著　アジア5カ国・地域の学習者が求める日本語教師の行動特性―学習年数による相違―（共著）　留学生教育, 12, 1-7. 2007年
　　　　Attitudes of international students from science and technological departments toward obtaining employment in Japan.（共著）*Journal of International Students' Education*, 13, 49-56. 2009年
　　　　日本語学習者の協同的読解活動としての問題作りにおける発話事例の分析　留学生教育, 15, 55-64. 2010年
　　　　聴解力を評価する―習熟度に即した聴解力測定方法の導入―（共著）　第二言語としての日本語の習得研究, 14, 20-37. 2011年

伊藤　秀子（いとう・ひでこ）　第12章 
1945年　東京都に生まれる
1976年　早稲田大学大学院文学研究科博士課程心理学専攻単位取得退学
現　在　独立行政法人メディア教育開発センター名誉教授
主　著　An analysis of eye movements during observational concept learning: Characterization of individual scanning patterns of successes and failures. In R. Groner & P. Fraisse (Eds.), *Cognition and eye movements*. Amsterdam: North-Holland. pp. 84-99.（共著）1982年
　　　　『教育情報科学3』（分担執筆）　第一法規　1988年
　　　　『自己意識心理学への招待　人とその理論』（分担執筆）有斐閣　1994年
　　　　『ガイドブック大学授業の改善』（共編著）有斐閣　1999年
　　　　Self-regulation in improving university education. *Academic Exchange Quarterly*, 10, 55-59. 2006年
　　　　『心理学教育の視点とスキル』（分担執筆）ナカニシヤ出版　印刷中

執筆者紹介

篠ヶ谷　圭太（しのがや・けいた）　第13章
1982年　東京都に生まれる
2011年　東京大学大学院教育学研究科博士課程単位取得退学
現　在　日本大学経済学部教授　博士（教育学）
主　著　予習が授業理解に与える影響とそのプロセスの検討―学習観の個人差に
　　　　　注目して―　教育心理学研究，56，256-267．2008年
　　　　高校英語における予習方略と授業内方略の関係―パス解析によるモデル
　　　　　の構築―　教育心理学研究，58，452-463．2010年

編集委員（アイウエオ順）
　伊藤崇達／犬塚美輪／植阪友理／岡田涼／沖林洋平／佐藤礼子／篠ヶ谷圭太／瀬尾美紀子
　／塚野州一

自己調整学習
――理論と実践の新たな展開へ――

2012 年 4 月 20 日　初版第 1 刷発行	定価はカバーに表示
2025 年 6 月 20 日　初版第 5 刷発行	してあります。

　　　編　　　者　　自己調整学習研究会
　　　発　行　所　　㈱北大路書房
　　　〒603-8303　京都市北区紫野十二坊町 12-8
　　　　　　　　　電　話　（075）431-0361㈹
　　　　　　　　　ＦＡＸ　（075）431-9393
　　　　　　　　　振　替　01050-4-2083

Ⓒ 2012　　DTP 制作／ T.M.H.　　印刷・製本／㈱太洋社
検印省略　落丁・乱丁本はお取り替えいたします。
ISBN978-4-7628-2774-7　　　　　　　　　Printed in Japan

・ JCOPY 〈㈳出版者著作権管理機構 委託出版物〉
本書の無断複写は著作権法上での例外を除き禁じられています。
複写される場合は，そのつど事前に，㈳出版者著作権管理機構
（電話 03-5244-5088,FAX 03-5244-5089,e-mail: info@jcopy.or.jp）
の許諾を得てください。